产业组织理论

Industrial Organization

汪 浩 著

图书在版编目(CIP)数据

产业组织理论 / 汪浩著. ——北京：北京大学出版社，2020.8
21 世纪经济与管理规划教材. 经济学系列
ISBN 978-7-301-31446-3

Ⅰ.①产… Ⅱ.①汪… Ⅲ.①产业组织理论—高等学校—教材 Ⅳ.①F260

中国版本图书馆 CIP 数据核字(2020)第 125145 号

书　　　名	产业组织理论 CHANYE ZUZHI LILUN
著作责任者	汪　浩　著
策 划 编 辑	王　晶
责 任 编 辑	王　晶
标 准 书 号	978-7-301-31446-3
出 版 发 行	北京大学出版社
地　　　址	北京市海淀区成府路 205 号　100871
网　　　址	http://www.pup.cn
微信公众号	北京大学经管书苑（pupembook）
电 子 邮 箱	编辑部 em@pup.cn　总编室 zpup@pup.cn
电　　　话	邮购部 010-62752015　发行部 010-62750672　编辑部 010-62752926
印 刷 者	河北滦县鑫华书刊印刷厂
经 销 者	新华书店 787 毫米×1092 毫米　16 开本　29 印张　510 千字 2020 年 8 月第 1 版　2025 年 1 月第 2 次印刷
定　　　价	66.00 元

未经许可，不得以任何方式复制或抄袭本书之部分或全部内容。
版权所有，侵权必究
举报电话：010-62752024　电子邮箱：fd@pup.cn
图书如有印装质量问题，请与出版部联系，电话：010-62756370

自 序

我自2005年开始在北京大学中国经济研究中心为经济学双学位项目的学生讲授产业组织理论课程,至今已有十几个年头。本书是在我多年教学讲义的基础上,经过整理、补充和完善而成。教材是对学科基础理论的总结,也在一定程度上反映作者对学科的总体认识,不可避免有其局限性,欢迎各位老师和同学提出宝贵意见。

现代经济学已经发展成一个庞大的体系,几乎对每种常见的经济现象都有相关的细致研究。但是,正如掌握全面的科学理论并不意味着就能制造尖端的设备,了解书本中的经济学理论也并不意味着能很好地认识经济现象或解决经济问题。我一直鼓励同学们多观察现实世界,以批判的态度学习书本知识。任何经济理论都有其适用范围,而且并不都是无懈可击。

本书面向本科高年级的产业组织理论教学,要求学生已经掌握微观经济学的基础知识,最好是中级水平的微观经济学,以及一定的高等数学知识。出于篇幅考虑,本书没有仔细回顾所有必要的微观经济学基本概念和基础理论。

本书的内容超出了一个学期课程所能覆盖的知识量,任课老师可以根据自己的判断挑选适当的讲授内容。相信任课老师还会另外补充自己认为重要的知识点,或最新的研究成果。本书包括了一些难度较高的理论(用 * 号标记),以满足部分学有余力的学生。

感谢北京大学出版社王晶编辑对本书写作的支持,也感谢陈国玲女士精心修订全书内容。本人文责自负。

汪 浩
2019年8月
于北京大学朗润园

目 录
contents

导论 1

第一部分 水平市场结构

第一章 完全竞争 9
1.1 完全竞争企业的产量决策 10
1.2 商品税与补贴 20
1.3* 潜在竞争与可竞争性 25
1.4 范围经济 28
1.5* 不确定需求 30
1.6* 多策略变量的完全竞争市场 31

第二章 垄断 37
2.1 垄断的形成 38
2.2 单一产品垄断定价 39
2.3 多产品垄断企业 45
2.4* 边际成本与垄断价格 47
2.5 社会福利 50
2.6 双重垄断 56
2.7* 一个优势企业和多个完全竞争的小企业 58
2.8* 不确定需求 59
2.9 买方垄断 61

第三章 寡头 66
3.1 价格竞争模型 67
3.2 产量竞争模型 76
3.3 领导者模型 85
3.4* 产量竞争与价格竞争的关系 90

3.5 生产互补品的企业之间的产量博弈与价格博弈 93
3.6 合谋 95

第四章 垄断竞争 103
4.1 代表性消费者模型 104
4.2 市场进入与社会福利 108

第五章 空间竞争模型 116
5.1 线形城市模型 117
5.2* 有限寡头竞争和双垄断 123
5.3* 线形城市模型的扩展和讨论 125
5.4 环形城市模型 128

第二部分 企业策略

第六章 非线性定价与区别定价 137
6.1 一级区别定价 138
6.2 三级区别定价 143
6.3* 二级区别定价：两部定价 147
6.4 二级区别定价：其他方式 155

第七章 捆绑销售 163
7.1 垄断产品和完全竞争产品之间的比例捆绑 164
7.2 垄断产品和完全竞争产品之间的排他性捆绑 166

7.3* 两个垄断产品之间的
 比例捆绑 168
7.4 两个垄断产品之间的
 混合捆绑 174

第八章 策略性行为 178
8.1 阻止进入 179
8.2 进攻性定价 184
8.3 提高对手的成本 190
8.4* 策略性行为的分类 197

第九章 耐用品 207
9.1 耐用品的使用期限 208
9.2 耐用品的需求函数 210
9.3 耐用品的销售 212
9.4 消费者预期 219

第三部分 信息

第十章 广告 229
10.1 广告的种类 230
10.2 市场进入与竞争 234
10.3 社会福利 237
10.4* 产品质量信号 240

第十一章 研究与开发 246
11.1 市场结构与创新激励 247
11.2 专利竞赛 254
11.3 技术转让 256
11.4 知识产权保护 263

第十二章 不完美信息条件下的
 交易 273
12.1 信息不对称与竞争 274
12.2 信息搜寻成本 278
12.3 逆向选择 283
12.4* 不对称信息条件下的
 交易 288
12.5* 道德风险 290

第四部分 企业间协调

第十三章 水平合并 305
13.1 产量竞争下的水平
 合并 306
13.2 "50%准则" 310
13.3 成本节省 312
13.4 产品差异 319
13.5 部分合并 322
13.6 跨行业合并 325

第十四章 垂直整合与分离 330
14.1 垂直整合的动机与
 阻力 331
14.2 垄断力量的转移 333
14.3 垄断的下游市场 338
14.4 降低市场风险 340
14.5* 策略性垂直分离或
 整合 343

第十五章 垂直约束 352
15.1 转售价格维持 353
15.2 排他性地区代理 359
15.3 排他性经销 361
15.4* 购回和收入分享 365
15.5 问题导向的垂直约束 369

第五部分　政府与市场

第十六章　国际贸易 379
16.1　国际贸易理论简介 380
16.2　完全竞争条件下的贸易政策 383
16.3　不完全竞争条件下的贸易政策 386
16.4　策略性的贸易政策 392
16.5　反倾销与反补贴 396

第十七章　政府规制 402
17.1　为什么会有政府规制？403
17.2　自然垄断 409
17.3　自然垄断产品的规制定价 412
17.4*　不对称信息与规制 421

第十八章　反垄断 433
18.1　反垄断案例与反垄断市场 434
18.2　市场力量 437
18.3　市场边界的刻画 440
18.4　水平合并案例 443
18.5　各国反垄断法简介 447

导 论

产业组织理论属于微观经济学分支,主要研究企业在各种市场条件下的行为、相关的福利影响,以及在此基础上政府可能进行的干预。市场条件千变万化,但其中有几个基本要素,包括生产技术、消费者需求、市场信息等。

企业和成本

企业是由自然人组成的、追求特定目标的组织。为了研究企业行为,首先必须厘清企业追求的目标。在多数情况下,产业组织理论假设企业的目标是(通过合法手段)追求利润最大化,类似于在消费者理论中假设消费者追求个人效用最大化。

利润最大化假设一般来说是合理的,但有时也可能在一定程度上偏离现实,例如:

(1)当企业所有权与经营权分离时,企业经营者与所有者的利益不完全一致。虽然企业所有者追求利润最大化,但企业行为主要由经营者决定,企业经营者从个人职业发展的角度出发,通常追求企业股票市值等易于观察的指标的最大化。但是,考虑到企业所有者对经营者的监督,这种偏差是有限的。

(2)有些企业可能选择注册为"非营利性"企业,这时企业行为无法用利润最大化解释,但是企业所有者仍然追求特定标准的利益最大化。类似地,国有企业也可能关注利润之外的其他利益。

(3)当企业集团之间存在复杂的持股关系时,一个企业在选择经营策略时经常需要考虑其股东(尤其是大股东)在其他企业的利益,这时企业行为会偏离本企业的利润最大化。

企业从市场购入生产要素(包括劳动力、资本、土地、原材料等),通过特定生产技术,生产可供出售的产品或服务,然后出售给(广义的)消费者。经济学理论通常用成本函数来描述企业的生产技术。技术越好,生产特定品种、品质和数量的产出的成本就越低。常用的成本函数包括总成本函数、平均成本函数、边际成本函数等。总成本函数是在给定原材料供应状况的前提下，企业的"成本最小化"问题的解。在局部均衡分析框架下，我们经常略去企业的成本最小化问题，而直接给出总成本函数。在长期，技术可以发生变化，新技术可以自主研发或对外采购，成本函数随技术变化而变化。

成本是产业组织理论中的一个重要概念。经济学中的"成本"不同于会计学中的成本，前者是"机会成本"，后者是企业会计账册上的有形支出。企业所有者向企业投入一笔资本用于购买或租赁生产要素，意味着必须放弃将这笔资本投向其他用途的机会，此被放弃的机会的价值即为机会成本。如果这笔资本只能投向这个企业，而不存在任何其他用途，那么这笔投入的机会成本即为零，但会计成本未必为零。在不考虑短期策略的情况下，企业只有在预期能获得非负经济利润时，才会进行投资或继续经营，否则就会放弃投资或退出市场。

例如，当一个企业家用自有资金或自有房产设备等进行投资时，其资本的机会成本没有记录在会计账册中，这样计算出来的会计利润会显著高于经济利润。在这种情况下，即使会计利润为正，经济利润也可能为负，一个理性的企业家只有当会计利润足以覆盖其自有资本的机会成本时，才会进行投资。又如，当一个正在经营的企业的资产大部分为专用资产而没有其他用途时，这些资产的机会成本很低，但其折旧仍然被全额计入会计成本，这样计算出来的会计利润会显著低于经济利润。在这种情况下，即使会计利润为负，经济利润也可能为正。因此一些企业在会计上出现亏损时，仍然继续生产，原因就是其经济利润仍然为正。

在现实世界，企业的成本并非仅取决于技术，还取决于"天时、地利、人和"。"天时"即企业面临的社会大环境，包括社会制度、社会关系、人力资源、经营机遇等；"地利"即企业家的个人能力，这种能力难以被外界观察，难以准确度量，有时企业家本人也不了解；"人和"即企业家的主观努力程度或"敬业精神"，取决于企业家的价值观和外部激励。正是由于这些原因，许多拥有看似相同条件的企业，却有完全不同的市场表现。书本理论难以深入讨论这些异质性因素，而只能总结具有一定普遍性的规律。

消费者和需求

产业组织理论中的"消费者"可广义地理解为产品的购买者。我们一般假设消费者追求自身效用最大化，即在某种意义下假设消费者是"自私"的。在现实世界，多数人可能的确主要在意自身效用，而忽视其他人的利益。一些人的行为看起来与"自私"假设不符,可能是由于我们未能真正了解他们的特殊偏好。例如有些消费者在同等条件下,更加愿意购买价格较高的商品,这似乎是一种"利他"的反常行为,但是,如果我们注意到这些商品大多是具有展示炫耀功能的商品,那么追求高价或豪华品牌的行为就容易理解了。

广义的"自私"行为包括追求某些精神上的效用。当一个人从其他人的快乐中获得效用时,那么他的一些不求回报的利他主义行为,也可以看作一种特殊的"自私"行为。在现实世界,家庭成员和亲密朋友之间的利他行为是十分普遍的现象。在我国社会主义意识形态下,利他主义行为还得到国家的大力倡导,很可能在经济生活中表现出来。

需求函数是消费者追求效用最大化的结果。在局部均衡模型中,需求函数将消费者的需求量描述为市场价格的函数,这个需求量使得消费者从消费该产品中所获得的边际效用正好等于相应的价格。我们也可以等价地将价格描述为需求量的函数,即"反需求函数"。反需求函数给出了在每个消费量下,消费者获得的边际效用。

需求函数有一些典型特征。例如,消费者对一种产品的需求量一般与该产品的价格有负向关系,价格越高,需求量越低;需求量与该产品的替代品的价格有正向关系,与该产品的互补品的价格有负向关系。值得注意的是,当企业长期面向特定消费者销售时,这种关系还可能出现跨期的强化,当前较低的价格不仅能实现较高的当期销售,还可能提高消费者在未来的需求。正如企业可以"干中学",消费者也可以"从消费中学习消费"。消费者在长期消费某种产品时,往往会形成消费该产品的习惯,从而增加在未来的需求。

对消费者需求的刻画是产业组织理论的一个重要方面。在基础理论中,我们经常假设企业完全了解消费者对特定产品(在单位时间段内)的需求。对于一些传统产品,企业通过长期与消费者互动,的确可以较好地了解消费者需求。但是在一些技术进步较快或新产品层出不穷的行业,企业未必能够准确知道消费者需求。在这种情况下,企业必须根据具体市场环境,制定特殊的生产和销售策略。

一个企业所面临的需求,与企业在市场开拓上的努力是分不开的。虽然需求不完全是人为制造出来的,但是在商品极其丰富的现代经济中,没有企业的主动培育,消费者往往很难意识到自己对特定商品的需求。培育需求需要企业花费大量资源,且成效还取决于企业家才能和外部机遇。

市场

　　相互竞争的企业的集合构成"产业",产业、消费者及交易环境的集合构成"市场"。在产业组织理论中,产业和市场这两个名词有时会被混用,例如"产业集中度"和"市场集中度"基本上代表相同的意义,虽然后者可能更强调实际交易情况。市场是经济主体之间交流信息、相互博弈并完成交易或合作的场所。我们经常将交易看作一种特殊的合作,两者之间没有本质的区别。

　　市场经济理论的一个核心观点是,在权利刻画清楚的情况下,只要存在对双方或多方都有利的机会,追求自身利益最大化的个体就有动机通过交易或合作,抓住机会实现"共赢"。因此,每个人只需照顾好自己的利益,市场机制就能自动引导社会资源进行有效配置,实现社会整体福利的最大化。市场经济相对计划经济具有显著的优越性,原因就在于前者能够使个体利益与整体利益实现基本一致,而后者难以做到。

　　但市场不是万能的。市场机制的有效性要建立在个体之间完美合作的基础之上,而实现完美合作需要各种条件,归根结底是要求"理性的各方有对称的信息"。但在现实世界,对称信息条件经常不满足,市场参与者会利用各自的信息优势,策略性地选择对其他参与者不利的行为,使得博弈的结果无法最大化整体福利。当交易或合作涉及的独立决策主体数量较多时尤其如此。如果市场参与者在决策上存在"有限理性",那么也可能导致市场失效。产业组织理论的一个重要研究方向,就是确认各种可能出现的市场失效,以及如何通过外部干预改善市场结果。总之,通过市场机制配置资源基本上是有效的,但在许多情况下,必要的政府干预也不可或缺。

　　信息技术的发展正在或已经为"市场"带来巨大影响。在传统条件下,广义的信息成本为市场交易制造了很多困难,信息技术革命大幅降低了信息交流成本,使得很多以前难以甚至不可能完成的交易成为可能。信息技术在很多领域彻底改变了市场的范围和形态,催生了包括"数据经济""共享经济""互联网金融"等在内的新型市场形态,也为产业组织理论的研究打开新的空间。

　　本书各章节的知识量并不十分均衡,我没有刻意将各章的篇幅均等化。产业组织理论不同领域的经典研究成果在数量上存在差异,有些章节篇幅较长,反映了相关领域有较多重要研究的现实。本书也舍弃了一些在产业组织理论中曾经很流行的内容,如 SCP(即 structure-conduct-performance,结构—行为—绩效)分析框架,因为这些内容在现代产业组织理论中受到的关注在减少。

本书主要介绍基础性的"传统理论",这些理论可靠性高、适用面广,是理解"前沿理论"的基础。相比之下,许多前沿理论研究各种复杂信息结构或"有限理性"条件下的企业博弈,往往阅读难度大而适用范围较小,许多理论的可靠性也尚待进一步论证。当然,内容的选择不可避免地反映了个人偏好。

第一部分

水平市场结构

我们根据相互竞争的企业之间的关系定义水平市场结构（horizontal market structure）。对于特定产品的市场，其市场结构可以分为四种基本类型，分别为完全竞争（perfect competition）、垄断竞争（monopolistic competition）、垄断（monopoly）和寡头（oligopoly）。

如果市场不允许自由进出，有且仅有一定数量的作为产品供应者的企业，那么具体分三种情况：第一，如果仅有一个企业，那么我们称这种市场结构为"垄断"；第二，如果企业有多个但数量较少，以至于每个企业都有一定的价格控制力，那么这种市场结构被称为"寡头"；第三，如果企业数量较多，以至于每个企业都无力影响市场价格，那么这种市场结构被称为"短期的完全竞争"。

如果市场可以自由进出，因而企业个数是内生决定的，那么分两种情况：第一，如果企业的生产技术没有规模经济，以至于每个企业的产量相对于整个市场的产量都很小，因而无力影响市场价格，那么这种市场结构被称为"长期的完全竞争"；第二，如果企业的生产技术有一定的规模经济，因此每个企业的规模相对于整个市场规模不能太小，每个企业都可以在一定程度上影响市场价格，那么这种市场结构被称为"垄断竞争"。

"完全竞争"市场中的企业是无力影响价格的，我们称之为"价格接受者"。而其他市场结构下的企业都不是价格接受者，我们称之为"价格决定者"。除了以上几种基本的市场类型，在现实世界中可能还有一些"混合"的市场结构，例如在有些市场上，有一个或若干个大企业是"价格决定者"，而另有一些小企业是"价格接受者"，两类企业在市场上相互竞争。

第一章
完全竞争

完全竞争是一种高度理想化的市场结构,其核心特征是买卖双方,特别是作为卖方的企业,均为"价格接受者"。也就是说,双方都没有能力影响市场价格,只能被动地按市场价格销售或购买产品。在多数情况下,企业之所以成为价格接受者,是因为每个企业所能提供的产量相对市场总需求量而言,比重微不足道,以至于无法对市场供求关系产生影响。至于多小的比重可以实现完全竞争,并没有一个公认的标准,因此完全竞争只能"几乎"实现。从长期看,企业生产规模相对很小的根本原因是其生产技术具有"规模不经济"的特点,过高的产量会使得成本大幅上升,以至于较高产量在经济上不可行。生产技术上的规模经济与市场结构上的完全竞争是不相容的。很多农畜产品和矿产品市场接近于完全竞争,一个具体表现就是产品销售基本"随行就市"。

◆ 引导案例

大宗商品交易与价格发现

完全竞争市场的价格由市场总供应和总需求共同决定,反过来市场价格又为卖方和买方的交易提供指引,因此完全竞争市场的运行离不开一个顺畅透明的价格形成机制。在大宗商品市场中,买卖双方都高度分散,这种状况一方面使得"价格接受者"假设得到很好的满足,但另一方面也为价格信息的传播造成一定困难。为了提高价格发现效率,人们建立了很多大宗商品的现货或期货交易市场,通过产品标准化和集中交易,发现恰当的市场价格,并为市场外的交易提供参考。商品交易市场健康运行的前提是消除市场操纵行为,否则其价格发现功能容易受到破坏,因此在大宗商品交易市场上进行交易的商品品种大多来自接近完全竞争的行业。

我国有三个主要商品期货交易所,分别位于大连、郑州和上海。大连商品交易所的交易品种为大豆、豆粕、豆油、棕榈油、玉米、玉米淀粉、鸡蛋、线性低密度聚乙烯、聚氯乙烯、聚丙烯、焦炭、焦煤、铁矿石、纤维板、胶合板。郑州商品交易所的交易品种为棉花、小麦、早籼稻、粳稻、晚粳稻、菜籽、菜籽油、菜粕、白糖、精对苯二甲酸、甲醇、玻璃、动力煤、硅铁、锰硅。上海期货交易所的交易品种为铜、铝、锌、铅、钢材、热轧卷板、燃料油、沥青、天然橡胶、黄金、白银。

国外方面，英国的伦敦金属交易所（London Metal Exchange，LME）是世界上最大的有色金属交易所，成立于1876年，主要交易品种有铜、铝、铅、锌、镍、锡、黄金、白银、铝合金等。美国的芝加哥期货交易所（Chicago Board of Trade，CBOT）是当前世界上交易规模最大的农产品交易所，成立于1848年，主要的农产品交易品种有玉米、大豆、豆油、豆粕、小麦、活牛、瘦肉猪、牛奶等，目前也交易外汇、股票指数期货及其衍生品。

本章概要

完全竞争企业的决策　　　商品税与市场均衡　　　潜在竞争
范围经济　　　　　　　　需求不确定　　　　　　多部定价

1.1　完全竞争企业的产量决策

模型

在"价格接受者"假设基础上，为了简化分析，在不失一般性的情况下，我们还假设完全竞争市场满足一些其他条件。具体而言，假设市场参与者都是"很小"的价格接受者，他们使用完全相同的技术，生产完全同质的产品，市场参与者之间具有对称的信息，消费者的产品搜寻或匹配的成本为零，生产和消费没有外部性。在短期，市场中的企业个数固定，记为 n。在长期，企业个数由市场竞争内生决定。

假设在某完全竞争市场中，消费者对相关产品的需求为 $Q(p)$，其中 p 为市场价格。每个企业的总成本函数为 $C(q)$，其中 q 代表企业的产量。我们假设完全竞争企业的成本函数满足

$$C(0)=0, C(q)>0, C'(q)\geqslant 0, C''(q)>0, \text{对任意 } q>0$$

企业的边际成本的定义为

$$MC(q)=C'(q)$$

根据总成本函数的性质,企业的边际成本为非负且随产出递增。企业的平均成本的定义为

$$AC(q) = \frac{C(q)}{q}$$

根据总成本函数的性质,$AC(q)$ 一般是一个 U 形函数,如图 1-1 中的 $AC(q)$ 曲线所示,其中使得 $AC(q)$ 取最小值的产量 q^{MES} 被称为"最小有效规模"(minimum efficient scale, MES),即

$$q^{MES} = \arg\min(AC(q))$$

完全竞争企业"很小"的具体表现即为,其最小有效规模 q^{MES} 相对于市场交易量而言很小。

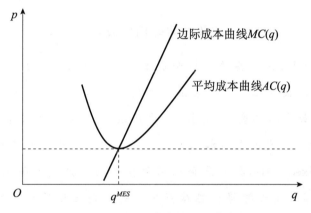

图 1-1 平均成本和边际成本

企业的固定成本的定义为

$$F = \lim_{q \to 0^+} C(q)$$

即企业为了进行生产必须投入的、与产量无关的支出,如厂房设备租赁费等。固定成本与总成本的关系如图 1-2 所示。固定成本的"固定"程度是相对的,而不是绝对固定,当企业需要扩大生产规模时,可能需要更多的厂房设备等投入,也就是更高的固定成本。例如移动通信企业需要投资于通信基站、交换中心、光缆等设备,这些投资的融资利息、折旧、维护维修等支出可以看作企业的固定成本。但是这些设备的容量是有限的,当对移动通信服务的需求超过设备容量时,企业就需要增加设备投资,从而增加固定成本,这意味着固定成本在长期看并不"固定"。因此在多数情况下,固定成本是个短期概念。最后需要注意的是,总成本和固定成本指的都是企业在单位时间段内付出的成本,只要企业处于经营状态下,每期都要产生这些成本,而且这些成本可能存在跨期变化。

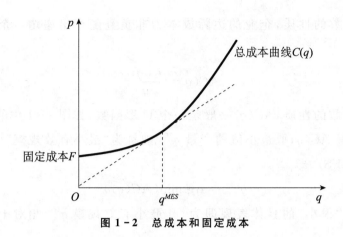

图 1-2 总成本和固定成本

◆ 定 义

沉没成本与固定成本

沉没成本(sunk costs)指的是机会成本为零的支出,一般指企业在开始生产之前已经产生且即使停止生产也无法收回的成本。例如企业在投产之前进行各种准备工作——如市场调查、广告投放、生产组织、购买专用设备等——所发生的成本,这些支出如同"泼出去的水",无论将来是否继续生产都不可能再收回。

固定成本(fixed costs)指的是企业需要支付的与产量无关的支出,且如果企业停止生产,这部分支出即停止继续产生。例如企业租用厂房和通用设备进行生产,企业付出的租赁费与产量无关,这部分支出即为固定成本。

沉没成本与固定成本并不是两个相互对立的概念,但是容易混淆。它们之间的本质区别在于,前者的"机会成本"为零,后者不为零。在决定是否要进入一个市场时,企业需要充分考虑在沉没成本上的支出,只有当进入后的利润能够覆盖沉没成本时才会决定进入。在进入之前,一切成本都是机会成本,但是一旦进入,理性的企业就不会再考虑沉没成本。特别地,当一个理性的企业考虑退出市场时,会充分考虑在固定成本上的节省,而不会再考虑之前付出的沉没成本。

在会计规则上,沉没成本一般仍然记录为会计成本,需要在未来逐年摊销,因此会计成本有可能高于经济学意义下的机会成本,使得会计利润低于经济利润。我们有时会看到企业在出现"亏损"的情况下仍然坚持生产。实际上,剔除机会成本为零的沉没成本,这时企业虽然在会计上亏损,但经济利润仍然非负,而这是企业继续生产的根本原因。

短期决策

由于完全竞争企业不能影响价格,因此其决策仅限于选择最优的产量。我们可以从"边际主义"的角度来理解完全竞争企业的选择。当市场价格高于企业的边际成本时,生产并销售产品是有利可图的,因此企业会选择增加产出。由于企业的边际成本是递增的,当产出足够大时,其边际成本就会达到市场价格水平,这时继续生产并销售就不再有利可图,因此企业会选择停止增加产出。由此决定的产出水平即为企业的最优产量。但是,如果市场价格低于特定水平,以至于企业无论选择什么产量均会产生亏损,那么企业会选择不进入或退出市场。

在数学模型上,企业在给定市场价格 p 的情况下,求解以下利润最大化问题:

$$\max_{q \geq 0} \pi(q) = pq - C(q)$$

在上述利润表达式中,价格与产量的乘积 pq 是企业的销售收入(revenue),$C(q)$ 是总成本,因此 $\pi(q)$ 是企业的利润。企业选择的产量 q^* 满足以下一阶导数条件:

$$\pi'(q^*) = p - C'(q^*) \leq 0, \text{当 } q^* > 0 \text{ 时取等号}$$

也就是说,只要企业决定进行生产,即 $q^* > 0$,就会选择使得其边际成本等于市场价格的产量。而当市场价格过低时,企业会停止生产,即 $q^* = 0$。由以上一阶导数条件隐含决定的产量和价格之间的关系

$$q = q(p)$$

即为企业的短期供应函数,如图 1-3 中左侧分段的粗线所示。由于企业利润可写成

$$\pi(q) = pq - C(q) = (p - AC(q))q$$

并且企业利润为正当且仅当市场价格高于企业的平均成本时成立,因此使得企业愿意选择非零产量的最低市场价格为企业平均成本的最小值,即 $AC(q^{MES})$。因此,当市场价格 p 满足

$$p > \min(AC(q)) = AC(q^{MES})$$

时,企业的供应曲线与其边际成本曲线重合;反之,当市场价格低于企业的平均成本最小值时,即 $p < AC(q^{MES})$ 时,企业将退出市场,供应量为零,这时企业的固定成本和利润均为零;当 $p = AC(q^{MES})$ 时,企业选择产量 q^{MES} 或 0 是无差异的,均可获得零利润,这时我们一般假设企业会选择产量 q^{MES},而不是退出市场。由于

完全竞争企业的边际成本曲线是上升的,因此其供应曲线一般也是上升的。在市场价格 $p>AC(q^{MES})$ 的情况下,每个企业的产量为

$$q^* = q(p) \geqslant q^{MES}$$

每个企业获得的(短期)利润为

$$\pi(q^*) = pq^* - C(q^*) = (p - AC(q^*))q^*,$$

如图 1-3 中的区域 π 所示。

所有企业的供应之和即为市场总供应,记为

$$Q(p) = nq(p)$$

总供应函数给出在每个价格下,所有企业的总供应量。总供应曲线如图 1-3 中右侧上升的粗线所示。市场均衡价格 p^* 和总产量 nq^* 由基于企业生产技术的总供应曲线和外生给定的总需求曲线(即图 1-3 右侧下降的粗线)共同决定。

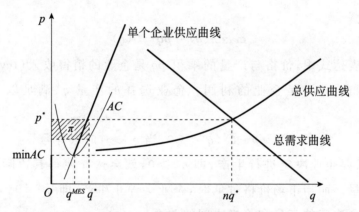

图 1-3 短期的完全竞争均衡

例 1-1 某完全竞争市场中有 n 个企业,每个企业(每期)的总成本函数为 $C(q) = F + q^2$,市场(每期)总需求函数为 $Q = A - \frac{1}{2}p$,不妨假设参数 A 足够大。

根据以上每个企业的总成本函数可知每个企业的平均成本为

$$AC(q) = \frac{F}{q} + q$$

当 $q = \sqrt{F} \equiv q^{MES}$ 时,平均成本取最小值,且为

$$\min(AC(q)) = 2\sqrt{F}$$

给定市场价格 p,每个企业的最优产量由利润最大化问题

$$\max_{q \geqslant 0} \pi(q) = pq - (F + q^2)$$

决定。这个问题的解由一阶导数条件

$$p = C'(q) = 2q$$

给出。因此每个企业的供应函数为

$$q(p) = \begin{cases} \dfrac{p}{2}, & p \geqslant 2\sqrt{F} \\ 0, & p < 2\sqrt{F} \end{cases}$$

市场的总供应函数为

$$Q(p) = \begin{cases} \dfrac{np}{2}, & p \geqslant 2\sqrt{F} \\ 0, & p < 2\sqrt{F} \end{cases}$$

结合市场总需求函数 $Q = A - \dfrac{1}{2}p$ 可知使得市场出清（即供求平衡）的价格 p^* 满足

$$\frac{np^*}{2} = A - \frac{1}{2}p^*$$

因此短期均衡价格为

$$p^* = \frac{2A}{n+1}$$

如图 1-4 所示，短期均衡价格随需求的上升而上升，随企业个数的上升而下降。将均衡价格代入企业的供应函数，即得到每个企业的供应量为

$$q^* = \frac{p^*}{2} = \frac{A}{n+1}$$

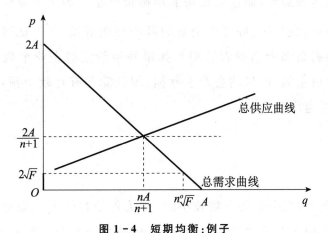

图 1-4　短期均衡：例子

因此市场总交易量为

$$Q^* = \frac{nA}{n+1}$$

每个企业的利润为

$$\pi(q^*) = \frac{2A}{n+1} \cdot \frac{A}{n+1} - F - \left(\frac{A}{n+1}\right)^2 = \left(\frac{A}{n+1}\right)^2 - F$$

从以上表达式可以看出两点:第一,企业利润大于零的充分必要条件是

$$A > (n+1)\sqrt{F}$$

而这个条件当且仅当均衡价格 $p^* = \frac{2A}{n+1}$ 大于企业的平均成本最小值 $2\sqrt{F}$ 时成立;第二,当参数 A 足够大时,企业的利润与企业个数 n 负相关,也就是说,企业个数越多,企业利润越低,甚至产业总利润也越低。

这个市场贡献的社会总福利等于企业利润与消费者剩余之和。在局部均衡模型中,消费者剩余(consumer surplus,CS)可以用需求曲线和价格线之间的面积代表,在本例中即为

$$CS = \frac{1}{2}(2A - p^*)Q^* = \frac{1}{2}\left(2A - \frac{2A}{n+1}\right)\frac{nA}{n+1} = \left(\frac{nA}{n+1}\right)^2$$

因此社会总福利(social welfare,SW)为

$$SW = \left(\frac{nA}{n+1}\right)^2 + n\left[\left(\frac{A}{n+1}\right)^2 - F\right] = \frac{nA^2}{n+1} - nF$$

从上式可以验证,当外生给定的企业个数为

$$n^o = \frac{A}{\sqrt{F}} - 1$$

时,社会总福利达到最大,而这时市场的均衡价格正好等于企业的平均成本最小值 $2\sqrt{F}$,每个企业的产量正好等于企业的最小有效规模 $\sqrt{F}$。这时企业的利润正好为零,全部的剩余都由消费者获得。如果外生给定的企业个数 $n > n^o$,那么企业选择任何(严格正的)产量均会产生亏损,因此除非有行政干预,否则部分企业就会停止生产并退出市场。

长期决策

在短期均衡中,当企业的个数较小时,作为价格接受者的企业可以获得正的经济利润。这是因为对消费者而言,没有可以替代现有企业的其他供应者,而现有供应者的生产技术又使得其难以提高产量。在长期,如果现有企业的利润为严格正,而且行业不存在技术门槛或其他进入门槛,那么追逐利润的新企业将逐渐进入市场,或者现有企业将建设新的工厂,从而增加市场总供给。在给定市场需求的情况下,供应增加使得均衡价格下降,而价格的下降又迫使每个企业降低

产量。最终每个企业都以较低的价格销售较低的产量,利润下降。这个市场调节过程会一直持续,直到市场价格稳定在平均成本的最小值,即 $\min(AC(q))$。此时每个企业都获得零的经济利润,不再有企业有动机进入或退出。

市场也可能出现反向的调整。如果由于特定外部原因,使得对产品的需求出现永久性下降,导致价格降低到平均成本最小值以下,即 $p<\min(AC(q))$,那么企业继续生产就会出现亏损,因此部分企业会退出市场。这些退出会减少总供应,使均衡价格回升到 $\min(AC(q))$。长期均衡的价格由平均成本函数决定,而不受市场需求影响,但企业个数由需求和成本共同决定。

回到上一节的数学模型中,在长期均衡中,市场价格为

$$p^* = \min(AC(q)) = AC(q^{MES})$$

每个企业的产量为 $q^* = q^{MES}$,利润为 0,市场总交易量为 $Q(p^*)$,企业个数为 $n^* = Q(p^*)/q^*$。

例 1-2 在例 1-1 的模型设定中,长期均衡价格为

$$p^* = \min(AC(q)) = 2\sqrt{F}$$

根据企业的供应函数可知每个企业在长期均衡下的产量为

$$q^* = \frac{p^*}{2} = \sqrt{F}$$

正好是企业的最小有效规模。市场总交易量为

$$Q^* = A - \frac{1}{2}p^* = A - \sqrt{F}$$

因此长期均衡的企业个数为

$$n^* = \frac{Q^*}{q^*} = \frac{A}{\sqrt{F}} - 1 = n^o$$

我们也可以从零利润条件

$$\pi(q^*) = \left(\frac{A}{n+1}\right)^2 - F = 0$$

中直接解出长期均衡的企业个数 n^*。均衡交易量和企业个数均与衡量市场大小的参数 A 正相关,而与固定成本 F 负相关。从例 1-1 中关于社会福利的公式可以看出,社会福利在长期均衡中达到了最大化。

在长期,总供应函数大致是一条水平线 $p^* = AC(q^{MES})$。也就是说,在长期均衡价格 $AC(q^{MES})$ 下,完全竞争企业可以提供(几乎)任何数量的产品,以满足市场总需求,如图 1-5 中水平粗线所示。严格地说,总供应量只能是最小有效规模的倍数,这里我们假设 q^{MES} 非常小。

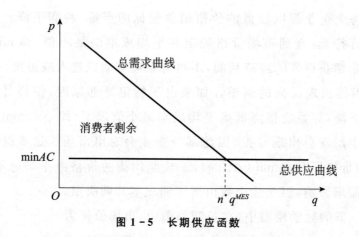

图 1-5　长期供应函数

在长期均衡条件下,如果出现技术进步,使得企业的成本下降,那么也会引发市场价格、产量及企业个数的调整。企业的边际成本下降首先会立刻使得每个企业的产出增加,市场均衡价格下降,两个因素对企业利润的影响相反。如果企业利润上升到零利润之上,那么会有新企业进入市场,反之,如果技术进步对企业利润产生不利影响,那么部分企业会退出市场,两种调整均使得均衡价格向新的平均成本最小值靠近。

例 1-3　技术进步可能给企业的成本结构带来复杂的影响,我们考虑一个简单情形,即仅有边际成本下降的情形。在例 1-1 的模型设置中,假设技术进步使得每个企业的总成本从 $C(q)=F+q^2$ 下降到 $C(q)=F+\frac{1}{4}q^2$,即边际成本从 $2q$ 下降到 $\frac{1}{2}q$。这时企业的最小有效规模 q^{MES} 从 $\sqrt{F}$ 上升到 $2\sqrt{F}$,平均成本的最小值 $AC(q^{MES})$ 从 $2\sqrt{F}$ 下降到 $\sqrt{F}$。仍然假设企业个数为 n,市场需求为 $Q=A-\frac{1}{2}p$,且参数 A 足够大。

给定市场价格 p,每个企业的供应量 q 应使得边际成本等于价格,即 $\frac{1}{2}q(p)=p$,因此其供应函数为

$$q(p)=\begin{cases} 2p, & p\geqslant \sqrt{F} \\ 0, & p<\sqrt{F} \end{cases}$$

使得市场出清(即供求平衡)的价格 p^* 满足

$$2np^*=A-\frac{1}{2}p^*$$

因此均衡价格为 $p^*=\dfrac{2A}{4n+1}$,与技术进步之前的 $\dfrac{2A}{n+1}$ 相比,短期均衡价格下降。

每个企业的产量 q^* 从 $\dfrac{A}{n+1}$ 上升到 $\dfrac{4A}{4n+1}$，市场总交易量上升至 $Q^*=\dfrac{4nA}{4n+1}$。每个企业的利润从 $\left(\dfrac{A}{n+1}\right)^2-F$ 下降为

$$\pi(q^*)=\frac{2A}{4n+1}\cdot\frac{4A}{4n+1}-F-\frac{1}{4}\left(\frac{4A}{4n+1}\right)^2=\left(\frac{2A}{4n+1}\right)^2-F$$

因此，完全竞争行业的技术进步在短期反而可能降低企业的利润。需要注意的是，这个现象仅仅是可能的，并不是普遍性的，更不意味着企业会因此而失去追求技术进步的激励。

令 $\pi(q^*)=0$，即可得到长期均衡中的企业个数

$$n^*=\frac{A}{2\sqrt{F}}-\frac{1}{4}$$

不难验证，当参数 A 足够大时，上述技术进步使得长期均衡的企业个数减少。虽然边际成本下降提高了市场总交易量，但是企业的最小有效规模的大幅提高使得市场能够容纳的企业个数减少。

如果参数 A 并不足够大，那么在短期内，技术进步可能使得原本有利可图的市场变得无利可图，从而促使部分企业退出市场。

在完全竞争的情况下，企业自愿的进入和退出行为都有助于提高社会总福利。当现有企业获得正的利润时，市场价格高于平均成本最小值，这时新企业的进入有助于降低行业平均成本，提高行业的生产效率。反之，如果企业出现亏损，意味着市场价格低于企业的平均成本最小值，以这样的价格服务消费者对社会总福利有负面影响，因此部分企业的退出有助于减少消费者的"不必要"消费，避免资源的低效配置。

在长期均衡下的完全竞争市场中，企业利润为零，因此消费者占有全部社会总福利。形成这种分配结果的原因是同质性企业的"供应"是无限的。如果企业是异质的，那么在长期均衡中，只有市场上效率最低的"边际"企业获得零利润，而其他效率较高的企业获得正利润。完全竞争市场上企业的正利润也可以看作企业的独有技术或资源的"租金"（rent）。例如，煤炭的生产受制于煤矿的自然条件，没有显著的规模效应，且煤矿分布广泛，因此煤炭市场接近完全竞争。虽然企业基本上都是价格接受者，但原煤质量较高、埋藏条件较好的企业可以获得可观的利润，这些利润也可以看作优质矿山的租金。在很多其他矿产品和特色农产品市场中也有类似的现象。

在完全竞争市场的长期均衡中，市场价格精准地反映了产品的边际生产成

本。如果一个经济体中所有产业都是完全竞争的,那么在这个经济体的长期均衡中不存在价格扭曲。消费者在各种商品之间的选择充分反映了各种资源的相对稀缺程度,因此各种资源都得到最恰当的利用,整个经济体的总福利达到最大化。企业和消费者的分散决策即可实现社会的整体最优,这是"看不见的手"能够有效调节经济活动的一个典型理论依据。但是,这种情况非常理想化,现实世界中完全竞争市场并不多见,多数工业品行业都有明显规模经济,不可能成为完全竞争市场。即使是那些接近于完全竞争的市场,价格也总是在调整过程中,而不是停留在长期均衡,例如大宗商品的价格往往有较大的波动性。当经济体中不同产品的相对价格不能准确反映产品的相对稀缺程度时,基于相对价格的消费者选择就不再是社会最优。

在长期均衡中,企业进入市场的成本是否"沉没"也可能产生重要影响。在此前的分析中我们假设企业没有沉没成本,这与现实有一定差距,实际上企业在进入一个新市场的过程中,经常会产生大笔的一次性支出,用于生产前的各种准备工作,而且这些支出无论如何都不可能再收回,因此构成沉没成本。如果企业进入市场会产生一次性的沉没成本,那么在进入之后,企业必须能够获得足以覆盖沉没成本的经济利润,否则企业在事前不会做出进入的决定。

假设进入市场的沉没成本为 S,那么企业只有在预期进入后可以获得至少 S 的利润时,才会进入市场。但是在进入后,进入成本已经沉没,理性的企业不应再考虑这部分成本,而应"向前看",追求事后的利润最大化,将来是否退出市场仍然取决于经济利润是否为正。假如在进入后,市场需求出现意料之外的永久性下降,使得市场价格降低,从而无法实现之前预期的利润 S,这时企业未必会退出市场。只有当预期的经济利润下降到零时,才会有企业退出。此外,由于市场内的企业无法获得足以覆盖其沉没成本的利润,也不会有新的企业有兴趣进入市场。因此,市场中的企业个数在一定程度上被"锁定"。

1.2 商品税与补贴

作为公共服务的提供者,政府需要对经济主体征收各种税收。其中对商品交易征收的税,在经济学上被称为商品税(commodity tax)、间接税(indirect tax)等,在实际操作上则被称为增值税(value-added tax)、销售税(exercise tax)等。政府通过征税,不仅可以为公共服务融资,而且可以调节经济运行,实现特定政策目标。对商品交易征税或进行补贴,会对产品的市场价格和交易量产生影响。以下我们讨论完全竞争市场上,税收和补贴对市场均衡的影响。

税收或补贴使得消费者为产品支付的价格不再等于企业收到的价格。图 1-6 描述了商品税的影响。给定市场的总需求曲线和企业的总供应曲线,在没有税收时,市场的均衡价格为 p^*,总交易量为 Q^*。一方面,如果政府对消费者征收 t 每单位的商品税,那么当市场价格为 p 时,消费者需要支付 $p+t$,因此,描述市场价格 p 和消费者需求量 q 之间关系的曲线从原有的需求曲线向下移动 t 的距离,使得市场均衡由 X 移动到 B。另一方面,如果政府对企业征收 t 每单位的商品税,那么当市场价格为 p 时,企业实际仅获得 $p-t$,描述市场价格 p 和企业供应量 q 之间关系的曲线从原有的供应曲线向上移动 t 的距离,市场均衡由 X 移动到 A。无论是哪种情况,市场交易量均为 $Q'<Q^*$,消费者支付价格为 $p^c \geqslant p^*$,企业获得的价格为 $p^s = p^c - t \leqslant p^*$,政府获得的税收收入为 tQ'。在不考虑各种交易成本的情况下,无论政府对消费者还是企业征税,都不影响消费者和企业的税收负担,税负分担的比例仅与供求曲线的形状(特别是斜率)有关。

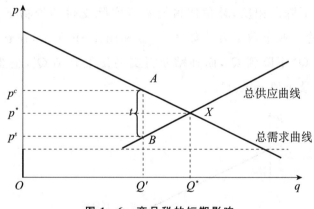

图 1-6 商品税的短期影响

如果政府对产品交易进行补贴,那么企业获得的价格将高于消费者付出的价格,两者之差即政府对每单位产品交易的补贴。如图 1-7 所示,如果政府为某完全竞争市场上的产品提供 s 每单位的补贴,那么市场均衡交易量将从 Q^* 上升到 Q'',消费者支付的价格为 $p^c \leqslant p^*$,企业获得的价格为 $p^s = p^c + s \geqslant p^*$,政府的补贴支出为 sQ''。与税收负担的情形类似,无论政府对消费者还是企业进行补贴,都不影响消费者和企业从补贴中获益的大小。

在长期,当企业是完全同质时,完全竞争企业的利润恒为零,不受税收或补贴的影响。由于企业可以自由进出市场,因此市场的供应曲线是水平的,高度等

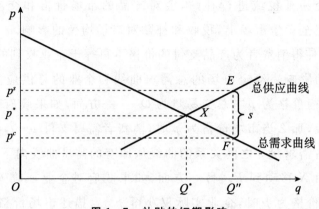

图 1-7 补贴的短期影响

于企业的平均成本最小值。如果政府对产品征税，那么产品价格将出现同幅度的上升，全部的税收负担由消费者承担。反之，如果政府对产品进行补贴，那么产品价格将出现同幅度的下降，消费者享受全部的好处。企业利益不受税收或补贴的影响，无论征税或补贴对象是企业还是消费者。但是，在市场中运作的企业个数会受影响，征税使得消费者实际支付的价格上升，总需求量下降，因此市场中的企业个数下降。相反，补贴使得消费者实际支付的价格下降，总需求量上升，因此市场中的企业个数上升。如图 1-8 和图 1-9 所示，在长期均衡中，商品税使得交易量从 Q^* 下降到 Q'，而补贴使得交易量上升到 Q''，企业获得的价格总是等于平均成本最小值 $\min AC$。

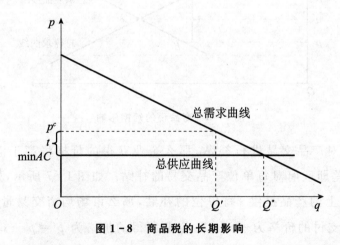

图 1-8 商品税的长期影响

例 1-4 我们利用例 1-1 中的模型演示商品税和补贴的影响。某完全竞争市场中有 n 个企业，每个企业的总成本函数为 $C(q)=F+q^2$，市场总需求函数为 $Q=A-\dfrac{1}{2}p$。我们已经知道，在没有税收或补贴的情况下，短期的均衡价格为

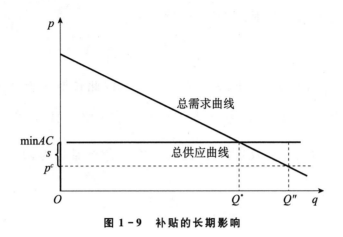

图 1-9 补贴的长期影响

$\frac{2A}{n+1}$,而长期均衡价格为 $\min(AC(q))=2\sqrt{F}$。

如果政府针对每单位产品的交易向企业征收 $t>0$ 的商品税,那么企业的含税总成本函数为

$$C(q)=F+q^2+tq$$

含税边际成本为

$$MC(q)=2q+t$$

企业是价格接受者,其利润最大化要求价格等于边际成本,因此每个企业的供应函数为

$$q(p)=\frac{p-t}{2}$$

市场总供应函数为

$$Q=nq=\frac{n(p-t)}{2}$$

结合市场总需求函数 $Q=A-\frac{1}{2}p$,使市场出清的消费者价格 p^* 满足

$$\frac{n(p^*-t)}{2}=A-\frac{1}{2}p^*$$

因此税后均衡价格为

$$p^*=\frac{2A+nt}{n+1}$$

企业实际收到的价格为

$$p^*-t=\frac{2A-t}{n+1}$$

税收使得消费者实际支付的价格上升,而企业实际获得的价格下降。每个企业

的产量和市场总交易量分别为

$$q^* = \frac{1}{n+1}\left(A - \frac{t}{2}\right), Q^* = \frac{n}{n+1}\left(A - \frac{t}{2}\right)$$

在长期,由于税收使企业的平均成本上升 t,因此长期均衡价格从 $2\sqrt{F}$ 上升为 $2\sqrt{F}+t$。根据总需求函数,总交易量从 $A-\sqrt{F}$ 下降为 $A-\sqrt{F}-\frac{t}{2}$。但是,税收并不影响企业的最小有效规模,因此每个企业的产量仍为 $\sqrt{F}$,长期均衡的企业个数为

$$n^* = \frac{2A-t}{2\sqrt{F}} - 1$$

即征收商品税使企业个数下降。

在本例中,令参数 t 取负值就相当于政府对商品的交易进行补贴。

商品税可能通过扭曲产品之间的相对价格而导致"无谓损失"或"超额负担"。我们用价格与边际成本之比来代表产品的相对价格,该比值可以在产品之间进行横向比较。当政府对某个产品征收商品税时,会使得该产品的相对价格升高,而由于消费者根据相对价格在产品之间进行选择,较高的价格会使得消费者减少对该产品的购买量。如果产品相对价格反映了产品的相对稀缺程度,即边际成本之比,那么从社会的角度来看,消费者的选择是最优的。否则,我们称市场上的价格体系存在"扭曲",这样消费者的选择也会出现扭曲,从而产生社会福利损失。

关于商品税造成的社会福利损失,最好在一般均衡(general equilibrium)的框架下分析。假如一个经济体中所有产品的市场都是完全竞争的,因而价格都等于边际成本。当政府对某一个产品征收商品税,并使其相对价格上升时,市场价格体系就会出现扭曲,从而产生无谓损失。在图 1-6 中,消费者和企业因税收而承受的负担相当于税收收入 tQ' 再加上三角形 ABX 的面积,因此 ABX 代表了税收的"无谓损失"或"超额负担"。在不完全竞争市场也可能产生类似于 ABX 三角形的福利损失,这个三角形经常被称为"Harberger 三角形",以纪念阿诺德·哈柏格(Arnold Harberger)在实证估计这个福利损失上的贡献(Harberger,1954)。

但是,如果政府对很多甚至所有产品征收商品税,那么很多或所有产品的含税价格都会有所上升,这样相互之间的比价变化较小甚至不变,形成的价格扭曲也较小,因此造成的社会福利损失也较小。在这种情况下,各产品市场的 Harberger 三角形的面积会高估商品税带来的福利损失。特别地,如果商品税使得所有产品的含税价格在边际成本基础上等比例上升,那么这时商品税相当于所得

税(income tax)，消费者在各产品之间的选择可能不发生任何扭曲（除非所得税也扭曲消费者在产品之间的选择）。

更一般地，一个市场的商品税的社会福利影响还与其他产品市场的竞争程度有关。如果其他产品市场上存在较大市场力量，那么产品价格将显著高于边际成本。这时在这个经济体内，税前就存在价格扭曲，具体体现为高度竞争市场的产品的相对价格偏低，而竞争不充分市场的产品的相对价格偏高。在这种情况下，对高度竞争市场的产品征收商品税，反而可以纠正经济体中原本存在的价格扭曲，实现资源配置的改善。

1.3* 潜在竞争与可竞争性

完全竞争市场的基本假设是企业都是"价格接受者"，这个假设看似温和，但实际上与企业利润最大化行为之间存在一定矛盾。Salop(1977)指出，在一个完全竞争市场的均衡状态下，给定所有其他企业的产量，每个企业都面临下降的"剩余需求"曲线。也就是说，在给定其他企业的产量不变时，如果一个企业略微降低产量，那么就可以按较高的价格出售其产品，从而获得经济利润。具体而言，假如在一个完全竞争的（短期或长期）均衡中有 n 个企业，均衡价格为 p^*，每个企业的产量分别为 $q_1^*, q_2^*, \cdots, q_n^*$，满足

$$q_1^* + q_2^* + \cdots + q_n^* = D(p^*)$$

因此给定产量 $q_2^*, \cdots, q_n^*$，企业 1 面临的剩余需求为

$$q_1(p) = D(p) - (q_2^* + \cdots + q_n^*)$$

这个需求函数（仅考虑所有变量非负的情形）是价格的减函数，且满足 $q_1(p^*) = q_1^*$。如果企业适当提高价格或降低产量，那么就可能获得正利润。

图 1-10 演示了在长期均衡情况下，单个企业（企业 1）如何通过提高价格或降低产量获利。从图中可见，与其选择价格 p_1^* 和产量 q_1^* 并获得零利润，选择价格 p' 和产量 q' 可以获得正的利润，因为价格高于平均成本。无论有多少企业在市场上运作，无论企业的规模如何小，上述可能性都是存在的，这意味着完全竞争均衡未必是一个纳什均衡（Nash equilibrium）。从这个角度看，完全竞争状态只能近似存在。

解决这个理论问题的一个办法是强调"潜在竞争"的作用。Demsetz(1968)提出，一个市场的竞争程度并不取决于市场中的企业个数，而是取决于潜在进入

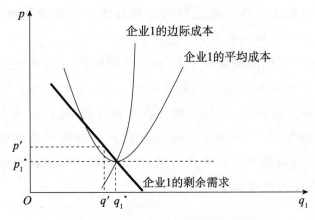

图 1-10 完全竞争均衡与纳什均衡

者对价格的抑制作用。即使是一个垄断企业,在面临潜在的进入者的情况下,也无法制定很高的价格。具体到完全竞争市场,如果一个企业不接受市场价格,而试图通过提高价格获利,那么很快就会被新的进入者所取代。在不考虑市场进入所需要的时间,或者说仅考虑长期均衡的情况下,这个看法是有道理的。这个理论问题还有其他可能的解决办法,这里我们不涉及。

在此基础上,Baumol(1982)提出了"可竞争市场"(contestable market)的思想。所谓可竞争市场,指的是企业的进入和退出都是自由、迅速且无成本的市场。这意味着市场之外的潜在进入者拥有和在位企业相同的技术,而且不存在"沉没"的进入成本。不仅如此,可竞争市场还要求在位企业对新进入者做出反应需要一定时间,这样新进入者能够迅速地完成生产,以特定价格销售,并且抢在在位企业做出反应之前"全身而退"。

如果可竞争性(contestability)条件满足,那么在一个产品同质的市场上,即使只有少数几个甚至一个企业,资源配置也可以是非常有效的。只要企业通过提高价格获得了经济利润,就会被迅速出现的新进入者抢走生意,因而无法持续,这样可竞争市场的价格扭曲非常有限。在可竞争情况下,即使生产技术有规模经济,也可以实现高度竞争的市场结果。这意味着高度竞争与规模经济之间的理论冲突可以部分解决,从这个角度看,可竞争性具有十分重要的理论意义。

可竞争性可用图 1-11 演示。企业的平均成本是下降的,即存在生产上的规模经济。从生产有效性的角度看,最优的企业个数是 1。传统观点认为,企业个数过少会导致竞争不足,使得资源配置失效,因此生产有效性与配置有效性之间存在矛盾。但是,如果这个市场是可竞争的,那么虽然只有一个企业在市场上运作,也可以形成稳定的均衡,其中均衡产量等于使得市场价格等于企业平均成本的产量，即图中的 Q^*，相应的市场价格为 p^*，企业获得零利润。如果企业选择产量 Q 和高于平均成本的价格 p，从而获得经济利润，那么外部竞争者可以迅速进入市场，以略低于 p 但仍高于平均成本的价格进行销售，即可夺走在位企业的生意并获利。如果在位企业降价应对，那么进入者可以迅速退出市场，避免可能的损失。因此，任何高于平均成本的价格不可能是均衡价格。在这个例子中，由于价格高于边际成本，这个可竞争均衡并不是"第一最优"，但已经是在企业获得零利润前提下的社会最优均衡。

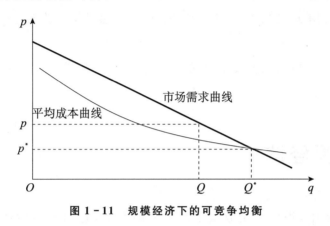

图 1-11 规模经济下的可竞争均衡

从现实的角度看，一个市场成为"可竞争"的条件显然是苛刻的。现实世界中能允许企业迅速进出且不必付出任何沉没成本的市场并不多见。一些经济学家认为，一个能比较好地满足可竞争条件的市场是航空运输市场。一个"城市对"之间的航空运输服务可以看作一个独立的市场，有些运输量较小的"城市对"之间可能只有少数甚至仅有一家航空公司在运营，似有垄断的可能性，但是如果在位的航空公司通过提高价格获得了经济利润，那么其他航空公司可以迅速进入并抢走其业务，并在对手降价时退出。航空公司进入一个新的航空市场可能不会产生很大的沉没成本，因为所投入的资源都是通用的，且交易成本较低。这种潜在竞争压力使得在位企业难以提高价格，从而形成一个可竞争均衡。另外一个接近于满足可竞争性的市场是通信市场，许多国家的政府都要求电信运营商开放硬件网络给虚拟运营商，这样其他企业可以不必耗费巨资建设自己的通信网络，可以低成本、短时间进入或退出市场，从而给在位企业造成竞争压力。

可竞争性理论建立在规模经济的基础之上，可是无成本进出市场意味着规模经济几乎不存在。Weitzman（1983）指出，如果进入与退出不产生任何沉没性支出，那么企业可以通过频繁的进出实现规模经济不变。例如，假设一个汽车企业的最低有效规模是每月生产 10 万辆汽车，但是市场需求每月仅有 5 万辆，也就是说存在规模经济不匹配问题。这时企业可以每年用6个月生产足以供一年销售的数量,而另外6个月则退出市场,甚至每生产一个月后退出一个月,这样就避开了规模经济的问题。因此在可竞争条件下,我们似乎根本无须关心规模经济问题,这样可竞争性也失去了意义。

针对这个评论,Baumol等(1983)争辩说,很多产品和服务都不能储存,而生产也不一定是无限可分的,因此不能通过频繁进出降低成本。例如,假设在某条航空线路上,最经济的机型是300个座位的大飞机,但是每期的需求只有100人,这时不可能用大飞机在1/3的时间内运送客人,因为航空运输服务不可储存。

总之,可竞争均衡的思想在经济学理论上有一定意义,但是从实践的角度看,是否有显著现实意义仍存在争议。

1.4 范围经济

在现实世界中,很少有企业仅生产单一的产品,它们大多生产一个或多个系列的产品,甚至同时生产完全不相关的产品。例如,许多矿藏具有共生现象,如金银、铜金、铅锌等,使得很多矿山同时生产若干种大宗商品;石油化工企业大多同时提供很多种类不同的化工产品,如炔烃、烯烃、芳烃、合成气;大型家用电器制造商通常同时提供许多不同类别的电器,比如海尔集团生产冰箱、空调、洗衣机、电视机、各种小家电等;网络销售平台,比如淘宝网、京东、亚马逊,不仅提供销售服务,而且提供各种数据、咨询甚至金融服务。范围经济的形成经常是因为不同产品的研发和生产需要"共享"相同的人力资源、无形资产或固定资产。范围经济的存在使得通常意义下的"平均成本"无法定义,但是仍然可以定义"边际成本"。

范围经济的一般性定义由Panzar & Willig(1981)提出,这里我们仅讨论最简单的情形。如果企业生产两种产品(记为1和2),那么企业的成本函数可写为$c(q_1,q_2)$。如果对任意产量$q_1,q_2 \geqslant 0$,成本$c(q_1,q_2)$满足

$$c(q_1,0)+c(0,q_2) \geqslant c(q_1,q_2)$$

那么我们说这个企业的生产技术具有"弱"范围经济。如果上述不等式取严格不等号,那么我们称之为"严格"范围经济。如果上述不等式反转,那么我们称之为范围不经济。类似地,如果企业生产三种产品(记为1,2和3),那么企业的成本

函数可写为 $c(q_1,q_2,q_3)$。如果对任意 $q_1,q_2,q_3 \geq 0$，有

$$c(q_1,0,0)+c(0,q_2,0)+c(0,0,q_3) \geq c(q_1,q_2,q_3)$$

那么任意两种产品之间都有生产上的范围经济。

一个面临市场价格 $(p_1,\cdots,p_n)$ 的多产品完全竞争企业求解以下最优化问题

$$\max_{q_1,\cdots,q_n} p_1 q_1 + \cdots + p_n q_n - c(q_1,\cdots,q_n)$$

当成本函数 $c(q_1,\cdots,q_n)$ 为凸函数时，这个问题的内部解满足一阶导数条件

$$\frac{\partial c(q_1,\cdots,q_n)}{\partial q_i} = p_i, \quad i=1,\cdots,n$$

即每种产品的边际成本等于该产品的市场价格，注意到每种产品的边际成本可能与其他产品的产量有关。从上式可以解出这个企业的供应函数，加总之后可得市场供应函数，均衡价格由市场出清条件决定。例 1-5 演示了当两个无关产品之间存在特定范围经济时，完全竞争的均衡状况。

例 1-5 假设有 n 个同质的企业，每个企业生产两种产品，分别记为 1 和 2。每个企业的成本函数为

$$c(q_1,q_2) = K + q_1^2 + q_2^2$$

这个成本函数显然满足上述范围经济的定义，且对两种产品而言是对称的。假设消费者对产品 1 和产品 2 的需求函数分别为

$$Q_1 = A - p_1 \quad \text{和} \quad Q_2 = B - p_2$$

在短期，记市场均衡价格分别为 p_1 和 p_2。企业作为价格接受者，求解以下利润最大化问题

$$\max_{q_1,q_2} p_1 q_1 + p_2 q_2 - (K + q_1^2 + q_2^2)$$

从这个问题的一阶导数条件可解出企业生产这两种产品的最优产量分别为

$$q_1 = \frac{p_1}{2} \quad \text{和} \quad q_2 = \frac{p_2}{2}$$

这实际上就是每个企业的供应函数，于是市场总供应函数分别为

$$Q_1 = \frac{np_1}{2} \quad \text{和} \quad Q_2 = \frac{np_2}{2}$$

由市场出清条件

$$A - p_1 = Q_1 = \frac{np_1}{2} \quad \text{和} \quad B - p_2 = Q_2 = \frac{np_2}{2}$$

我们可以得到均衡价格

$$p_1 = \frac{2A}{n+2} \quad \text{和} \quad p_2 = \frac{2B}{n+2}$$

从上式可见，虽然企业的成本函数对两个产品是对称的，但是其中市场需求较高的产品的均衡价格较高，反之较低。将上式代入企业利润表达式，得到每个企业的利润为

$$\pi = \frac{A^2 + B^2}{(n+2)^2} - K$$

当上式非负时，即为企业的短期均衡利润，否则部分企业会停止生产以避免损失（注意到 K 为固定成本，而非沉没成本）。当产品的市场需求较高，或企业个数较少，或固定成本较低时，企业的短期利润较高。

在长期，均衡状态下的企业个数 n^* 应使得企业利润为零，即 $\pi(n^*)=0$，否则会有企业进入或退出市场。从前面的利润表达式我们有

$$n^* = \sqrt{\frac{A^2 + B^2}{K}} - 2$$

当产品的市场需求较高，或固定成本较低时，均衡的企业个数较多。

1.5* 不确定需求

在一个完全竞争市场模型中，由于"价格接受者"假设，市场上通常只有一个价格，而且市场供求双方通常是平衡的，但这与现实世界中的情况并不完全一致。尽管许多市场是高度竞争的，可是经常同时存在不同的价格，而且市场也不总是出清。

从需求不确定的角度可以对这种现象给出一个解释。Prescott(1975)这篇宏观经济学论文以旅馆客房为例，简单解释了价格差异和产能过剩现象。假设每天的住店客人数量不确定，服从特定概率分布，记该分布函数为 $F(n)$。假设客房都是同质的，每个进入旅馆的客人仅需要一间客房，即"单位需求"。客人总是先选择价格较低的客房入住。记价格不高于 p 的客房数量为 $H(p)$，那么在一天之中，价格为 p 的客房被售出的概率为 $1-F(H(p))$。假设这个旅馆市场是完全竞争的，提供一个客房每天的成本为 c，且企业均为风险中性。

在均衡状态下，每间客房能够获得的期望利润应为零。如果客房的价格必须在客人到来之前确定，那么市场均衡的价格 p 应满足

$$[1 - F(H(p))]p = c$$

即售出的概率乘以价格等于企业的边际成本。满足这个零利润条件的价格不唯一，低价格的房间售出概率较高，而高价格的房间售出概率较低。另外，这个市

场在事后并不总能出清,可能出现房间空置的现象。

Bryant(1980)利用博弈论工具对 Prescott(1975)的思想作了进一步的分析。Bryant 强调潜在进入者对市场竞争程度的决定作用,指出需求的不确定性和事先设定价格的行为导致了价格差异。例 1-6 给出一个基于下降需求函数和消费者人数不确定的完全竞争例子。

例 1-6 企业生产不可以储存的产品,每个企业的最小有效规模为 1,平均成本的最小值也假设为 1。每个消费者的需求函数为 $q=A-p$,其中参数 A 足够大。从企业角度看,进入市场的消费者人数 x 为随机变量,满足

$$\text{prob}(x=30)=\frac{2}{3} \text{ 和 } \text{prob}(x=60)=\frac{1}{3}$$

也就是说,至少会有 30 个消费者会进入市场,而另有 30 个消费者以 1/3 的概率出现。我们假设消费者"排队"进入市场,他们总是先选择市场上价格最低的产品。如果出现供过于求,意味着部分高价格企业的产品不能完全被售出,那么假设售价相同的企业有着相同的存货售出比例。企业可自由进出市场,它们必须在消费者数量实现之前决定自己的产量和定价。我们仅考虑长期均衡结果。

这个"完全竞争"市场的纳什均衡是,企业将分成两组,即低价格组和高价格组。其中低价格组的产出被售出的概率为 1,价格等于企业的平均成本最小值(也就是在最小有效规模的边际成本),即 1,每个消费者的购买量为 $(A-1)$。高价格组的产出被售出的概率仅为 1/3,价格等于企业的平均成本最小值的 3 倍,即 3,每个消费者的购买量为 $(A-3)$。在产量方面,低价格组的总产量为 $30(A-1)$,而高价格组的总产量为 $30(A-3)$。由于每个企业的产量为 1,总产量也即企业个数。

在以上描述的价格-产量配置中不难看出,每个企业的期望利润均为零。特别地,高价格企业虽然从售出的产品中获得利润,但是有 2/3 的概率无法卖出其产品,期望利润仍为零。而且,没有哪个企业有动机改变其价格或产量,否则要么出现亏损,要么被潜在的进入者所取代。因此,这个价格-产量配置是一个完全竞争均衡。

1.6* 多策略变量的完全竞争市场

前面讨论的模型均假设企业按单一线性价格出售产品,消费者可以根据定价决定购买量。但是在许多情况下,企业的价格方案可能是复杂的,而消费者也

未必可以自由选择购买量。例如在保险市场，一个保险产品经常需要用多变量描述，包括保险费、赔偿金等。同时，对于很多保险产品，保险公司不允许消费者重复购买。

在长期均衡中，只有那些能在保证企业获得非负利润前提下，对消费者最有利的定价方案，才能在市场上稳定存在。非负利润是企业持续经营的必要条件，在这个前提下，如果一个价格方案不能最大化消费者效用，那么会有更好的价格方案出现并取而代之。在单一线性定价情况下，一般是价格越低对消费者越有利，但在涉及多变量的复杂定价情况下，企业需要寻找最优的变量组合。下面我们通过一个尽可能简化的保险市场模型，来演示复杂定价情况下的完全竞争均衡。

假设保险的消费者是同质的，一个代表性的消费者拥有初始财富 w，同时面临一个风险，即以 $p<1$ 的概率损失 $L<w$ 的财富。消费者是风险厌恶的，代表其风险态度的"贝努利（Bernoulli）效用函数"为 $u(x)$，定义在消费者事后财富之上，满足 $u'(.)>0$ 和 $u''(.)<0$。于是消费者在事前的期望效用为

$$U(x_1, x_2) = (1-p)u(x_1) + pu(x_2)$$

其中 x_1 是消费者在没有遭受损失时的财富水平，x_2 是消费者遭受损失时的财富水平。

保险公司是完全竞争的，他们提供的保险方案可以描述为 (y_N, y_L)，其中 y_N 代表消费者付给保险公司的保险费，而 y_L 代表消费者在产生损失时从保险公司获得的净赔偿（即赔偿金减去保险费）。保险公司从每个消费者获取的期望利润为

$$(1-p)y_N - py_L$$

注意到，一个保险公司通常为很多风险相互独立的消费者提供服务，由于不确定性会相互抵消，保险公司并不会承担很大风险，因此我们通常假设保险公司是风险中性的。

保险方案 (y_N, y_L) 必须能够在保险公司获得至少零利润的前提下，最大化消费者效用，因此是以下最优化问题的解

$$\max_{y_N, y_L}(1-p)u(w-y_N) + pu(w-L+y_L)$$
$$\text{s. t. } (1-p)y_N - py_L \geq 0$$

这个最优化问题的拉格朗日（Lagrangian）函数为

$$L(y_N, y_L; \lambda) = (1-p)u(w-y_N) + pu(w-L+y_L) + \lambda[(1-p)y_N - py_L]$$

其中 $\lambda \geq 0$ 为拉格朗日乘数。这个最优化问题的一阶导数条件（或"Kuhn-Tucker 条件"）为

$y_N: u'(w-y_N)-\lambda \leqslant 0$,当 $y_N>0$ 时取等号；

$y_L: u'(w-L+y_L)-\lambda \leqslant 0$,当 $y_L>0$ 时取等号；

$\lambda: (1-p)y_N - py_L \geqslant 0$,当 $\lambda>0$ 时取等号

如果 $\lambda=0$,那么前两个条件与 $u'(.)>0$ 矛盾,因此我们有 $\lambda>0$ 且

$$(1-p)y_N - py_L = 0$$

从这个等式可以看出, y_N 和 y_L 要么均为零,要么均为正。前者意味着消费者不购买保险,后者意味着

$$u'(w-y_N) = u'(w-L+y_L) = \lambda$$

由于 $u''(.)<0$,函数 $u'(.)$ 是单调递减函数,这时我们有

$$w-y_N = w-L+y_L, \text{ 即 } y_N + y_L = L$$

也就是说,保险公司会提供完全保险,使得购买保险的消费者不再承担任何风险。由上式和零利润条件,我们可解出

$$y_N = pL \quad \text{和} \quad y_L = (1-p)L$$

无论在什么状态下,消费者均消费财富 $w-pL$。利用贝努利效用函数 $u(.)$ 的上凸性质不难验证,完全保险方案 $(pL,(1-p)L)$ 优于零保险方案 $(0,0)$,即

$$u(w-pL) > (1-p)u(w) + pu(w-L)$$

因此, $(pL,(1-p)L)$ 是这个完全竞争保险市场的均衡保险方案。

在图 1-12 中,横轴代表消费者在没有遭受损失时的财富水平,纵轴代表消费者遭受损失时的财富水平,中间的射线与两个轴均构成 45°夹角,两条凸向原点的曲线是消费者的"无差异曲线"。图中 A 点代表消费者不购买保险时的情况,这时消费者在两种状态下分别消费财富 w 和 $w-L$,而位于 45°线上的 B 点代表消费者购买保险时的情况,这时消费者在两种状态下均消费财富 $w-pL$,即不再承担风险。连接 A 点和 B 点的直线代表了所有能使得保险公司获得零利润的保险方案,其中只有 B 是均衡方案。

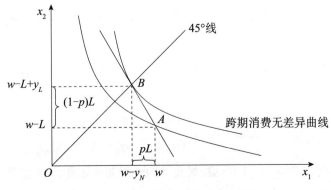

图 1-12 完全竞争的保险市场

本章小结

本章讨论企业为"价格接受者"的完全竞争市场,主要结论有:
- 完全竞争企业的产量选择应使得企业的边际成本等于市场价格。
- 完全竞争企业在短期可能获得经济利润,但在长期获得零的经济利润。
- 在一个完全竞争经济体的长期均衡中,社会福利实现最大化。
- 如果在市场进入过程中产生沉没成本,那么只有在企业预期进入后将获得一定经济利润的前提下,才会选择进入。
- 当政府对完全竞争市场的产品征收商品税或进行补贴时,可能对经济体中的价格体系和资源配置产生影响。
- 完全竞争企业被动接受市场价格可能是由于存在"潜在竞争者",尤其是当企业进入和退出市场的沉没成本很低时。
- 当存在范围经济时,完全竞争企业的边际成本定价原则仍然成立。
- 当市场需求不确定时,一个完全竞争市场可能出现多价格均衡。
- 在多策略变量的完全竞争市场中,长期均衡应在企业获得非负利润的前提下,最大化消费者效用。

习 题

1. 某市场已有 8 个完全竞争的企业,每个企业的成本函数都为 $C(q)=1+\frac{1}{3}q^3$,市场需求函数为 $Q=180-P$。请找出这个市场的短期和长期均衡价格。

2. 某完全竞争市场中企业的成本函数为 $C(q)=1+q^2$,市场需求为 $Q=12-P$。

(1) 请找出这个市场的长期均衡价格和均衡企业个数。

(2) 假设由于某外部原因,每个企业的成本函数下降为 $C(q)=1+\alpha q^2$,其中 α 小于但是接近 1。在(1)中的企业个数下,请找出这个市场的短期均衡价格和每个企业的利润。

3. 在一个矿业市场中共有 10 个企业,每个企业均为价格接受者。由于资源约束,没有潜在进入者。每个企业的边际成本为

$$MC(q)=\begin{cases} q, & 0\leqslant q\leqslant 12 \\ +\infty, & q>12 \end{cases}$$

(1) 若市场需求为 $P=110-Q$,找出市场(短期)均衡价格和产量。

(2) 若市场需求为 $P=150-Q$,找出市场(短期)均衡价格和产量。

4. 在例1-4中,假设商品税是向消费者征收的,请找出市场的短期和长期均衡价格及交易量。

5. 在一个完全竞争市场中,假如政府对每个企业每年征收一定数额的税收,那么会对市场的长期均衡(每个企业的产量、企业个数、市场价格、社会福利)产生什么影响?

6. 某产品由一个(连续统的)国内企业和一个(连续统的)国外企业生产,两个企业都是"价格接受者"。企业的成本函数均为 $C(q) = \dfrac{q^2}{2}$。记两个企业的产量分别为 q_d 和 q_f,市场的反需求函数为 $p = 3 - q_d - q_f$。假设本国政府对每单位进口产品征收关税 $t > 0$。

(1) 找出这个完全竞争市场的均衡价格和两个企业的产量。

(2) 计算本国消费者剩余 CS,本国企业利润 π,以及本国政府关税收入 T。

(3) 当税率 t 很小时,关税对本国的总福利 $CS + \pi + T$ 有何影响?

7. 两种产品(分别记为 1 和 2)必须同时生产,企业的成本函数为
$$c(q_1, q_2) = 50 + \frac{1}{2}q_1^2 + q_2$$
消费者对产品 1 和产品 2 的需求函数分别为
$$Q_1 = A - p_1 \quad \text{和} \quad Q_2 = B - p_2$$
市场可以自由进出,企业均为"价格接受者"。请找出这两种产品的长期均衡价格。

8. 在1.6节的保险模型中,假设完全竞争的保险公司可以按线性价格出售保险,即对每单位的(仅在出现损失时支付)赔偿金按价格 m 出售给消费者。消费者可以决定保险的购买量 q,这样总保险费支出为 qm。

(1) 长期均衡的保险价格 m 是多少?

(2) 每个消费者的购买量 q 是多少?

参考文献

Baumol, W., 1982, "Contestable Markets: An Uprising in Theory of Industry Structure", *American Economic Review*, 72(1): 1—15.

Baumol, W., J. Panzar and R. Willig, 1983, "Contestable Markets: An Uprising in Theory of Industry Structure: Reply", *American Economic Review*, 73(3): 491—496.

Bryant, J., 1980, "Competitive Equilibrium with Price Setting Firms and Stochastic

Demand", *International Economic Review*, 21(3):619—626.

Demsetz, H., 1968, "Why Regulate Utilities", *Journal of Law and Economics*, 11(1):55—66.

Diamond, P., 1971, "A Model of Price Adjustment", *Journal of Economic Theory*, 3(2):156—168.

Harberger, A. C., 1954, "Monopoly and Resource Allocation", *American Economic Review*, 44(2):77—87.

Panzar, J. and R. Willig, 1981, "Economies of Scope", *American Economic Review*, 71(2):268—272.

Prescott, E., 1975, "Efficiency of the Natural Rate", *Journal of Political Economy*, 83(6):1229—1236.

Salop, S., 1977, "Bertrand Revisited: The Non-existence of Purely Competitive Equilibrium without an Auctioneer", Working paper, Board of Governors of the Federal Reserve System.

Salop, S. and J. Stiglitz, 1977, "Bargains and Ripoffs: A Model of Monopolistically Competitive Price Dispersion", *Review of Economic Studies*, 44(3):493—510.

Weitzman, M., 1983, "Contestable Markets: An Uprising in Theory of Industry Structure: Comment", *American Economic Review*, 73(3):486—487.

第二章
垄　断

只有单一的产品卖方,没有潜在的竞争者,这样的市场即为垄断市场。由于"只此一家,别无分店",消费者对垄断产品的需求只能从一个特定企业获取。在现实世界,严格市场经济意义下的垄断并不多,绝大多数企业都面临或多或少的竞争,很少有完全不可替代的物品。简单地说,一个企业的产品与其他企业的产品相比独特程度越高,企业的垄断力量越强。

在经济学理论研究中,如果讨论的问题不涉及相互竞争的企业之间的策略性互动,而只是关注企业的单方面决策,那么采用垄断模型既比较简单,又能抓住重点。反之,如果在研究的问题中需要强调企业之间的博弈,那么应考虑寡头或其他模型。

◆ 引导案例

基金经理 Martin Shkreli 和抗感染药 Daraprim

2015 年 8 月,年轻的对冲基金经理 Martin Shkreli 控制的 Turing 医药公司获得了一种叫 Daraprim 的药品的经营权,该公司随即将该药品的价格从每片 13.5 美元提高到每片 750 美元,在美国社会引起强烈反响,包括多位总统候选人在内的各界人士强烈谴责该行为。但是 Shkreli 争辩说,他所做的一切都是合法的。尽管如此,迫于强大的舆论压力,Turing 公司也在考虑适当降低价格。

Daraprim 是世界卫生组织认定的一种基础药物,用于治疗寄生虫感染,这种药对免疫力缺乏的人群特别是怀孕妇女极为重要,如果不能获取药品进行治疗,病人可能导致癫痫、失明,婴儿出生缺陷甚至死亡。Daraprim 已经问世 60 多年,没有专利保护,生产工艺也十分简单,长期以来是一种无利可图的产品,以至于几乎没有药企愿意生产。在 Shkreli 戏剧性地提高价格后,Daraprim 突然就成了一种暴利产品,但是其他企业要进入这个产品市场却存在很高的成本,因为美国食品与药品管理局(FDA)对于新药有极为严格的批准程序,只有通过大量临床试验,证明新药能够达到与 Daraprim 同样的疗效,才能进入市场。由于 Turing

公司非常严格地控制着 Daraprim 的产品分销,使得其他药企很难获得样本进行对比检验。因此 Turing 公司可以在相当长的时间内保持可观的市场垄断力量。

资料来源:https://en.wikipedia.org/wiki/Martin_Shkreli,访问时间 2020-7-25。

本章概要

垄断的形成	垄断企业定价	成本和税收
社会福利	双重垄断	面临竞争者的优势企业
不确定需求	买方垄断	

2.1 垄断的形成

垄断经常意味着企业可以获得巨额利润,因而其他竞争者很可能有动机进入市场分享利润。为了形成稳定的垄断市场结构,垄断企业必须能够有效阻止其他竞争者的进入。常见的阻止进入方式包括以下几种。

(1)关键生产要素的独占。一些行业有其特有的关键生产要素,包括技术专利、技术秘密、自然资源等。为了鼓励企业和个人投资于创新,许多国家通过专利法向技术的发明者提供一定年限(如 20 年)的排他性保护,专利拥有者可以获得利用相关技术进行制造、使用、销售等的独占权,这种保护提高了竞争者的进入成本。在有效保护的情况下,专利拥有者可以成为某个创新产品或服务的独家供应者,这样就形成了垄断。在医药和化工领域,通过专利保护形成的垄断市场比较常见。专利保护的前提是部分技术原理公开,在许多技术高度复杂的行业,申请专利可能导致技术的泄露,因此在专利保护不够完善的情况下,企业经常选择通过保密来维持技术领先和市场垄断,这就是技术秘密。类似于对生产技术的独占,对某些关键自然资源如矿产、森林、土地、交通设施等的独占也可以支持企业在特定区域的市场垄断地位。

(2)规模经济。首先,市场进入的巨额沉没成本或固定成本可能导致垄断。如果企业为进入市场必须大量投资于专用固定资产,那么在一定时期内可能没有新企业有足够的资金能力完成进入。即使克服资金门槛实现进入,竞争也可能使得前期的投资难以收回。预见到这个结果,潜在进入者可能放弃进入。其次,网络效应可能导致垄断。现代经济中一种常见的规模经济现象是网络效应,即企业服务的消费者规模越大,消费者从企业提供的产品中获得的效用越高。例如,一个家用电器企业的消费者规模越大、越密集,企业的售后服务网络的效率就越高,消费者就越不用担心产品的质量问题;一个计算机操作系统的使用者越多,基于该系统的应用软件就会越多,消费者获得使用价值也越高;一个社交通信、电子商务或银行转账系统的规模越大,消费者越能够便利地找到交流或交易的对象。由于这个特征,消费者倾向于选择加入最大的网络,这样从产业角度看,就可能出现"赢家通吃"的现象。网络效应使得新企业的进入十分困难,而且新企业的进入也未必对社会有益,因此经常形成垄断的局面。

(3)在位企业的策略性行为。进入门槛也可能是由于在位企业的进入阻止策略造成的,例如,如果在位企业利用其较强的财务实力,始终坚持对新进入者发起价格战,令其发生亏损而被迫退出,那么就能够有效地阻吓未来的潜在进入者。

(4)政府授权。由于各种原因,政府经常通过行政授权,赋予一家企业在特定行业、区域和时期的排他性经营权,从而形成垄断。行政性垄断的目的可能是维持国民经济稳定,保护特定国家利益,发挥产业规模经济,解决消费和生产中的外部性问题,或增加政府收入等。也有一些行政性垄断可能仅仅是历史遗留现象,如食盐专营制度。需要注意的是,在自来水、电力、天然气、邮电等行业,政府经常会指定一家企业独家运营相关产业,虽然单一供应商的市场结构很像垄断,但是这些企业在经营上受到政府的规制,例如实行政府定价、承担"普遍服务"义务等,其行为与不受约束的垄断企业有很大不同。

2.2 单一产品垄断定价

基本模型

垄断企业通过适当的定价方式追求利润最大化。与完全竞争企业不同,垄断企业具有较强的定价能力,可以自主选择价格和产量。企业选择的定价方式取决于企业面临的各种约束,包括信息、法律、惯例等。本节我们讨论生产单一产品的垄断企业的最优线性定价。线性定价意味着企业仅选择一个单价,允许消费者自主决定购买的数量。线性定价具有简单方便的优点,但是由于它给了消费者选择购买数量上的自由,使得企业攫取消费者剩余的能力受到限制,因此一般来说不是最优的定价方式。但是如果企业缺乏关于个体消费者需求的精确信息，或无法限制消费者之间的二次交易，或受到法律约束等，那么往往不得不采用线性定价。

对于一个垄断企业而言，市场需求就是企业面临的需求。由于需求曲线决定了销售价格和销售量之间的对应关系，在线性定价情况下，一个垄断企业选择价格和选择产量是等价的。如果企业选择以产量作为策略变量，那么销售价格由市场需求决定。反之，如果企业选择价格作为策略变量，那么产量由需求决定。在以下的讨论中，我们假设企业通过选择产量来实现利润最大化。

记一个垄断企业面临的(反)需求函数为 $p(q)$，对任意 $q \geqslant 0$，满足 $p(q) \geqslant 0$，$p'(q) \leqslant 0$。为了简化数学分析，我们假设 $p(q)q$ 是一个关于 q 的"拟凹"(quasi-concave)函数。企业的总成本函数记为 $c(q)$，对任意 $q \geqslant 0$，满足 $c(q) \geqslant 0$，$MC(q) = c'(q) \geqslant 0$，以及 $c''(q) \geqslant 0$，即假设 $c(q)$ 为非递减的凸函数。这些假设条件是垄断企业的利润最大化问题存在最优解的充分(但不必要)条件。垄断企业可以选择产量或价格作为决策变量。当 $p'(q) < 0$ 时，产量和价格之间是一一对应关系，因此选择产量和选择价格作为决策变量是等价的。

当垄断企业选择产量作为决策变量时，其利润最大化问题为

$$\max_{q \geqslant 0} \pi(q) = p(q)q - c(q)$$

这个最优化问题的解 q^m 由以下一阶导数条件给出

$$p'(q^m)q^m + p(q^m) - MC(q^m) \leqslant 0，且当 q^m > 0 时取等号$$

如果企业成本过高(例如固定成本过高)或需求过低，那么这个垄断企业无法获得非负利润，因而放弃运营，即选择 $q^m = 0$。除去这种特殊情况，企业的最优产量 q^m 满足

$$p'(q^m)q^m + p(q^m) = MC(q^m)$$

上式左边代表企业在产量为 q^m 时的边际收益(marginal revenue, MR)，右边代表边际成本(marginal cost, MC)，最优产量 q^m 应使得边际收益等于边际成本。垄断价格由需求函数决定，即 $p(q^m)$。从直观上看，如果额外生产并销售一个单位产品所获得的收入大于其成本，那么企业就应该继续增加产量，反之，如果额外销售一个单位产品获得的收入低于其成本，那么这个产品不应该被生产。在 $q^m > 0$ 的前提下，垄断企业的定价仅与其边际成本有关，而与固定成本无关，但是过高的固定成本可能促使企业退出市场。

垄断企业的产量决策可以用图 2-1 表示。我们注意到，由于需求函数是下降的，即 $p'(q) \leqslant 0$，边际收益总是小于市场价格 $p(q)$，这意味着边际收益曲线总位于需求函数的下方。边际收益曲线与边际成本曲线的交点决定企业的最优产量 q^m。垄断企业的总收益 $p^m q^m$ 可用图中的矩形 $Oq^m M p^m$ 代表，总收益也等于积

分 $\int_0^{q^m} MR(q) dq$，用边际收益曲线以下在$[0, q^m]$之间的面积代表。企业的成本等于"可变成本"$\int_0^{q^m} MC(q) dq$再加上固定成本，其中可变成本可用边际成本曲线以下在$[0, q^m]$之间的面积代表。因此，在不考虑固定成本的情况下，垄断企业的"毛利润"在图中由两个等价的面积描述。

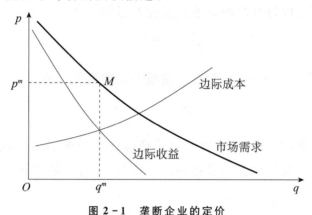

图 2-1　垄断企业的定价

在最优产量 q^m 严格为正的情况下，上述最优化条件可以改写为

$$\frac{p^m - MC^m}{p^m} = \frac{1}{-\varepsilon^m} \quad \text{或} \quad p^m = \frac{\varepsilon^m}{\varepsilon^m + 1} MC^m$$

其中 ε^m 为市场需求在垄断产量下的价格弹性，注意到这是一个内生的需求弹性值。由于价格不低于边际成本，我们有

$$0 \leqslant \frac{p^m - MC^m}{p^m} \leqslant 1$$

结合前面的一阶导数条件，我们立刻有以下结论。

结论 1　在垄断企业的最优产量或价格下，市场需求的价格弹性绝对值不小于 1。

人们通常认为，垄断企业之所以能够收取很高的价格，是因为消费者在市场上难以找到替代品，对垄断企业产品的需求弹性很小（即 $|\varepsilon| < 1$）。这个观点有一定道理，但是应该注意到，这里所说的需求弹性指的是当价格接近于边际成本时的需求弹性，或者说当价格比较低时的需求弹性。当价格位于垄断企业的最优价格时，消费者的需求一定是比较有弹性的（即 $|\varepsilon| > 1$）。事实上，如果在某个价格下，消费者的需求对价格没有弹性，那么垄断企业没有理由不进一步提高价格，以获取更高的利润，也就是说，该价格不可能是垄断企业的最优价格。

例 2-1　假设一个垄断企业面临价格弹性为常数的需求

$$p(q) = q^{-\frac{1}{a}} \quad \text{或} \quad q(p) = p^{-a}, \text{其中参数 } a > 1$$

这个需求的价格弹性为常数 $-a$，与价格水平无关。假设垄断企业的边际成本为常数 c。

在不考虑固定成本的情况下，垄断企业的利润函数为

$$\pi(q) = p(q)q - c(q) = q^{1-\frac{1}{a}} - cq$$

从一阶导数条件可以得出垄断企业的最优产量为

$$q^m = \left(\frac{a-1}{ac}\right)^a$$

将最优产量 q^m 代入需求函数，即得出垄断企业的最优价格

$$p^m = \frac{ac}{a-1}$$

在这个例子中，由于消费者的需求价格弹性和企业的边际成本均为常数，我们也可以直接使用前面包含需求弹性的一阶导数条件，最优垄断价格为

$$p^m = \frac{\varepsilon^m}{\varepsilon^m + 1}MC^m = \frac{-a}{-a+1}c = \frac{ac}{a-1}$$

这时垄断价格与边际成本成比例，而且是需求弹性（绝对值）a 的减函数。需求弹性的绝对值越大，垄断企业提高价格的能力越有限，例如当 $a = 2$ 时，$p^m = 2c$；当 $a = 3$ 时，$p^m = 1.5c$。

例 2-2 假设一个垄断企业面临线性的需求

$$p(q) = A - bq$$

边际成本函数为常数 c。各参数满足 $A > c \geqslant 0$ 和 $b > 0$，我们仅考虑价格和产量均为非负的情形。

企业利润函数为

$$\pi(q) = (A - bq)q - cq$$

企业的边际收益为 $MR(q) = A - 2bq$，由边际收益等于边际成本决定的企业的最优产量为

$$q^m = \frac{A-c}{2b}$$

将最优垄断产量代入反需求函数，得到最优价格为

$$p^m = \frac{A+c}{2}$$

垄断企业的利润为

$$\pi^m = \frac{(A-c)^2}{4b}$$

最优价格下的需求弹性为 $-\dfrac{A+c}{A-c}$。

这个例子可用图 2-2 描述。在图中的产量-价格平面坐标系中，需求曲线 $p(q)=A-bq$ 的斜率为 $-b$，边际收益曲线 $MR(q)=A-2bq$ 的斜率为 $-2b$，边际成本曲线 $MC=c$ 是高度为 c 的水平线。这时边际收益曲线实际上是需求曲线与坐标轴围成的三角形的一条中线。边际收益曲线与边际成本曲线的交点所对应的产量 q^m 即为垄断企业的最优产量，而该产量对应的市场价格 p^m 即为垄断企业的最优价格。

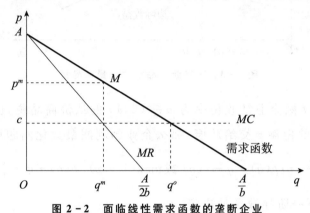

图 2-2　面临线性需求函数的垄断企业

商品税

假设政府对垄断企业的产品从量征收 t 每单位的商品税，不妨由企业直接支付。给定产量 q，记 $p(q)$ 为消费者支付的价格，这时企业实际获得的单位销售收入从 $p(q)$ 下降到 $p(q)-t$，这时垄断企业的利润最大化问题为

$$\max_{q\geqslant 0}(p(q)-t)q-c(q) \quad \text{或} \quad \max_{q\geqslant 0}p(q)q-(c(q)+tq)$$

假设存在内部解，垄断企业的最优产量 q^m 由以下一阶导数条件决定

$$p'(q^m)q^m+p(q^m)-t=c'(q^m) \text{ 或 } p'(q^m)q^m+p(q^m)=c'(q^m)+t$$

我们可以将从量商品税 t 的影响理解为，税收使垄断企业面临的反需求函数 $p(q)$ 降低至 $p(q)-t$，或者使企业的每单位生产成本上升 t。上述一阶导数条件可以改写成

$$\dfrac{p^m-(t+MC^m)}{p^m}=\dfrac{1}{-\varepsilon^m}$$

其中 ε^m 为最优解条件下的市场需求的价格弹性。如果垄断企业的最优产量为 $q^m(t)$，那么政府的税收收入为 $T=tq^m(t)$。如图 2-3 所示，从量商品税 t 使均衡从 M 点移动到 M' 点，消费者面临的价格上升，企业的产量下降。

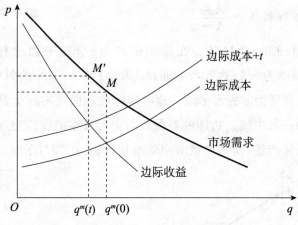

图 2-3 对垄断产品征收从量商品税

如果政府对垄断企业征收税率为 $v \in (0,1)$ 的从价商品税,也就是说企业需要将销售收入中的份额 v 交给政府,那么企业的利润最大化问题可写成

$$\max_q (1-v) p(q) \cdot q - c(q) \text{ 或 } \max_q (1-v) \left[p(q) \cdot q - \frac{c(q)}{1-v} \right]$$

内部解 q^m 由以下一阶导数条件决定

$$(1-v)[p'(q^m) \cdot q^m + p(q^m)] = c'(q^m) \text{ 或 } p'(q^m) \cdot q^m + p(q^m) = \frac{c'(q^m)}{1-v}$$

我们可以将从价商品税 v 对价格和产量的影响理解为,税收使企业面临的反需求函数 $p(q)$ 按 $(1-v)$ 的比例收缩至 $(1-v)p(q)$,或者使企业的成本上升至原来的 $\frac{1}{1-v}$ 倍。如果垄断企业的最优产量为 $q^m(v)$,那么政府的税收收入为 $T = vp(q^m(v))q^m(v)$。如图 2-4 所示,从价商品税使得均衡从 M 移动到 M',消费者

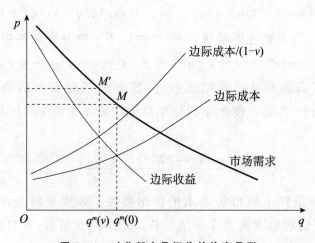

图 2-4 对垄断产品征收从价商品税

面临的价格上升,企业的产量下降。在从价商品税下,垄断企业的产量越高,价格就越低,因而企业承受的从量税率越低。因此,与从量商品税相比,从价商品税有助于鼓励企业降低价格。

2.3 多产品垄断企业

我们可以用类似于上一节的方法讨论多产品垄断企业的定价问题。如果在一个多产品垄断企业的各个产品之间,无论是生产还是需求方面都毫无关系,那么每个产品的定价都可以看作一个独立的过程,上一节的模型仍然适用。但是一般来说,一个垄断企业的各个产品之间往往存在各种各样的关系,包括消费者需求之间的关系和生产成本之间的关系,因此垄断企业在为每个产品确定价格或产量时,需要考虑对其他产品的影响。

假设某垄断企业生产两个产品,记为 1 和 2,其面临的反需求函数分别为 $p_1(q_1,q_2)$ 和 $p_2(q_1,q_2)$。这两个产品之间可能存在"替代"或"互补"的关系。如果该需求函数满足 $\frac{\partial p_1}{\partial q_2} < 0$,即当产品 2 的产量增加时,消费者愿意为产品 1 支付的价格下降,那么我们称产品 1 是产品 2 的"替代品"(substitute);反之,如果满足 $\frac{\partial p_1}{\partial q_2} > 0$,即当产品 2 的产量增加时,消费者愿意为产品 1 支付的价格上升,那么我们称产品 1 是产品 2 的"补充品"(complement)。

假设企业的总成本函数为 $c(q_1,q_2)$,通常应满足

$$\frac{\partial c(q_1,q_2)}{\partial q_1} \geqslant 0, \frac{\partial c(q_1,q_2)}{\partial q_2} \geqslant 0, \frac{\partial^2 c(q_1,q_2)}{\partial q_1^2} \geqslant 0 \text{ 和 } \frac{\partial^2 c(q_1,q_2)}{\partial q_2^2} \geqslant 0$$

多产品企业的生产成本可能具有"范围经济",即

$$c(q_1,q_2) \leqslant c(q_1,0) + c(0,q_2)$$

垄断企业的利润最大化问题可以描述为以下最优化问题

$$\max_{q_1,q_2 \geqslant 0} p_1(q_1,q_2) \cdot q_1 + p_2(q_1,q_2) \cdot q_2 - c(q_1,q_2)$$

不妨假设这个问题有内部解,且最优解 (q_1^m, q_2^m) 由以下一阶导数条件决定

$$\frac{\partial p_1(q_1,q_2)}{\partial q_1} q_1 + p_1(q_1,q_2) = \frac{\partial c(q_1,q_2)}{\partial q_1} - \frac{\partial p_2(q_1,q_2)}{\partial q_1} q_2$$

和

$$\frac{\partial p_2(q_1,q_2)}{\partial q_2} q_2 + p_2(q_1,q_2) = \frac{\partial c(q_1,q_2)}{\partial q_2} - \frac{\partial p_1(q_1,q_2)}{\partial q_2} q_1$$

这个垄断企业的最优产量或价格组合取决于消费者对两种产品的偏好和企业生产两种产品的成本结构。例如，如果提高产品 1 的销售量能够增加消费者对产品 2 的需求，或者提高产品 1 的生产量能够降低产品 2 的边际成本，那么企业会适当提高产品 1 的产销量。相比之下，如果两个产品分别由两个垄断企业生产，上述协同效应就难以实现。如果垄断企业的决策变量是价格，那么市场需求可记为 $q_1(p_1,p_2)$ 和 $q_2(p_1,p_2)$，而企业的最优化问题为

$$\max_{p_1,p_2} q_1(p_1,p_2) \cdot p_1 + q_2(p_1,p_2) \cdot p_2 - c(q_1(p_1,p_2),q_2(p_1,p_2))$$

假设两个产品互为替代品。如果两个产品分别由一个企业生产，那么企业之间存在竞争关系，每个企业的定价都会对另一个企业产生"外部性"，即较低的价格对其他企业不利。由于外部性无法"内部化"，最终形成较低的均衡价格。这种低价均衡对消费者有利，但是对企业不利，具体情况我们将在寡头模型中讨论。如果两个产品由一个垄断企业生产，那么上述企业间的外部性被充分内部化，形成较高的均衡价格。

假设两个产品互为补充品。如果两个产品分别由一个企业生产，那么每个企业的定价也会对另一个企业产生"外部性"，即较高的价格对其他企业不利，最终导致"过高"的均衡价格。如果两个产品由一个垄断企业生产，那么上述外部性被充分内部化，形成较低的均衡价格，这样对消费者和企业都有利。

例 2-3 考虑一个垄断企业的跨期定价问题。假设一个垄断企业生产单一产品，在两期内出售。每期的生产成本均为 $c(q)$，满足 $c'(q)>0$ 和 $c''(q)>0$。记两期的定价分别为 p_1 和 p_2。在第一期，企业面临的需求为 $q_1(p_1)$，满足 $q_1'(p_1)<0$。在第二期，需求为 $q_2(p_1,p_2)$，满足 $\dfrac{\partial q_2(p_1,p_2)}{\partial p_2}<0$ 和 $\dfrac{\partial q_2(p_1,p_2)}{\partial p_1}<0$，也就是说，第一期的低价格会提高消费者在第二期的需求。企业利润在两期之间的贴现因子为 $\gamma \in (0,1)$。垄断企业的利润最大化问题为

$$\max_{p_1,p_2 \geqslant 0} p_1 q_1(p_1) - c(q_1(p_1)) + \gamma [p_2 q_2(p_1,p_2) - c(q_2(p_1,p_2))]$$

假设有内部解，且由一阶导数条件决定，于是第一期的最优价格 p_1 满足

$$q_1(p_1) + p_1 q_1'(p_1) - c'(q_1(p_1)) q_1'(p_1)$$
$$= -\gamma [p_2 - c'(q_2(p_1,p_2))] \frac{\partial q_2(p_1,p_2)}{\partial p_1} > 0$$

上式左边一般是 p_1 的减函数，因此与两期需求相互独立的情形相比，考虑跨期定价的垄断企业在第一期的价格偏低。

与例 2-3 类似，我们可以讨论企业的生产成本具有跨期联系时的情形。企

业的生产成本经常具有"干中学"(learning-by-doing)效应,即前期的产量越高,后期的生产成本越低。在这种情况下,企业可能通过适当提高前期的产量,牺牲一部分前期利润,换取后期较低的成本和较高的利润。

2.4* 边际成本与垄断价格

一个垄断企业的最优价格或产量显然与其边际成本密切相关。一个很自然的问题是,较高的边际成本是否一定导致较高的垄断价格?答案是肯定的。从直观上看,垄断企业的边际收益一般是递减的,这意味着较高的边际成本必然对应较低的最优产量和较高的最优价格。

假设垄断企业可能采用两种生产技术,对应的成本函数分别为 $c_1(q)$ 和 $c_2(q)$。这两个成本函数满足条件

$$c'_1(q) > c'_2(q), \forall q > 0$$

也就是说,第一种生产技术的边际成本较高。记垄断企业在成本函数 $c_i(q)$ 下的最优价格和产量分别为 p_i^m 和 q_i^m,$i=1,2$。我们有以下结论:

结论 2 较高的边际成本导致较低的垄断产量和较高的垄断价格。

证明:根据利润最大化的定义,q_2^m 不一定是成本 $c_1(q)$ 下的最优产量,同样,q_1^m 不一定是成本 $c_2(q)$ 下的最优产量,因此以下两个不等式成立

$$p_1^m q_1^m - c_1(q_1^m) \geqslant p_2^m q_2^m - c_1(q_2^m) \text{ 和 } p_2^m q_2^m - c_2(q_2^m) \geqslant p_1^m q_1^m - c_2(q_1^m)$$

将两个不等式相加,即有

$$c_1(q_2^m) - c_2(q_2^m) \geqslant c_1(q_1^m) - c_2(q_1^m)$$

这个不等式可以改写为

$$\int_{q_1^m}^{q_2^m} [c'_1(x) - c'_2(x)] dx \geqslant 0$$

由于 $c'_1(q) > c'_2(q)$,我们必须有 $q_1^m \leqslant q_2^m$,即当采用边际成本较高的生产技术时,垄断企业的最优产量较低。证毕。

以上结论如图 2-5 所示。当一个垄断企业的边际成本从 MC_1 下降到 MC_2 时,企业会在一定程度上将边际成本上的节省转移给消费者。结论 2 的一个直接推论是,如果政府对垄断企业的产品征收商品税,那么将导致相关产品价格的上升。另外,结论 2 有一个特殊情形,如果消费者有单位需求,即仅购买一个单位的产品,那么最优产量可能不随边际成本变化,即 $q_1^m = q_2^m$。

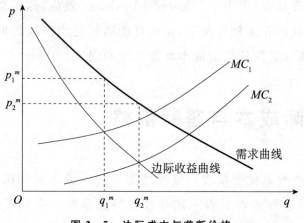

图 2-5 边际成本与垄断价格

关于垄断价格与边际成本的关系,进一步的问题是,价格上升幅度与边际成本上升幅度是什么关系?在前面的基准模型中,我们知道垄断价格满足

$$p^m = \frac{\varepsilon^m}{\varepsilon^m + 1} MC^m$$

由于需求的价格弹性 ε^m 一般严格小于 -1,因此 $\frac{\varepsilon^m}{\varepsilon^m + 1}$ 一般大于 1,这令人猜测垄断价格的变化幅度应大于边际成本的变化幅度。但是这个猜想是错误的,因为均衡状态下的需求弹性是内生决定的,本身可能与边际成本有关。事实上,Bulow & Pfleiderer(1983)指出,一个垄断企业的价格变化幅度既可能大于也可能小于边际成本的变化幅度。

例 2-4 假设一个垄断企业的边际成本为 c,其面临的(反)需求函数为 $p(q)$。考虑以下三个不同的需求函数情形。

(a) $p(q) = A - bq^\delta$,其中参数 $A, b, \delta > 0$。企业的利润为 $\pi(q) = (A - bq^\delta - c)q$。不难从一阶导数条件计算出企业的最优价格为 $p^m = \frac{A\delta}{1+\delta} + \frac{c}{1+\delta}$,因此 $\frac{dp^m}{dc} = \frac{1}{1+\delta} < 1$。也就是说在这个需求函数下,垄断价格的变化幅度小于边际成本的变化幅度。

(b) $p(q) = A - b\ln q$,其中 $A, b > 0$。企业的利润为 $\pi(q) = (A - b\ln q - c)q$,最优价格 $p^m = c + b$,因此 $\frac{dp^m}{dc} = 1$,也就是说,这时垄断价格变化的幅度等于边际成本变化的幅度。

(c) $p(q) = \beta q^{-\eta}$,其中 $\beta > 0, 0 < \eta < 1$。企业的利润为 $\pi(q) = \beta q^{1-\eta} - cq$,最

优价格 $p^m = \dfrac{c}{1-\eta}$，因此 $\dfrac{\mathrm{d}p^m}{\mathrm{d}c} = \dfrac{1}{1-\eta} > 1$，也就是说，这时垄断价格的变化幅度大于边际成本的变化幅度。

一个垄断企业的最优价格变化幅度与其边际成本的变化幅度之间没有确定的大小关系，而且还可能出现一种特殊情况，即在一定范围内，垄断价格可能完全不随边际成本变化而变化。如果市场需求函数不是"光滑"的，也就是说其一阶导数不连续，那么垄断企业的边际收益曲线也是不连续的。特别地，如果随着产量的增加，需求函数的斜率在某个产量水平上出现向下的跳跃，那么边际收益曲线会出现向下的跳跃，这时就会出现"价格黏性"现象，即在一定的边际成本变化区间内，垄断企业的最优价格保持不变。如图 2-6 所示，当需求曲线的斜率在 q^K 的发生跳跃时，边际收益曲线也在 q^K 发生跳跃，因此当边际成本曲线在 MC_1 和 MC_2 之间时，垄断企业的最优产量（q^K）和价格（p^K）不会发生变化。

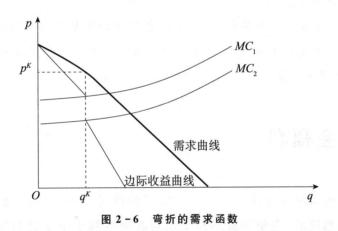

图 2-6 弯折的需求函数

如果一个垄断企业在较低的价格下没有竞争对手，而在较高价格下开始有竞争者进入市场，这时垄断企业就可能面临弯折的需求函数。例如在一个区域的电力市场，有一个垄断企业通过成本低廉的大型发电机组进行集中式供电。当电力价格较低时，这个企业没有竞争对手，电力用户在没有其他选项的情况下表现出特定的电力需求。但是，如果企业的供电价格超过一定水平，电力用户就会逐渐开始选择成本较高的分布式供电方式，诸如太阳能发电、风力发电、天然气发电等。因此，在较高价格下，垄断企业面临的需求函数的斜率可能发生突变。在这种情况下，垄断企业会尽量避免将价格设在该临界水平之上，以阻止竞争的出现，这样就可能出现垄断价格不随边际成本变化的现象。

例 2-5 某垄断企业的边际成本为 $c > 0$，不妨假设固定成本为零。企业面临的需求函数为

$$P(q) = \begin{cases} 120 - q, & 0 \leqslant q < 20 \\ 140 - 2q, & q \geqslant 20 \end{cases}$$

根据这个分段的需求函数,我们可以得出以下分段的边际收益函数

$$MR(q) = [P(q)q]' = \begin{cases} 120 - 2q, & 0 \leqslant q < 20 \\ 140 - 4q, & q \geqslant 20 \end{cases}$$

按照边际收益等于边际成本的定价法则,从 $120 - 2q = c$,我们有 $q = 60 - \frac{c}{2}$,这个产量是垄断企业的最优产量的条件是 $q = 60 - \frac{c}{2} < 20$,即 $c > 80$。注意到当 $c = 80$ 时,产量 $q = 20$,价格 $p = 100$。类似地,从 $140 - 4q = c$,我们有 $q = 35 - \frac{c}{4}$,这是最优产量的条件是 $q = 35 - \frac{c}{4} \geqslant 20$,即 $c \leqslant 60$。而且当 $c = 60$ 时,产量 $q = 20$,价格 $p = 100$。

当 $60 \leqslant c \leqslant 80$ 时,这个垄断企业的最优产量始终是 20,而价格始终是 100。也就是说,在边际成本区间 [60,80] 内,边际成本的变化不会带来价格的变化,即出现"价格黏性"的现象。

2.5 社会福利

垄断经常被政府或公众认为是一种"坏"的市场结构,原因主要有两个:一是从价值判断的角度看,垄断导致不利于消费者而有利于企业的交易条件,违反了"公平"原则;二是从经济效率的角度看,垄断经常导致低效率的资源配置,特别是导致价格体系的扭曲和企业经营者激励的弱化。但是,至少在理论上,垄断的影响也不完全是负面的,在某些情况下也可能具有提升社会福利的作用,需要进行具体分析。

无谓损失

垄断地位经常使得垄断企业的产品或服务的价格显著高于其边际成本,这样可能在经济体中形成相对价格的扭曲。从消费者选择的角度看,由于消费者面对有限的收入和无限的商品选择,必须最优地将其收入配置到各种商品之上,消费者在不同产品之间所做的品种和数量选择取决于各产品的相对价格。具体

而言,这通常要求消费者从各产品中获得的"边际效用"之比等于它们的价格之比(即相对价格)。但是从社会福利的角度看,消费者在不同产品之间的选择应该取决于各产品的相对边际成本,具体而言即边际效用之比应该等于边际成本之比。因此,当经济体中各种产品的相对价格不能准确反映这些产品的相对边际成本时,消费者的选择就会偏离社会最优选择,从而形成社会福利的损失。当垄断高价破坏合理的相对价格时,我们称其造成"无谓损失"(deadweight loss)。

在我们前面讨论的局部均衡模型中,反需求函数代表了消费者从产品中获得的以货币计量的"边际效用"。从社会福利的角度看,只要这个边际效用高于生产产品的边际成本,继续生产并交易就能提高社会福利。因此,社会最优的交易量,如图 2-7 中的 q^o 所示,应使得消费者的边际效用等于企业的边际成本。但是由于垄断的存在,实际的交易量,如图 2-7 中的 q^m 所示,仅仅使得垄断企业的边际收益等于企业的边际成本,因此 q^m 小于 q^o,交易不充分,从而形成无谓损失。

垄断的无谓损失可以用图 2-7 中的"Harberger 三角形"的面积代表。Harberger 三角形由市场需求曲线、边际成本曲线和垂直线 $q = q^m$ 三者所围成。当所有其他产品市场均为完全竞争且没有政府税收或补贴时,这个三角形能够比较准确地描述一个垄断市场的社会福利损失,否则可能高估该损失。垄断造成的无谓损失与商品税十分类似,都是由于特定市场的消费者面临过高的相对价格,从而选择过低的消费量,其中的高价格分别由企业的市场力量和政府的强制力量导致。

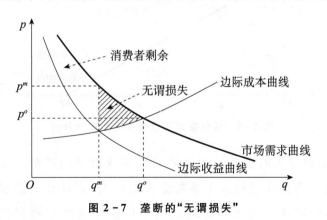

图 2-7 垄断的"无谓损失"

例 2-6 假设一个垄断企业面临市场反需求函数 $p(q) = A - bq$,总成本函数为 $c(q) = f + cq$,满足 $A > c \geqslant 0, b > 0$ 和 $f \geqslant 0$。

这个垄断企业的最优产量为 $q^m = \dfrac{A-c}{2b}$,最优价格为 $p^m = \dfrac{A+c}{2}$,利润为 $\pi^m = \dfrac{(A-c)^2}{4b} - f$。根据垄断价格和需求函数,我们可以通过对需求曲线积分,

计算出消费者剩余

$$CS^m = \int_0^{q^m} (A - bq - p^m) \mathrm{d}q = \frac{(A-c)^2}{8b}$$

社会总福利为消费者剩余与企业利润之和

$$W^m = CS^m + \pi^m = \frac{3(A-c)^2}{8b} - f$$

如果企业的定价为边际成本 c,那么企业的利润为 $\pi^o = -f$,而消费者福利为

$$CS^o = \int_0^{\frac{A-c}{b}} (A - bq - c) \mathrm{d}q = \frac{(A-c)^2}{2b}$$

因此社会总福利为

$$W^o = CS^o + \pi^o = \frac{(A-c)^2}{2b} - f$$

垄断造成的无谓损失即为

$$W^o - W^m = \frac{(A-c)^2}{8b}$$

上述计算中涉及的消费者剩余、企业利润及无谓损失对应于图 2-8 中的相应区域的面积。

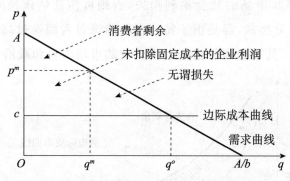

图 2-8 线性需求函数条件下的福利分析

垄断造成无谓损失的根源在于过高的价格或过低的产量。如果垄断企业降低价格,那么消费者的获益将大于垄断企业的损失,因此社会总福利上升。如果垄断无法避免,政府可以通过特定的规制手段消除或减少福利损失。例如政府可以限定垄断企业的价格或产量,使其接近社会最优的水平,政府也可以对垄断企业的产出进行补贴,间接引导企业选择较低的价格或较高的产量。

如果政府试图通过对某个垄断企业的产品进行补贴(即负的商品税)来消除上述无谓损失,那么需要选择一个最优的补贴率($-t^o$)。在假设经济体中所有其他产品的价格都等于其边际成本的情况下,这个最优补贴率应使得消费者支付

的"垄断价格"等于垄断企业的边际成本,即
$$p(q^m(t^o)) = c'(q^m(t^o)) = MC(q^m(t^o))$$
从而使得销售量达到社会最优,即 $q^m(t^o) = q^o$。根据 2.2 节中关于商品税的讨论,如果上式成立,决定企业的最优产量的等式
$$p'(q^m)q^m + p(q^m) = c'(q^m) + t^o$$
变为
$$t^o = p'(q^m(t^o))q^m(t^o) = p'(q^o)q^o$$
由于 $p'(.) \leqslant 0$,上式中 $t^o \leqslant 0$,即政府需要对垄断企业进行补贴。

例 2-7 假设一个垄断企业面临市场反需求函数 $p(q) = A - bq$,企业边际成本为 c,满足 $A > c \geqslant 0$ 和 $b > 0$。如果没有政府干预,那么市场均衡产量为 $q^m = \frac{A-c}{2b}$,而社会最优的产量 q^o 为价格等于 c 时的消费量,即 $q^o = \frac{A-c}{b}$。

根据前面的公式,最优的商品税率为
$$t^o = p'(q^o)q^o = -bq^o = c - A < 0$$
即如果政府为垄断企业的每单位产出补贴 $A-c$(从而使得垄断企业的实际边际成本降低至 $2c-A$),就可实现社会总福利最大化。

X-损耗

垄断还可能造成其他类型的福利损失,例如降低企业的生产效率。人们经常观察到一个现象,即垄断企业的经营者往往比较懈怠,企业创新的数量和质量较低,售前售后服务较差,管理水平较低,市场调研投入不足或效率较低等,这些行为与企业追求利润最大化的目标并不一致,似乎不能用简单的经济学理论解释,因此这种效率损失被称为"X-损耗"(X-inefficiency)(Leibenstein,1966)。一般来说,企业面临的竞争压力越小,企业的经营者会感觉努力工作的必要性越低,因此产生的 X-损耗越大。

当垄断企业的所有者和经营者分离时,人们经常用"委托—代理"理论中的"道德风险"(moral hazard)模型来解释 X-损耗。例如其中一个观点认为,X-损耗产生的原因是垄断企业的所有者难以观察企业经营者的工作努力程度,因而产生经营者"偷懒"现象。大多数产品市场都存在很大的不确定性,企业的业绩不仅取决于经营者的努力程度,也取决于外部环境,这样企业的所有者不能仅根据企业的业绩来判断企业经营者的工作努力程度。好的业绩未必是因为经理的努

力,而可能是因为市场需求出乎意料地强劲,反之,不好的业绩也未必是因为经理懈怠,而可能是因为市场疲软。这个信息问题使得企业所有者难以制定恰当的激励机制,进而使得企业经营者缺乏足够的努力工作的动力。但是,如果一个企业存在竞争者,那么这个企业的所有者可以通过与竞争企业的业绩进行对比,较为准确地判断本企业经营者的工作努力程度,从而可以制定较为有效的激励机制。

经济学家在现实世界中发现了许多关于 X-损耗存在的证据。例如,Primeaux(1977)发现,在美国,一个面临竞争的电力企业的单位成本比一个垄断的电力企业平均低 11% 左右。Stevenson(1982)考察了美国城市的能源供应市场,将城市分为两类,一类是电力企业和天然气企业各自独立运行的城市,另一类是一个企业同时提供两种能源的城市。前者存在电力企业和天然气企业之间的竞争,而后者不存在这种竞争,接近于垄断。研究发现,竞争使得电力企业的单位成本降低 6%—8%。可见竞争压力很可能有利于企业提高生产效率。

技术选择

企业经常可以在一定范围内选择不同的生产技术,从而形成不同的成本函数。企业的成本可以大致划分为固定成本和边际成本两部分,两者之间经常存在取舍关系,固定成本较高的(重资产)技术有较低的边际成本,反之亦然。从社会福利的角度看,给定一个市场结构,存在最优的生产技术。

垄断企业在一定程度上偏好于使用固定成本较低而边际成本较高的技术,这种偏好未必与社会福利最大化相一致。具体而言,如果一个垄断企业使用两种不同的生产技术可以获得相同的利润,那么社会总福利在企业使用边际成本较低的技术时较高,因为这时垄断价格较低,消费者福利较高。如果两种技术在一个垄断市场中形成的社会总福利相等,那么垄断企业偏好于使用其中边际成本较高的技术。这种技术导致较高的价格,对消费者不利。简单地说,垄断企业具有选择"轻资产"技术的倾向。

记消费者福利为 CS,企业利润为 π。假设有两种技术,分别标记为 1 和 2,其中技术 1 的固定成本较高而边际成本较低。假如垄断企业采用边际成本较低的技术 1,那么垄断企业的销售价格较低,因此消费者福利较高,即 $CS_1 > CS_2$。如果垄断企业认为这两种技术是无差异的,即有 $\pi_1 = \pi_2$,那么由于 $CS_1 > CS_2$,我们有 $CS_1 + \pi_1 > CS_2 + \pi_2$。因此从社会总福利的角度看,边际成本较低的技术 1

是更优的。如果对社会福利而言,采用这两种技术是无差异的,即
$$CS_1 + \pi_1 = CS_2 + \pi_2$$
那么由于 $CS_1 > CS_2$,一定有 $\pi_1 < \pi_2$,因此垄断企业偏好于边际成本比较高的技术 2。如果可选择的技术较多,那么完全可能出现垄断企业选择的技术不能实现社会总福利最大化的情况,如例 2-8 所示。

例 2-8 假设一个垄断企业面临市场反需求函数 $p(q) = 8 - q$。有两种技术可供选择,其总成本函数分别为 $C_1(q) = 14$ 和 $C_2(q) = 4q$。即第一种技术的边际成本为 0,固定成本为 14,而第二种技术的固定成本为零,但边际成本为 4。

两种技术下的企业利润、消费者剩余和社会福利分别为
$$\pi_1^m = 2, CS_1^m = 8, W_1^m = 10$$
$$\pi_2^m = 4, CS_2^m = 2, W_2^m = 6$$
垄断企业无疑会选择边际成本较高的第二种技术,但是在边际成本较低的第一种生产技术下,社会总福利水平较高,因此企业的技术选择对社会而言不是最优的。

如果一个垄断企业面临潜在的市场进入者,那么垄断企业的技术选择可能出现相反的扭曲。例如企业可能策略性地选择边际成本较低的技术,以便增强自身在可能的寡头市场中的竞争力,降低其他企业进入后的盈利能力,从而实现阻止进入、维持垄断的目的。这时垄断企业的技术选择也可能偏离社会最优。

规模经济与研发投资

虽然垄断可能造成各种社会福利的损失,但也并非毫无正面影响。首先,垄断可能有助于发挥规模经济。规模经济是现代生产技术的一个常见特点,即产量越高,产出的平均成本越低。规模经济要求生产尽可能地集中,而垄断恰好可以实现这一点。如果规模经营的好处超过垄断所带来的各种弊端,那么从社会福利角度看,采用垄断也是可行的。许多城市公用事业产业采用行政性垄断经营,就是为了充分利用规模经济。当然,行政性垄断一般需要与价格规制同步。

其次,垄断还有可能提高研究与开发的投入或效率。很多研究开发需要巨大的资金和人才投入,这要求企业具有很强的盈利能力和人才储备。垄断企业有较强的盈利能力和较大的生产规模,因此有能力在研发上投入大量资金和人才。相比之下,高度竞争行业的企业规模小、利润薄,虽然可能有很强的研发意愿,但往往受限于实力,在研发上力不从心。例如在一些重要药品的研发方面,

大型跨国公司相对小企业有压倒性的竞争力。而在竞争性市场上,经常有很多企业就同样的研发目标进行研发,从社会整体来看,这样会造成研发上的重复投入,而垄断行业不存在这样的资源浪费问题。当然,类似于 X-损耗现象,垄断企业虽然研发能力较强,但可能缺乏研发的主观意愿和外部压力,研发活动的执行效率较低,这种状况会在一定程度上抵消垄断企业在研发上的优势。

2.6 双重垄断

一个产品经常需要经过研发、生产、运输、销售、维护等多个垂直环节,其中的生产环节还可能涉及上游零部件生产和下游最终产品生产,才能最终完成其生命周期。这些环节可以由一个企业完成,但更常见的情况是由多个企业合作完成,这样就形成了企业间的"垂直关系"。假设一个产品(或服务)涉及两个环节,分别由一个垄断的上游企业和一个垄断的下游企业控制,那么这样的产业结构就是一个"双重垄断"(bilateral monopoly),类似地我们也可以定义"多重垄断"。

双重垄断可能导致"双重边际化"(double marginalization)现象。每个垄断者都会根据边际收益等于边际成本的原则决定其产量和价格,这种重复的边际化导致比单层垄断更高的价格和更低的产量,因此可能形成更严重的价格扭曲。我们可以从企业选择价格或产量的"外部性"的角度来理解双重垄断现象。当上下游两个垄断企业中的一个提高价格或降低产量时,会对另一个产生不利影响,即"负的外部性"。由于企业均不考虑这种负外部性,导致从总体利润最大化的角度看,企业的价格过高,或产量过低。

当上下游两个垄断企业合并为一个垄断企业时,上述外部性能够被"内部化",从而实现企业总体利润的最大化。由于合并后的企业会降低价格,因此对消费者也是有利的。除了垂直合并,企业还可以通过合约的方式消除外部性问题,例如约定年度总产量、设置最高零售价格、在上下游之间实行"两部定价"等。

例 2-9 假设一个最终产品由一个上游垄断企业的产品和一个下游垄断企业的产品组合而成。上下游企业的边际成本均为 2,市场对最终产品的需求函数为 $q(p) = 16 - p$,上下游企业均通过线性价格出售产品。

如果上下游企业合并,这个合并后的垄断企业的边际成本为 4,其利润最大化问题为

$$\max_p \pi = (p-4)(16-p)$$

市场的均衡价格为 $p^* = 10$，均衡产量为 $q^* = 6$，利润为 $\pi^* = 36$。

现假设上下游企业独立经营并各自追求利润最大化。我们考虑两种不同的博弈方式。

(1) 上游企业首先决定并宣布其对下游企业供货的价格 u，然后下游企业决定最终产品的销售价格 p。我们采用"反向归纳法"来求解这个两步博弈的"子博弈完美"(subgame perfect) 均衡。

给定上游企业的中间产品价格 u，下游企业求解以下利润最大化问题

$$\max_p \pi_2 = (p-u-2)(16-p)$$

从一阶导数条件可得下游产品的最优价格为

$$p^* = 9 + \frac{u}{2}$$

因此下游企业对上游中间产品的需求量，也即最终产品的销售量，为

$$q(u) = 16 - \left(9 + \frac{u}{2}\right) = 7 - \frac{u}{2}$$

上游企业选择中间产品价格 u，求解以下利润最大化问题

$$\max_u \pi_1 = (u-2)\left(7 - \frac{u}{2}\right)$$

从一阶导数条件可得最优的上游产品价格为 $u^* = 8$。代回利润表达式可得上游企业利润为 $\pi_1^* = 18$。从 $q(u) = 7 - \frac{u}{2}$ 可得（最终产品或中间产品的）产量为 $q^* = 3$，因此最终产品价格为 $p^* = 16 - 3 = 13 > 10$。将上游价格 $u^* = 8$ 和最终价格 $p^* = 13$ 代入下游企业的利润函数，得到下游企业利润为 $\pi_2^* = 9$。因此产业总利润为 $\pi_1^* + \pi_2^* = 27 < 36$。

(2) 上下游企业同时选择并宣布它们的产品价格，分别记为 u 和 v，因而最终产品价格为 $p = u + v$。在这种情况下，两个企业之间进行对称的静态博弈。

给定下游企业的产品价格 v，上游企业选择价格 u，求解利润最大化问题

$$\max_u \pi_1 = (u-2)(16-u-v)$$

由一阶导数条件给出的最优价格为 $u = 9 - \frac{v}{2}$。类似地，给定上游企业的价格 u，下游企业的最优价格为 $v = 9 - \frac{u}{2}$。在纳什均衡解，我们有 $u^* = v^* = 6$，因此最终产品价格为 $p^* = 12 > 10$，产量为 $q^* = 4$，两个企业的利润分别为 $\pi_1^* = \pi_2^* = 16$。总利润 $\pi_1^* + \pi_2^* = 32 < 36$。

无论在以上哪种博弈方式下,与单层垄断相比,双重垄断都会造成更高的市场价格、更低的产量和更低的产业总利润。因此,在局部均衡模型中,双重垄断导致企业和消费者的"双输"(在一般均衡模型中,还需要考虑双重垄断对其他产品市场的影响,例如提升其他产品的销售量)。

双重边际化的一个前提条件是,上下游企业之间按单一线性价格进行交易。在双重垄断的市场结构下,这个交易模式并不总是很合理。与"一对多"的交易不同,两个企业之间的交易比较简单,完全可以采用更有效的定价方式,例如上下游企业可以直接谈判总交易量和总价,也可以采用包括固定支付和线性单价的"两部定价",甚至可以共同商定最终产品的价格。在这些较为复杂但更有效的定价方式下,上下游企业可以在确保产业总利润最大化的前提下,谈判如何分割总利润。这样双重边际化现象就可以避免。

2.7* 一个优势企业和多个完全竞争的小企业

当一个市场上有多个相互竞争的企业,并且其中大企业和小企业之间的规模差异很大时,大企业往往具有明显的定价权,而小企业只能被动接受大企业的定价。如果这样的大企业只有一个,那么这个市场结构就与垄断十分类似。例如在移动通信芯片方面,美国高通(Qualcomm)公司依靠其庞大的技术专利组合,占据了远超其竞争者的市场份额。在这种市场中,虽然大企业和小企业之间存在竞争关系,但是小企业几乎没有能力与大企业进行策略性互动,只能被动地接受大企业决定的价格体系。我们称这种市场结构为"一个优势企业和多个小企业"(a dominant firm with competitive fringe)。

考虑这样一个市场,有一个作为价格制定者的大企业,以及很多作为价格接受者的小企业,它们生产完全相同的产品。记大企业的产量为 q_1,所有小企业的总产量为 q_2。大企业的成本函数为 $c_1(q_1)$,满足 $c'_1(q_1) \geqslant 0$ 和 $c''_1(q_1) \geqslant 0$。所有小企业作为一个整体,供应函数为 $q_2(p)$。市场需求函数为 $Q = Q(p)$,于是 $q_1 + q_2 = Q(p)$。

给定大企业选定的价格 p,小企业作为一个整体供应 $q_2(p)$,因此大企业面临的"剩余需求"为

$$q_1 = Q(p) - q_2(p)$$

如图 2-9 所示。作为这个剩余需求的垄断供应者,大企业求解利润最大化问题

$$\max_{p} p[Q(p) - q_2(p)] - c_1(Q(p) - q_2(p))$$

从中即可解出大企业的最优价格。

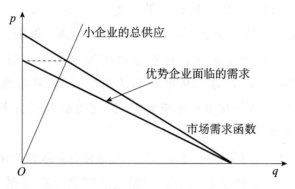

图 2-9 优势企业面临的"剩余需求"

例 2-10 假设市场需求函数为 $Q(p) = 6 - p$,作为价格制定者的大企业的成本函数为 $c_1(q_1) = 2q_1$,作为价格接受者的所有小企业的供应函数 $q_2(p) = \dfrac{p}{2}$。

如果大企业决定选择价格 p,那么他面临的"剩余需求"为市场总需求减去小企业的供应,即

$$q_1(p) = Q(p) - \frac{p}{2} = 6 - p - \frac{p}{2} = 6 - \frac{3}{2}p$$

注意到大企业的边际成本为 2(而固定成本为零),于是大企业的利润最大化问题为

$$\max_{p}(p - 2)\left(6 - \frac{3}{2}p\right)$$

通过一阶导数条件我们得到大企业的最优价格为 $p^* = 3$。这时市场总产量为 3,其中大企业的供应量为 1.5,所有小企业一共供应 1.5,各占 50% 的市场份额。

优势企业模型是对一类特殊寡头市场的简化描述,通过忽略小企业的市场力量,将模型转化为垄断模型,可以大幅简化分析,同时还基本符合实际。

2.8* 不确定需求

在前面的分析中,我们一直假设市场需求是确定的,但是在现实世界,企业在生产阶段往往不能准确预知市场需求。如果一个垄断企业面临不确定的市场需求,而产品不能根据需求被实时生产出来,那么这个企业经常会保持一定的产

品库存，以应对波动需求的高点。即使产品可以实时生产，如果企业在单位时间段内的边际生产成本递增，那么企业仍然会选择通过库存来"熨平"需求不确定带来的生产波动，实现跨期的平均成本最小化。

很多产品在物理上或价值上不可储存，如花卉生鲜、报纸杂志、表演展览、节庆用品、旅馆房间等，企业不能通过选择适当的库存来应对需求不确定，而必须在不确定性消除之前决定产量。从更长期的角度看，企业经常需要提前决定产品生产的产能上限，而产能在事后很难调整，因此也必须充分考虑需求不确定因素，选择恰当的产能水平。

Dana(1999)讨论了当需求不确定、产品不可储存，而生产和定价必须在需求实现之前决定时，一个垄断企业的定价问题。这时企业将根据消费需求(demand pockets)在市场出现的不同概率，选择多个不同的销售价格和相应的备货量。当市场上同时存在多个价格时，哪个消费者得以按哪个价格购买，取决于配给的规则，Dana(1999)假设随机配给。

假设垄断企业的边际成本为 c。Dana(1999)的关键结论是，如果对一个进入市场的概率为1的消费者的定价为 $p^m(c)$，那么对一个进入市场的概率为 $\eta \in (0,1)$ 的消费者的定价应为 $p^m\left(\dfrac{c}{\eta}\right)$。显然，一个产品被卖出的概率越低，其定价越高。总的生产量取决于需求的概率分布。

例 2-11 一个边际成本为1的垄断企业生产仅可以储存一期的产品。每个消费者的需求函数为 $q=5-p$，而进入市场的消费者人数 x 为随机变量，满足

$$\text{prob}(x=30)=\frac{2}{3} \text{ 和 } \text{prob}(x=60)=\frac{1}{3}$$

也就是说，有30个消费者进入市场的概率为1，另有30个消费者进入市场的概率为 $\dfrac{1}{3}$。企业必须在消费者进入市场之前决定产量和定价。消费者以随机顺序排队进入市场，总是优先选择定价较低的产品购买。

如果这个垄断企业选择单一价格 p，那么其利润最大化问题为

$$\max_{p} \pi(p) = \left(30+\frac{1}{3}\times 30\right)(5-p)p - 60(5-p)$$

从一阶导数条件可解出最优价格为 $p=3.25$，垄断企业的利润为 $\pi^m = 122.5$。

如果这个垄断企业为这两类消费者分别制定一个价格，记为 p_1 和 p_2，企业的利润最大化问题为

$$\max_{p_1,p_2} 30(5-p_1)(p_1-1) + 30\left[\frac{1}{3}(5-p_2)p_2 - (5-p_2)\times 1\right]$$

通过一阶导数条件,我们不难得出 $p_1 = 3$ 和 $p_2 = 4$。注意到,当垄断企业的边际成本为 3 且没有不确定性时,企业的最优价格为 4。在本例中,垄断企业为出现概率为 $\frac{1}{3}$ 的消费需求提供服务的边际成本实际上是 3。企业的利润和总产量分别为

$$\pi^m = 30 \times 2 \times 2 + 30\left(\frac{1}{3} \times 1 \times 4 - 1\right) = 130 > 122.5$$

$$q^m = 30(5-p_1) + 30(5-p_2) = 30(5-3) + 30(5-4) = 90$$

其中低价销售的产量是 60,高价销售的产量是 30。低价商品被售出的概率为 1,而高价商品只有 $\frac{1}{3}$ 的概率被售出,期望的销售量为

$$30(5-p_1) + 30 \times \frac{1}{3} \times (5-p_2) = 30(5-3) + 10(5-4) = 70$$

从这个例子可以看出,需求的不确定促使企业同时给出多个价格,反映出企业为不同消费者服务的不同成本。

2.9 买方垄断

垄断意味着市场只有一个卖方,而有很多作为价格接受者的买方。垄断企业有决定销售价格的能力,但面临销售量和销售价格之间的取舍。与卖方垄断相比,还可能出现买方垄断的情形,称为"独买"(monopsony),在独买市场上,仅有一个买方,但有很多作为价格接受者的卖方,买方企业有决定采购价格的能力,但面临采购量和采购价格之间的取舍。买方可以通过减少采购量来压低采购价格,反之,要提高采购量就必须忍受较高的价格。在一些区域劳动力市场上,可能出现雇主具有显著市场力量的情况(Boal & Ransom,1997)。

假设某产品的市场供应函数(即边际生产成本)为 $P(q)$,满足 $P'(.) > 0$。独买企业从产品中获得的"效用"函数为 $R(q)$,满足 $R'(.) > 0$ 和 $R''(.) < 0$。独买企业的利润最大化问题为

$$\max_{q \geq 0} \pi(q) = R(q) - P(q)q$$

这个问题的内部解 $q^* > 0$ 满足一阶导数条件

$$R'(q^*) = P'(q^*)q^* + P(q^*)$$

其中右侧为边际采购成本。独买企业的最优采购量 q^* 应使得其边际效用等于

边际采购成本。独买企业的边际采购成本高于卖方的边际生产成本,因为提高采购量会使得采购单价上升。社会最优的采购量 q^o 一般应使得独买企业的边际效用等于卖方的边际成本,即满足 $R'(q^o) = P(q^o)$,如图 2-10 所示。

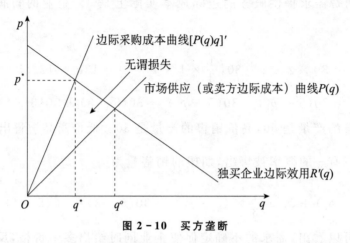

图 2-10 买方垄断

例 2-12 假设某产品市场有一个独买企业,其"效用"函数为 $R(q) = 240q - q^2$。市场反供应函数(或边际生产成本)为 $p(q) = 2q$,也就是说,当独买企业决定购买 q 单位产品时,需要付出的单价为 $2q$。独买企业的利润最大化问题为

$$\max_{q \geqslant 0} \pi(q) = R(q) - qp(q) = 240q - q^2 - 2q^2$$

独买企业的边际效用为 $240 - 2q$,而边际采购成本(或采购单价)为 $4q$。令独买企业的边际效用等于其边际采购成本,或从独买企业的利润最大化问题的一阶导数条件,可得企业的最优采购量为 $q^* = 40$,相应的市场价格(或卖方边际成本)为 $p = 80$。

在这个市场结果中,买方企业的边际效用为 160,而卖方的边际成本为 80,因此增加交易量能够增加社会总福利,也就是说这个市场的交易不充分,未达到最优水平。使得买方边际效用与卖方边际成本相等的社会最优交易量满足 $240 - 2q^o = 2q^o$,因此 $q^o = 60 > 40 = q^*$。

买方垄断模型是卖方垄断模型的"镜面反射"。当卖方的供应函数严格上升时,买方垄断导致较低的产品价格和交易量。与卖方垄断一样,买方垄断也可能造成社会福利的损失。

本章小结

本章主要讨论实行单一线性价格情况下的垄断理论,主要结论包括:

● 垄断企业的定价应使得企业销售的边际收益等于企业生产的边际成本。

- 在垄断企业的最优价格下,消费者的需求一般是比较有弹性的。
- 垄断企业的最优价格一般随着企业边际成本的上升而上升,价格上升的幅度可能高于也可能低于边际成本上升的幅度,特殊情况下也可能不随边际成本变化。
- 政府对企业征收线性的商品税相当于提高企业的边际成本。
- 与竞争性市场相比,垄断提高了企业的利润而降低了消费者福利,净的社会福利影响一般为负,即可能形成"无谓损失"。垄断还可能造成企业经营者激励和企业技术选择的扭曲,从而造成额外的社会福利损失。
- 垄断有利于企业充分发挥规模经济,有助于提高企业进行研究与开发的能力。
- 上下游产业的双重垄断导致更高的价格和更低的企业利润,消费者和企业"双输"。
- 当一个处于市场优势地位的企业面临来自大量小企业的竞争时,这个优势企业实际上是"剩余需求"的垄断供应者。
- 如果市场需求不确定,那么垄断企业可能同时向市场提供多个价格。
- 当作为买方的企业具有垄断地位时,通常造成较低的市场价格和交易量。

习 题

1. 假设一个垄断企业面临的市场需求为 $q(p) = p^{-1}$,企业的成本函数为 $c(q) = 1 + q$。请问这个垄断企业的利润最大化问题是否有解?

2. 记一个垄断企业面临的需求函数为 $q(p)$,对任意 $p \geqslant 0$,满足 $q(p) \geqslant 0$,$q'(p) \leqslant 0$。企业的成本函数为 $c(q)$。请写出这个垄断企业的利润最大化问题。假设企业的最优价格为严格正,且由其一阶导数条件决定,请写出该一阶导数条件。

3. 一个垄断企业面临下降的市场(反)需求函数 $P(Q)$ 和凸的总成本函数 $C(Q)$,二者均连续可导。企业选择使其利润 $\pi(Q) = P(Q)Q - C(Q)$ 最大化的产量。假设存在唯一最优垄断产量 Q^m 和相应的垄断价格 $P^m = P(Q^m)$。证明:如果企业在 Q^m 基础上略微提高产量,社会总福利将增加,即消费者剩余的增加大于企业利润的减少。

4. 考虑一个具有"干中学"效应的垄断企业。垄断企业生产单一产品,在两期内出售,两期的(严格单减)反需求函数分别为 $p_1(q)$ 和 $p_2(q)$,且相互独立。记两期的产量分别为 q_1 和 q_2。第一期的生产成本为产量的单增凸函数 $c_1(q)$。第

二期的生产成本 $c_2(q_1,q_2)$ 是 q_2 的单增凸函数。企业利润在两期之间的贴现因子为 $\gamma \in (0,1)$。试证明，与 $\frac{\partial c_2(q_1,q_2)}{\partial q_1}=0$ 时相比，当 $\frac{\partial c_2(q_1,q_2)}{\partial q_1}<0$ 时，企业在第一期的产量较高。

5. 某市场的需求函数为 $p=12-q$。产品的边际生产成本为 2，假设固定成本为 0。

（1）如果政府将这个市场授权给一个有定价权的垄断企业经营，市场的均衡价格和产量分别是多少？垄断造成的无谓损失是多少？

（2）现假设政府占有该垄断企业一半的无投票权的股份，同时政府承诺对企业的每单位产出给予 2 的（无偿）财政补贴。请问市场的均衡价格和产量分别是多少？无谓损失是多少？政府在这个市场的赤字或盈余是多少？

6. 考虑一个双重垄断模型，记消费者的需求函数为 $D(p)$，满足 $D(0)>0$ 且 $D'(p)<0$。上游企业的边际成本为 c，下游企业的边际成本为 0。上游企业首先按批发价格 w 将产品出售给下游企业，后者再按零售价格 p 向最终消费者出售。证明：如果 $D''(p)>0$，那么我们有 $\frac{p-w}{w-c}>\frac{1}{2}$。

7. 在一场国际足球比赛中，中国队将迎战巴西队。某企业获得举办单位独家授权，生产用于庆祝中国队"轻取"巴西队后的定制狂欢用品。通过对历史数据进行分析，该企业认为中国队将以 0.25 的概率击败巴西队，且彼时球迷对狂欢用品的需求函数为 $Q=16-P$，否则需求为 0。企业的边际成本为 $c=1$，产品的生产和定价必须在比赛结果出来之前完成。请找出该企业的最优价格和产量。

参考文献

Boal, W. and M. Ransom, 1997, "Monopsony in the Labor Market", *Journal of Economic Literature*, 35(1): 86—112.

Bulow, J. and P. Pfleiderer, 1983, "A Note on the Effect of Cost Changes on Prices", *Journal of Political Economy*, 91(1): 182—185.

Dana, J., 1999, "Equilibrium Price Dispersion under Demand Uncertainty: The Roles of Costly Capacity and Market Structure", *Rand Journal of Economics*, 30(3): 632—660.

Harberger, A. C., 1954, "Monopoly and Resource Allocation", *The American Economic Review*, 44(2): 77—87.

Leibenstein, H. , 1966, "Allocative Efficiency vs. 'X-Efficiency'", *American Economic Review*, 56(3):392—415.

Primeaux, W. , 1977, "An Assessment of X-efficiency Gained through Competition", *Review of Economics and Statistics*, 59(1):105—108.

Skeath, S. and G. Trandel, 1994, "A Pareto Comparison of Ad Valorem and Unit Taxes in Noncompetitive Environments", *Journal of Public Economics*, 53(1), 53—71.

Spengler, J. , 1950, "Vertical Integration and Antitrust Policy", *Journal of Political Economy*, 58(4):347—352.

Stevenson, R. , 1982, "X-efficiency and Interfirm Rivalry: Evidence from the Electric Utility Industry", *Land Economics*, 58(1):52—66.

第三章
寡　头

如果一个市场上仅有少数几个企业，它们生产相互替代的产品并共同服务特定消费者群体，那么我们称这个市场为寡头市场。与垄断类似，寡头市场也存在较高的进入门槛，外部企业难以进入。寡头市场中的每个企业都有一定的市场控制力，但又相互制约。企业之间存在策略性的互动，每个企业在考虑采取特定行动时，都需要研究其他企业将如何做出反应。相比之下，垄断企业仅面临个体决策问题。

寡头是成熟市场经济体中比较常见的市场结构。寡头企业往往有较大的生产规模，能够比较充分地利用规模经济。寡头企业有较强的经济实力，因而有较强的技术创新能力。寡头企业面临来自竞争对手的压力，因此企业管理层有较强提升管理和技术水平的动机。由于竞争的存在，寡头市场一般不会产生过度的价格扭曲，消费者能够得到基本合理的价格。寡头市场的博弈现象十分丰富，是现代产业组织理论的一个重点领域。

◆ 引导案例

中国的通信和互联网市场

中华人民共和国成立后不久，邮政和电信事业即开始由国家邮电部统一管理，形成高度政府规制的垄断"市场"。1994年3月，电信总局改制为单独核算的企业局，此后的中国通信行业又分别在1999年、2002年和2008年进行了三次复杂的重组，最终形成了以中国移动、中国联通和中国电信三家全业务牌照通信和互联网运营商为主的电信行业。2016年，工信部向中国广电颁发"基础电信业务运营许可证"，标志着国内第四家电信运营商的诞生（但中国广电当时并未获得移动业务牌照）。

中国的通信和互联网市场是一个典型的寡头市场。没有政府批准，其他企业不可能进入这个市场。虽然市场规模巨大，但仅有三家全牌照的运营商，消费者对运营商的选择比较有限。与许多发达国家相比，中国市场的集中程度比较高。不仅如此,三家运营商的市场份额相差悬殊。据工信部 2014 年数据显示,在移动通信市场,中国移动一家即占有超过 60% 的市场,形成一家独大的局面,而中国电信的市场份额仅在 13% 左右。但是在宽带互联网和固定电话方面,中国电信具有明显优势,占据超过一半的市场份额,中国移动的市场份额不到 10%。

由于竞争不甚充分,中国的通信市场曾经非常有利可图,但是情况正在发生变化。随着政府规制的放松和互联网技术的发展,新的竞争者正在涌现。例如,基于互联网数据服务的语音业务曾经被政府严格禁止,以保护传统通信运营商的利益,后来虽然并没有明确解禁,但是在执行上越来越放松,一些流行的互联网产品,如微信、QQ 等,都具备了语音通话功能,而且几乎免费,给传统运营商带来很大竞争压力,原有的寡头竞争格局受到挑战。

本章概要

价格竞争模型	产量竞争模型	领导者模型
价格竞争与产量竞争的关系	互补品	合谋

3.1 价格竞争模型

基准模型

寡头企业之间是如何竞争的?这个问题无论是在实践上还是在理论上,都没有一个显而易见的答案。在不同市场环境下,寡头企业之间的竞争方式可能是完全不同的,它们用于表达策略的变量可能是不同的,选择策略的时间顺序也可能是不同的。

寡头企业的策略变量可能是价格、产量、研发投入、广告,甚至可能是激励机制等,只要是能够直接或间接影响竞争对手利益的变量,都有可能在特定条件下被策略性使用。企业之间的博弈可以是静态的,也可以是动态的。在静态博弈中,所有企业同时选择它们的策略,在动态博弈中,企业之间有两个或更多回合的先后互动。寡头市场的资源配置状态一般用纳什均衡描述,在不同策略变量和博弈方式下,有不同的纳什均衡概念。

如果企业同时选择它们的销售价格，消费者根据各企业的价格，决定对各个企业产品的需求量，那么我们称企业之间进行静态的价格竞争。如果企业同时选择它们将要投放市场的产量（例如产能），消费者根据各企业的产量，决定他们愿意为各企业产品支付的价格，那么我们称企业之间进行静态的产量竞争。

在产业组织乃至微观经济学文献中，人们习惯于将企业之间静态的价格竞争称为 Bertrand 竞争，而将静态的产量竞争称为 Cournot 竞争。Cournot 和 Bertrand 都是法国数学家，分别于 1838 年和 1883 年用法语发表了他们关于寡头博弈的著名论文。人们通常认为，Cournot 的贡献主要是讨论产量竞争，而 Bertrand 的贡献主要是讨论价格竞争，但是 Morrison(1998) 认为，Cournot 实际上不仅将其均衡概念应用到产量竞争上，而且也应用到价格竞争上。毫无疑问的是，Cournot 最早提出了一个寡头企业之间博弈的均衡解概念，其思想与后来的纳什均衡基本一致，因此在经济思想史上具有十分重要的意义。

刻画一个寡头市场需要设定多个条件，我们这里先讨论一个基准的价格竞争寡头市场。市场上有若干个企业，它们生产完全同质的产品，既没有物理上的差异，也没有时间或空间上的差异。企业都没有固定成本，而边际成本或平均成本都相等且为常数，没有产能限制。在这个市场博弈中，企业同时宣布它们的销售价格。由于产品同质，消费者总是从价格最低的企业购买，如果价格最低的企业不唯一，那么消费者在这些企业的产品之间随机选择。企业在宣布价格之后，必须满足消费者的全部需求量。

具体而言，我们考虑以下价格竞争寡头模型。仅有两个同质企业，记为 1 和 2，其固定成本为零，平均成本（也即边际成本）均为常数 $c \geqslant 0$。市场需求函数为 $Q = Q(p)$，对任意价格 $p > 0$，这个函数满足 $Q(p) \geqslant 0$ 和 $Q'(p) \leqslant 0$。两个企业宣布它们的价格，分别记为 p_1 和 p_2，企业面临的（剩余）需求分别为

$$Q_1(p_1, p_2) = \begin{cases} Q(p_1), & p_1 < p_2 \\ \frac{1}{2}Q(p_1), & p_1 = p_2 \\ 0, & p_1 > p_2 \end{cases}$$

$$Q_2(p_1, p_2) = \begin{cases} 0, & p_1 < p_2 \\ \frac{1}{2}Q(p_1), & p_1 = p_2 \\ Q(p_2), & p_1 > p_2 \end{cases}$$

也就是说，如果一个企业的销售价格较低，那么这个企业将占领全部市场，其他企业的销售量为零，也就是失去全部市场。如果两个企业的价格相等，那么假设

每个企业获得一半的市场份额。

结论 3.1 在以上无产品差异的 Bertrand 价格竞争博弈中，存在唯一的纳什均衡，其中企业选择价格

$$p_1 = p_2 = c$$

证明：首先，我们验证价格 $p_1 = p_2 = c$ 的确是纳什均衡价格。当 $p_1 = p_2 = c$ 时，两个企业均获得零利润。给定一个企业的价格 c，如果另一个企业提高价格，那么根据上面的需求函数，这个企业的销售量降为零，利润也为零，因此提价无利可图。反之，如果另一个企业降低价格，那么虽然将占领全部市场，但由于价格低于边际成本，企业将出现亏损，因此降价也无利可图。总之，没有哪个企业有动机改变价格，这意味着 $p_1 = p_2 = c$ 是一个纳什均衡。

其次，我们验证所有其他价格组合都不能构成均衡。也就是说，除非 $p_1 = p_2 = c$，否则至少有一个企业有动机改变其价格。不失一般性，不妨假设 $p_1 \leqslant p_2$。我们分以下几种情形进行讨论：

（1）$c \leqslant p_1 \leqslant p_2$，但 $p_1 = p_2 = c$ 除外。这时企业 2 要么占一半市场份额（$c < p_1 = p_2$）并获得正利润，要么销量为零（$c \leqslant p_1 < p_2$）。如果企业 2 转而选择比 p_1 略低的价格，从而占领全部市场，那么即可获得更高的利润。因此这种情况不是均衡。

（2）$p_1 \leqslant c \leqslant p_2$，但 $p_1 = p_2 = c$ 除外。这时企业 1 占领全部市场，但要么产生亏损（$p_1 < c$），要么获得零利润（$p_1 = c$）。如果企业 1 适当提高价格（当 $p_1 < c$ 时将价格提高至 c，当 $p_1 = c$ 时将价格略微提高但不超过 p_2 的水平），即可避免亏损或增加利润。因此这种情况不是均衡。

（3）$p_1 \leqslant p_2 \leqslant c$，但 $p_1 = p_2 = c$ 除外。这时企业 1 始终产生亏损。如果企业 1 转而选择价格 c，那么即可避免亏损。因此这种情况不是均衡。

总之，只要两个企业的价格不满足 $p_1 = p_2 = c$，就不能构成一个纳什均衡。因此，我们可以确认边际成本定价 $p_1 = p_2 = c$ 是这个博弈的唯一纳什均衡。证毕。

根据结论 3.1，在满足产品无差异、产能无约束、平均成本为常数等条件的情况下，两个企业之间通过市场进行价格竞争的均衡结果与完全竞争类似。均衡价格等于边际成本，企业利润为零，社会福利实现最大化。用一个形象的比喻是，要进行一场精彩的赛马比赛，并不一定需要很多马参加竞赛，两匹就够了。

结论 3.1 挑战了一些经济学"常识"。人们一般认为，只有当企业个数很多，单个企业的规模相对于市场规模而言很小时，企业才不至于有能力影响市场价

格,竞争才是充分的。结论3.1意味着这个看法未必合理,只要有两个企业,价格竞争就可能形成最优的市场结果。从这个角度看,结论3.1具有比较重要的经济学理论意义,也说明价格竞争这种博弈方式值得重视。

我们还可以对结论3.1进行一些简单的推广。在基准模型的基础上,假设有多个企业,企业的固定成本为零,边际成本为常数。如果所有企业的边际成本都相等,那么市场均衡价格仍然等于该边际成本;如果企业的边际成本各不相同,那么只有成本最低的企业能够在市场上生存;如果成本最低的企业仅有一个,那么均衡价格等于(或无限接近于)第二低的边际成本;如果成本最低的企业有多个,那么均衡价格等于最低的边际成本。

然而,结论3.1并不很符合我们对企业竞争的直觉,这可能也意味着这个理论的假设不具普遍性。在实践中,当企业个数很少时,即使产品同质(如矿石类产品),价格在多数情况下也都会显著高于边际成本。基准Bertrand模型的确有一些比较强的假设条件,这些条件在现实世界并不容易满足,而模型的结论对这些条件敏感。以下我们讨论当这些条件不满足时的情况。

1. 有限产能

无产品差异的价格竞争十分激烈,其中一个重要原因是,只要一个企业选择略低于竞争对手的价格,就可以大幅提高销售量,甚至占领整个市场,这为企业相互压价提供了极强的激励。这个假设可行的前提是,价格最低的企业有足够的生产能力来满足所有消费者的需求量。而在现实的寡头市场中,一个寡头企业事先选择的产能往往仅能服务一部分市场,而不足以满足整个市场的需求。在这种情况下,企业选择略低于对手价格的好处就大幅减少,边际成本定价也就不再是稳定的纳什均衡解。例如我们可以检验,在上述仅有两个企业的寡头模型中,如果企业产能有限,那么给定一个企业的价格等于边际成本,另一个企业将价格定在略高于边际成本的水平是有利可图的,这是因为低价格企业没有能力满足全部的需求量,部分消费者不得不向价格较高的企业购买,因此高价格企业能够获得正的利润。这意味着所有企业均采用边际成本定价不再是均衡。

Edgeworth(1897)指出,当企业的产能有限时,上述Bertrand价格竞争博弈可能不存在稳定的均衡状态(即纯策略均衡解)。例如在双寡头情形下,如果对手企业的价格较高,企业可以通过选择略低的价格,占领大部分市场,并因此获取利润。如果对手企业的价格较低,使得略低于对手价格的定价无法获利,那么企业可以转而利用对手企业的产能不足,选择较高的价格,通过对"剩余需求"实行垄断定价获取利润。当两个企业都采用这个策略时,可能不存在稳定的均衡状态。总之,即使不同企业的产品是绝对无差异的,当企业产能有限时,也未必能实现边际成本定价。

2. 非恒定平均成本

基准的价格竞争模型假设了一个十分具体且独特的成本函数,其中固定成本为零,边际成本为常数。在这种情况下,企业的边际成本等于其平均成本,因此当企业实行边际成本定价时,仍然可以获得零利润。如果企业的固定成本为正,而边际成本为常数,那么边际成本定价将导致企业出现亏损,因此不可能成为市场均衡。当边际成本不是常数时,上述求解纳什均衡的分析也是不适用的。因此,基准的价格竞争模型对成本函数的设定十分敏感。

Dastidar(1995)证明,如果企业有相同、连续且下凸的成本函数(即边际成本递增),那么无产品差异的价格竞争导致多重纯策略纳什均衡的存在。当成本函数"足够凸"时,使得产业总利润最大化的价格也可能是纳什均衡,也就是说,价格竞争甚至可能导致与垄断基本相同的资源配置结果。Saporiti & Coloma(2010)和 Dastidar(2011)进一步指出,如果企业的成本函数是"非次可加"(non-subadditive)的,即

$$C_i(q_1+q_2) \geqslant C_i(q_1)+C_i(q_2), \forall q_1,q_2>0, i=1,\cdots,n$$

那么无产品差异的价格竞争博弈存在纯策略的纳什均衡,而且均衡可能是多重的,如后面的例 3-1 所示。反之,如果成本函数是严格"次可加"的,即

$$C_i(q_1+q_2) < C_i(q_1)+C_i(q_2), \forall q_1,q_2>0, i=1,\cdots,n$$

那么不存在纯策略的纳什均衡解。例如当边际成本为常数而固定成本为正时,Bertrand 模型就不存在纯策略纳什均衡。

例 3-1 两个企业进行无产品差异的价格竞争。市场需求函数为

$$q(p)=10-p$$

每个企业面临的需求函数如前面的基准模型所示。企业的成本函数为

$$C_1(q)=C_2(q)=\frac{1}{2}q^2$$

显然,这个成本函数满足"超可加性"(superadditive),即

$$C_1(q_1+q_2) > C_1(q_1)+C_1(q_2), \forall q_1,q_2>0, i=1,2$$

两个企业同时宣布它们的销售价格,企业必须满足来自消费者的全部需求量。

在这个博弈的纳什均衡中,两个企业的价格必须是相等的,否则至少有一个企业有动机改变价格。具体而言,假设两个企业的均衡价格不等,这时如果低价格企业获得了正利润,那么高价格企业有动机将价格降至略低于对手的价格,从

而取而代之并获利；如果低价格企业获得零利润，那么该企业有动机略微提高价格，但仍低于对手的价格，从而获得正利润。

单一的均衡市场价格 p 要满足两个条件，一是使得所有企业均获得非负利润，二是没有企业有动机降低或提高价格。当两个企业的价格均为 p 时，每个企业获得一半的市场份额，它们的利润为

$$\pi_1 = \pi_2 = p\left(5 - \frac{1}{2}p\right) - \frac{1}{2}\left(5 - \frac{1}{2}p\right)^2$$

其中 $p\left(5 - \frac{1}{2}p\right)$ 是每个企业的收益，$\frac{1}{2}\left(5 - \frac{1}{2}p\right)^2$ 是每个企业的总成本。企业利润非负的条件要求市场价格满足

$$2 \leqslant p \leqslant 10$$

为了满足均衡的第二个条件，企业必须没有动机降低价格（显然企业没有动机提高价格，因为那将使得其销售量和利润降为零）。如果企业之一选择略低但无限接近 p 的价格，从而将自身销售量从 $\left(5 - \frac{1}{2}p\right)$ 提高至 $(10-p)$，那么其利润可以无限接近于

$$p(10-p) - \frac{1}{2}(10-p)^2$$

当 $p \leqslant \frac{30}{7} \approx 4.285$ 时，这个利润不高于前面的利润表达式，即

$$p(10-p) - \frac{1}{2}(10-p^2) \leqslant p\left(5 - \frac{1}{2}p\right) - \frac{1}{2}\left(5 - \frac{1}{2}p\right)^2$$

因此，当 $2 \leqslant p \leqslant \frac{30}{7}$ 时，价格 p 可以被支持为纳什均衡。

在这个边际成本递增的例子中，之所以出现多重均衡的情况，是因为当企业通过降价争夺对手的市场份额时，由于产量的迅速上升，其边际成本可能上升到不可接受的水平。这种状况使得企业放弃通过降价争夺市场。

如图 3-1 所示，当两个企业的价格均为 p 时，每个企业服务一半的市场，边际成本为 $5-p/2$。如果企业之一略微降低价格，从而夺取全部市场，那么其边际成本将迅速上升到 $10-p$。虽然这样可以使销售收入增加一倍，但也使可变成本增加了两倍，很可能是不划算的。

这些基于超可加成本函数的理论也有一些较强的假设条件，例如假设定价较低的企业必须满足来自消费者的全部需求量。在边际成本递增的情况下，一个企业单独供应整个市场的成本可能会很高，正是由于这个原因，使得向下的价

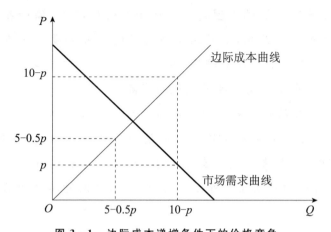

图 3-1　边际成本递增条件下的价格竞争

格偏离难以有利可图,从而支撑较高的均衡价格。在现实世界,企业有时可以选择较低的价格,但不承诺满足消费者的全部需求量。例如在电力批发市场,发电企业向零售企业的出价不仅包括单价,还包括总供应量和最大功率等其他变量。

3. 产品差异

在基准价格竞争模型中,我们假设不同企业的产品完全无差异,因此消费者永远选择价格较低的产品。现实世界中不同企业的产品或多或少都存在一定差异,既可能是物理特征或品牌形象上的差异,也可能是地理位置、供应时间或供应方式上的差异。产品差异可能是外生的,也可能是内生的。由于产品同质性会导致激烈的价格竞争,因此企业经常会主动选择与竞争对手不同的产品,从而形成内生的产品差异。

产品差异的存在意味着不同企业的产品可以满足不同消费者的需要,或满足消费者的多样化需求,因此价格较低的企业也未必能够占领全部市场,这使得企业间竞争的激烈程度降低。从数学模型上看,产品差异的存在通常使得每个企业面临的需求不再随着价格变化发生跳跃,而是随价格连续变化。

◆ 定　义

垂直差异与水平差异

产品差异的情形十分多样,不易进行定量描述。在经济学理论中,人们经常将产品之间的差异分为两种类型,一种是"垂直产品差异"(vertical product differentiation),另一种是"水平产品差异"(horizontal product differentiation)。

垂直差异指的是产品在品质(quality)上的差异。品质有高低之分,而消费者一致偏好品质较高的产品。例如,在一个品牌的轿车系列中,绝大多数消费者认为高端车型的品质高于低端车型。在价格相同的情况下,偏好各不相同的消费者都会选择高端车型。因此,高低端车型之间的差异主要是垂直差异。一般来说,品质较高的产品的生产成本较高,反之亦然。只有在很特殊的情况下,企业才会策略性地供应成本较高而品质较低的产品。

除品质差异之外的产品差异都可以归为水平差异。水平差异的产品之间没有高下之分,它们分别满足有不同偏好的消费者的异质性、多样化需求。例如,轿车与越野车满足消费者不同的交通需求,部分消费者偏好用于城市交通的轿车,而其他消费者则倾向用于户外休闲的越野车,这两种车之间的差异主要是水平的。

在很多情况下,两个产品之间既有垂直差异,又有水平差异。例如,在高端轿车与低端越野车之间,多数人可能认为前者更有吸引力,但是也会有爱好户外运动的人士认为后者更有吸引力,因此两种产品差异同时存在。

垂直差异和水平差异有时很难严格区分,因为"品质"本身并没有一个严格的定义。在经济学模型中,人们经常通过给出具体的效用函数或需求函数,来间接描述产品之间的差异。

如果两个企业生产相互替代的产品,但是存在产品差异,这时需求函数可写为

$$q_1 = q_1(p_1, p_2) \text{ 和 } q_2 = q_2(p_1, p_2)$$

这两个函数除了满足需求函数的基本特点,即

$$\frac{\partial q_i}{\partial p_i} \leqslant 0, i = 1, 2$$

还满足

$$\frac{\partial q_i}{\partial p_j} \geqslant 0, i \neq j$$

其中第二组条件意味着两个产品对消费者而言是相互替代的,这样当一个产品价格上升时,消费者会更多地选择另一种产品来替代。记企业的成本函数分别为 $c_1(q)$ 和 $c_2(q)$。假设这两个企业之间进行价格竞争。企业的利润最大化问题分别为

$$\max_{p_1} p_1 q_1(p_1, p_2) - c_1(q_1(p_1, p_2))$$

和

$$\max_{p_2} p_2 q_2(p_1, p_2) - c_2(q_2(p_1, p_2))$$

假设这两个最优化问题的目标函数都是严格拟凹的,那么均衡价格 (p_1, p_2) 满

足一阶导数条件

$$q_1(p_1, p_2) + (p_1 - \frac{\partial c_1}{\partial q_1}) \frac{\partial q_1(p_1, p_2)}{\partial p_1} \leqslant 0, \text{当 } p_1 > 0 \text{ 时取等号}$$

和 $$q_2(p_1, p_2) + (p_2 - \frac{\partial c_2}{\partial q_2}) \frac{\partial q_2(p_1, p_2)}{\partial p_2} \leqslant 0, \text{当 } p_2 > 0 \text{ 时取等号}$$

从这两个关于 (p_1, p_2) 的等式中即可解出这个价格竞争博弈的均衡价格。从上式可以看出，当博弈存在内部解时，企业的均衡价格应高于其边际成本，也就是说每个企业都有一定的定价能力。

例 3-2 两个相互竞争的企业的边际成本为 $c_1 = c_2 = 3$，固定成本为零。两个企业同时选择它们的价格，消费者对两个企业的产品的需求分别为（仅考虑当价格和需求量均为非负的情形）

$$q_1 = 12 - 2p_1 + p_2 \quad \text{和} \quad q_2 = 12 - 2p_2 + p_1$$

两个企业的利润函数分别为

$$\pi_1 = (p_1 - 3)q_1 = (p_1 - 3)(12 - 2p_1 + p_2)$$

和 $$\pi_2 = (p_2 - 3)q_2 = (p_2 - 3)(12 - 2p_2 + p_1)$$

两个企业的利润最大化问题的一阶导数条件分别为

$$12 - 4p_1 + p_2 + 6 = 0 \quad (\text{或改写为 } p_1 = (18 + p_2)/4)$$
$$12 - 4p_2 + p_1 + 6 = 0 \quad (\text{或改写为 } p_2 = (18 + p_1)/4)$$

以上括号内的表达式经常被称为企业的"反应函数"，因为给定竞争对手的价格，该表达式给出了企业的最优价格。在这个价格竞争模型中，企业的反应函数都是增函数。从上述一阶导数条件（或反应函数）可以解出均衡价格为

$$p_1 = p_2 = 6 > 3$$

代入需求函数，可得消费者对两个企业的产品的需求量分别为 $q_1 = q_2 = 6$。代入利润函数，可得两个企业的均衡利润分别为 $\pi_1 = \pi_2 = 18$。

假如这两个企业合并为一个，那么合并后的企业可以控制两个产品的价格，其利润表达式为

$$\pi = \pi_1 + \pi_2 = (p_1 - 3)(12 - 2p_1 + p_2) + (p_2 - 3)(12 - 2p_2 + p_1)$$

从一阶导数条件可解出这个多产品垄断企业的最优价格为

$$p_1 = p_2 = 7.5 > 6$$

于是两个产品的产量分别为 $q_1 = q_2 = 4.5$，合并后的企业的利润为 $\pi = 40.5$，因此合并后产量下降，而企业利润超过合并前两个企业的总利润。

我们可以从广义的"外部性"角度理解价格竞争对市场价格和利益分配的影响。每个企业的定价都会通过市场机制影响其竞争对手，定价越高，消费者越倾

向于选择竞争对手的产品,因此对竞争对手越有利。由于企业在选择价格时并不考虑这种"外部性",因此从产业整体利益看,每个企业的定价都过低,从而降低产业总利润。但是,较低的价格对消费者有利。如果相互竞争的企业进行合并或合谋,那么合并或合谋后的企业将充分考虑价格选择中的外部性问题,从而实现较高的市场价格和产业总利润。当然,合并或合谋对消费者不利,而且可能损害社会总福利。

3.2 产量竞争模型

如果生产相互替代产品的企业之间的博弈的策略变量是产量,那么我们称企业之间进行产量竞争,又称 Cournot 竞争。产量竞争模型最早由 Cournot(1838)提出,其理论创新在于给出了一个求解竞争性市场均衡的方法。Cournot 的模型具有纳什均衡的基本思想,后者由美国数学家、1994 年诺贝尔经济学奖获得者约翰·纳什(John Nash)于 1950 年完整提出并给出存在性定理。因此,Cournot 在经济思想史上具有重要地位。

基准模型

假设某寡头市场有两个企业,它们的产品完全同质。两个企业的成本函数分别为 $c_i(q), i=1,2$,满足 $c_i(.) \geqslant 0, c_i'(.) \geqslant 0$ 和 $c_i''(.) \geqslant 0$。市场需求函数为 $p(Q)$,满足 $p'(.) \leqslant 0$,其中 $Q \equiv q_1 + q_2$ 为产业总产量。企业之间博弈的方式是,两个企业同时选择并宣布它们的产量,由市场需求决定产品价格。

这个市场中的企业竞争博弈会形成怎样的结果,并不是显而易见的。Cournot 的天才之处在于观察到稳定的"均衡状态"应该满足一个特征,即给定其他企业的产量,每个企业的产量都应该最大化其自身利润。否则,就会有企业有动机改变其产量,而这与"均衡"矛盾。

给定企业 2 的产量 q_2,企业 1 面临的"剩余需求函数"为

$$p_1(q_1) = p(q_1 + q_2)$$

于是企业 1 的利润为

$$\pi_1 = p(q_1 + q_2)q_1 - c_1(q_1)$$

不难看出,企业 1 的利润随企业 2 的产出(即企业 2 的策略变量)上升而下降,即

有 $\frac{\partial \pi_1}{\partial q_2} < 0$。

假设企业的利润函数可导且拟凹,并且企业的利润最大化问题有严格正的内部解,这时企业 1 的最优产量由一阶导数条件 $\pi'_1(q_1) = 0$ 决定。也就是说

$$p(q_1 + q_2) + \frac{\mathrm{d}p(q_1+q_2)}{\mathrm{d}Q}q_1 = MC_1(q_1)$$

隐性决定企业 1 的最优产量 $q_1 = q_1(q_2)$。我们也称这个表达式为企业 1 的"反应函数"。类似于垄断情形,上述一阶导数条件也可以改写成 Lerner 指数的形式:

$$\frac{p - MC_1}{p} = \frac{s_1}{-\varepsilon} \quad \text{或} \quad p = \frac{\varepsilon}{\varepsilon + s_1}MC_1$$

其中 $s_1 = \frac{q_1}{q_1 + q_2}$ 为企业 1 的市场份额。注意到上述表达式中的变量都是在企业 1 做出最优产量选择情况下内生决定的。

如图 3-2 所示,给定企业 2 的产量 q_2,企业 1 面临的"剩余需求"相当于将纵轴向右平移 q_2 的距离后剩下的需求曲线,即由图中粗线部分的需求曲线代表。企业 1 将自己视为该剩余需求的垄断供应者,通过令边际收益等于边际成本来最大化其利润。

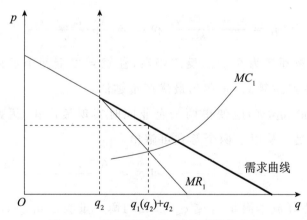

图 3-2 基于"剩余需求"的利润最大化

类似地,对于企业 2,给定企业 1 的产量 q_1,企业 2 的最优产量由以下一阶导数条件给出

$$p(q_1 + q_2) + \frac{\mathrm{d}p(q_1+q_2)}{\mathrm{d}Q}q_2 = MC_2(q_2) \quad \text{或} \quad \frac{p - MC_2}{p} = \frac{s_2}{-\varepsilon}$$

此式隐性决定企业 2 的反应函数 $q_2 = q_2(q_1)$。

如果产量 (q_1^c, q_2^c) 同时满足以上两个一阶导数条件,那么任何一个企业都不再有动机改变产量,从而形成稳定的均衡。以上分析可以很简单地推广到有更

多个寡头企业的情形。注意到从 Lerner 指数形式的一阶导数条件可以得出

$$s_1 \frac{p - MC_1}{p} + s_2 \frac{p - MC_2}{p} = \frac{s_1^2 + s_2^2}{-\varepsilon}$$

上式左边是市场加权平均的 Lerner 指数,而右边的分子部分($s_1^2 + s_2^2$)是一个度量寡头市场集中度的指标,称为"Herfindahl-Hirschman 指标",简称 HHI。因此,当消费者需求的价格弹性基本不变时,HHI 可以较好地描述一个寡头市场的竞争程度,但由于未考虑固定成本,HHI 未必能很好地描述寡头企业的盈利能力。

例 3-3 假设某产品市场的需求函数为

$$p(Q) = A - bQ = A - b(q_1 + q_2)$$

有两个企业之间进行静态的产量竞争,它们的产品同质,成本函数分别为

$$c_1(q) = c_1 q \quad \text{和} \quad c_2(q) = c_2 q$$

需求函数中的参数 A 是描述市场需求规模的一个指标,满足 $A \gg \max\{c_1, c_2\}$。两个企业的利润函数分别为

$$\pi_1(q_1) = [A - b(q_1 + q_2) - c_1]q_1 \text{ 和 } \pi_2(q_2) = [A - b(q_1 + q_2) - c_2]q_2$$

当这个产量竞争模型存在内部解时,两个企业的利润最大化问题的一阶导数条件可分别写成

$$q_1 = \frac{A - bq_2 - c_1}{2b} \text{ 和 } q_2 = \frac{A - bq_1 - c_2}{2b}$$

上述表达式可以被理解为企业的反应函数,注意到以上两个反应函数均为减函数,即竞争对手的产量越高,企业的最优产量越低。

纳什均衡产量(q_1^c, q_2^c)应使得两个企业同时实现最优化,因此两个一阶导数条件必须同时满足。从以上两个等式可解出

$$q_1^c = \frac{A + c_2 - 2c_1}{3b} \text{ 和 } q_2^c = \frac{A + c_1 - 2c_2}{3b}$$

不难看出,如果边际成本满足 $c_1 \leqslant c_2$,那么均衡产量满足 $q_1^c \geqslant q_2^c$,也就是说边际成本较低的企业的产量较大。市场总产量为

$$Q^c = q_1^c + q_2^c = \frac{2A - c_1 - c_2}{3b}$$

因此市场需求越大,或企业边际成本越低,产业总产量越高。市场均衡价格为

$$p^c = \frac{A + c_1 + c_2}{3}$$

价格随市场需求和企业边际成本的上升而上升。在不考虑固定成本的情况下,企业的均衡(毛)利润分别为

$$\pi_1^c = \frac{(A+c_2-2c_1)^2}{9b} \text{ 和 } \pi_2^c = \frac{(A+c_1-2c_2)^2}{9b}$$

在不考虑固定成本的前提下,一个寡头企业的边际成本越低,其自身利润就越高,而竞争对手的利润越低。

当市场上有 n 个寡头企业时,模型的分析是类似的,如下例所示。

例 3-4 某寡头市场的市场需求为

$$p(Q) = A - bQ = A - b\left(\sum_{k=1}^{n} q_k\right)$$

其中参数 A 足够大。有 n 个寡头企业,记为 $1, 2, \cdots, n$,生产完全同质的产品,它们的边际成本分别为 $c_i, i=1,2,\cdots,n$。企业同时选择它们的产量。企业 $i=1, 2,\cdots,n$ 的利润函数为

$$\pi_i(q_i) = \left[A - b\left(\sum_{k=1}^{n} q_k\right) - c_i\right]q_i, i=1,\cdots,n$$

当存在内部解时,企业 i 的利润最大化问题的一阶导数条件(或反应函数)为

$$q_i = \frac{A - b\sum_{k\neq i} q_k - c_i}{2b}, i=1,\cdots,n$$

当各企业的产量同时满足以上 n 个一阶导数条件时,纳什均衡状态达成。我们可从中解出企业的均衡产量为

$$q_i^c = \frac{A + \sum_{j=1}^{n} c_j - (n+1)c_i}{(n+1)b}, i=1,\cdots,n$$

于是产业总产量为

$$Q^c = \sum_{i=1}^{n} q_i^c = \frac{nA - \sum_{i=1}^{n} c_i}{(n+1)b}$$

市场均衡价格为

$$P^c = A - bQ^c = \frac{A + \sum_{i=1}^{n} c_i}{n+1}$$

企业利润为

$$\pi_i^c = (P^c - c_i)q_i^c = \frac{1}{b}\left(\frac{A + \sum_{i=1}^{n} c_i}{n+1} - c_i\right)^2, i=1,\cdots,n$$

当 $c_1 = \cdots = c_n = c$ 时,每个企业的毛利润(不记固定成本时)为 $\pi_i =$

$\frac{(A-c)^2}{(n+1)^2 b}$,行业总(毛)利润为 $\prod = \frac{n(A-c)^2}{(n+1)^2 b}$。可见,当市场上的企业个数增加时,不仅单个企业的利润下降,而且行业总利润也会下降。

以上模型可以很方便地推广到企业的产品之间存在差异的情形。这时需求函数可记为

$$p_1 = p_1(q_1, q_2) \text{ 和 } p_2 = p_2(q_1, q_2)$$

当企业的产品互为替代品时,以上需求函数应满足

$$\frac{\partial p_i}{\partial q_i} \leqslant 0 \text{ 和 } \frac{\partial p_i}{\partial q_j} \leqslant 0, \ i, j \in \{1, 2\}$$

模型的分析过程与无产品差异的情形完全类似,细节在这里略去。

与有产品差异的价格竞争类似,我们也可以从广义的"外部性"角度理解产量竞争对产量、价格和利益分配的影响。一个寡头企业选择的产量越高,其竞争对手获得的"剩余需求"越低,因此对竞争对手有负的外部性。而当一个企业选择产量时,不会考虑对竞争对手的影响,因此从产业整体利益的角度来看,每个企业都倾向于选择过高的产量,导致产业总利润的下降。但是从社会总福利的角度来看,企业间的竞争降低市场价格,对消费者有利。上述产量竞争中的外部性问题可以通过企业之间的合并或合谋实现内部化,从而提高产业利润,但是这样对消费者不利,而且消费者的损失可能超过企业利润的增加。

产量竞争的图解

在图 3-3 中,横轴代表企业 1 的产量,纵轴代表企业 2 的产量。标记为 $q_1(q_2)$ 和 $q_2(q_1)$ 的曲线分别代表企业 1 和企业 2 的"反应曲线"。根据反应曲线的定义,图中的 q_{1m} 是当企业 2 的产量为零,即企业 1 成为市场垄断者时的产量,而 q_{2m} 是当企业 2 成为垄断者时的产量。当企业 1 的产量达到 $\bar{q}_1$ 时,市场价格降至企业 2 的边际成本,即 $P(\bar{q}_1) = MC_2(0)$,从而促使企业 2 选择退出市场。类似的,图中纵轴上的 $\bar{q}_2$ 满足 $P(\bar{q}_2) = MC_1(0)$。

我们还可以在图 3-3 中画出企业的"等利润线"。企业 1 的利润表达式为

$$\pi_1 = P(q_1 + q_2)q_1 - C_1(q_1)$$

我们将所有能使企业 1 获得特定利润的产量组合 (q_1, q_2) 在图中体现为"等利润线"。记当企业 1 成为垄断者时的利润为 π_1^m,当 π_1 取不同值时(不高于 π_1^m),即得到不同的"等利润线",其中当 $\pi_1 = \pi_1^m$ 时,等利润线退化为一个点,即 $(q_{1m}, 0)$。在这组等利润线中,越靠近 $(q_{1m}, 0)$ 的等利润线所代表的利润水平越高。类似地我

们可以画出企业 2 的等利润线组,图中略去。

给定企业 2 的一个产量 q_2^0,企业 1 将选择一个产量使其能够触及利润最高的等利润线,这意味着企业 1 将选择与直线 $q_2 = q_2^0$ 相切的等利润线,且切点对应的产量即为企业 1 的最优产量 $q_1(q_2^0)$。当 q_2^0 取遍不同产量时,我们就得到企业 1 的"反应曲线" $q_1(q_2)$。类似地,我们可以用这个方法得到企业 2 的反应曲线 $q_2(q_1)$。两条反应曲线的交点即代表 Cournot 产量竞争博弈的纳什均衡产量组合。在这个产量组合下,每个企业的产量选择都达到了最优,不再有改变产量的动机。

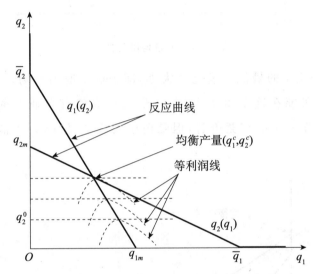

图 3-3 产量竞争中的反应曲线与均衡产量

产量竞争可能存在多重均衡解。如果两个企业的反应曲线有多个交点,如图 3-4 所示的 A、B 和 C,那么每个交点都构成一个均衡解。但是从动态的角度看,有些均衡解可能并不稳定。例如在图 3-4 的三个交点中,B 点就是一个动态不稳定的均衡解:如果企业 1 略微降低一点产量,那么企业 2 依据其反应曲线,会选择提高产量,而这个反应会促使企业 1 依据其反应曲线进一步降低产量,这样的互动使得产量组合越来越偏离 B 点。相比之下,A 和 C 都是动态条件下稳定的均衡,也就是说,当每个企业都依据其反应曲线决定产量时,市场上的产量组合在经过动态调整后,最终会停止在均衡点上。

寡头产量竞争还可能产生退化情形。不难理解,如果一个企业的边际成本远高于其他企业,那么这个企业可能无法在这个市场生存,最终不得不退出市场。这样企业个数会减少,极端情形是形成仅有一个企业的垄断市场。在如图 3-5 所示的产量竞争中,由于企业 2 的边际成本显著低于企业 1,即使是在企业 2 的垄

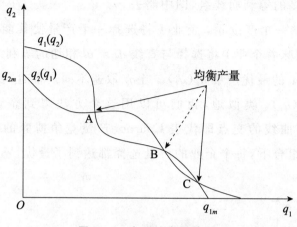

图 3-4 多重均衡解情形

断产量 q_{2m} 下,企业 1 的最优产量仍然为零,即企业 1 退出市场。在这种情况下,企业 1 实际上不可能在这个市场上运营,最终形成仅有企业 2 的垄断市场。虽然企业 1 可以看作一个潜在竞争者,但是由于其成本过高,并不能对企业 2 的定价产生影响。

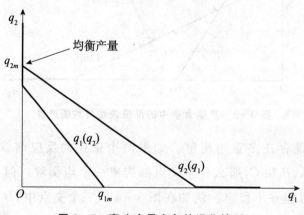

图 3-5 寡头产量竞争的退化情形

社会福利

我们将从无谓损失、生产效率、规模经济等角度讨论寡头市场的福利问题。总的来说,寡头市场的资源配置效率取决于各种市场条件,情况比较复杂。

当一个产品的市场价格显著高于企业的边际生产成本时,消费者选择很可能会发生扭曲,即选择购买"过少"的该产品,导致社会福利的损失。垄断之所以被认为是一种比较糟糕的市场结构,就是因为会导致过高的价格。相反,在高度竞争的市场中,均衡价格接近于企业的边际生产成本,因而有利于资源的有效配置。从直觉上看,寡头市场的均衡价格应该介于完全竞争价格和垄断价格之间。事实上我们有以下结论。

结论 3.2 在前面的基准产量竞争模型中,若需求函数 $p'(Q) < 0$,且企业均有恒定边际成本 c,那么均衡价格高于 c 而低于垄断价格 $p^m(c)$。

证明: 我们以仅有两个企业的寡头市场(duopoly)为例进行证明,有更多企业时的证明类似。

由于 $p'(Q) < 0$,由两个企业的利润最大化问题的一阶导数条件

$$p(q_1^c + q_2^c) + \frac{\mathrm{d}p(q_1^c + q_2^c)}{\mathrm{d}Q} q_1^c = c$$

和 $$p(q_1^c + q_2^c) + \frac{\mathrm{d}p(q_1^c + q_2^c)}{\mathrm{d}Q} q_2^c = c$$

可见,均衡价格 $p(q_1^c + q_2^c) > c$。记边际成本为 c 的垄断企业的产量为 q^m,由于 $p'(Q) < 0$,为了证明这个寡头市场的均衡价格小于 $p^m(c)$,只需证明 $q_1^c + q_2^c > q^m$。我们分两步进行证明。

首先,如果 $q_1^c + q_2^c < q^m$,那么其中一个企业可以通过提高产量来获取更多的利润。具体地,注意到产业总利润为

$$\pi_1 + \pi_2 = [p(q_1 + q_2) - c](q_1 + q_2)$$

这是一个关于总产量的函数。总产量低于垄断产量意味着产业总利润未能最大化,如果企业 2 将产量提高至 $q^m - q_1^c$,使得总产量上升至垄断产量,那么一方面能将产业总利润增加至垄断利润,另一方面还可以通过压低市场价格,降低企业 1 的利润。因此,这样的产量调整对企业 2 而言是有利可图的。也就是说 $q_1^c + q_2^c < q^m$ 不可能出现在均衡状态,于是有 $q_1^c + q_2^c \geqslant q^m$。

其次,由于垄断产量 q^m 满足

$$p(q^m) + p'(q^m) q^m = c$$

将两个寡头企业的利润最大化问题的一阶导数条件相加可得

$$p(q_1^c + q_2^c) + \frac{1}{2} p'(q_1^c + q_2^c)(q_1^c + q_2^c) = c$$

以上两式对比可见,当 $p'(Q) < 0$ 时,$q_1^c + q_2^c \neq q^m$。

综上两点,我们有 $q_1^c + q_2^c > q^m$。证毕。

结论 3.2 表明,寡头市场的竞争程度介于垄断和完全竞争之间。因此,如果仅仅从价格的角度考虑,寡头市场配置资源的效率通常低于完全竞争,而高于垄断。如果各寡头企业有相同的边际成本 MC,且不考虑固定成本,那么寡头市场

的无谓损失如图 3-6 中的 Harberger 三角形代表。与垄断情形一样，由于寡头竞争不充分，使得价格过高，交易不足，因而形成福利损失。另外，如果企业的生产技术要求较高的固定投入，即存在规模经济，那么寡头市场的分散生产会导致重复投资，与"第一最优"相比，寡头市场的福利损失比用 Harberger 三角形描述的无谓损失更大。仍然需要强调的是，Harberger 三角形能够准确代表无谓损失的前提是，经济体中除这个市场以外的其他市场均为完全竞争，否则 Harberger 三角形通常会高估寡头企业市场力量导致的福利损失。

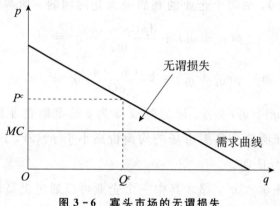

图 3-6 寡头市场的无谓损失

如果两个企业的边际成本不同，那么寡头市场还可能形成生产上的效率损失。生产有效性要求产出在成本较低的企业完成，但是在寡头竞争机制下，这一点难以实现。具体而言，高成本的寡头企业通常会提供"过多"的产出，导致整个社会的生产成本上升。为了看清这一点，我们可以观察例 3-3 的均衡结果，当 $c_1 < c_2$ 时，只要将一个单位的产出从企业 2 转移至企业 1 进行生产，就可以产生 $c_2 - c_1$ 的成本节省，因此该均衡结果不是帕累托有效的。如果政府能够对成本较低的寡头企业进行适当补贴，那么可以改善生产的有效性。

在实践上，如果生产成本较高的寡头企业将其生产过程"外包"给其他生产成本较低的竞争对手，可以提升整个产业的生产效率。当然，这个过程可能涉及各种交易成本或信息不对称等问题，未必总是在经济上可行。如果一个企业的边际生产成本相对于竞争对手较低，但是品牌影响力较低，那么该企业的品牌推广也可能有利于降低社会总的生产成本。

在技术选择方面，一个寡头企业的技术选择也会产生外部性，但是情形比垄断更复杂。如果选择边际成本较低而固定成本较高的技术，那么会导致较低的均衡价格，对消费者有利，但是对竞争对手不利，因此形成两种外部性，且方向相反。寡头企业的技术选择可能存在扭曲，但是扭曲的方向不确定。

从社会福利的角度看,寡头市场结构也有许多优越性。与高度竞争的企业相比,寡头企业的生产规模通常较大,能够比较充分地利用规模经济,因此生产效率较高。寡头企业有较大的固定资产投资规模,使得企业必须珍惜自己的品牌形象,否则会产生巨大损失,难以实现长期的利润最大化,因此寡头企业通常会提供比小企业更有品质保证的产品。由于寡头企业可以获得一定的经济利润,因此有实力在研究开发方面进行较多投入。虽然寡头企业的资金实力可能不如垄断企业,但是由于面临来自竞争对手的压力,寡头企业往往比垄断企业在创新上投入更多(Aghion等,2005)。更一般地,竞争压力会驱使寡头企业的经营者加强企业管理水平,因而不会产生显著的"X-损耗"。

寡头市场还经常会产生各种策略性行为,并形成复杂多样的博弈现象。各种策略性行为对社会福利的影响也各不相同,我们会在后面的章节进行讨论。

3.3 领导者模型

产量领导者模型

在之前的寡头模型中,我们假设所有企业同时选择它们的价格或产量,也就是说企业之间进行静态博弈。如果有一个企业可以率先选择其产量,其他企业在观察到前者的产量后,再选择它们自己的产量,那么这样的动态博弈模型被称为"Stackelberg产量领导者模型"(Stackelberg,1934)。领导者模型的一个重要特征是,先发企业(即"领导者")可以预见后发企业(即"跟随者")将要做出的反应。因此,先发企业可以策略性地选择产量,以诱导后发企业做出对自己有利的选择。

在基本的"领导者"模型中,企业之间的博弈在先后两个策略选择后即告终止,不存在持续的策略调整。这个特点可能与常见的现实情况有所不符。在实践中,企业之间的博弈是持续性的,它们可以不断根据外部情况调整策略,在可预见的未来不会停止博弈。但是,领导者模型在经济学理论上具有重要意义,因为其中包含了在现实中无处不在的策略性思维。一般而言,经济主体的选择行为通常不是一个基于给定外部条件的最优化问题,一方面,有时人们会利用自己的先发优势,适当影响其他经济主体的选择,使其向有利于自己的方向变化,最终实现自身效用的最大化。另一方面,跟随者也可能通过承诺于特定行为,来防止领导者滥用其先发优势。这些策略性思考在领导者模型中都能得到体现。

我们通过一个双企业的模型来说明领导者模型的基本思想。市场的反需求函数为 $p = p(Q)$，满足通常的递减条件 $p'(.) < 0$。两个企业生产同质产品，成本函数分别为 $c_1(q)$ 和 $c_2(q)$，均为非负单增凸函数，即满足 $c_i(.) > 0, c_i'(.) > 0$ 和 $c_i''(.) > 0, i = 1, 2$。这个市场的博弈的时间顺序是，首先，企业 1 作为"领导者"，选择其产量 q_1；其次，企业 2 作为"跟随者"，在观察到 q_1 后，选择其产量 $q_2(q_1)$；最后，市场价格形成 $p = p(q_1 + q_2(q_1))$，消费者按市价进行购买，市场出清。

这是一个两级动态博弈，为了得到"子博弈完美"（subgame perfect）的纳什均衡，我们采用"逆向归纳法"（backward induction）求解。在博弈的第二步，"跟随者"企业 2 观察到 q_1 后求解问题

$$\max_{q_2} \pi_2(q_2) = p(q_1 + q_2)q_2 - c_2(q_2)$$

假设这个问题存在内部解，其一阶导数条件为

$$p(q_1 + q_2) + \frac{\mathrm{d}p(q_1 + q_2)}{\mathrm{d}Q} q_2 = c'_2(q_2)$$

从中得到企业的反应函数 $q_2 = q_2(q_1)$。

在博弈的第一步，"领导者"企业 1 预计到企业 2 的行为 $q_2 = q_2(q_1)$，求解利润最大化问题

$$\max_{q_1} \pi_1(q_1) = p(q_1 + q_2)q_1 - c_1(q_1) = p(q_1 + q_2(q_1))q_1 - c_1(q_1)$$

同样假设这个问题存在内部解，企业 1 的最优产量由以下一阶导数条件决定

$$p(q_1 + q_2(q_1)) + \frac{\mathrm{d}p(q_1 + q_2(q_1))}{\mathrm{d}Q}\left(1 + \frac{\mathrm{d}q_2(q_1)}{\mathrm{d}q_1}\right)q_1 = c'_1(q_1)$$

从这个等式可直接求得作为领导者的企业 1 的最优产量 q_1^L。将其代入企业 2 的反应函数 $q_2 = q_2(q_1)$，即得到作为跟随者的企业 2 的均衡产量 $q_2^F = q_2(q_1^L)$。

图 3-7 展示了静态 Cournot 均衡与动态 Stackelberg 均衡之间的区别。静态的 Cournot 均衡是两个企业的反应曲线的交点，而在 Stackelberg 博弈中，领导者企业 1 预计到跟随者企业 2 的反应曲线 $q_2(q_1)$，会选择一个产量 q_1^L，使得自己能够触及利润最高的等利润线（注意到，图中画出了企业 1 的四条等利润线，其中位置越低的线代表越高的利润）。在图中可以看出，领导者的产量高于 Cournot 均衡时的产量（即 $q_1^L > q_1^c$），而跟随者的产量低于 Cournot 均衡时的产量（$q_2^F < q_2^c$）。领导者通过提高产量，促使跟随者降低产量，而竞争对手较低的产量对自己是有利的。这就是典型的策略行为。

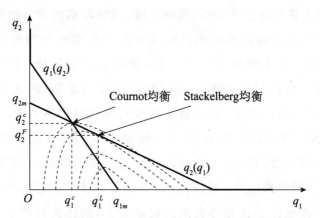

图 3-7 Stackelberg 产量领导者模型的子博弈完美均衡

例 3-5 某市场有两个寡头企业（1 和 2）生产同质产品，边际成本和固定成本均为零。市场需求为 $p = 12 - Q$，其中 Q 为两个企业的总产量。不难计算，静态的 Cournot 竞争均衡产量为 $q_1^c = q_2^c = 4$，均衡价格为 4，每个企业的利润为 16。

现假设企业 1 为产量领导者，企业 2 为产量跟随者。在这个 Stackelberg 产量竞争中，给定企业 1 的产量 q_1，企业 2 的利润函数为

$$\pi_2(q_2) = (12 - q_1 - q_2)q_2$$

其反应函数为 $q_2 = 6 - \dfrac{q_1}{2}$。

企业 1 预见到企业 2 的反应函数，最大化其利润

$$\pi_1(q_1) = \left(12 - q_1 - \left(6 - \frac{q_1}{2}\right)\right)q_1$$

从中可解出 $q_1^L = 6$。代入企业 2 的反应函数，得到 $q_2 = 6 - \dfrac{q_1^L}{2} = 3$。将总产量 $Q = 6 + 3 = 9$ 代入市场需求函数，得到均衡价格为 $p = 3$。将均衡产量代入企业的利润表达式，可得两个企业的均衡利润分别为 18 和 9。

在这个例子中，与 Cournot 竞争的均衡结果相比，领导者企业的产量和利润上升，跟随者企业的产量和利润下降，产业总利润下降，产业总产量上升，市场价格下降，消费者剩余增加。

在假设线性需求函数和不变边际成本的情况下，跟随者的反应曲线的斜率总是 -0.5（参见例 3-3），这意味着每当企业 1 增加 1 个单位产量时，企业 2 会减少 0.5 个单位的产量，这使得市场总产量上升 0.5 个单位。因此，Stackelberg 均衡的总产量高于 Cournot 均衡的总产量。由此使得市场价格下降，消费者从中获益。从直观上看，领导者通过提高产量，诱使跟随者做出对自己有利的反应，即降

低产量。但是由于总产量上升,市场价格下降,领导者不会无限制地提高产量。

如果跟随者的反应曲线的斜率的绝对值大于1,那么当领导者产量上升一个单位时,跟随者的产量下降超过一个单位,使得总产量下降,市场价格上升。这意味着领导者在增加产量的同时还可以获得更高的价格,因此没有理由停止提高产量。因此,在均衡产量上,跟随者的反应曲线的斜率绝对值一定小于1。

值得注意的是,在 Stackelberg 领导者模型中,Cournot 均衡的产量组合仍然可以构成一个均衡产量,但是,这样的均衡不再是 Stackelberg 模型的子博弈完美均衡。具体而言,如果跟随者(可信地)宣布其策略为,对任意产量 $q_1 > 0$,都选择 $q_2(q_1) = q_2^c$,即承诺无论领导者的产量是多少,都将选择产量 q_2^c,那么不难检验,领导者的最优策略一定是选择 q_1^c,这样就实现了 Cournot 均衡结果。这个均衡不是"子博弈完美",因为跟随者的策略中包含"不可置信"的承诺。假如领导者实际上选择了 q_1^L,跟随者观察到这个产量后,会发现自己的最优选择不是 q_2^c,而是 q_2^F,这时坚持之前宣布的策略是不明智的。因此,领导者有理由相信,跟随者宣布的产量承诺是不可信的,从而未必会选择 q_1^c。因此,如果我们追求子博弈完美意义下"精炼"(refined)的纳什均衡,那么应排除这个解。

价格领导者模型

在价格竞争中,如果寡头企业的产品之间存在差异,那么我们可以类似地讨论价格领导者模型。作为价格领导者的企业首先选择价格,其他企业在观察到领导者的价格之后,选择它们的价格,最后消费者做出他们的购买决定,模型的分析方式与产量领导者模型类似。如果没有产品差异,那么需要根据企业成本的各种情况进行讨论。

相对于静态的价格竞争的均衡价格,具有先发优势的价格领导者会进一步提高价格,以诱使跟随者提高价格,从而实现对自己有利的结果。在均衡状态下,企业的均衡价格一般比相应的静态博弈的均衡价格更高,市场竞争强度减弱,消费者福利下降,这些特点与产量领导者模型相反。无论是价格领导者还是跟随者,都会从这种定价方式中获益,而且往往是跟随者获益更大。

例 3-6 某市场有两个企业生产有差异但相互替代的产品,边际成本分别为 c_1 和 c_2,它们之间进行价格竞争。两个企业面对的市场需求分别为

$$q_1 = 12 - p_1 + p_2 \quad \text{和} \quad q_2 = 12 - p_2 + p_1$$

记企业的价格分别为 p_1 和 p_2,两个企业的利润分别为

$$\pi_1 = (p_1 - c_1)q_1 = (p_1 - c_1)(12 - p_1 + p_2)$$
$$\text{和} \quad \pi_2 = (p_2 - c_2)q_2 = (p_2 - c_2)(12 - p_2 + p_1)$$

在静态的价格竞争中,两个企业的利润最大化问题的一阶导数条件分别为

$$12 - 2p_1 + p_2 + c_1 = 0 \quad (\text{反应函数为 } p_1 = 6 + \frac{1}{2}p_2 + \frac{1}{2}c_1)$$

$$\text{和} \quad 12 - 2p_2 + p_1 + c_2 = 0 \quad (\text{反应函数为 } p_2 = 6 + \frac{1}{2}p_1 + \frac{1}{2}c_2)$$

因此价格竞争的均衡为

$$p_1 = 12 + \frac{1}{3}(2c_1 + c_2) \quad \text{和} \quad p_2 = 12 + \frac{1}{3}(2c_2 + c_1)$$

将均衡价格代入需求函数,即得到均衡产量为

$$q_1 = 12 + \frac{1}{3}(c_2 - c_1) \quad \text{和} \quad q_2 = 12 + \frac{1}{3}(c_1 - c_2)$$

假设边际成本为 $c_1 = c_2 = 2$,我们可得到均衡价格、产量和利润分别为

$$p_1 = p_2 = 14, q_1 = q_2 = 12 \text{ 和 } \pi_1 = \pi_2 = 144$$

现在假设企业 1 是价格领导者,首先选择价格 p_1,跟随者企业 2 在观察到 p_1 后选择价格 $p_2(p_1)$。我们求解这个模型的"子博弈完美"均衡解。从前面的讨论我们已经知道,企业 2 的反应函数为

$$p_2 = 6 + \frac{1}{2}p_1 + \frac{1}{2}c_2$$

预见到这个反应函数,企业 1 的利润表达式为

$$\pi_1 = (p_1 - c_1)\left(12 - p_1 + \left(6 + \frac{1}{2}p_1 + \frac{1}{2}c_2\right)\right)$$
$$= (p_1 - c_1)\left(18 - \frac{1}{2}p_1 + \frac{1}{2}c_2\right)$$

通过一阶导数条件可得领导者的最优价格为

$$p_1^* = 18 + \frac{1}{2}(c_1 + c_2)$$

而跟随者的均衡价格为

$$p_2^* = 6 + \frac{1}{2}p_1^* + \frac{1}{2}c_2 = 15 + \frac{1}{4}c_1 + \frac{3}{4}c_2$$

如果假设边际成本为 $c_1 = c_2 = 2$,那么领导者的均衡价格为 $p_1^* = 20$,跟随者的均衡价格为 $p_2^* = 17$。将均衡价格代入需求函数,得到均衡产量为 $q_1^* = 9, q_2^* = 15$。企业利润为 $\pi_1^* = 162, \pi_2^* = 225$。

与静态的价格竞争均衡相比,当存在一个价格领导者时,市场价格上升,竞

争减弱。两个企业的利润都上升,且跟随者利润上升较多。

3.4* 产量竞争与价格竞争的关系

我们在前面分别讨论了产量竞争和价格竞争模型,本节我们讨论这两种竞争方式之间的关系。在垄断模型中,企业无论选择产量或价格来最大化利润,结果一般都是等价的,因为企业的销售价格和销售量是一一对应的。但是,这个等价性在寡头模型中不再成立,不同的策略变量会导致不同的博弈方式,进而产生不同的均衡结果。如果企业的产品之间无差异,那么这一点是显而易见的,因为价格竞争可能导致边际成本定价,而产量竞争一般不会。如果企业生产有差异的产品,类似的现象也会发生,我们通过以下例子演示。

例 3-7 考虑一个对称的寡头市场模型。两个寡头企业生产相互替代的产品,成本均为零。市场对两个企业的产品的(反)需求函数分别为

$$p_1 = a - 2q_1 - q_2 \quad \text{和} \quad p_2 = a - 2q_2 - q_1$$

如果写成以价格为自变量的需求函数形式,那么以上需求可以改写为

$$q_1 = \frac{a}{3} - \frac{2}{3}p_1 + \frac{1}{3}p_2 \quad \text{和} \quad q_2 = \frac{a}{3} - \frac{2}{3}p_2 + \frac{1}{3}p_1$$

假设两个企业之间进行静态的产量竞争。我们利用反需求函数,可以写出两个企业的利润表达式分别为

$$\pi_1(q_1) = p_1 q_1 = q_1(a - 2q_1 - q_2) \quad \text{和} \quad \pi_2(q_2) = p_2 q_2 = q_2(a - 2q_2 - q_1)$$

企业的利润最大化问题的一阶导数条件分别为

$$a - 4q_1 - q_2 = 0 \quad \text{和} \quad a - 4q_2 - q_1 = 0$$

在均衡情况下,两个一阶导数条件都满足,从上式可以解出均衡产量为

$$q_1^* = q_2^* = \frac{a}{5}$$

代入反需求函数,得到均衡价格为

$$p_1^* = p_2^* = \frac{2a}{5}$$

代入利润表达式,得到均衡利润为

$$\pi_1^* = \pi_2^* = \frac{2a^2}{25}$$

假设两个企业之间进行静态的价格竞争。企业利润表达式分别为

$$\pi_1(p_1) = p_1 q_1 = p_1\left(\frac{a}{3} - \frac{2}{3}p_1 + \frac{1}{3}p_2\right)$$

和 $$\pi_2(p_2) = p_2 q_2 = p_2\left(\frac{a}{3} - \frac{2}{3}p_2 + \frac{1}{3}p_1\right)$$

企业的最优化问题的一阶导数条件分别为

$$\frac{a}{3} - \frac{4}{3}p_1 + \frac{1}{3}p_2 = 0 \quad \text{和} \quad \frac{a}{3} - \frac{4}{3}p_2 + \frac{1}{3}p_1 = 0$$

从中可以解出均衡价格为

$$p_1^* = p_2^* = \frac{a}{3}$$

均衡产量为

$$q_1^* = q_2^* = \frac{2a}{9} > \frac{a}{5}$$

均衡利润为

$$\pi_1 = \pi_2 = \frac{2a^2}{27} < \frac{2a^2}{25}$$

以上计算表明，价格竞争的均衡价格较低，产量较高，因此价格竞争倾向于比产量竞争更激烈。这个结论不难推广到所有需求函数为线性的对称模型，但是对于更一般的非对称模型，或需求函数为非线性的模型，相关的结论则比较难以得到。

在现实世界，市场需求经常是波动的，而企业往往存在产能约束。当需求比较低时，企业之间的产量竞争和价格竞争会产生不同的市场结果。但是当需求足够高时，企业会用尽全部产能，价格由市场出清条件内生决定，因此不存在产量竞争和价格竞争之间的区别。在例 3-7 中，如果两个企业的产能均为 $\bar{q}$，那么产量竞争的市场均衡与（代表市场规模的）参数 a 之间的关系是

$$q_1^* = q_2^* = \begin{cases} \dfrac{a}{5}, & a \leqslant 5\bar{q} \\ \bar{q}, & a > 5\bar{q} \end{cases} \quad \text{和} \quad p_1^* = p_2^* = \begin{cases} \dfrac{2a}{5}, & a \leqslant 5\bar{q} \\ a - 3\bar{q}, & a > 5\bar{q} \end{cases}$$

而在价格竞争情况下，市场均衡与参数 a 之间的关系是

$$q_1^* = q_2^* = \begin{cases} \dfrac{2a}{9}, & a \leqslant 4.5\bar{q} \\ \bar{q}, & a > 4.5\bar{q} \end{cases} \quad \text{和} \quad p_1^* = p_2^* = \begin{cases} \dfrac{a}{3}, & a \leqslant 4.5\bar{q} \\ a - 3\bar{q}, & a > 4.5\bar{q} \end{cases}$$

图 3-8 描述了当存在产能约束 $q_i \leqslant \bar{q}$ 时，（对称的）均衡价格与市场规模参数 a 之间的关系。当市场需求较低、企业的产量没有超过上限时，产量竞争的均衡价格线位于价格竞争的均衡价格线的上方。而当市场需求足够高时，两者的

均衡价格线重合。无论是哪种情况,当市场总需求达到特定阈值($5\bar{q}$ 或 $4.5\bar{q}$)时,价格曲线都会出现向上的拐点,意味着价格随需求上升得更快了,但是在价格竞争下,这个拐点对应的阈值较低。

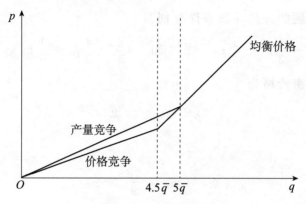

图 3-8 产能约束与均衡价格

在航空客运市场,需求具有显著的季节波动性。在供应方面,航空运输设备大多是耐用品,且购置和维护的成本很高。面临这种情况,企业必须选择一个恰当的运力水平,以最大化长期利润。在淡季,各航空公司通常会有闲置运力,企业之间可以进行(有产品差异的)产量竞争或价格竞争。在旺季,除了安全等特殊原因,各航空公司通常不会保持闲置运力,市场价格取决于企业总运力和市场总需求之间的平衡,而企业之间的竞争程度较弱,因此旺季的价格会上升很多,而且随需求波动的幅度较大。

博弈策略变量的选择可能是内生的,而不是外生假设的。Singh & Vives(1984)考虑了一个两步博弈。首先,寡头企业选择策略变量,可以是价格或产量。其次,企业按之前选择的策略变量进行博弈。他们指出,如果相互竞争的寡头企业可以自主选择以价格或产量作为策略变量,那么在一定条件下,选择产量作为策略变量是它们的"占优策略",也就是说,无论竞争对手如何选择,以产量作为策略变量都是比较有利的。

在现实世界,我们通常观察到企业主动选择销售价格,而不是让市场决定价格。事实上,企业仅选择产量,由市场决定价格,在实践操作上并不现实。从这个角度看,产量竞争很难想象,企业之间似乎只能进行价格竞争。但是 Kreps & Scheinkman(1983)认为,企业只能进行价格竞争或许是个错觉。他们指出,企业在组织生产并进行定价销售之前,往往必须先投资于固定资产,而固定资产投资决定了企业的产能上限。在不考虑需求不确定、策略性行为等复杂情况的条件下,企业不会选择过剩产能,因为这样是有成本的。因此,企业在决定价格之前,产量实际上已经决定,这意味着价格其实是内生的。如果企业必须先决定产能,然后再决定价格,那么市场结果很可能接近产量竞争结果,而不是价格竞争结果。在 Kreps & Scheinkman(1983)的同质产品模型中,企业首先选择产能上限,然后进行无产品差异的价格竞争。给定一些条件,上述两步博弈的唯一子博弈完美的均衡就是 Cournot 均衡。

但是,Davidson & Deneckere(1986)认为 Kreps & Scheinkman(1983)的结论是可疑的,因为后者强烈依赖于特定的配给法则(rationing rule)。也就是说,在第二步的价格竞争阶段,如果价格较低的企业无法满足整个市场的需求,那么就需要一个配给法则来决定那些低价产品如何分配给消费者。Kreps & Scheinkman(1983)的结论建立在"有效配给"(efficient rationing)法则的基础上,即在任意时间点,总是将市场上价格最低的产品分配给"愿意"出价最高的消费者。如果采用其他配给法则,例如"先来先得"(first-come-first-served)法则(又称"随机法则"),那么 Kreps & Scheinkman(1983)的结论不再成立。

尽管如此,Kreps & Scheinkman(1983)的观点仍然有其价值,至少说明产量竞争并不像看起来的那么不现实。而且,当企业的产品之间存在差异时,配给法则就没有那么重要了。总的来说,由于产能调整相对耗时,而价格调整可以非常迅速,价格竞争(特别是有产品差异条件下的价格竞争)能够比较准确地描述企业之间的短期互动,而产量竞争则较好地描述了企业之间的长期互动。

3.5　生产互补品的企业之间的产量博弈与价格博弈

前面的寡头模型均假设不同企业生产相互替代的产品,因此企业之间是竞争关系。竞争对手的产品价格上升或产量下降,对自己是有利的。如果不同企业生产互补品,那么它们之间不再是竞争关系,其他企业的产品价格上升或产量下降,对自己是不利的。虽然互补品情形不属于典型的寡头理论,但是我们可以用完全类似的模型来讨论企业之间的产量博弈或价格博弈。相关分析有助于我们理解企业之间的策略性互动,因此我们在这里稍作讨论。

例 3-8　两个企业的固定成本和边际成本均为零。企业面临的市场需求分别为

$$p_1 = 3 - 2q_1 + q_2 \quad \text{和} \quad p_2 = 3 - 2q_2 + q_1$$

或等价地

$$q_1 = 3 - \frac{2}{3}p_1 - \frac{1}{3}p_2 \quad \text{和} \quad q_2 = 3 - \frac{2}{3}p_2 - \frac{1}{3}p_1$$

以上需求函数表明,两个企业的产品是相互补充的。我们讨论以下三种情况。

(i)如果企业之间进行静态的产量博弈,即两个企业同时选择它们的产量,那么两个企业的利润分别为

$$\pi_1(q_1) = p_1 q_1 = (3 - 2q_1 + q_2) q_1$$
$$\text{和} \quad \pi_2(q_2) = p_2 q_2 = (3 - 2q_2 + q_1) q_2$$

企业的利润最大化问题的一阶导数条件分别为

$$q_1 = \frac{3}{4} + \frac{1}{4}q_2 \quad \text{和} \quad q_2 = \frac{3}{4} + \frac{1}{4}q_1$$

在这个产量博弈中,企业的反应函数均为增函数。从中可以解出均衡产量为 $q_1 = q_2 = 1$,均衡价格为 $p_1 = p_2 = 2$,企业利润为 $\pi_1 = \pi_2 = 2$。

(ii)如果企业之间进行静态的价格博弈,即两个企业同时选择它们的价格,那么两个企业的利润分别为

$$\pi_1(q_1) = p_1 q_1 = p_1 \left(3 - \frac{2}{3}p_1 - \frac{1}{3}p_2\right)$$
$$\text{和} \quad \pi_2(q_2) = p_2 q_2 = p_2 \left(3 - \frac{2}{3}p_2 - \frac{1}{3}p_1\right)$$

企业的利润最大化问题的一阶导数条件分别为

$$p_1 = \frac{9}{4} - \frac{1}{4}p_2 \quad \text{和} \quad p_2 = \frac{9}{4} - \frac{1}{4}p_1$$

在这个价格博弈中,企业的反应函数均为减函数。从中可以解出均衡产量为 $q_1 = q_2 = \frac{6}{5}$,均衡价格为 $p_1 = p_2 = \frac{9}{5} < 2$,企业利润为 $\pi_1 = \pi_2 = \frac{54}{25} > 2$。

与产量博弈相比,互补品企业之间的价格博弈导致较低的价格和较高的利润,因此对企业和消费者都比较有利。无论企业生产相互替代还是相互补充的产品,价格博弈似乎都有较高的经济效率。

(iii)如果两个企业合并为一个(多产品垄断)企业,那么合并后的企业的利润为

$$\pi(q_1, q_2) = p_1 q_1 + p_2 q_2 = (3 - 2q_1 + q_2)q_1 + (3 - 2q_2 + q_1)q_2$$
$$\text{或} \quad \pi(p_1, p_2) = p_1 q_1 + p_2 q_2 = p_1\left(3 - \frac{2}{3}p_1 - \frac{1}{3}p_2\right) + p_2\left(3 - \frac{2}{3}p_2 - \frac{1}{3}p_1\right)$$

无论合并后的企业选择产量还是选择价格,最优产量和价格均为

$$q_1 = q_2 = \frac{3}{2} \quad \text{和} \quad p_1 = p_2 = \frac{3}{2}$$

因此合并后企业产量增加，价格下降，合并对消费者有利。企业利润为 $\pi = 4.5$，高于合并前的企业利润之和，因此合并对企业也是有利的。

假设企业之间进行产量博弈，并且有一个企业可以先选择产量，另外一个企业在观察到前者的产量后，再选择自己的产量。在这种情况下，先发企业将选择比静态博弈情况下更高的产量，以引导后发企业（根据其反应函数）选择较高的产量。注意到后发企业较高的产量对先发企业是有利的，这是策略性行为的体现。类似地，假设企业之间进行价格博弈，并且有一个企业可以先选择价格，另外一个企业在观察到前者的价格后，再选择自己的价格。这时先发企业将选择比静态博弈情况下更高的价格，以引导后发企业（根据其反应函数）选择较低的价格。

3.6 合谋

在寡头市场中，企业的产量或价格选择具有"外部性"。从所有企业的整体利益角度看，每个企业的产量"过高"或价格"过低"，最终都会使得产业总利润低于垄断市场。如果寡头企业可以协调它们的产量和价格，将决策的"外部性"内部化，那么可以提高产业总利润，这种行为就是合谋（collusion）。进行正式合谋的企业间组织经常被称为"卡特尔"（cartel），卡特尔组织的总利润最高可以达到垄断利润。在反垄断法问世之前，卡特尔是合法组织，也在很多行业中广泛出现，特别是产品差异较小的行业，如大宗商品、运输服务等。

合谋有利于提高寡头企业的利润，但是对消费者不利。合谋对消费者的负面影响经常会大于对企业的正面影响，因此通常被国家通过法律予以禁止。在较发达市场经济体中，企业之间的显性合谋大多是违反反垄断法的，因此民间的卡特尔组织已经十分少见，只有政府特许的卡特尔才能得到豁免，例如以石油出口国为成员的"石油输出国组织"（OPEC）接近于原油市场的卡特尔，具有一定的控制国际市场原油价格的能力，但是这个组织不受反垄断法约束。

从博弈的角度看，合谋意味着企业的产量低于纳什均衡水平，或价格高于纳什均衡水平。偏离均衡意味着需要通过显性或隐性的合约，来约束参与合谋企业的行为，否则每个企业都有动机"欺骗"合谋伙伴，欺骗的方式包括暗中将产量提到约定的产量之上、将价格降到约定的价格之下或者暗中提高产品的品质参数、改变约定的产品销售区域等。

在合谋通常违法的情况下，企业之间无法通过订立正式合约建立合谋关系，也无法对合谋企业之间的欺骗行为进行惩罚,但这并不意味着合谋完全不可能。在特定市场环境中,企业可以采用各种策略性安排,使得原本无法实现的合谋变得可行。

例如,企业可以公开宣布"价格保护"或"价格匹配"政策,即承诺销售价格自动匹配市场最低价。如果已购买的消费者在市场上发现更低价格,还可以找原卖家讨还差价。这种政策看似对消费者有利,但实际上有可能帮助形成合谋。事实上,如果企业的价格匹配政策可以有效执行,那么就可以消除竞争对手通过降价夺取市场份额的企图,因为任何降价都会触发其他企业的同步降价,无助于销售量的扩大。因此,在可信的价格匹配政策下,合谋的市场结果可以被支持为一个均衡。不过值得一提的是,在现实世界,不是所有的价格匹配政策都可以无成本地实施,有时成本还很高,以至于不可能有效执行。因此,能否通过这个办法实现合谋,还要视具体市场条件而定。

又如,相互竞争的企业可以通过相互持有对方的股权来实现一定程度的合谋。如果一个企业持有了竞争对手的部分股份,那么其策略的"外部性"在一定程度上被"内部化",该企业就相对不愿选择过高的产量或过低的价格,以保护其在竞争对手企业的利益。更进一步,当企业持有竞争对手的部分股权时,还可能从内部影响对手企业的决策,促使对手企业选择对自己有利的策略。当然,这样就偏离了企业追求利润最大化的假设。

当企业间的博弈不断重复进行时,合谋的可能性更大,不仅无须任何合约,也无须事前的策略性安排。企业可以通过后续的博弈来惩罚当前进行欺骗的合谋伙伴,预见到可能遭受的惩罚,每个企业都可能会放弃欺骗。通过这种方式形成的合谋经常被称为"心照不宣的合谋"(tacit collusion)。在实践中,企业经常通过适度提高价格,隐蔽地向竞争对手发出合谋的邀请。如果对手"心领神会",就会做出相应的提价行为,经过多次互动,最终就可能达成合谋的结果。

在重复博弈中实现合谋的策略经常被称为"扳机策略"(trigger strategy)。一个最简单的扳机策略是,企业在每期都默认执行合谋约定的产量或价格;如果其他企业也都遵守约定,那么企业在下一期仍然遵守;如果其他企业中有企业选择的产量高于特定水平,或价格低于特定水平,那么就会触发"扳机",企业在以后的博弈中将选择静态竞争均衡的产量或价格,即合谋结束。

隐性合谋中的企业需要在当前利益和长远利益之间进行权衡。如果遵守合谋约定,那么企业可以持续分享高于寡头利润的利润。如果欺骗合谋伙伴,那么可以在短期内获得比合谋利润更高的利润,但是终将招来合谋伙伴的报复,在长期的利润水平将低于寡头利润。参与合谋的企业越多,欺骗的回报越高。根据博弈论中的"佚名定理"(Folk theorem),当寡头企业的贴现因子(discount factor)大于某个临界值时,合谋可以成为企业的均衡策略,而无需有约束力的协议。参与合谋的企业个数越多,贴现因子的临界值越大。注意到,贴现因子越大,意味着企业越重视未来的利益,相反,贴现因子越小,意味着企业越重视当前利益。

考虑两个企业(1 和 2)之间的"心照不宣的合谋"问题。记两个企业进行寡头竞争时的单期利润分别为 π_1^o 和 π_2^o,它们进行合谋时的单期利润分别为 π_1^m 和 π_2^m,显然有 $\pi_i^m > \pi_i^o, i=1,2$。如果一个企业遵守合谋约定而另一个企业进行欺骗,那么欺骗者当期可获得的利润分别为 π_1^d 和 π_2^d,显然有 $\pi_i^d > \pi_i^m, i=1,2$,否则不可能有欺骗动机。最简单的"扳机策略"意味着,如果一个企业欺骗合谋伙伴,那么仅在当期获得较高利润 π_1^d 或 π_2^d,之后欺骗行为将被发现并使合谋破裂,因而未来将一直获得寡头利润 π_1^o 或 π_2^o。

记两个企业的贴现因子分别为 $\delta_1, \delta_2 \in (0,1)$。如果两个企业一直保持合谋,那么企业 1 和 2 的长期利润的现值(present value)分别为

$$(1+\delta_1+\delta_1^2+\cdots)\pi_1^m = \frac{1}{1-\delta_1}\pi_1^m$$

$$\text{和} \quad (1+\delta_2+\delta_2^2+\cdots)\pi_2^m = \frac{1}{1-\delta_2}\pi_2^m$$

如果企业 1 或企业 2 进行欺骗,那么其长期利润的现值分别为

$$\pi_1^d + (\delta_1+\delta_1^2+\cdots)\pi_1^o = \pi_1^d + \frac{\delta_1}{1-\delta_1}\pi_1^o$$

$$\text{和} \quad \pi_2^d + (\delta_2+\delta_2^2+\cdots)\pi_2^o = \pi_2^d + \frac{\delta_2}{1-\delta_2}\pi_2^o$$

合谋能够维持的条件是

$$\frac{1}{1-\delta_1}\pi_1^m \geqslant \pi_1^d + \frac{\delta_1}{1-\delta_1}\pi_1^o \quad \text{和} \quad \frac{1}{1-\delta_2}\pi_2^m \geqslant \pi_2^d + \frac{\delta_2}{1-\delta_2}\pi_2^o$$

这两个条件可以简化为

$$\delta_1 \geqslant \bar{\delta}_1 \equiv \frac{\pi_1^d - \pi_1^m}{\pi_1^d - \pi_1^o} \quad \text{和} \quad \delta_2 \geqslant \bar{\delta}_2 \equiv \frac{\pi_2^d - \pi_2^m}{\pi_2^d - \pi_2^o}$$

也就是说,当企业的贴现因子高于某个临界值时,维持合谋是企业的理性选择。

在不同的市场条件下,能够维持合谋的贴现因子的临界值各不相同,因此有些市场的合谋可能性会大于其他市场。参与合谋的企业个数、企业产品的差异程度、市场需求的波动幅度、价格信息的透明度等,都会对"扳机"的触发产生影响,从而影响合谋的稳定性。如果企业的贴现因子显著高于临界值,那么合谋可

能比较稳固。

例 3-9 假设某市场有两个寡头企业,边际成本均为零。市场需求函数为 $p(Q)=12-Q$。假设两个企业之间的产量竞争无限重复进行,企业的贴现因子均为 δ。合谋企业的策略是,持续按照最优合谋的方案选择产量,一旦发现市场情况恶化,将永久性返回静态产量竞争均衡。

如果这两个企业进行完美的合谋,那么可以实现垄断利润 36,总产量为 6。不妨假设它们均分合谋产量和利润,于是有

$$q_1^m = q_2^m = 3, \quad \pi_1^m = \pi_2^m = 18$$

两个企业的反应函数分别为

$$q_1 = 6 - \frac{1}{2}q_2, \quad q_2 = 6 - \frac{1}{2}q_1$$

静态产量竞争的均衡产量和利润分别为

$$q_1^o = q_2^o = 4, \quad \pi_1^o = \pi_2^o = 16$$

在合谋产量下,给定 $q_2^m = 3$,根据其反应函数,企业 1 的最优产量是 4.5,对应的利润为 $\pi_1^d = 20.25$,这是企业 1 违背合谋约定(即欺骗合谋伙伴)的一次性回报。类似地,企业 2 欺骗合谋伙伴的一次性回报也是 $\pi_2^d = 20.25$。根据前面的公式,当

$$\delta \geqslant \frac{\pi_1^d - \pi_1^m}{\pi_1^d - \pi_1^o} = \frac{\pi_2^d - \pi_2^m}{\pi_2^d - \pi_2^o} = \frac{20.25 - 18}{20.25 - 16} \approx 0.529$$

时,两个企业之间的合谋在上述策略下可以维持。

Bernheim & Whinston(1990)指出,如果两个寡头企业在两个或多个市场同时有竞争关系(multimarket contact),那么有可能使得合谋更加容易实现。表面上看,这似乎是因为当一个企业在某一个市场的合谋中欺骗对方,那么另一个企业不仅可以在该市场发起报复,而且可以在另一个市场进行报复,从而提高了报复力度。但是,跨市场报复也意味着合谋更容易大范围破裂,因而未必使合谋更容易。

Bernheim & Whinston(1990)的洞见在于,如果在第一个市场上,企业的贴现因子大幅高于临界值,而在第二个市场上仅略低于临界值,那么在不考虑多市场接触的情况下,只有在第一个市场可以实现合谋,而在第二个市场无法实现。但是在多市场接触的情况下,企业可以利用在第一个市场中"富余"的贴现因子,来促成在第二个市场中的合谋。换句话说,两个企业原本在第二个市场上无法单独形成合谋,但是考虑到如果在这个市场欺骗合谋伙伴,就会引发在第一个市场的价格战,它们会放弃欺骗,转而维持在第二个市场的合谋,最终形成多市场合谋的均衡状态。

以上我们一直假设当一个企业进行欺骗时，其他合谋企业可以直接观察。在现实世界，由于各种信息不对称和不确定的市场环境，欺骗未必可以很容易被合谋伙伴觉察到，这样就提高了欺骗的回报。在这种情况下，企业之间将难以建立起信任，使得合谋难以成功。因此，相互竞争的企业之间一定程度的信息不透明反而可以防止"心照不宣的合谋"，从而提高经济效率。

要达成心照不宣的合谋，除了要求企业足够重视未来的利益，即贴现因子足够大，还要求合谋企业能够比较容易进行相互监督。容易发生这种合谋的行业通常有以下几个特点：

(1) 企业个数比较小。参与合谋的企业越少，欺骗合谋伙伴的回报就越低，可以维持合谋的贴现因子临界值就越小，因而合谋越容易达成。当参与合谋的企业过多时，需要跟踪监督的价格较多，增加了监督的成本。此外，如果一个行业中参与合谋的企业的总市场份额较大，那么合谋产生的利益也较大。在企业个数较小的市场，合谋者更加容易占据较大的市场份额。

(2) 产品的同质化程度比较高。如果产品不同质，那么产品的价格差异必然存在，在这种情况下，一个参与合谋的企业的低价格可能是由于其产品品质较低，而突然增加的销售量可能是由于产品品质提高或品牌影响力提升，因此未必能够被确认为私下降价，这样就给企业之间的价格监督带来较大困难，使得合谋难以维持。有趣的是，产品同质化本身可能加剧企业间竞争，但同时又有利于企业之间的合谋。

(3) 需求波动比较小。在一个需求经常大幅波动的市场，市场价格也会发生难以预测的波动。合谋企业很难判断市场价格的变化是由于供求关系的变化引致的，还是部分企业违背约定的行为引致的，这使得合谋企业之间的相互监督变得困难。

(4) 产品价格的可观察性好。产品的销售价格是买卖双方谈判决定的，其他企业未必可以看到。如果交易价格无法被公开观察，那么合谋企业也就无法迅速辨别违反合谋约定的行为，使得合谋难以维持。

(5) 市场规模增长较快。在一个快速增长的行业，企业更加重视未来的利润，因此更加愿意维持当前的合谋状态。

基本满足这些条件的一个例子是航空客运。两个城市之间的航线经常仅有少数几个航空公司运营，服务内容高度同质化，市场价格虽然有季节性波动，但是基本可以预测，而且机票价格经常是公开的。因此，同一航线不同航空公司之间的合谋往往比较容易达成。

本章小结

本章讨论相互竞争的企业之间的策略性互动,主要结论包括:

- 在没有产品差异、固定成本为零及边际成本为常数等条件下,企业之间的价格竞争可能实现边际成本定价。如果上述前提条件不满足,那么企业之间的价格竞争可能没有纯策略均衡,也可能有一个或多个纯策略均衡。
- 企业之间的产量竞争通常使得均衡价格高于企业的边际成本,但低于垄断价格。
- 如果相互竞争的企业之间进行产量竞争,那么企业的"反应函数"一般是减函数;如果企业之间进行价格竞争,那么企业的"反应函数"一般是增函数。
- 如果一个寡头市场上有一个"产量领导者",那么与静态博弈的均衡产量相比,产量领导者倾向于提高产量,而其他企业倾向于降低产量。
- 如果一个寡头市场上有一个"价格领导者",那么与静态博弈的均衡价格相比,价格领导者倾向于提高价格,而其他企业也倾向于提高价格。
- 如果企业可以选择以价格或产量作为策略变量,那么在一定条件下,选择以产量作为策略变量是它们的占优策略。
- 如果企业在进行价格竞争之前,必须先通过固定资产投资确定产能上限,那么市场的均衡结果可能接近于产量竞争。
- 如果生产互补品的企业之间进行产量博弈,那么企业的"反应函数"一般是增函数;如果进行价格博弈,那么企业的"反应函数"一般是减函数。
- 寡头企业之间的合谋能够提高企业利润,但是损害消费者福利。在重复博弈的情况下,当企业的贴现因子足够大时,寡头企业之间可以形成"心照不宣的合谋"。当寡头企业之间在多个产品市场有竞争关系时,合谋实现的可能性更大。

习 题

1. 证明:在一个没有产品差异的产量竞争寡头模型中,如果每个企业的产量均为正,那么各企业的 Lerner 指数 $\left(即 \dfrac{P-MC}{P}\right)$ 的和等于在均衡价格下市场需求的价格弹性的绝对值的倒数。

2. 考虑一个寡头市场,市场需求函数为 $P(Q) = 55 - Q$,其中 Q 为总产量。两个企业(记为 1 和 2)进行产量竞争。每个企业的总成本函数均为 $c(q) = q^2 + 1$。

(1)请找出这个市场的均衡产量、利润及市场价格。

(2) 假设企业 1 通过技术更新使得其边际成本下降一半,请找出新的市场均衡。

(3) 假设企业 1 是一个产量领导者,请找出每个企业的均衡产量、利润及市场价格。

3. 对于给定的市场需求和生产技术,寡头结构下的产业总利润一般低于垄断利润。如何从直觉上理解这个现象?

4. 考虑一个寡头市场,市场需求函数为 $P(Q) = 12 - Q$,其中 Q 为总产量。两个企业(记为 1 和 2)进行产量竞争。企业 1 的边际成本为 9,企业 2 的边际成本为 0。请找出这个市场的均衡价格。

5. 在一个寡头市场,有两个企业生产同质的产品,边际成本分别为 1 和 2,固定成本均为 1,市场需求函数为 $P = 12 - Q$。

(1) 假设两个企业进行静态的产量竞争,请找出企业的均衡产量和利润。

(2) 假设边际成本为 1 的低成本企业是产量领导者,请找出企业的均衡产量和利润。

(3) 如果作为产量领导者的低成本企业试图利用其先发优势,将高成本企业挤出市场,请问其产量至少必须为多少?

6*. 在一个寡头市场,有两个企业生产同质的产品并进行产量竞争,企业的成本函数为 $c_1(q) = c_2(q) = cq$,其中 $c \geqslant 0$。市场反需求函数为 $P(Q)$,满足 $P'(Q) < 0$,且对任意 $x \geqslant 0, P(Q+x)Q$ 是关于 Q 的严格凹函数。每个企业的"反应函数"均为严格减函数。记静态的 Cournot 竞争有内部解且均衡总产量为 Q^C。动态的 Stackelberg 竞争有内部解且均衡总产量为 Q^S。证明:$Q^C < Q^S$。

7. 企业 1 和 2 生产互补的产品,记企业的价格分别为 p_1 和 p_2,产量分别为 q_1 和 q_2。企业面临的需求函数为

$$q_1 = 11 - 2p_1 - p_2 \quad \text{和} \quad q_2 = 11 - 2p_2 - p_1$$

企业的固定成本为零,边际成本为 2,企业通过选择价格进行博弈。

(1) 假设两个企业同时选择价格,请找出博弈的均衡价格、产量和企业利润;

(2) 假设企业 1 是价格领导者,请找出博弈的均衡价格、产量和企业利润;

(3) 如果两个企业合并为一个垄断企业,那么市场均衡的价格、产量和利润分别是多少?合并对消费者是否有利?

8. 在一个寡头市场中有 $n \geqslant 2$ 个企业,市场的反需求函数为 $P(Q) = A - bQ$。寡头企业之间进行产量竞争。所有企业的边际成本均为 c,满足 $c < A$。证明:如果一个新企业进入市场并且获得非负净利润,那么现有企业的利润损失之

和大于进入企业的固定成本。

参考文献

Aghion, P., N. Bloom, R. Blundell, R. Griffith and P. Howitt, 2005, "Competition and Innovation: An Inverted-U Relationship", *Quarterly Journal of Economics*, 120(2):701—728.

Bernheim, D. and M. Whinston, 1990, "Multimarket Contact and Collusive Behavior", *The Rand Journal of Economics*. 21(1):1—26.

Cournot, A., 1838, *Recherches sur les Principes Mathematiques de la Theorie des Richesses*, Paris: Hachette.

Dastidar, K., 1995, "On the Existence of Pure Strategy Bertrand Equilibrium", *Economic Theory*, 5(1):19—32.

Dastidar, K., 2011, "Existence of Bertrand Equilibrium Revisited", *International Journal of Economic Theory*, 7(4):331—350.

Davidson, C. and R. Deneckere, 1986, "Long-run Competition in Capacity, Short-run Competition in Price, and the Cournot Model", *Rand Journal of Economics*, 17(3):404—415.

Edgeworth, F., 1897, "La Teoria Pura Del Monopolio", *Giornale degli Economisti*, 40:13—31. 英译版:"The Pure Theory of Monopoly", collected in *Papers Relating to Political Economy* (London: Macmillan).

Kreps, D. and J. Scheinkman, 1983, "Quantity Precommitment and Bertrand Competition Yield Cournot Outcomes", *Bell Journal of Economics*, 14(2):326—337.

Morrison, C., 1998, "Cournot, Bertrand, and Modern Game Theory", *Atlantic Economic Journal*, 26(2):172—174.

Nash, J. F., 1950, "Equilibrium Points in n-Person Games", *Proceedings of the National Academy of Science*, USA, Vol. XXXVI, 48—49.

Saporiti, A. and G. Coloma, 2010, "Bertrand Competition in Markets with Fixed Costs", *The B. E. Journal of Theoretical Economics*, 10(1):1—30.

Singh, N. and X. Vives, 1984, "Price and Quantity Competition in a Differentiated Duopoly", *Rand Journal of Economics*, 15(4):546—554.

Von Stackelberg, H., 1934, *Marktform und Gleichgewicht*, Vienna and Berlin: Springer Verlag.

第四章
垄断竞争

垄断或寡头企业通常能够获得一定的经济利润,因此其他企业有动机进入市场分享利润,因此在垄断或寡头的基础上,如果消除进入障碍,那么新企业很可能进入市场,使得市场竞争加剧,产业利润和每个企业的利润均下降。这个过程会一直持续,直到进入者的利润非负而任何额外的进入者都将获得负利润时,才会终止并形成稳定的均衡状态。如果企业的生产技术没有显著规模经济,那么均衡下的产业格局接近于完全竞争。如果生产技术有规模经济,那么将形成垄断竞争。

垄断竞争理论最早由 Chamberlin(1933)提出。垄断竞争与完全竞争有一定相似之处,主要不同之处在于,完全竞争企业规模很小,是价格接受者,企业的产品高度同质,而垄断竞争企业有一定规模,不是价格接受者,不同企业的产品之间可以有一定差异。

垄断竞争可能是现实世界中最常见的市场结构。在成熟市场经济体中,多数产业不需要也没有行政性的进入障碍,同时生产的规模经济也非常普遍,因此理论上很容易形成垄断竞争的格局。许多貌似寡头的市场实际上是垄断竞争市场,例如一些电子产品、汽车、食品、服装、软件甚至一些细分专业的劳动力市场。

◆▶ 引导案例

汽车市场

汽车生产具有规模经济。汽车的零部件种类繁多,每个零部件都需要单独进行设计、制模、制作和检测,这意味着只有达到相当的生产规模,平均成本才能有效降低。一个整车企业的年产量通常要达到数十万甚至上百万辆时,平均成本才能达到较低的水平。在一些较小的经济体中,每年的总需求量可能都很难达到数十万辆。从供求对比的角度看,汽车生产的规模经济比较显著。即使在较大的经济体,或通过国际自由贸易形成的大市场中,大多数汽车企业的产量也很难超越规模经济的产量范围。

同时汽车行业也属于比较典型的私人产品行业,虽然政府会从公共安全、环境保护等角度进行一定的监管,但生产和消费的外部性有限。因此,一般来说没有必要设立显著的行政性进入壁垒,企业基本上可以自由进入并参与竞争。企业间的竞争和潜在进入者的压力使得这个行业难以长期获得超额利润,因此汽车行业通常会形成比较典型的垄断竞争市场。

根据中国汽车工业协会的数据,2014年全球汽车总产量为9071.7万辆,虽然有数以百计的汽车制造商,但其中前四名制造商——丰田(1047.5万)、大众(989.5万)、通用(960.9万)和现代(800.9万)——的总产量即超过全球总产量的40%。超大型车企多是通用型全品类的汽车制造商,而小型车企多是特种车辆制造商,后者虽然规模相对较小,但是在相关细分市场的市场份额未必很小。总之,汽车行业不满足完全竞争市场的"小企业"假设,汽车企业大多具有一定的市场控制力,而不是"价格接受者"。同时,虽然汽车制造的技术博大精深,有一定的技术门槛,但行业内竞争仍然十分激烈,很多企业长期在薄利和亏损的边缘挣扎,企业的市场力量并没有导致显著的经济利润。

本章概要

代表性消费者模型　　　　社会福利　　　　Dixit-Stiglitz模型

4.1　代表性消费者模型

在垄断竞争市场,企业生产相互替代产品,它们可以自由进出市场,且生产技术存在一定程度的规模经济。垄断竞争是一个基于长期均衡的概念,因为没有市场进出就不可能形成垄断竞争。在一个垄断竞争的均衡状态,在位的企业均获得非负利润,而潜在进入者不再有动机进入市场。

在Chamberlin(1933)的垄断竞争模型中,需求方被简化成一个"代表性消费者",消费者将各种产品视为对称的替代品,即任何两个产品之间的替代性都是相同的。不过,这种等替代性并非垄断竞争市场的关键假设,只要市场需求可以看作一个具有代表性的消费者的效用最大化问题的解,我们就称其为代表性消费者模型。在供应方,垄断竞争企业可能采用异质性的生产技术,生产异质性的产品。以下我们讨论企业拥有相同成本函数的垄断竞争模型。

假设产业内所有企业拥有相同的技术，成本函数为 $c(q)$，企业的"最小有效规模"相对于市场规模而言较大，即存在一定的规模经济。企业之间进行静态的产量竞争。当产业内有 n 个企业时，一个代表性消费者对企业 $i=1,2,\cdots,n$ 的产品的反需求函数为 $p_i = p_i(q_1,\cdots,q_n)$，其中 q_j 是企业 j 的产品数量。一般来说，企业个数越多，每个企业面临的剩余需求越低，具体而言，给定一组在位企业和它们的产出 $q_1,\cdots,q_n$，如果有新的企业加入并提供产出，那么每个在位企业所能获得的价格将下降。给定其他企业的产量，企业 i 求解利润最大化问题

$$\max_{q_i} \pi_i(q_i) = p_i(q_1,\cdots,q_n)q_i - c(q_i), i=1,2,\cdots,n$$

求解这个产量竞争的均衡，可得到每个企业的产量 $q_{n,i}$ 和利润 $\pi_{n,i}$。如果 $\pi_{n,i} > 0$，那么更多的企业会进入这个市场，使得每个企业面临的剩余需求下降，利润下降。反之，部分企业会退出市场，余下的企业获得更大的市场份额，利润上升。当 $\pi_{n,i} = 0$ 时，不会再有企业进出市场，市场达到垄断竞争的均衡状态。

如果企业之间进行价格竞争，那么当产业内有 n 个企业时，一个代表性消费者对企业 $i=1,2,\cdots,n$ 的产品的（剩余）需求函数可记为 $q_i = q_i(p_1,\cdots,p_n)$，其中 p_j 是企业 j 的产品价格。给定其他企业的价格，企业 i 求解利润最大化问题

$$\max_{p_i} \pi_i(p_i) = q_i(p_1,\cdots,p_n)p_i - c(q_i(p_1,\cdots,p_n)), i=1,2,\cdots,n$$

求解这个价格竞争的均衡，可得到每个企业的价格 $p_{n,i}$ 和利润 $\pi_{n,i}$。如果 $\pi_{n,i} > 0$，那么更多的企业会进入这个市场，竞争加剧。反之，部分企业会退出市场，竞争减弱。当 $\pi_{n,i} = 0$ 时，市场达到垄断竞争的均衡状态。

如图 4-1 所示，在垄断竞争均衡状态下，一方面，企业利润为零，意味着企业平均成本曲线与企业面临的（剩余）需求曲线相切，即有

$$AC'(q^*) = d'(q^*) \quad \text{和} \quad AC(q^*) = d(q^*)$$

其中 $d(\cdot)$ 为单个企业面临的剩余需求，否则企业要么获得严格正的利润，要么获得严格负的利润，均不可能是均衡状态。

另一方面，由于在给定其他企业策略的基础上，每个企业必须实现"垄断"利润的最大化，否则企业仍然有动机调整产量，因此其边际成本必须与边际收益相等，即有

$$MR(q^*) = MC(q^*)$$

以上两组条件决定的产量必须是相等的。事实上，根据定义

$$AC(q) = \frac{c(q)}{q} \quad \text{和} \quad MR(q) = d(q) + qd'(q)$$

如果 $AC'(q) = d'(q)$，那么我们有

$$\left[\frac{c(q)}{q}\right]' = \frac{c'(q)}{q} - \frac{c(q)}{q^2} = d'(q), \text{ 也即 } c'(q) = \frac{c(q)}{q} + qd'(q)$$

将 $AC(q) = \frac{c(q)}{q} = d(q)$ 代入，我们有

$$c'(q) = d(q) + qd'(q)$$

即 $MR(q) = MC(q)$。因此，当平均成本与剩余需求函数相切时，切点所代表的产量就是企业的最优产量。如图 4-1 所示，一个垄断竞争企业在均衡状态下，会选择令边际收益等于边际成本的价格 p^* 或产量 q^*，并获得零利润。

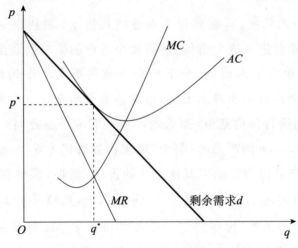

图 4-1 垄断竞争企业的均衡选择

以下我们分别讨论一个基于产量竞争和价格竞争的垄断竞争市场例子。

例 4-1 假设在某个产业中，所有企业的技术和产品都是完全同质的，每个企业的固定成本为 f，边际成本为 c，这个生产技术显然具有全局规模经济。市场的反需求函数为 $P(Q) = A - bQ$，其中 Q 为所有企业的总产量。企业之间进行静态的产量竞争。

当有 n 个企业进行寡头竞争时，根据例 3-4 中的计算，市场均衡价格为 $P_n = \frac{A + nc}{n+1}$，每个企业的产出为 $q_{n,i} = \frac{A-c}{(n+1)b}$，总产量为 $Q_n = \frac{n(A-c)}{(n+1)b}$。在不考虑固定成本的情况下，每个企业的"毛利润"为 $\pi_{n,i} = \frac{(A-c)^2}{(n+1)^2 b}, i = 1, \cdots, n$。我们假设当这个市场被垄断时，垄断企业可以获得非负利润，即参数满足 $\frac{(A-c)^2}{4b} > f$。

如果没有进入障碍，市场结构成为垄断竞争。当企业毛利润 $\pi_{n,i}$ 高于 f，即当

$$(n+1)^2 \leqslant \frac{(A-c)^2}{bf} \quad \text{或} \quad n \leqslant \frac{A-c}{\sqrt{bf}} - 1$$

时,就会有新企业进入市场,反之会有一些企业退出市场。因此

$$n^c = \frac{A-c}{\sqrt{bf}} - 1$$

就是自由市场条件下的垄断竞争均衡企业个数。这里暂不考虑企业个数必须为整数的约束。

将 n^c 代入短期均衡价格 $P_n = \frac{A+nc}{n+1}$,可得垄断竞争情况下的均衡价格为 $P^c = c + \sqrt{bf}$,高于边际成本。垄断竞争均衡总产量为 $Q^c = \frac{A-c}{b} - \sqrt{\frac{f}{b}}$,低于边际成本定价下的产量 $\frac{A-c}{b}$。

例 4-2 假设某产业中每个企业的边际成本均为 c,固定成本均为 f。企业之间进行有产品差异的静态价格竞争。当市场上有 n 个寡头企业时,每个企业面临的剩余需求函数为

$$q_i = A - (n-1)p_i + \sum_{j \neq i} p_j, i = 1, \cdots, n$$

因此企业利润为

$$\pi_i(p_i) = (p_i - c)\left[A - (n-1)p_i + \sum_{j \neq i} p_j\right], i = 1, \cdots, n$$

其利润最大化问题的一阶导数条件为

$$p_i = \frac{A + \sum_{j \neq i} p_j}{2(n-1)} + \frac{c}{2}, i = 1, \cdots, n$$

从这 n 个等式中可解出寡头竞争的纳什均衡价格为

$$p_i = c + \frac{A}{n-1}$$

代入需求函数即得均衡产量为 $q_i = A$,代入利润表达式即得均衡毛利润为 $\pi_i = \frac{A^2}{n-1}$。

如果允许企业自由进出,那么在长期均衡我们有 $\pi_i = f$,因此垄断竞争的均衡企业个数为

$$n^c = \frac{A^2}{f} + 1$$

企业个数与市场需求的规模正相关,而与固定成本负相关。

值得注意的是,在上例中,市场需求本身与企业个数有关。例如,在有 n 个企业的均衡状态下,市场总需求量是

$$\sum_{i=1}^{n} q_i = \sum_{i=1}^{n} \Big[A - (n-1)p_i + \sum_{j \neq i} p_j \Big] = nA$$

也就是说,这个模型实际上隐含假设每个企业的进入都会带来新的需求。因此,如果采用这个模型讨论现实问题,那么需要注意到这个模型中的隐含假设。更一般的情形可参见 4.2 节的 Dixit & Stiglitz(1977)模型。

以上的讨论都是基于代表性消费者模型,即市场需求可以看作来自一个具有代表性的消费者,这时所有消费者都按同一个实际价格购买商品。在后面的章节中,我们还将讨论基于异质性消费者的情形,例如基于空间模型(spatial models)的寡头和垄断竞争模型,其中消费者具有不同类型或特征。

4.2 市场进入与社会福利

垄断竞争市场的均衡状态一般来说不是最优的。垄断竞争企业通常有一定的规模经济,这就要求生产集中在少数几个企业进行。但是在均衡状态下,可能有过多的企业进入市场,使得产出的平均成本不能最小化。

社会"第一最优"(first best)的资源配置要求生产和分配均达到最优。一方面,在生产技术具有全局的规模经济的情况下,生产的有效性要求所有生产集中在一个企业进行,以避免"不必要"的固定资产投资,最小化产出的平均成本。另一方面,分配上的有效性要求价格等于边际成本(在假设其他产品市场是完全竞争的情况下),以避免市场力量带来的无谓损失。第一最优的边际成本定价经常会导致企业发生亏损,因此政府必须对企业进行补贴,以实现市场可持续运行。政府支出的来源大多是税收,而税收本身可能对经济激励产生扭曲,这就是说,追求某一个行业的第一最优往往会在其他行业造成无谓损失。因此,单个产业的"第一最优"可能不是整个经济的"第一最优"。

在更一般的成本函数下,如果政府可以控制企业个数和产品价格,那么第一最优的资源配置在理论上也是可以实现的。当生产仅在一定范围有规模经济时,实现第一最优的资源配置甚至可以不需要政府补贴。如图 4-2 所示,假设每个企业的最小有效规模是 q_{MES},平均成本最小值为 $AC(q_{MES})$。当需求量 $Q(AC(q_{MES}))$ 正好等于三倍的 q_{MES} 时,政府可以授权三个企业进入市场,并将价格设定在

$$p^o = AC(q_{MES}) = MC(q_{MES})$$

这时就可以实现第一最优的资源配置,同时企业还可以获得零利润。如果需求量 $Q(AC(q_{MES}))$ 不是 q_{MES} 的整倍数,那么政府需要考虑企业个数须为整数的约束,第一最优的产业安排较为复杂,详情这里不进行讨论。

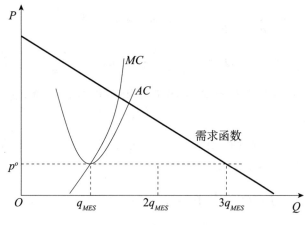

图 4-2 第一最优的资源配置

在实践中,通过行政规制实现第一最优的资源配置十分困难。首先,政府需要大量关于市场和技术的数据,以计算企业个数、价格等配置参数,而由于各种原因,这些数据可能十分难以获得。其次,实现第一最优要求政府深度介入市场运行,这样可能导致官员腐败问题,或引发政治博弈。最后,由于政府部门的弱激励机制,政府行为的效率通常较低,这样会产生较大的规制成本。因此在现实世界,追求第一最优经常是不可能的。

如果第一最优不可得,政府可能退而求其次,选择一些比较容易操作的变量对产业进行规制,追求特定限制条件下的最优资源配置,即"第二最优"(second best)。第二最优的规制可以有不同的定义,其中一种常见的规制是通过政府特许授权,控制进入市场的企业个数,但不干预企业的定价,也不必对企业进行补贴。

从社会福利的角度看,增加企业个数可以加剧市场竞争,降低市场价格,从而减少社会福利的无谓损失。但同时由于规模经济的存在,更多企业的进入意味着生产的分散,导致整个产业的平均成本上升。因此,政府需要在减少无谓损失和提高生产效率之间进行权衡。垄断竞争市场的均衡的企业个数经常不等于第二最优的企业个数,即可能出现市场机制失效的现象,这意味着政府规制有可能改进产业的资源配置。例 4-3 表明,一个垄断竞争市场中可能出现"过度进入"问题。

例 4-3 在例 4-1 的对称模型中,当市场中有 n 个企业时,短期的均衡价格

为 $P_n = \dfrac{A+nc}{n+1}$,每个企业的产量 $q_{n,i} = \dfrac{A-c}{(n+1)b}$,总产量为 $Q_n = \dfrac{n(A-c)}{(n+1)b}$。当有一个新企业进入市场时,虽然总产量上升至 $Q_{n+1} = \dfrac{(n+1)(A-c)}{(n+2)b}$,但每个企业的产量减少为 $q_{n+1,i} = \dfrac{A-c}{(n+2)b} < q_n$,增加的总产量为

$$Q_{n+1} - Q_n = \frac{A-c}{(n+1)(n+2)b} = \frac{q_{n+1,i}}{n+1}$$

因此,新的进入使得每个在位企业的产量和销售价格都下降,也就是说进入具有"外部性"。

社会总福利等于消费者剩余和企业利润之和。如图 4-3 所示,当有 n 个企业在市场中运作时,社会总福利为

$$\begin{aligned} W(n) &= \frac{1}{2}(A-P_n)Q_n + [(P_n-c)Q_n - nf] \\ &= \frac{1}{2}\left(A - \frac{A+nc}{n+1}\right)\left(\frac{A-c}{b} \cdot \frac{n}{n+1}\right) + \left(\frac{A+nc}{n+1} - c\right)\left(\frac{A-c}{b} \cdot \frac{n}{n+1}\right) - nf \\ &= \left(1 - \frac{1}{(n+1)^2}\right)\frac{(A-c)^2}{2b} - nf \end{aligned}$$

这是一个 n 的上凸函数,社会次优的企业个数 n^o 应满足 $W'(n^o) = 0$,即有

$$(n^o + 1)^3 = \frac{(A-c)^2}{bf}$$

而在例 4-1 中,我们已经知道,这个垄断竞争市场的均衡企业个数满足

$$(n^c + 1)^2 = \frac{(A-c)^2}{bf}$$

由于

$$(n^c + 1)^2 = (n^o + 1)^3$$

我们有 $n^o < n^c$,也就是说,在这个垄断竞争市场,市场竞争导致企业"过度进入",有损于整个社会的生产有效性。第二最优情况下的市场价格为

$$P^o = c + \sqrt[3]{bf(A-c)}$$

高于市场竞争的均衡价格 $P^c = c + \sqrt{bf}$。这个例子说明,在有规模经济的情况下,自由进出的市场经济不仅难以实现第一最优的资源配置,也不一定能实现特定意义下的"第二最优"资源配置。

有许多研究都表明,在较弱的条件下,垄断竞争很可能导致过度进入,如 Mankiw & Whinston(1986)、Suzumura & Kiyono(1987) 等,这些结论经常被统称为"过度进入定理"。但在理论上,也有可能出现企业进入不足的情形。例如在

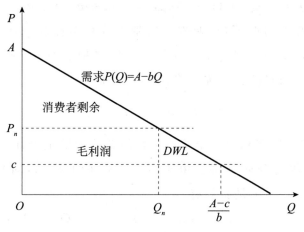

图 4-3 社会总福利

一个垄断市场,企业的净利润等于毛利润减去固定成本,即 $\pi^m - f$,只有固定成本 $f \leqslant \pi^m$ 时,企业才愿意进入市场。从社会的角度看,社会总福利等于消费者福利(CS)加企业净利润,即 $CS + \pi^m - f$,当固定成本 $f \leqslant CS + \pi^m$ 时,垄断企业进入市场能够增加社会总福利。因此,当企业的固定成本 f 满足

$$\pi^m < f < CS + \pi^m$$

时,垄断企业不愿进入市场,虽然这个进入能够提升社会总福利,于是这个市场出现了进入不足。

在对称均衡中,给定较弱的条件,我们可以证明,如果从社会福利角度看存在企业的进入不足,那么不足的数量不会超过 1,正如定理 4-1 所示。

定理 4-1 某市场中所有企业生产同质的产品,每个企业的边际成本为 c。固定成本为 f。需求函数为 $p(Q)$,满足 $p'(.) < 0$。无论有多少企业进入市场,总是存在对称的寡头市场均衡。当有 n 个企业进入市场时,记每个企业的均衡产量为 q_n,总产量为 $Q_n = nq_n$,价格为 $p_n = p(Q_n)$,每个企业的毛利润为 π_n。对任意 $n \geqslant 1$,以下条件满足

$$q_{n+1} \leqslant q_n, Q_{n+1} \geqslant Q_n \text{ 和 } p_n \geqslant c$$

即进入的(寡头)企业个数越多,每个企业的均衡产量就越低,但总产量越高,且均衡价格不低于边际成本。现假设这个市场可以自由进出,从而形成垄断竞争市场,记这个市场的"第二最优"的企业个数为 n^o。这个垄断竞争市场的均衡企业的个数 n^c 满足

$$n^c \geqslant n^o - 1$$

证明: 如果 $n^o = 1$,结论显然成立。对于任意整数 $n \geqslant 2$,由 $q_n \leqslant q_{n-1}$,

$$Q_n - Q_{n-1} = nq_n - (n-1)q_{n-1} = n(q_n - q_{n-1}) + q_{n-1} \leqslant q_{n-1}$$

在边际成本为常数的情况下,企业进入所带来的社会福利增加等于无谓损失减少额与固定成本增加额之间的差。由于 n^o 是第二最优的企业个数,第 n^o 个企业的进入应能使这个市场的无谓损失降低至少 f,即

$$\int_{Q_{n^o-1}}^{Q_{n^o}} (p(q) - c) \mathrm{d}q \geqslant f$$

另外,由于寡头均衡价格和单个企业产量均随企业个数上升而下降,每个企业的利润也随企业个数上升而下降。由于需求函数是下降的,对任意 $q \in [Q_{n^o-1}, Q_{n^o}]$,有 $p(q) < p_{n^o-1}$,于是我们有

$$\pi_{n^o-1} = (p_{n^o-1} - c)q_{n^o-1} \geqslant (p_{n^o-1} - c)(Q_{n^o} - Q_{n^o-1})$$
$$= \int_{Q_{n^o-1}}^{Q_{n^o}} (p_{n^o-1} - c) \mathrm{d}q > \int_{Q_{n^o-1}}^{Q_{n^o}} (p(q) - c) \mathrm{d}q \geqslant f$$

因此第 $n^o - 1$ 个企业会进入市场,也就是说 $n^c \geqslant n^o - 1$。证毕。

图 4-4 有助于理解上述证明过程。其中的关键在于,第 $n^o - 1$ 个企业进入后,其毛利润不小于由 $q = Q_{n^o-1}$、$q = Q_{n^o}$、$p = p_{n^o-1}$ 和 $p = c$ 所围成的矩形的面积,而该矩形的面积大于固定成本 f,这意味着第 $n^o - 1$ 个企业愿意进入市场。因此在垄断竞争均衡中,企业个数不少于 $n^o - 1$。

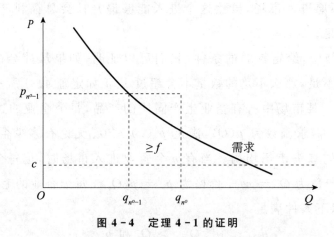

图 4-4 定理 4-1 的证明

当一个新企业进入一个产业后,一方面会使得市场竞争加剧,价格下降或产品种类上升,这种价格或品种效应倾向于使消费者福利增加,形成正的外部性。另一方面,新企业的进入迫使其他企业降低产量,并接受较低的价格,这种挤出效应倾向于降低产业利润,形成负的外部性。市场进入是否过度,取决于在均衡状态下,两个外部性影响的相对大小。如果最后一个企业(通常获得零利润)的进入所带来的负外部性大于正外部性,那么从社会总福利的角度看,就会出现过

度进入。

上述分析都是基于局部均衡模型,并且以 Harberger 三角形来代表市场力量带来的无谓损失。正如我们前面提到过的,Harberger 三角形倾向于高估价格扭曲带来的无谓损失(除非所有其他产品市场都是完全竞争的),因此上述分析通常会高估一个企业的进入所带来的无谓损失的减少,即高估进入的正外部性,从而低估过度进入的严重程度。

过度进入定理具有明显的政策含义。在一个需要巨额投资且规模经济显著的行业,过度进入现象可能造成巨大的社会福利损失。通过政府行政力量,适当限制企业的进入,有利于减少不必要的固定资产投资,提高整个社会的生产有效性。政府对"自然垄断"行业的进入限制是一个例子,但远不仅限于此,政府经常还对很多重大投资项目(如化工、汽车等)进行审批。当然,通过行政力量解决过度进入问题只是一个理论上的可能性,进入规制是否对社会有利,高度取决于政府的行政能力。进入限制必须是"适当"的,矫枉过正会导致在位企业市场力量过大,形成过度行政垄断,损害消费者利益和社会福利。政府主导的市场准入规制还容易形成腐败,例如将经营牌照发放给效率较低但与政府关系较好的企业。

但是垄断竞争市场也可能出现进入不足的问题,特别是在消费者高度追求多样化的情况下。Dixit & Stiglitz(1977)提出一个基于全局均衡的垄断竞争模型,通过给出具体的代表性消费者效用函数,分析垄断竞争均衡的特征,并讨论相关的社会福利问题。这个模型虽然不具有一般性,但给出了一些存在性结论。

在 Dixit & Stiglitz(1977)的模型中,记一个产业中的差异化产品为 $1, 2, \cdots, n$,每个企业生产一种产品。经济体中的所有其他产品(经常被称为"度量商品")用 0 代表。当该产业中有 n 个产品可供消费者选择时,一个代表性消费者的效用函数为

$$u(x_0, x_1, \cdots, x_n) = x_0 \left[\sum_{i=1}^{n} x_i^\rho \right]^{1/\rho}$$

其中 $x_0, x_1, \cdots, x_n$ 是各产品的消费量,参数 $\rho \in (0, 1)$。这个消费者的预算约束为

$$x_0 + \sum_{i=1}^{n} p_i x_i = I$$

其中 p_i 是产品 i 的价格,"度量商品"的价格标准化为 1,I 是一个代表性消费者可用于消费的收入或财富。

Dixit & Stiglitz(1977)分别讨论了代表性消费者的效用最大化问题和对称市场均衡,在此基础上还讨论了第一和第二社会最优的资源配置方式,并得出了一些有趣的结果。在"第二最优"的资源配置中,假设政府可以规制企业个数、产品

价格和产量，但是不向企业提供补贴，没有补贴意味着政府定价必须允许企业至少获得零利润。在此前提下，政府追求消费者效用最大化。Dixit & Stiglitz(1977)发现，上述定义的"第二最优"资源配置方式与垄断竞争的市场均衡完全一致。因此，这个垄断竞争模型的市场均衡几乎是理想的。

在"第一最优"的资源配置中，政府除了可以规制企业个数、产品价格和产量，还可以向企业提供补贴。第一最优的定价是边际成本定价，低于第二最优（或市场均衡）价格，政府需要为每个企业提供相当于固定成本的补贴。Dixit & Stiglitz(1977)发现，在第一最优的资源配置中，企业个数可能大于第二最优（或市场均衡）的个数，这意味着在垄断竞争的市场均衡中，产品种类或品牌不是太多而是太少了，这与一些常见看法相反。

在垄断竞争均衡中，企业通常在平均成本还未达到最低点的产量水平上进行生产，经济学家常常将这种现象理解为企业的"过剩产能"，代表了一种生产上的浪费。Dixit & Stiglitz(1977)指出，在第一最优的资源配置中，所谓的"过剩产能"现象反而比市场均衡更加显著。因此，在消费者高度追求产品多样化时，种类增加带来的消费者福利增加可能超过"过剩产能"带来的生产效率损失。

本章小结

本章讨论在自由进出和规模经济条件下的垄断竞争市场，主要结论有：

- 典型的垄断竞争企业一方面获得零利润，另一方面又具有垄断企业的定价特征，即边际收益等于边际成本。
- 垄断竞争市场可能出现过度进入现象，即市场竞争均衡的企业个数大于使得社会福利最大化的企业个数。因此，在规模经济显著而产品差异不大的行业，政府可考虑适当限制市场进入，以提高生产效率和社会总福利。
- 如果消费者高度追求产品多样化，那么"过剩产能"问题可能并不存在。从社会福利角度看，反而可能有进入不足的问题。

习 题

1. 某自由进出的市场中，每个企业的成本函数为 $c(q) = q$。企业之间进行静态的产量竞争。市场需求函数为 $P = A - Q$，其中 Q 是所有企业的总产量。请问这个市场能否形成垄断竞争的市场结构？为什么？

2. 某垄断竞争市场中企业提供同质的产品，市场（反）需求函数为 $P = \dfrac{1}{Q}$，

其中 Q 为所有企业的总产量。每个企业的成本函数为 $c(q) = f + cq$，其中 $f > 0$ 为固定成本，$c > 0$ 为边际成本。企业之间进行静态的产量竞争。请找出这个垄断竞争市场的均衡企业个数和市场价格。

3. 在一个同质产品的市场中，每个企业的成本函数为 $c(q) = q^2 + 2$。企业之间进行静态的产量竞争。市场需求函数为 $P = 13 - Q$，其中 Q 是所有企业的总产量。

（1）假设企业可以自由进出，请找出这个市场均衡状态下的企业个数、每个企业的产量及市场价格。

（2）假设一个追求社会总福利最大化的政府可以决定这个市场的企业个数，请找出政府的最优选择。

4. 试从直观上解释为什么产业的自由进出和产业内部的高度竞争并不一定能实现资源的最优配置。

参考文献

Chamberlin, E., 1933, *The Theory of Monopolistic Competition*, Cambridge, MA： Harvard University Press.

Dixit, A. and J. Stiglitz, 1977, "Monopolistic Competition and Optimum Product Diversity", *The American Economic Review*, 67(3): 297—308.

Mankiw, G. and M. Whinston, 1986, "Free Entry and Social Inefficiency", *Rand Journal of Economics*, 17(1): 48—58.

Suzumura, K. and K. Kiyono, 1987, "Entry Barriers and Economic Welfare", *Review of Economic Studies*, 54(1): 157—167.

第五章
空间竞争模型

在现实世界中,可能并不存在一个"代表性消费者",因为消费者们通常是异质性的,他们有不同的偏好或类型,有不同的交易成本,因此每个人都有其独特的最优选择问题。"空间模型"(spatial model)就是一种刻画异质性消费者的模型。空间竞争模型最早由 Hotelling(1929)提出,原本是为了解释为什么企业面临的需求是连续的,而不是像基准 Bertrand 模型中的那样跳跃,并解释为什么现实中的价格竞争没有基准 Bertrand 模型描述的那么激烈。Hotelling 假设消费者位于不同的位置(location),企业在特定地点进行销售,因此在购物过程中,不同位置的消费者会产生不同的"交通成本",从而体现出异质性消费者的特点。在这个模型中,消费者有可能选择从价格较高但距离较近的企业购买产品。空间模型除了可以用于讨论地理空间差异,也可以用于讨论产品的品牌差异或物理差异。

◆ **引导案例**

传统的零售市场是一个比较典型的空间竞争市场。零售商店通常是在固定的地点进行销售,而消费者分布于城镇的各个地点,不同的消费者到达不同零售商店的交通成本各不相同。一个零售商店对居住在其附近的消费者具有一定的定价能力,但又要与其他零售商竞争较远的消费者,因此在多个零售商店之间形成十分复杂的竞争格局。

日用品零售商店具有几种典型形态,包括大卖场、中型超市和便利店。大卖场以家乐福和沃尔玛的商店为代表,具有商店数量少、营业面积大(10000平方米以上)、产品种类全、销售价格低的特点。与大卖场相反,以7—11、快客为代表的便利店具有商店数量多、营业面积小(100平方米左右)、产品种类少、销售价格较高的特点,同时由于选址十分贴近消费者,便利店还经常提供一些服务,如邮件收发、早餐供应、信息发布等。中型超市,如物美超市、华联超市、超市发等,各项指标则介于大卖场和便利店之间。

在私家车普及且使用成本较低的城市，传统零售行业大多形成大卖场和便利店共存的格局。大卖场可选商品多，价格便宜，但由于商店数量少，多数消费者需要借助交通工具，并付出较多的时间和精力才能抵达。便利店虽然产品选择少，价格高，但数量众多，且大多选址在居民小区附近，消费者可以步行到达。基于以上空间特点，当一个消费者准备完成一次较大金额的购物时，他们经常选择驱车前往大卖场，这样从低价格中得到的好处会超过交通距离带来的不便，同时私家车也使得搬运较多物品成为可能。反之，当一个消费者仅需要完成一次临时急需的小额购买，如牙膏、电池、方便面等，他们经常会选择附近的便利店。一些交通成本较高的人群，如老人，也倾向于就近购物。这样就形成了大卖场和便利店相辅相成的零售市场格局，虽然产品基本同质，但"一价定律"并不成立。

本章概要

Hotelling 线形城市模型　　　有限寡头竞争和双垄断
线形城市模型的扩展　　　　环形城市模型与垄断竞争

5.1 线形城市模型

Hotelling(1929)考虑了一个仅有一条街的线形城市(linear city)。消费者按特定密度分布在这条街上，简单起见，不妨假设消费者在城市中的分布是均匀的。除了位置不同，消费者是完全同质的，他们对某特定产品有相同的需求。消费者在城市中移动时会产生交通成本，交通成本的大小与移动距离有关。城市中有若干作为卖家的企业，它们提供同质的商品。消费者在综合考虑价格和交通成本后，决定到哪个企业进行购买。根据企业的策略变量的不同，线形城市模型可分以下几种情形。

第一种情形，企业可以无成本地调整它们在线形城市的位置和价格。这种情形总体上比较复杂，值得一提的是，这时企业之间的博弈未必有纯策略的纳什均衡(D'Aspremont, Gabszewicz & Thisse, 1979)。例如，在交通成本函数为线性函数的情况下，企业一方面希望向城市中央位置靠拢，以"截取"更多的消费者，但另一方面，当企业的销售地点相互非常接近时，它们之间的价格竞争又会变得十分激烈，从而损失利润，这个矛盾使得它们总是有动机调整位置。从社会福利最大化的角度看，企业应该"均匀"地分布在城市中，以尽可能地减少消费者的交通成本，但是各企业的分散决策无法实现这种最优布局。

第二种情形，各企业的销售价格是外生给定的，但企业可以自由选择销售地点。这时稳定的纯策略纳什均衡可能存在，也可能不存在。如果市场上只有2个企业，那么这个博弈有唯一纯策略均衡，两个企业均选择在城市的中点位置进行销售，每个企业占领一半的市场份额。如果市场上有3个企业，那么这个位置选择博弈没有纯策略均衡。也就是说，在任何一个选址格局中，都至少会有一个企业有动机改变位置。当有4个或更多企业时，博弈都存在一个或多个纯策略均衡。以上这些纯策略均衡都不是"第一最优"的，因为企业之间在自由市场条件下的博弈不会驱使它们均匀地分布在城市中。

第三种情形，各企业在线形城市的销售地点是固定的，但是可以自由选择价格。这种情形具有较高的现实性，因为企业频繁调整销售地点（或品牌定位）往往会产生很高的成本，一般不太可行。这种情形是讨论寡头价格竞争的有用工具，且博弈一般存在稳定的纯策略均衡，因此是我们将要讨论的重点。这里我们仅考虑有两个企业的情形，有更多企业的情形大多是类似的，只是计算更复杂。

基准 Hotelling 寡头模型

不妨假设线形城市的长度为 L，我们用闭区间 $[0, L]$ 来代表这个城市。消费者均匀地居住在城市中，每单位长度街道居住的消费者人数标准化为（"连续统"的）1。消费者的单位（往返）交通成本为 t，即交通成本函数为 $T(x) = tx$。他们对某特定产品有一个且仅有一个单位的需求，最高愿意支付的价格（即"保留价格"）均为 v。在城市 $[0, L]$ 的两端各有一个企业，记位于 0 点的企业为 1，位于 L 点的企业为 2，它们分别以 c_1 和 c_2 的边际成本生产该产品，不妨假设 $c_1 \leq c_2$。

考虑企业之间的一个静态价格博弈。两个企业同时选择并宣布它们的销售价格 $p_1, p_2 \in (0, v)$，消费者在了解到各个企业的价格后，决定是否购买该商品，以及购买的话选择从哪个企业购买。消费者购买时不仅要支付相应的价格，而且需要支付交通成本。

对于一个居住在 $y \in [0, L]$ 的消费者，她从企业 1 购买的总支出是 $p_1 + ty$，从企业 2 购买的总支出是 $p_2 + t(L - y)$，消费者选择从总支出较小的企业购买。如果存在一个分界点 $x \in [0, L]$，满足

$$p_1 + tx = p_2 + t(L - x), \text{ 即 } x = \frac{p_2 - p_1}{2t} + \frac{L}{2}$$

那么位于 x 点的消费者不介意到哪个企业购买,而区间 $[0,x)$ 的消费者会选择到企业 1 购买,区间 $(x,L]$ 的消费者会选择到企业 2 购买。这样我们就确定了各企业面临的需求量与两个企业的价格之间的关系,具体而言,企业 1 和企业 2 面临的需求分别是

$$x = \frac{p_2 - p_1}{2t} + \frac{L}{2} \quad \text{和} \quad L - x = \frac{p_1 - p_2}{2t} + \frac{L}{2}$$

这里有两点需要注意。第一,如果价格 p_1 和 p_2 满足 $|p_2 - p_1| > tL$,那么分界点 x 应为 0 或 L,而不是由上式给出,这时高价企业的销售量为零。第二,如果价格 p_1 和 p_2 过于接近保留价格 v,可能有部分消费者放弃购买。只有当 $p_1 + tx \leqslant v$ 和 $p_2 + t(L-x) \leqslant v$ 时,所有消费者才都会进行购买。

当 $|p_2 - p_1| \leqslant tL$ 且 $p_1 + tx \leqslant v$ 时,给定企业 2 的价格 p_2,企业 1 选择 p_1 来最大化其利润

$$\pi_1(p_1) = (p_1 - c_1)\left(\frac{p_2 - p_1}{2t} + \frac{L}{2}\right)$$

这个最优化问题的一阶导数条件为

$$p_1 = \frac{p_2 + c_1 + tL}{2}$$

这个表达式可以看作企业 1 的"反应函数"。类似地,当 $|p_2 - p_1| \leqslant tL$ 且 $p_2 + t(L-x) \leqslant v$ 时,给定 p_1,企业 2 选择 p_2 来最大化其利润

$$\pi_2(p_2) = (p_2 - c_2)\left(\frac{p_1 - p_2}{2t} + \frac{L}{2}\right)$$

企业 2 的最优价格(或反应函数)为

$$p_2 = \frac{p_1 + c_2 + tL}{2}$$

从两个企业的反应函数我们可以得出纳什均衡价格为

$$p_1 = \frac{2c_1 + c_2}{3} + tL \quad \text{和} \quad p_2 = \frac{2c_2 + c_1}{3} + tL$$

从中可以看出,均衡价格随着企业的边际成本、消费者的单位交通成本、线形城市的长度的上升而上升。如果将 L 理解成产品差异度,那么在给定企业的成本的前提下,企业之间的产品差异越大,企业的定价能力就越强。

从以上均衡价格我们有

$$p_2 - p_1 = \frac{1}{3}(c_2 - c_1)$$

虽然边际成本较高的企业的均衡价格较高,但是两个企业的均衡价格之差仅为

边际成本之差的 1/3。两个企业的销售量分别为

$$x = \frac{c_2 - c_1}{6t} + \frac{L}{2} \quad \text{和} \quad L - x = \frac{c_1 - c_2}{6t} + \frac{L}{2}$$

因此单位交通成本越高,低成本的企业 1 的市场份额就越小,这意味着整个社会的生产有效性越低。两个企业的利润分别为

$$\pi_1 = \frac{(c_2 - c_1 + 3tL)^2}{18t} \quad \text{和} \quad \pi_2 = \frac{(c_1 - c_2 + 3tL)^2}{18t}$$

两个企业的总利润为

$$\pi_1 + \pi_2 = tL^2 + \frac{(c_2 - c_1)^2}{9t}$$

可见企业的利润与边际成本之差有关,两个企业的边际成本的等量变化不会影响企业利润。

如前面提到的,以上均衡结果的前提是 $|p_2 - p_1| \leqslant tL$ 和 $p_1 + tx \leqslant v$,将上述均衡价格代入,即得到模型参数需要满足的条件,即

$$|c_2 - c_1| \leqslant 3tL \quad \text{和} \quad \frac{c_2 + c_1}{2} + \frac{3}{2}tL \leqslant v$$

注意到这时 $p_2 + t(L - x) \leqslant v$ 也是满足的。在以上两个参数条件中,如果前一条件不成立,那么高成本企业将无力与低成本企业竞争,被迫退出市场,低成本企业成为唯一供应者。如果后一条件不成立,那么均衡价格不能由以上过程推出。

社会福利

在基准 Hotelling 模型中,消费者有单位需求,因此社会福利最大化等价于社会总成本(包括生产成本和交通成本)最小化。如果两个企业的边际成本不相等,那么市场均衡结果不是"第一最优"的。假设 $c_1 < c_2$,给定分界点 x,社会总成本为

$$C(x) = c_1 x + c_2(L - x) + t\int_0^x s\,\mathrm{d}s + t\int_x^L (L - s)\,\mathrm{d}s$$

使得社会成本最小化的分界点 x^o 满足一阶导数条件

$$C'(x^o) = c_1 - c_2 + tx^o + t(x^o - L) = c_1 - c_2 + 2tx^o - tL = 0$$

即当

$$x^o = \frac{c_2 - c_1}{2t} + \frac{L}{2}$$

时,社会总成本达到最小。而市场机制决定的分界点为

$$x = \frac{c_2 - c_1}{6t} + \frac{L}{2} < x^o$$

也就是说，在市场机制下，高成本企业的销售量高于社会最优水平。

由于两个企业的销售范围的分界点 $x = \dfrac{p_2 - p_1}{2t} + \dfrac{L}{2}$，当且仅当两个企业的价格满足

$$p_2 - p_1 = c_2 - c_1$$

时，即企业的价格之差等于其边际成本之差时，社会总成本达到最低而社会总福利达到最大。而在市场均衡下，企业的价格之差仅等于边际成本之差的 1/3。最优的资源配置结果可以通过向成本较高的企业征税，或者对成本较低的企业补贴来实现。

应用：为什么"购物季"商品价格较低？

在基于代表性消费者的经济学理论中，市场价格大致是由供求关系决定的。消费者需求越高，市场价格通常也越高，在短期内尤其如此。但在现实世界中，我们经常观察到一个反常的现象，即在购物旺季（如我国的元旦、春节期间或西方的感恩节、圣诞节期间）或其他"购物节"（如我国的"双 11"），消费者的需求明显较平时高，但是商店反而会推出打折促销，以显著低于平时的价格进行销售。

对这个现象的一个解释是，商店在销售旺季的供货量大，有一定规模经济，使得平均成本较低，因而销售价格较低。但零售行业在短期的规模效应似乎比较有限，而且企业的定价应该主要取决于边际成本而不是平均成本，因此规模经济难以解释"购物季"的巨大价格折扣。另一个解释是，"购物季"的需求较旺正是因为人们预期到购物季较低的商品价格，因此因果关系是反向的。但这仍然无法解释为何企业在较旺需求实际到来时，会有动机选择较低的价格，或者说这种低价预期在激励上并不是自我实现的。

我们可以通过一个十分简单的线形城市模型，为"购物季"的低价现象给出一个合理的解释。假如在需求旺季每个消费者的需求量上升到平时的 $\alpha > 1$ 倍，其他方面和基准 Hotelling 模型完全相同。这时市场分界点 x 满足

$$\alpha p_1 + tx = \alpha p_2 + t(L - x)，\text{即 } x = \dfrac{p_2 - p_1}{2(t/\alpha)} + \dfrac{L}{2}$$

将上式与基准模型中的分界点进行对比可见，消费者需求量的增加至 α 倍，对均衡价格的影响相当于他们的单位交通成本从 t 下降至 $\dfrac{t}{\alpha}$，这显然会加剧商店之间的竞争。企业的利润分别为

$$\pi_1(p_1) = \alpha^2 (p_1 - c_1) \left(\dfrac{p_2 - p_1}{2t} + \dfrac{L}{2\alpha} \right)$$

和 $\pi_2(p_2) = \alpha^2(p_2 - c_2)\left(\dfrac{p_1 - p_2}{2t} + \dfrac{L}{2\alpha}\right)$

运用完全类似的数学推导,不难证明市场均衡价格为

$$p_1 = \dfrac{2c_1 + c_2}{3} + \dfrac{t}{\alpha}L \quad \text{和} \quad p_2 = \dfrac{2c_2 + c_1}{3} + \dfrac{t}{\alpha}L$$

因此当消费者需求增加时,市场均衡价格反而下降。直观而言,给定消费者的交通成本,当消费者的购买量较大时,寻找较低价格的回报较大,因此消费者会更加重视比较不同商店的价格,这样就加剧了商店之间的竞争,迫使它们降低价格。

应用:企业效率与国际贸易

国际贸易通常涉及较长的运输距离,因此是天然的空间模型应用场景。Melitz(2003)考虑一个包含国际贸易的一般均衡模型,假设消费者有"等替代弹性"(constant elasticity of substitution,CES)的效用函数、各经济体都是垄断竞争的、企业有不同的边际成本、出口有额外交易成本。该文得到一个重要结论,即效率较高的企业更有可能克服额外的贸易成本,实现对外出口,并通过市场博弈挤出部分低效率企业。这个理论是在以规模经济和产品差异(而不是比较优势或资源禀赋)为主要特征的"新国际贸易理论"基础上,强调企业异质性对国际贸易的影响。

在我们的基准 Hotelling 模型中,市场的分界点为 $x = \dfrac{c_2 - c_1}{6t} + \dfrac{L}{2}$,也就是说边际成本分别为 c_1 和 c_2 的两个企业的销售的地理范围分别为 $[0, x]$ 和 $[x, L]$。从中可以看出,企业的边际成本越低(或效率越高),其销售的数量和空间范围就越大。前面的分析还表明,在假设产品同质的情况下,效率较高的企业的销售价格较低,因此产品"性价比"(消费者估值减去价格)较高。在后面的讨论中我们还将看到,以上结果可以根据产品"垂直差异"情况适当推广,当效率较高的企业提供品质较高的产品时,绝对售价未必较低,但"性价比"仍然较高。我们还可以将讨论推广到其他更一般的情形,如下降的需求函数。

在国内贸易中,以上结论体现为优势企业的销售的地理范围较大,这是由于优势企业提供的产品有更高的"性价比",能够吸引更大地理范围的消费者前来购买。如果开放国际贸易,那么优势企业的销售范围当然更有可能穿越国界线,而且这个结论并不需要假设国际贸易有特殊的交易成本。因此从简单的空间寡头竞争角度看,效率较高的企业更有可能对外出口也是很自然的现象。虽然这些结果基于局部均衡分析,但是考虑到现实世界有大量产业,特别是服务业,并不参与国际贸易,因此局部均衡分析也是有意义的。

5.2* 有限寡头竞争和双垄断

在基准的 Hotelling 模型中,如果参数满足
$$\frac{c_2+c_1}{2}+\frac{3}{2}tL > v$$
那么可能出现两种情形,我们分别称为"有限寡头竞争"和"双垄断"。简单起见,我们仅讨论 $c_1 = c_2 = c$ 的情形。当 tL 足够小,满足 $tL \leqslant \frac{2}{3}(v-c)$ 时,市场均衡价格按照前面的推导,为 $p_1 = p_2 = c+tL$。注意到,tL 实际上代表了消费者在这个线形城市的交通成本水平,或者代表了两个产品之间的差异。

当 tL 足够大时,位于分界点 x 的消费者受阻于过高的交通成本,将放弃购买该产品(或不介意是否购买),即有
$$p_1 + tx \geqslant v \quad \text{和} \quad p_2 + t(L-x) \geqslant v$$
这样两个企业分别成为其附近居民的垄断供应者,企业不再有策略性互动。我们不妨以企业 1 为例进行分析。给定价格 p_1,企业 1 的销售量 y 满足
$$p_1 + ty = v, \text{ 即 } y = \frac{v-p_1}{t}$$
因此企业的利润为
$$\pi_1(p_1) = (p_1 - c)\left(\frac{v-p_1}{t}\right)$$
从中不难解出企业的最优垄断价格为
$$p_1 = \frac{v+c}{2}$$
这个价格与 t 和 L 均无关。企业的均衡利润为
$$\pi_1 = \frac{(v+c)^2}{4t}$$
企业 2 的情形与企业 1 完全相同,有相同的均衡价格和利润。上述价格成为垄断均衡解的前提条件是 $p_1 + tx \geqslant v$,将上述均衡价格代入,成为
$$\frac{v+c}{2} + \frac{tL}{2} \geqslant v, \text{ 即当 } tL \geqslant v-c$$
时,我们得到线形城市模型的双垄断情形。

剩下的参数范围是 $\frac{2}{3}(v-c) < tL < v-c$。在这个参数范围内,如果我们假

设两个企业的销售范围不接触,那么我们可以按照双垄断情形进行求解,但是由于 $tL \leqslant v-c$,求解得出的两个企业的销售范围将发生重叠,这与双垄断前提矛盾。因此,在均衡状态下,两个企业的销售范围必然会接触,也就是说,位于分界点的消费者会进行购买。但是,如果分界点 x 满足

$$p_1 + tx < v \quad \text{或} \quad p_2 + t(L-x) < v$$

那么我们可以按照典型寡头的情形求解(即利用一阶导数条件),但是 $tL > \frac{2}{3}(v-c)$ 意味着得出的两个企业的销售范围将不会接触,这与典型寡头前提矛盾。因此,在均衡状态我们必须有

$$p_1 + tx = p_2 + t(L-x) = v$$

即位于分界点 x 的消费者不仅不介意到哪个企业购买,而且不介意是否购买。

在这种情形,给定另一个企业的价格后,每个企业面临的需求曲线存在一个拐点。当价格高于拐点价格时,企业的销售范围与竞争对手分离,形成垄断局面,这时价格与销量之间的取舍权衡使得企业有动机尽可能降低价格,以便接近垄断价格 $\frac{v+c}{2}$;反之,当价格低于拐点价格时,企业的销售范围则与竞争对手发生重叠,形成竞争局面,价格下降带来的销量增加量减少,使得企业不愿降价。因此,拐点价格就是企业的最优价格。可以验证,这时模型可能存在多重均衡解,其中对称的均衡解为

$$p_1 = p_2 = v - \frac{tL}{2} \in \left(\frac{v+c}{2}, \frac{2v+c}{3}\right)$$

其中市场分界点为 $x = \frac{L}{2}$。注意到在这个均衡中,企业的价格随 tL 的上升而下降,意味着企业间的"产品差异"增加反而导致价格下降,这个看似奇怪的现象之所以发生,是因为企业为争取"边缘顾客"而不得不降价。以上的对称线形城市模型中的均衡价格与交通成本的关系可以用图 5-1 描述。

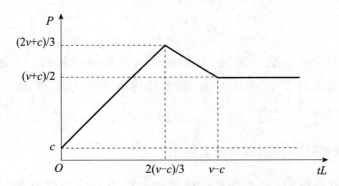

图 5-1 线形城市模型的均衡价格与交通成本的关系

5.3* 线形城市模型的扩展和讨论

基准空间竞争模型可以进行各种扩展，包括不同的交通成本函数、一般性的消费者分布密度、异质性的消费者、递减的需求函数等。

二次交通成本函数

现实世界中消费者的交通成本函数可能并不是线性的。在某些情况下，消费者从交通过程中感受到的效用损失可能随时间或距离的增加而加速增加。在基准模型中，如果消费者的交通成本函数并非线性，而是二次的，如 $T(x) = tx^2$，那么市场分界点 x 满足

$$p_1 + tx^2 = p_2 + t(L-x)^2$$

因此分界点为

$$x = \frac{p_2 - p_1}{2tL} + \frac{L}{2}$$

在典型寡头情形下，两个企业的利润最大化问题的一阶导数条件（或反应函数）分别为

$$p_1 = \frac{p_2 + c_1 + tL^2}{2} \quad \text{和} \quad p_2 = \frac{p_1 + c_2 + tL^2}{2}$$

从中可解出寡头价格

$$p_1 = \frac{2c_1 + c_2}{3} + tL^2 \quad \text{和} \quad p_2 = \frac{2c_2 + c_1}{3} + tL^2$$

我们仍然有

$$p_2 - p_1 = \frac{1}{3}(c_2 - c_1)$$

以上价格是均衡价格的前提是

$$|p_2 - p_1| \leqslant tL^2 \quad \text{和} \quad p_1 + tx^2 \leqslant v$$

即要求参数满足

$$|c_2 - c_1| \leqslant 3tL^2 \quad \text{和} \quad \frac{c_2 + c_1}{2} + \frac{5}{4}tL^2 + \frac{(c_2 - c_1)^2}{36tL^2} \leqslant v$$

企业的均衡利润为

$$\pi_1 = \frac{(c_2 - c_1 + 3tL^2)^2}{18tL} \quad 和 \quad \pi_2 = \frac{(c_1 - c_2 + 3tL^2)^2}{18tL}$$

如果 $c_1 = c_2 = c$,那么当 $tL^2 \leqslant \frac{4}{5}(v-c)$ 时,市场形成典型的寡头竞争情形,均衡价格为

$$p_1 = p_2 = c + tL^2$$

当 $tL^2 \geqslant \frac{4}{3}(v-c)$ 时,形成双垄断情形,均衡价格为

$$p_1 = p_2 = \frac{2v + c}{3}$$

当 $\frac{4}{5}(v-c) < tL^2 < \frac{4}{3}(v-c)$ 时,形成有限寡头竞争情形,可能存在多重纯策略均衡,其中对称均衡价格为

$$p_1 = p_2 = v - \frac{tL^2}{4} \in \left(\frac{2v+c}{3}, \frac{4v+c}{5}\right)$$

与线性交通成本函数相比,二次交通成本函数意味着消费者的交通成本随着距离的增加而迅速上升,这使得企业之间的价格竞争迅速减弱,因此企业有更强的动机拉开与竞争对手的地理距离(D'Aspremont, Gabszewicz & Thisse, 1979)。

事实上,如果交通成本为线性,那么给定竞争对手的位置,企业可能有动机适当向竞争对手靠拢,以"截取"更多的消费者。虽然这样会加剧价格竞争,但在价格上的损失低于从截取更多消费者上的获益,因此适当接近仍然是有利可图的。正是由于这个原因,当企业既可以选择位置,又可以选择价格时,博弈不存在纯策略均衡解。

但是如果交通成本为二次的,那么企业在选址上会尽量远离对手,因为拉开距离会显著减弱价格竞争强度,企业在价格上的获益大于从选择"偏远位置"上的损失。因此即使企业可以同时选择位置和价格,仍然存在纯策略均衡解,两个企业会分别选择城市的两端进行销售。交通成本函数的特点显著影响空间价格竞争的均衡,这从一个角度体现了空间竞争的复杂性。

产品垂直差异

假设 Hotelling 模型中的两个企业提供有垂直差异的产品,即消费者对两个产品的估值不同,分别记为 v_1 和 v_2。这时给定两个企业的价格 p_1 和 p_2,对于居

住在 $y \in [0, L]$ 的消费者,她购买企业 1 的产品所能获得的消费者剩余是 $v_1 - (p_1 + ty)$,而购买企业 2 的产品所能获得的剩余是 $v_2 - (p_2 + t(L - y))$。消费者选择剩余较大的产品,因此市场分界点 $x \in [0, L]$ 满足

$$v_1 - (p_1 + tx) = v_2 - (p_2 + t(L - x))$$

即 $x = \dfrac{v_1 - v_2}{2t} + \dfrac{p_2 - p_1}{2t} + \dfrac{L}{2}$

我们仅考虑典型寡头情形,即假设消费者估值足够高。企业利润可表示为

$$\pi_1(p_1) = (p_1 - c_1)\left(\dfrac{v_1 - v_2}{2t} + \dfrac{p_2 - p_1}{2t} + \dfrac{L}{2}\right)$$

和 $$\pi_2(p_2) = (p_2 - c_2)\left(\dfrac{v_2 - v_1}{2t} + \dfrac{p_1 - p_2}{2t} + \dfrac{L}{2}\right)$$

两个企业的最优化问题的一阶导数条件分别为

$$v_1 - v_2 + p_2 - p_1 + tL = p_1 - c_1$$

和 $$v_2 - v_1 + p_1 - p_2 + tL = p_2 - c_2$$

从中可解出均衡价格 p_1, p_2 满足

$$p_1 - c_1 = \dfrac{(v_1 - c_1) - (v_2 - c_2)}{3} + tL$$

和 $$p_2 - c_2 = \dfrac{(v_2 - c_2) - (v_1 - c_1)}{3} + tL$$

市场分界点为

$$x = \dfrac{(v_1 - c_1) - (v_2 - c_2)}{6t} + \dfrac{L}{2}$$

注意到 $(v_i - c_i)$ 是一单位企业 i 的产品的社会价值。以上均衡结果表明,产品社会价值更高的企业可以获得更大的市场份额,单位销售利润 $(p_i - c_i)$ 也较高。

当寡头企业的产品之间存在垂直差异时,边际成本较低的企业未必是效率较高的企业,还需要考虑产品品质。在单位需求的情况下,度量寡头企业效率的比较合适的指标是产品的社会价值,即消费者估值与企业边际成本之差。效率较高的企业仍然能够为市场提供"性价比"(以 $v_i - p_i$ 代表)较高的产品,获得较大的市场份额和利润,但产品的绝对价格未必较低。

异质性交通成本

在现实世界中,不同消费者可能有不同的交通成本函数。假设两个企业的边际生产成本均为 c,有两类消费者均匀分布在线形城市中,分别记为类型 A 和

类型 B，两种类型消费者的单位交通成本分别为 t_a 和 t_b，满足 $t_a < t_b$，也就是说，类型 A 消费者的交通成本相对较低。他们在线形城市的分布密度分别为 a 和 b。企业虽然知道消费者有不同类型，但是无法分辨消费者类型，因此无法对他们进行区别定价。仍假设消费者对商品有单位需求，简单起见，假设他们的保留效用足够高，这样我们可以仅考虑典型寡头情形。

给定企业的价格 p_1 和 p_2，记两种类型的消费者的分界点分别为 x_a 和 x_b，满足
$$p_1 + t_a x_a = p_2 + t_a(L - x_a) \quad \text{和} \quad p_1 + t_b x_b = p_2 + t_b(L - x_b)$$
因此有
$$x_a = \frac{p_2 - p_1}{2t_a} + \frac{L}{2} \quad \text{和} \quad x_b = \frac{p_2 - p_1}{2t_b} + \frac{L}{2}$$
企业 1 和 2 的利润分别为
$$\pi_1(p_1) = (p_1 - c)(ax_a + bx_b)$$
$$= (p_1 - c)\left(a\frac{p_2 - p_1}{2t_a} + b\frac{p_2 - p_1}{2t_b} + L\frac{a+b}{2}\right)$$
和
$$\pi_2(p_2) = (p_2 - c)[a(L - x_a) + b(L - x_b)]$$
$$= (p_2 - c)\left(a\frac{p_1 - p_2}{2t_a} + b\frac{p_1 - p_2}{2t_b} + L\frac{a+b}{2}\right)$$

通过两个利润最大化问题的一阶导数条件，我们可以得出均衡价格为
$$p_1 = p_2 = c + \frac{L}{\left(\frac{a}{a+b}\right)\frac{1}{t_a} + \left(\frac{b}{a+b}\right)\frac{1}{t_b}} = c + \frac{(a+b)t_a t_b L}{at_b + bt_a}$$

从上式可以看出，当存在两种有不同交通成本的消费者时，市场均衡价格取决于两个单位交通成本值（t_a 和 t_b）的加权调和平均值，即
$$\left[\left(\frac{a}{a+b}\right)\frac{1}{t_a} + \left(\frac{b}{a+b}\right)\frac{1}{t_b}\right]^{-1}$$

对价格敏感的消费者的比重越大，企业之间的竞争越激烈，使得市场价格越低。也就是说，对价格敏感的消费者迫使企业降低价格，使得对价格不敏感（或交通成本较高）的消费者从中获益。反之，对价格不敏感的消费者比例较高时，其他消费者就不得不接受较高的价格。

5.4 环形城市模型

Hotelling 的线形城市模型也可以用来研究垄断竞争，但在数学上比较复杂。

如果将线形城市的两个端点连接起来,使得"城市"各处同质化,那么就形成 Salop(1979)提出的"环形城市"(circular city)模型。在环形城市中,如果给定企业个数,寡头价格竞争的结果与线形城市并没有本质上的区别,但是如果利用环形城市模型来讨论自由进出的垄断竞争市场,那么分析上更加简洁。

考虑以下环形城市模型。一个城市环湖而建,消费者均匀分布在在周长为 m 的环湖公路边。消费者的人数标准化为1。消费者在城市中的单位(往返)交通成本为 t,即交通成本函数为 $T(x) = tx$。乘积 mt 代表了这个环形城市的交通成本水平。城市中有 n 个企业,分别以 $1, 2, \cdots, n$ 来表示,它们均匀地分布在环形城市中。所有的企业以边际成本 c 和固定成本 f 生产完全同质的产品。企业之间进行价格竞争,所有企业同时选择它们的价格。消费者对该产品有单位需求,且保留价格 v 足够大。消费者在观察到各企业的价格后,选择是否购买及从哪个企业购买。

我们讨论这个环形城市中的寡头价格竞争的对称均衡解。对每一个企业 i,在企业 i 和 $i+1$ 之间的销售分界点与企业 i 的距离记为 x_+,在企业 i 和 $i-1$ 之间的销售分界点与企业 i 的距离记为 x_-(其中企业 $n+1$ 代表企业 1),如图 5-2 所示。于是在给定价格 p_{i-1}、p_i 和 p_{i+1} 的情况下,企业 i 的总销售量为 $\frac{x_+ + x_-}{m}$。由于企业均匀分布于环形城市,每两个相邻企业之间的距离是 $\frac{m}{n}$。采用与线形城市模型类似的分析方法,可得分界点 x_+ 和 x_- 满足

$$x_+ = \frac{p_{i+1} - p_i}{2t} + \frac{m}{2n} \quad \text{和} \quad x_- = \frac{p_{i-1} - p_i}{2t} + \frac{m}{2n}$$

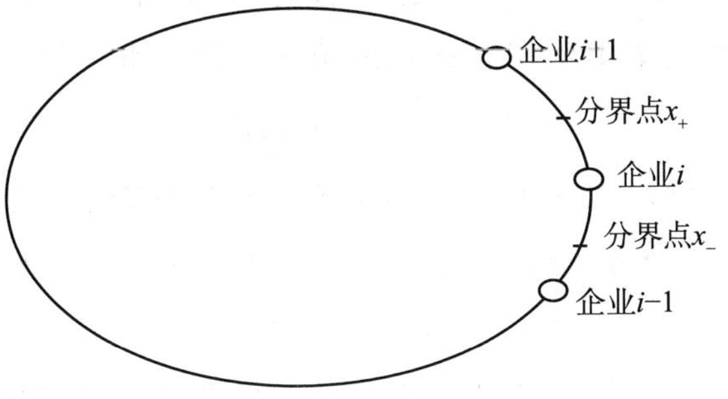

图 5-2 环形城市模型

企业 i 选择 p_i 以最大化其毛利润

$$\pi_i(p_i) = \frac{1}{m}(p_i - c)\left(\frac{p_{i+1} + p_{i-1} - 2p_i}{2t} + \frac{m}{n}\right), i = 1, \cdots, n$$

一阶导数条件为

$$p_i = \frac{c}{2} + \frac{p_{i+1} + p_{i-1}}{4} + \frac{mt}{2n}, i = 1, \cdots, n$$

同时满足以上 n 个一阶导数条件的价格为

$$p_i = c + \frac{mt}{n}, i = 1, \cdots, n$$

由于这组价格满足一阶导数条件，给定其他企业的价格，小幅度的价格偏离对任一企业而言都是无利可图的。可以验证，也没有企业有动机大幅地改变价格，特别是通过大幅降价吸引远处的消费者。因此，这些价格构成一个市场均衡。在这个均衡中，每个企业获得毛利润 $\frac{mt}{n^2}$。注意到以上环形城市与线形城市中的寡头竞争并无本质上的区别。

空间模型中的垄断竞争

我们可以方便地在环形城市中讨论垄断竞争市场。如果没有进入障碍，那么只要企业的毛利润大于其固定成本，即 $\frac{mt}{n^2} > f$，就会有新企业进入市场。当企业个数（不考虑整数约束）满足

$$n^* = \sqrt{\frac{mt}{f}}$$

时，市场达到垄断竞争均衡。均衡的企业个数随交通成本 mt 的上升而上升，随着固定成本 f 的上升而下降。较高的固定成本意味着生产技术具有较显著的规模效应，因此更加需要集中生产和远距离销售。均衡市场价格为

$$p^* = c + \sqrt{mtf}$$

随交通成本 mt 和固定成本 f 的上升而上升。特别地，给定交通成本 mt，较高的固定成本 f 同时降低企业个数、提高企业的销售利润率、扩大每个企业销售的地理范围。

参数 mt 也可以代表企业之间的产品差异程度。产品之间的差异越显著，企业之间的竞争越弱，盈利能力越强，于是市场能够容纳的企业个数越多，反之亦然。在反垄断实践中，人们经常认为一个企业的市场份额越大，那么其垄断力量越大，但这个看法在理论上未必正确。有时市场集中度高恰恰是因为竞争激烈，使得企业无利可图，没有进入意愿，导致每个企业的市场份额较大。因此，这个

空间竞争模型很好地演示了市场结构的内生性,也说明进入门槛可能比市场份额更能刻画市场的竞争程度。

环形城市的社会福利分析与线形城市也比较类似。由于消费者有单位需求,消费者从产品中获得的效用是固定的,因此社会总福利实现最大化的条件是当且仅当社会总成本最小化。当环形城市中有 n 个企业时,消费者的平均交通距离为 $\frac{m}{4n}$,因此总交通成本为 $\frac{mt}{4n}$,而总生产成本为 $nf+c$,其中 nf 是总固定成本,c 为总可变成本。假设政府可以控制企业个数,那么社会(第一)最优的企业个数应该使总交通成本和总固定成本之和达到最小,即求解问题

$$\min_n \frac{mt}{4n} + nf$$

从中可以解出最优企业个数为

$$n^{**} = \sqrt{\frac{mt}{4f}} = \frac{n^*}{2}$$

即社会最优的企业个数等于市场均衡企业个数的一半,所以该市场存在显著的过度进入现象。

另外,在环形城市模型中,如果企业不可以决定价格,但可以决定自己的销售位置,那么纯策略的均衡总是存在,且不唯一,其中社会最优的空间布局是均衡的企业布局之一。这与线形城市模型有较大不同,在线形城市,均衡要么不存在,要么不是社会最优。

本章小结

本章讨论基于空间差异的竞争模型,主要结论有:

● 给定企业的地理位置(或产品物理特征),企业之间的寡头竞争的程度随消费者的交通成本(或产品差异程度)的上升而减弱。

● 基准的线形城市模型可以向多个方向进行扩展,对现实问题有较强的解释能力。

● 作为寡头价格竞争模型,环形城市与线形城市模型并无本质区别,但是前者可以比较方便地讨论垄断竞争。在允许企业自由进出的环形城市模型中,存在显著的过度进入现象。

习 题

1. 在基准的 Hotelling 线形城市模型中,假设销售价格固定,但卖家可以自

由选择位置。试证明，当这个城市市场上一共有3个卖家时，上述位置博弈不存在纯策略的纳什均衡。但是当市场上一共有4个卖家时，存在纯策略纳什均衡。

2. 在线形城市$[0,2]$中，有连续的2个单位的消费者均匀分布在该城市，单位交通成本为t。在城市的0、1、2位置各有一个企业，它们分别以c_0、c_1、c_2的边际成本生产相同的产品，企业之间进行静态价格竞争。消费者有1个单位的需求，保留价格足够高。请找出这个市场的均衡价格和企业利润。

3. 某线形城市的长度为2，一个垄断企业位于城市中点，边际成本为0。消费者对垄断企业的产品有单位需求，保留效用为"足够大"的v。消费者均匀分布在城市中，单位长度中的消费者个数标准化为1。这个城市中的交通成本为每单位距离$t>0$。

(1) 如果这个垄断企业实行线性定价而不提供送货服务，请找出其最优价格和均衡利润。

(2) 如果这个垄断企业实行线性定价并且免费送货上门，请找出其最优价格和均衡利润(注：假设企业的送货成本与消费者的交通成本相等)。

4. 在一个长度为4的线形城市，记为区间$[0,4]$，有两个提供同质商品的企业1和2，分别位于城市两端，它们之间进行静态价格竞争。企业的边际生产成本为零。有2个单位的消费者均匀分布在这个城市中的区间$[1,3]$，他们在城市中的单位交通成本为$t>0$。消费者对该商品有单位需求，且保留效用足够高。请找出市场均衡价格。

5. 考虑一个长度为1的"线形城市"，记为区间$[0,1]$。两个边际成本均为零的企业位于城市两端，它们生产同质产品，并进行静态价格竞争，两个企业的价格分别记为p_0和p_1。消费者分布在城市之中，其分布的密度函数为$2x$，因此消费者总人数为$\int_0^1 2x\,dx = 1$。消费者在城市中的单位交通成本为t。消费者对该产品有1个单位的需求，假设其保留效用足够高。

(1) 写出两个企业的利润最大化问题。

(2) 证明：在稳定均衡状态下，企业的价格满足$p_0<p_1$。

6. 考虑一个线形城市$[0,1]$，有1个单位的消费者均匀地分布在该城市。消费者(往返)交通成本函数为$T(x)=tx^2$，其中$t>0$为外生给定的参数，x为交通距离。消费者对某产品有单位需求，保留价格均为$V>0$。在城市的两端有两个企业，记为1和2，它们以边际成本0生产该产品。两个企业同时选择并宣布它们的价格，然后消费者决定是否购买，以及购买的话选择从哪个企业购买。

(1) 假设 t 足够小,请找出这个市场的均衡价格。

(2) 假设 t 足够大,请找出这个市场的均衡价格。

(3) 当 t 处于什么范围时,(1) 和 (2) 中的价格均不是市场的均衡价格?

7. 在一个线形城市 $[0,1]$ 中,有连续的 1 个单位的消费者均匀地分布在该城市。消费者(往返)交通成本函数为 $T(x) = tx^2$。在城市的两端有两个企业 1 和 2,它们分别以 c_1 和 c_2 的边际成本生产某产品。两个企业的产品具有垂直异质性,消费者对两个企业的保留价格分别为 v_1 和 v_2。考虑一个静态博弈,两个企业同时选择并宣布它们的销售价格 p_1 和 p_2,然后消费者决定是否购买该商品,以及购买的话选择从哪个企业购买。试讨论这个市场的均衡结果。

参考文献

D'Aspremont, C., J. Gabszewicz and J. Thisse, 1979, "On Hotelling's 'Stability in Competition'", *Econometrica*, 47(5):1145—1150.

Hotelling, H., 1929, "Stability in Competition", *Economic Journal*, 39:41—57.

Melitz, M., 2003, "The Impact of Trade on Intra-industry Reallocations and Aggregate Industry Productivity", *Econometrica*, 71(6):1695—1725.

Salop, S., 1979, "Monopolistic Competition with Outside Goods", *Bell Journal of Economics*, 10(1):141—156.

第二部分

企业策略

产业组织理论的一个重要组成部分是企业在不同市场环境下的经营策略,特别是不完全竞争企业的策略。策略本身是一个含义十分宽广的概念,既可以用于描述短期的"战术"选择,又可以用于描述中长期的"战略"规划。短期策略,如寡头竞争中企业对产量和价格的选择等,特点是企业可以低成本、迅速地调整。中长期策略,如研发投入、专用固定资产投资、企业间兼并重组、战略伙伴关系、长期交易关系等,特点是企业需通过提前投资或签约,承诺于特定行为,借此影响其他企业的选择,最终实现对自己有利的结果。

第六章
非线性定价与区别定价

单一线性定价具有简便易行的特点,在实践中得到广泛应用,但是如果条件满足,企业可以通过非线性或其他定价方式获得更高的利润。复杂定价方式可以在一定程度上实现对不同消费者的区别定价,常见于一些服务行业,如通信、互联网接入、金融保险、健身房等。复杂定价方式可行的一个条件是,消费者之间不能重新进行交易。

当存在消费者异质性时,对不同消费者进行区别定价经常是有利可图的。区别定价的方式取决于企业对消费者异质性信息的掌握程度,信息越精确,定价的针对性越强,企业利润就越高。随着电子商务和大数据技术的发展,消费者行为的历史记录越来越详细,区别定价的可行性也越来越强。

区别定价经常对一部分消费者有利,而对其他消费者不利,对社会福利的总体影响不确定。区别定价对社会资源配置效率的影响也是不确定的。区别定价还可能涉及价值判断问题,人们经常认为没有成本依据的区别定价有悖于公平原则。

◆ 引导案例

移动通信领域有极其复杂的定价体系。移动通信的基础服务包括语音和数据服务,前者主要以通话时间度量,兼顾"漫游"和时段等状况,后者主要以数据流量度量,兼顾带宽和时段等状况。移动通信服务的"套餐"不计其数,分别针对不同地域不同类型的客户群体。"套餐"既可能是面向社会公众的,也可能是为特定群体量身定制的;既可能是长期的,也可能是短期的。"套餐"也可能与终端设备一起打包销售,如签约长期套餐获赠手机。

移动通信套餐虽然复杂多变,但基本特征是平均价格与服务量负相关。移动通信套餐大多按月付(扣)费,月费越高的套餐,包含的通信服务量越大,但是平均价格越低。以下是2016年在售的中国移动通信北京公司的"4G飞享套餐"。

国内数据流量(GB)	国内主叫(分钟)	月费(元/月)
0.5	100	58
0.7	220	88
1	500	138
2	500	158
2	1000	238
3	1000	268
3	2000	338
6	4000	588

对移动通信服务需求较低的"低端客户"倾向于选择较便宜的套餐,但是他们付出了较高的平均价格。反之,"高端客户"付出的平均价格较低,但总支出较高。

资料来源:http://shop.10086.cn,访问时间2020-7-25。

本章概要

基于完美信息的一级区别定价　　　　分市场的三级区别定价
基于不对称信息的二级区别定价

6.1　一级区别定价

一级区别定价(first-degree price discrimination)又称"完美的区别定价"(perfect price discrimination),是指在消费者异质性条件下,为每个消费者提供一个帕累托有效的交易方案的定价。也就是说,一级区别定价引导每一个消费者都选择社会最优的购买量。相比之下,在一个非完全竞争市场,如果实行单一线性定价,那么企业只能通过较高的价格(相对于边际成本)获得利润,而由此产生的价格体系扭曲会使得消费者的购买量低于社会最优的水平。

一级区别定价一般需要通过非线性定价或其他复杂定价方式实现。在一定条件下,两部定价(two-part pricing)可以实现一级区别定价。一个两部定价可记为(T,p),其中T是消费者为了获得购买资格而必须支付的固定费用(如月费、会员费等),p是在取得购买资格后,消费者实际购买产品时支付的线性价格,我们称其为"使用价格"(usage rate)。

假设消费者$i=1,\cdots,n$对某产品有下降的需求函数$q_i(p)$,满足$q'_i(p)<0$。

垄断企业的成本函数为 $C(q)$，为单增凸函数。垄断企业可以完美地观察到每个消费者的需求函数，因此可以对每个消费者选用不同的定价。记

$$S_i(p) = \int_p^{+\infty} q_i(s) \, \mathrm{d}s$$

代表消费者在"事后"按 p 的价格购买时，能够获得的消费者剩余，如图 6-1 所示。

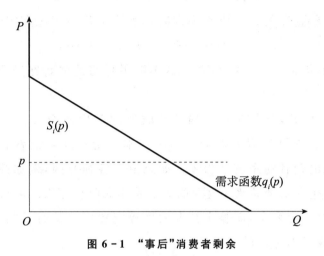

图 6-1 "事后"消费者剩余

从定义不难发现

$$S'_i(p) = -q_i(p)$$

一个两部定价 (T, p) 能够被消费者 i 接受的前提是，该消费者在事后获得的剩余 $S_i(p)$ 不小于事前支付的固定费用 T。如果垄断企业愿意服务所有消费者，那么最优两部定价 $(T_i, p_i), i = 1, \cdots, n$，是以下问题的解

$$\max_{\{T_i, p_i\}_{i=1,\cdots,n}} \left[\sum_{k=1}^n (T_k + p_k q_k(p_k)) \right] - C\left(\sum_{k=1}^n q_k(p_k) \right)$$

$$\text{s.t. } S_i(p_i) - T_i \geqslant 0, i = 1, \cdots, n$$

在这个最优化问题中，所有约束条件都是有效约束，否则垄断企业可以通过提高相应的固定费用来提高利润。从约束条件中可解出 $T_i = S_i(p_i)$，代入目标函数，原问题转变为

$$\max_{p_1, \cdots, p_n} \left[\sum_{k=1}^n (S_k(p_k) + p_k q_k(p_k)) \right] - C\left(\sum_{k=1}^n q_k(p_k) \right)$$

关于 p_i 的一阶导数条件为

$$-q_i(p_i) + q_i(p_i) + p_i q'_i(p_i) - C'\left(\sum_{k=1}^n q_k(p_k) \right) q'_i(p_i) = 0, i = 1, 2, \cdots, n$$

从中可解出最优的使用价格 p_i^* 满足

$$p_i^* = C'\left(\sum_{k=1}^{n} q_k(p_k^*)\right), i = 1, \cdots, n$$

每个消费者的购买量为 $q_i(p_i^*), i = 1, \cdots, n$。将以上使用价格代入 $T_i = S_i(p_i)$，可得最优固定费用

$$T_i^* = S_i(p_i^*), i = 1, \cdots, n$$

特别地，如果垄断企业的边际成本为常数 c，那么最优一级区别定价方案为

$$(T_i^*, p_i^*) = (S_i(c), c), i = 1, \cdots, n$$

每个消费者的购买量为 $q_i(c)$。注意到这个购买量与消费者在完全竞争情况下的购买量一致。

从以上分析可见，企业对每个消费者收取的事后使用价格 p 均等于企业的边际成本，但固定费用 T 因人而异。边际成本定价意味着消费者的购买量达到社会最优，但是消费者的净剩余为零。如果由于各种原因，例如政府规制或潜在竞争压力，使得企业对消费者 i 收取的固定费用必须低于 $T_i^* = S_i(p_i^*)$，那么该消费者可以获得一定剩余，而整个社会的资源配置仍然是有效的，这样的市场结果仍然具有一级区别定价的关键特征。

例 6 - 1 假设某垄断企业的边际成本为 c。有 n 个消费者，需求函数分别为

$$q_i = a_i - b_i p, i = 1, \cdots, n$$

假设参数满足 $\frac{a_i}{b_i} > c, i = 1, \cdots, n$，这样垄断企业愿意服务所有消费者。最优一级区别定价方案 $(T_i^*, p_i^*), i = 1, \cdots, n$，为

$$p_i^* = c, T_i^* = S_i(c) = \int_c^{\frac{a_i}{b_i}} (a_i - b_i p) \mathrm{d}p = \frac{(a_i - b_i c)^2}{2b_i}, i = 1, \cdots, n$$

这时消费者 $i = 1, \cdots, n$ 的购买量分别为 $q_i^* = a_i - b_i c$。企业的利润为

$$\pi = \sum_{i=1}^{n} T_i = \sum_{i=1}^{n} \frac{(a_i - b_i c)^2}{2b_i}$$

消费者剩余等于零。社会总福利，在这里即企业利润，实现了最大化，也就是说资源配置是有效的。

图 6-2 演示了当企业的边际成本为常数时，垄断企业的一级区别定价方案。假设两个消费者的需求函数分别为 d_1 和 d_2，企业边际成本为 c。在垄断企业的最优两部定价 (T_1, p_1) 和 (T_2, p_2) 中，事后使用价格 $p_1 = p_2 = c$，即企业的边际成本，而事前支付的固定费用 T_1 和 T_2 分别等于各消费者的需求曲线以下和企业边际成本线以上的区域的面积，即事后获得的消费者剩余。两个消费者的购买量分别为 q_1 和 q_2，均为帕累托有效的购买量。

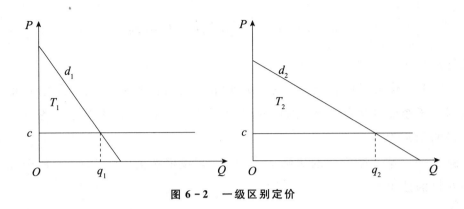

图 6-2 一级区别定价

另外一种实现一级区别定价的方式是"打包"(bundling)。一级区别定价的关键在于让每个消费者选择社会最优的消费量,因此一个简单的一级区别定价方法就是直接将最优消费量的产品打包,然后分别按特定总价,定向出售给特定消费者。但是,这种销售方式不允许消费者自行选择购买量,因此灵活性较差。以下是一个打包销售的模型。

考虑某一产品的垄断市场。消费者 $i = 1, \cdots, n$ 的效用函数为 $U_i(m, q) = m + u_i(q)$,其中 q 为该产品的消费量,m 为以货币度量的所有其他产品的消费量。我们假设 $u_i(q)$ 满足 $u_i(q) > 0, u'_i(q) \geqslant 0, u''_i(q) \leqslant 0$,即 $u_i(q)$ 为单增凹函数。注意到,消费者对该产品的需求函数由 $u'_i(q) = p$ 决定。垄断企业的成本函数为 $C(q)$,为单增凸函数。记一个面向消费者 i 的打包销售方案为 (q_i, P_i),其中 q_i 是打包的大小,P_i 为总价。

如果记消费者 i 总的可用于消费的收入为 w_i,那么消费者 i 接受方案 (q_i, P_i) 的条件是

$$(w_i - P_i) + u_i(q_i) \geqslant w_i, \text{ 即 } u_i(q_i) - P_i \geqslant 0$$

因此垄断企业的利润最大化问题可写为

$$\max_{(q_i, P_i)_{i=1,\cdots,n}} \sum_{k=1}^{n} P_k - C\left(\sum_{k=1}^{n} q_k\right)$$

$$\text{s.t. } u_i(q_i) - P_i \geqslant 0, i = 1, \cdots, n$$

很显然,所有约束条件都必定是有效约束,即 $u_i(q_i) - P_i = 0, i = 1, \cdots, n$,否则企业可以通过提高总价获利。我们可以从中解出 $P_i = u_i(q_i)$ 并代入目标函数,原最优化问题转化为

$$\max_{q_1, \cdots, q_n} \sum_{k=1}^{n} u_k(q_k) - C\left(\sum_{k=1}^{n} q_k\right)$$

最优解 $q_1^*, \cdots, q_n^*$ 由以下 n 个一阶导数条件决定

$$u_i'(q_i) = C'\left(\sum_{k=1}^n q_k\right), i = 1, \cdots, n$$

而最优总价 $P_i^* = u_i(q_i^*), i = 1, \cdots, n$。

从以上最优解可以看出,打包的大小正好使得消费者从该产品中获得的边际效用等于企业的边际成本,因而是社会最优的。总价正好使得消费者从该产品获得的剩余为零。

例 6-2 某垄断企业的边际成本为 c。假设消费者 $i = 1, \cdots, n$ 从企业的产品中获得的效用为

$$u_i(q) = \frac{a_i}{b_i}q - \frac{1}{2b_i}q^2, \text{ 其中 } \frac{a_i}{b_i} > c, i = 1, \cdots, n$$

这时由 $u_i'(q) = p$ 决定的该消费者的需求函数为 $q_i = a_i - b_i p$,与例 6-1 中的需求函数相同。

根据前面的模型,在最优打包销售方案中,q_i 由 $u_i'(q_i) = c$ 决定,即

$$q_i^* = a_i - b_i c$$

而总价为

$$P_i^* = u_i(q_i^*) = \frac{a_i}{b_i}(a_i - b_i c) - \frac{1}{2b_i}(a_i - b_i c)^2 = \frac{(a_i - b_i c)(a_i + b_i c)}{2b_i}$$

企业的利润为

$$\begin{aligned}\pi &= \sum_{k=1}^n (P_k^* - cq_k^*) \\ &= \sum_{k=1}^n \left[\frac{(a_k - b_k c)(a_k + b_k c)}{2b_k} - c(a_k - b_k c)\right] \\ &= \sum_{k=1}^n \frac{(a_k - b_k c)^2}{2b_k}\end{aligned}$$

将本例与例 6-1 对比可见,企业采用两部定价和打包销售所实现的总利润是相同的,资源配置也完全相同。

在空间模型中,如果除了交通成本,消费者都是同质的,那么一个垄断企业可以通过"送货上门"实现一级区别定价的目的。如果消费者有单位需求,那么可将价格定在消费者的保留效用水平,同时送货上门。如果消费者有下降的需求函数,那么除了送货上门,还需要制定一个最优的两部定价或打包方案。

例 6-3 在 Hotelling 的线形城市中,有一个垄断企业位于城市的一个端点,边际成本为 c。消费者均衡分布在城市中,分布密度为 1。消费者的保留效用为 v,单位距离的交通成本为 t,企业的送货成本与消费者的交通成本相等。假设城市的长度足够长。

在线性定价的情况下,给定价格 $p \leqslant v$,销售量 $x(p)$ 满足 $p + tx(p) = v$,因此 $x(p) = \dfrac{v-p}{t}$。于是企业的利润为

$$\pi(p) = (p-c)\frac{v-p}{t}$$

从中可解出最优价格为 $p^m = \dfrac{c+v}{2}$,销售量为 $x^m = \dfrac{v-c}{2t}$,利润为 $\pi^m = \dfrac{(v-c)^2}{4t}$。

假设企业提供特定范围内的送货上门服务。当价格为 $p \in [0,v]$ 时,企业的最优销售范围(也即销售量)$x(p)$ 满足

$$p - tx(p) = c, \text{ 即 } x = \frac{p-c}{t}$$

也就是说,只有当刨去送货成本后的销售收入超过企业的边际成本时,交易才是有利可图的。这时企业总的送货成本为

$$T(p) = t\int_0^{\frac{p-c}{t}} s\,ds = \frac{(p-c)^2}{2t}$$

因此企业的利润为

$$\pi(p) = (p-c)x(p) - T(p) = \frac{(p-c)^2}{t} - \frac{(p-c)^2}{2t} = \frac{(p-c)^2}{2t}$$

这是一个关于 p 的单增函数,因此企业的最优价格为 $p'^m = v$,即等于消费者的保留价格。于是企业设定的最优销售范围或销售量为 $x'^m = \dfrac{v-c}{t}$,双倍于线性定价时的销售量。实现的利润为 $\pi'^m = \dfrac{(v-c)^2}{2t}$,也是双倍于线性定价时的利润。虽然在这种情况下消费者剩余为零,但社会总福利实现了最大化。

与线性定价相比,一级区别定价对企业有利,对消费者不利,总的来说能增加社会总福利。虽然从社会福利的角度看,一级区别定价有一定优点,但是实现的难度较大,因为它要求企业不仅能够防止消费者之间重新交易,而且能精准了解每个消费者的需求函数,这在现实世界很难做到。从一级区别定价理论也可以看出,垄断造成社会福利损失的根本原因其实是信息不对称。如果垄断企业拥有所有关于消费者的信息,那么市场结果很可能是帕累托有效的。当然,"因人而异"的一级区别定价可能存在公平方面的价值判断问题,甚至可能因此遭到国家强制力量的反对。

6.2 三级区别定价

在一些市场,企业虽然不能了解每个具体消费者的需求函数,但是可以区分

不同的消费者群体,并且了解各个群体的整体需求函数。在这种情况下,企业可以对不同群体制定不同的线性价格,以谋取比单一线性价格更高的利润,我们称这种定价方式为"三级区别定价"(third-degree price discrimination),或"直接的区别定价"(direct price discrimination)。三级区别定价仍然要求企业能够制止不同消费者群体之间的重新交易。如果企业是通过经销商进行销售,还应该能制止面向不同群体的经销商之间的"串货",即经销商之间的交易。

三级区别定价的情形在现实世界相对比较常见。例如,一些畅销书或教材在不同国家有不同的价格,豪华汽车在中国的售价经常高于西方国家,很多药品在加拿大的售价远低于在美国的售价,一些公园或音乐厅的门票价格经常对在校学生打折,许多中心城市为低收入阶层提供保障性住房等,这些定价现象都可能与三级区别定价有关。很多三级区别定价是基于地理差异,因为地理上的距离提高了消费者跨区购买或二次交易的成本。如果没有地理差异,那么企业需要对部分消费者进行身份认证,以确认其有资格按较低的价格购买。

假设消费者属于不同群体 $1,\cdots,n$,各群体的需求函数分别为 $q_i(p)$。一个垄断企业的边际成本为 c。企业可以辨别每个消费者属于哪个群体,并且可以对其分别定价。如果垄断企业对群体 i 的售价是 p_i,那么其利润为

$$\pi(p_1,\cdots,p_n) = \sum_{k=1}^{n}(p_k - c) \cdot q_k(p_k)$$

这个垄断企业实际上是在每个"子市场"选择最优的垄断价格,也就是说,企业求解 n 个平行的利润最大化问题。根据前面的垄断模型不难看出,最优价格 $p_1,\cdots,p_n$ 满足(一阶导数条件)

$$p_i\left(1 + \frac{1}{\varepsilon_i}\right) = c, i = 1,\cdots,n$$

其中 ε_i 是第 i 个群体的需求价格弹性。在三级区别定价中,对"高端"消费者定价经常较高,但严格来说,面向不同群体的价格之间的关系为

$$\frac{p_j}{p_i} = \frac{1 + 1/\varepsilon_i}{1 + 1/\varepsilon_j}, i,j = 1,\cdots,n$$

因此大致而言,三级区别定价的原则是对需求价格弹性较小的消费者群体的定价较高。需求价格弹性较小可能是因为消费者没有其他选择,这未必与消费者的富裕程度有关系。

图 6-3 演示了当一个垄断企业面向两个消费者群体销售时的定价。企业的边际成本为常数 c,两个群体的需求函数分别为 D_1 和 D_2,根据需求函数可分别得出企业在两个子市场的边际收益曲线 MR_1 和 MR_2。分别令两个子市场的边际

收益等于边际成本 c,即可得出企业在两个子市场的最优销售量 q_1 和 q_2,然后根据各自的需求函数,即可得到垄断企业在每个子市场的最优价格 p_1 和 p_2。在这个图中,企业的区别定价体现为在子市场 1 的售价高于在子市场 2 的售价。

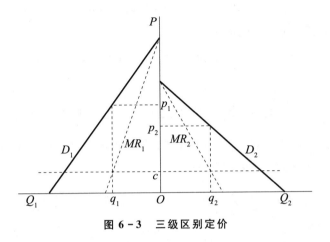

图 6-3 三级区别定价

针对特定产品的三级区别定价意味着企业将相同的产品在不同的子市场给出了不同的线性定价,这意味着不同消费者群体在该产品与其他产品之间的边际替代率产生差异,这样会带来帕累托改进的可能。例如,如果一个产品在两个地区(分别称为地区 1 和地区 2)的价格分别为 30 元和 20 元,那么在均衡状态下,地区 1 的消费者从产品获得的边际效用(这里的"效用"是局部均衡模型中以货币度量的效用)是 30 元,而地区 2 的消费者获得的边际效用是 20 元。在不改变总生产量的情况下,如果能够将一个单位的产出从地区 1 转移至地区 2,那么即可实现 10 元的社会福利增加,这意味着存在帕累托改进的可能性。因此,三级区别定价不利于资源的有效配置,可能导致社会福利损失。

但是三级区别定价也可能带来社会福利的改进。如果不允许企业进行区别定价,而只能按单一价格向所有消费者销售,那么企业有可能选择放弃价格弹性较高的消费者,而仅服务价格弹性较低的"高端消费者"。在这种情况下,允许三级区别定价能鼓励企业服务于前者,从而可能提高社会总福利。

Schmalensee(1981)指出,在单一产品的情况下,如果三级区别定价能够实现总产出的增加,那么有可能增加社会总福利,否则一定会减少社会总福利。也就是说,增加总产出是三级区别定价提高社会总福利的必要但不充分的条件。以下两个例子分别演示了三级区别定价降低和提升社会总福利的情形。

例 6-4 假设某边际成本为 c 的垄断企业面临 n 个子市场,其中子市场 i 的需求函数为 $q_i(p) = a_i - b_i p$。对任意 $i = 1, \cdots, n$,参数满足 $a_i > cb_i$。且当 $p >$

$\frac{a_i}{b_i}$ 时,$q_i(p) = 0$,即消费者的需求量非负。企业在子市场 i 选择价格 p_i 来最大化利润

$$\pi_i(p_i) = (p_i - c)(a_i - b_i p_i)$$

企业的最优价格和产量分别为

$$p_i = (a_i + cb_i)/2b_i \text{ 和 } q_i = (a_i - cb_i)/2, i = 1, \cdots, n$$

总产量为

$$Q = \sum_k q_k = \Big(\sum_k a_k - c\sum_k b_k\Big)\Big/2$$

如果企业必须对所有消费者收取相同的线性价格 p,那么在所有群体都被服务的前提下,企业面临的需求函数为

$$Q(p) = \sum_k (a_k - b_k p) = \sum_k a_k - p\sum_k b_k$$

因此企业的利润为

$$\prod(p) = (p - c)\Big(\sum_k a_k - p\sum_k b_k\Big)$$

从一阶导数条件可解出最优价格

$$p = \Big(\sum_k a_k + c\sum_k b_k\Big)\Big/\Big(2\sum_k b_k\Big)$$

代入需求函数可得总供应量为

$$Q = \Big(\sum_k a_k - c\sum_k b_k\Big)\Big/2$$

可见,总产出在三级区别定价和单一定价这两种情况下相等。当需求函数为线性且所有消费者都获得服务时,由于三级区别定价不能提升总销售量,根据 Schmalensee(1981),(非退化的)三级区别定价降低社会总福利。

例 6-5 假设一个边际成本为 0 的垄断企业向两个相互隔离的市场(1 和 2)销售。市场 1 的需求函数为 $q_1 = 16 - p_1$,市场 2 的需求函数为 $q_2 = 4 - p_2$,且各变量满足非负条件。

当三级区别定价被禁止时,企业只能选择单一价格 p 来最大化其利润。分以下两种情况讨论。

(i) 如果 $0 \leqslant p \leqslant 4$,那么企业在两个市场均有销售。企业利润为

$$\pi(p) = (16 - p)p + (4 - p)p$$

这时局部最优价格为 $p = 4$,注意到这是一个"边角解"。企业利润为 48。

(ii) 如果 $4 < p \leqslant 16$,那么企业仅在市场 1 有正的销售量,也就是说企业放弃了需求较低的市场 2。企业利润为

$$\pi(p) = (16-p)p$$

这时局部最优价格为 $p=8$，企业利润为 64。

比较以上两种情况，可见企业的全局最优价格为 $p=8$，总产量为 8，利润为 64，低需求的市场 2 不能获得服务。直观而言，在不允许区别定价的情况下，企业只有将价格降至 4 以下才可能服务市场 2 的消费者，而这样会显著减少从市场 1 获得的利润，其中的取舍并不划算，因此企业的最优选择是放弃低需求的市场 2。

当三级区别定价可行时，企业可以在两个市场分别选择最优垄断价格 $p_1=8$ 和 $p_2=2$，销售量分别为 8 和 2，总产量为 10，总利润为 68。可见，三级区别定价不会改变企业为市场 1 提供服务的价格，但使得企业可以为市场 2 提供服务，从而使得社会总福利增加。

总之，企业在条件允许时，有动机进行三级区别定价，但是从社会福利的角度看，三级区别定价可能不利于资源的有效配置，除非其能够显著增加企业的总销售量。另外从价值判断的角度看，如果需求弹性相对较低的消费者恰好是低收入者，那么三级区别定价可能导致公平问题，这在一些生活必需品市场可能出现。

6.3* 二级区别定价：两部定价

在很多情况下，企业知道消费者分为若干种可能的"类型"，即有不同的需求，但是企业不能直接观察每个消费者的需求，这时企业可以制定并公布若干个不同的价格方案，允许消费者从中自由选择，这种定价方式被称为"二级区别定价"(second-degree price discrimination)，有时又被称为"间接区别定价"(indirect price discrimination)。

实行二级区别定价的一个常用工具是两部定价。一个两部定价可记为 (T, p)，其中 T 是为了取得购买资格而必须"事前"支付的一次性固定费用（如月费、会员费等），p 是"事后"使用价格。两部定价可行的一个前提是，消费者难以将其购买的产品或服务中的一部分重新出售给其他消费者，这也正是区别定价所必需的条件。在很多可以实行两部定价的市场都存在二级区别定价的现象，如移动通信、网络接入、健身房、医疗等。

考虑一个垄断企业的定价问题。企业的边际成本为 c，其面临的消费者有两种可能的类型,分别为低需求消费者(类型 1)和高需求消费者(类型 2),他们的需求函数分别为 $q_1(p)$ 和 $q_2(p)$,对任意价格 p 满足

$$q'_1(p) < 0, q'_2(p) < 0, 0 < q_1(p) < q_2(p)$$

仍然记类型 i 的消费者面临使用价格 p 时的"事后"剩余为

$$S_i(p) = \int_p^{+\infty} q_i(s) \mathrm{d}s$$

满足 $S_i'(p) = -q_i(p)$。每个消费者都知道自己的类型,但是垄断企业不能直接观察消费者的类型,仅知道两种消费者的数量的比例为 $1:\alpha$,其中 $\alpha > 0$(不妨假设一共有 $1+\alpha$ 个消费者)。我们讨论以下三种定价方式,假设企业的利润函数均为严格拟凹函数,这样总是存在由一阶导数条件决定的唯一最优解。

线性定价

如果只能进行线性定价,那么企业求解以下最大化问题

$$\max_{p \geqslant 0} \pi_1(p) = (p-c)[q_1(p) + \alpha q_2(p)]$$

一阶导数条件为

$$q_1(p) + \alpha q_2(p) + (p-c)[q'_1(p) + \alpha q'_2(p)] = 0$$

我们记满足以上等式的价格为 p^m。如果将上式左边看作价格 p 的函数 $f(p)$,即

$$f(p) = q_1(p) + \alpha q_2(p) + (p-c)[q'_1(p) + \alpha q'_2(p)]$$

那么这个函数是单调下降的,且 $f(p^m) = 0$。

两部定价

如果垄断企业实行两部定价 (T, p),并且假设企业为两种类型的消费者都提供服务,那么企业求解以下最大化问题

$$\max_{T, p \geqslant 0} \pi_2(T, p) = (1+\alpha)T + (p-c)[q_1(p) + \alpha q_2(p)]$$

$$\text{s.t.} \quad S_1(p) - T \geqslant 0,$$
$$S_2(p) - T \geqslant 0$$

其中的两个约束条件被称为"参与约束"(participation constraint)或"个体理性约束"(individual rationality constraint),这是两类消费者愿意接受两部定价 (T, p) 的前提。由于 $S_2(p) > S_1(p)$,当第一个约束条件满足时,第二个约束条件必然满足,因此第二个条件为无效约束。第一个约束条件必须是有效的,即最优定价

一定满足
$$S_1(p) - T = 0$$
否则企业可以通过提高 T 获利,这将与最优化矛盾。将 $T = S_1(p)$ 代入目标函数,以上问题可转化成以下无约束条件的最优化问题
$$\max_{p \geq 0} (1+\alpha) S_1(p) + (p-c)[q_1(p) + \alpha q_2(p)]$$
最优使用价格由一阶导数条件决定
$$-\alpha q_1(p) + \alpha q_2(p) + (p-c)[q'_1(p) + \alpha q'_2(p)] = 0$$
我们将这个等式决定的最优使用价格记为 p^*,于是最优固定费用 $T^* = S_1(p^*)$。从上式可以看出,假如使用价格 p 等于 c,那么上式左边成为
$$-\alpha q_1(c) + \alpha q_2(c) > 0$$
也就是说,进一步提高价格是有利可图的,因此最优使用价格 $p^* > c$。另外,利用前面定义的函数 $f(p)$,上述一阶导数条件还可以写成
$$f(p) = (1+\alpha) q_1(p)$$
将其与线性定价问题的一阶导数条件进行对比,并且注意到函数 $f(p)$ 是单减的,而等式右边为严格正,因此两部定价中的使用价格低于线性定价中的价格,即 $p^* \leq p^m$。

总之,最优两部定价下的单位价格 p^* 一般大于企业的边际成本 c,而小于最优单一线性价格 p^m。因此垄断企业的利润包括两部分,一是"事前"的固定费用,二是"事后"的销售利润。由于固定费用 T^* 正好等于低需求消费者在"事后"获得的剩余,因此低需求消费者的净剩余为零。高需求消费者的净剩余为
$$S_2(p^*) - T^* = S_2(p^*) - S_1(p^*) = \int_{p^*}^{+\infty} [q_2(p) - q_1(p)] \mathrm{d}p > 0$$
面临高低两种类型消费者的垄断企业的两部定价可用图 6-4 演示。低需求和高需求的消费者的需求曲线分别为 D_1 和 D_2,垄断企业的边际成本为 c。如果企业采用单一线性定价,那么最优垄断价格用图中的 p^m 代表。如果采用两部定价,那么其中的使用价格用图中的 p^* 代表,固定费用 T^* 用图中的阴影部分的面积代表。高需求消费者的净剩余可用图中两条需求曲线和价格线 $p=p^*$ 围成的区域面积代表。

与线性定价类似,当两种类型的消费者需求差异较大,或者低需求消费者的比例过小时,企业有可能仅服务高需求的消费者,而放弃较低需求的消费者,因为这样有利于企业从高需求消费者那里获得尽可能高的利润。如果垄断企业通过两部定价服务单一类型消费者,那么一般是将使用价格设为边际成本。

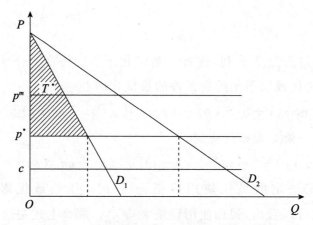

图 6-4 两部定价中的使用价格和固定费用

例 6-6 假设某垄断企业的边际成本为零。企业不能直接观察消费者的需求，但知道有两种不同类型的消费者，比例为 1∶1，需求函数分别为

$$q_1 = 10 - p \quad \text{和} \quad q_2 = 12 - p$$

显然类型 1 是低需求消费者，类型 2 是高需求消费者。当 $0 \leqslant p \leqslant 10$ 时，两种类型的消费者的事后剩余 $S_1(p)$ 和 $S_2(p)$ 分别为

$$S_1(p) = \frac{1}{2}(10-p)^2 \quad \text{和} \quad S_2(p) = \frac{1}{2}(12-p)^2$$

我们有 $S_1(p) \leqslant S_2(p)$。如果企业同时服务两类消费者，那么企业的最优两部定价是以下问题的解

$$\max_{T, 0 \leqslant p \leqslant 10} 2T + p(10-p) + p(12-p)$$

$$\text{s.t.} \quad \frac{1}{2}(10-p)^2 \geqslant T,$$

$$\frac{1}{2}(12-p)^2 \geqslant T$$

其中第二个约束条件是无效约束。我们可解出

$$p^* = 1, T^* = 40.5, \pi^* = 101$$

如果企业仅服务高需求消费者，那么最优两部定价是 (72, 0)，即使用价格等于边际成本 0，而利润全部来自固定费用。企业所能获得的利润是 $72 < 101$，因此在这个例子中，垄断企业不会放弃低需求消费者。

例 6-7 假设某垄断企业的边际成本为 c。企业不能直接观察消费者的需求，但知道有两种不同类型的消费者，比例为 1∶1，需求函数分别为

$$q_1 = a - p, q_2 = a - \frac{p}{2}, \text{其中 } a \gg c$$

显然类型 1 是低需求消费者,类型 2 是高需求消费者。当 $0 \leqslant p \leqslant a$ 时,两种类型的消费者的事后剩余 $S_1(p)$ 和 $S_2(p)$ 分别为

$$S_1(p) = \frac{1}{2}(a-p)^2 \quad \text{和} \quad S_2(p) = \left(a - \frac{p}{2}\right)^2$$

我们有 $S_1(p) \leqslant S_2(p)$。如果企业同时服务两种类型的消费者,那么其最大化问题为

$$\max_{T, 0 \leqslant p \leqslant a} 2T + (p-c)\left(a - p + a - \frac{1}{2}p\right)$$

$$\text{s.t.} \quad S_1(p) = \frac{1}{2}(a-p)^2 \geqslant T$$

我们可以从中解出

$$p^* = \frac{3}{2}c, \quad T^* = \frac{1}{2}\left(a - \frac{3}{2}c\right)^2, \quad \pi^* = a^2 + \frac{9}{8}c^2 - 2ac$$

如果企业只服务类型 2 的消费者,那么最优定价为

$$p^{**} = c, T^{**} = S_2(p^{**}) = a^2 + \frac{1}{4}c^2 - ac, \pi^{**} = T^{**} = a^2 + \frac{1}{4}c^2 - ac > \pi^*$$

这时我们有

$$S_1(p^{**}) = \frac{1}{2}(a-c)^2 < T^{**}$$

因此低需求消费者不会接受这个两部定价,而垄断企业的利润比服务两类消费者时更高。因此在这个市场条件下,垄断企业的最优选择是仅服务高需求的消费者,而放弃低需求的消费者。

双两部定价

严格意义上的二级区别定价要求企业对不同类型的消费者提供不同的价格方案。在实践中,企业经常可以对不同类型的消费者提供不同的两部定价方案,这样可以更好地满足不同消费者的需要,实现更为有利可图的定价(Qi,1971)。为不同消费者提供的不同价格方案除了仍要满足"个体理性"条件,还必须满足"激励相容"条件,即每一类消费者都不会有动机选择面向另一类消费者的方案,否则这种设计就没有意义。

在前面的模型中,现假设垄断企业可以提供两个两部定价,(T_1, p_1) 和 (T_2, p_2),供消费者自由选择。为了更好地理解双两部定价,我们先列出企业能直接观察消费者类型时的最优定价,即理论上的"第一最优定价"。根据前面的一级

区别定价模型，最优价格方案是

$$(T_1, p_1) = (S_1(c), c) \quad 和 \quad (T_2, p_2) = (S_2(c), c)$$

其中 $S_i(p) = \int_p^{+\infty} q_i(s) \mathrm{d}s$。也就是说，消费者面临相同的使用价格，即边际成本，但是高需求消费者需要支付较高的固定费用。企业的利润全部来自固定费用。企业利润和社会总福利均实现最大化，但消费者剩余为零。

这个第一最优方案在企业不能直接观察消费者类型的情况下是不可行的，因为高需求消费者有动机"伪装"成低需求类型，选择为低需求消费者准备的定价方案 (T_1, p_1)，因为净剩余满足

$$S_2(p_2) - T_2 = S_2(c) - S_2(c) = 0 < S_2(c) - S_1(c) = S_2(p_1) - T_1$$

二级区别定价需要解决的关键问题，就是如何防止高需求消费者的这种伪装行为。

在企业无法直接观察消费者类型的情况下，企业的最优价格方案是以下问题的解

$$\max_{(T_1, p_1), (T_2, p_2)} \pi_3 = [T_1 + (p_1 - c)q_1(p_1)] + \alpha[T_2 + (p_2 - c)q_2(p_2)]$$

$$\text{s. t.} \quad S_1(p_1) - T_1 \geqslant S_1(p_2) - T_2,$$

$$S_2(p_2) - T_2 \geqslant S_2(p_1) - T_1,$$

$$S_1(p_1) - T_1 \geqslant 0,$$

$$S_2(p_2) - T_2 \geqslant 0$$

其中第 1、2 个约束条件为"激励相容"条件，即两种类型的消费者都愿意选择为他们分别设计的价格方案。第 3、4 个约束条件为"个体理性"条件。

由于 $S_2(p_1) > S_1(p_1)$，从第 2、3 个条件我们有

$$S_2(p_2) - T_2 \geqslant S_2(p_1) - T_1 > S_1(p_1) - T_1 \geqslant 0$$

即第 4 个约束条件可以从第 2、3 个条件推出，因此是一个多余的约束条件，可以忽略。

从直观上看，低需求消费者通常不会选择为高需求消费者设计的价格，因此我们暂且忽略第 1 个约束条件，对仅有第 2、3 个约束条件的情形求解，最后再验证第 1 个条件是否被满足。

在去掉第 1、4 个约束条件后，第 2、3 个约束条件必须是有效约束。如果第 2 个条件在最优解不取等号，那么企业可以通过提高 T_2 获利，而且不影响第 3 个条件。同样，如果第 3 个条件在最优解不取等号，那么企业可以通过提高 T_1 获利，而且不影响第 2 个条件。因此我们有

$$T_1 = S_1(p_1) \quad \text{和} \quad T_2 = S_2(p_2) - S_2(p_1) + S_1(p_1)$$

代入目标函数,原问题转化为

$$\max_{p_1,p_2} \pi_3 = [S_1(p_1) + (p_1-c)q_1(p_1)] + $$
$$\alpha[S_2(p_2) - S_2(p_1) + S_1(p_1) + (p_2-c)q_2(p_2)]$$

这个问题的两个一阶导数条件分别为

$$(p_1-c)q_1'(p_1) = \alpha[q_1(p_1) - q_2(p_1)], p_2 = c$$

从中可以解出(候选的)最优使用价格。由于第一个一阶导数条件右边为负,我们有

$$p_1^* > c, p_2^* = c$$

而相应的固定费用为

$$T_1^* = S_1(p_1^*), T_2^* = S_2(c) - S_2(p_1^*) + S_1(p_1^*)$$

最后我们验证原最优化问题的第1个约束条件是否满足。将以上价格代入,(注意到由于 $T_1^* = S_1(p_1^*)$,该约束条件左侧为零),该条件成立当且仅当

$$[S_2(p_1^*) - S_1(p_1^*)] - [S_2(c) - S_1(c)] \leqslant 0$$

由于 $S_i(p) = \int_p^{+\infty} q_i(s) \mathrm{d}s$,上式成立当且仅当

$$\int_c^{p_1^*} [q_1(s) - q_2(s)] \mathrm{d}s \leqslant 0$$

由于 $p_1^* > c, q_1(.) < q_2(.)$,上式成立,因此第1个约束条件满足。也就是说,该条件的确是一个可以忽略的约束。综上,价格方案$((T_1^*, p_1^*), (T_2^*, p_2^*))$是这个垄断企业的最优二级区别定价方案。

例 6-8 仍然考虑例 6-6 中的模型。垄断企业的边际成本为零。企业不能直接观察消费者的需求,但知道有两种不同类型的消费者,比例为 1:1,需求函数分别为

$$q_1 = 10 - p \quad \text{和} \quad q_2 = 12 - p$$

假如企业可以直接观察消费者的类型,这时"第一最优"定价方案是$(50,0)$,$(72,0)$,其中使用价格均等于边际成本 0,企业利润全部来自固定费用,一共是122,消费者剩余均为 0,因此社会总福利为 122。

回到企业不能直接观察消费者类型的情形。企业的二级区别定价方案 $((T_1^*, p_1^*), (T_2^*, p_2^*))$ 是以下问题的解

$$\max_{(T_1,p_1),(T_2,p_2)} T_1 + p_1(10-p_1) + T_2 + p_2(12-p_2)$$

s.t. $\frac{1}{2}(10-p_1)^2 - T_1 \geq \frac{1}{2}(10-p_2)^2 - T_2,$

$\frac{1}{2}(12-p_2)^2 - T_2 \geq \frac{1}{2}(12-p_1)^2 - T_1,$

$\frac{1}{2}(10-p_1)^2 - T_1 \geq 0,$

$\frac{1}{2}(12-p_2)^2 - T_2 \geq 0$

仅第 2、3 个条件是有效约束,从中解出 T_1 和 T_2,代入目标函数,企业的利润最大化问题变成

$$\max_{p_1,p_2} 100 - \frac{1}{2}p_1^2 - \frac{1}{2}p_2^2 + 2p_1$$

从一阶导数条件得出最优使用价格分别为 $p_1^* = 2, p_2^* = 0$,于是最优固定费用分别为 $T_1^* = 32, T_2^* = 54$。容易验证,第一个约束条件是满足的。企业利润 $\pi^* = 102$,小于"第一最优",但高于单两部定价时的利润。两类消费者的购买量分别为 8 和 12,其中高需求消费者获得剩余 18,低需求消费者的剩余为 0。社会总福利为 $102+18=120$,低于"第一最优"的 122,原因是面向低需求消费者的定价方案不是帕累托有效的。

当一个垄断企业面向高、低两种需求的消费者时,其二级区别定价通常有一些典型特点。首先,面向高需求消费者的价格方案一般是帕累托有效的,具体体现为高需求消费者支付的使用价格等于企业的边际成本。同时,高需求消费者享有一定的消费者剩余,我们称之为"信息租金"。信息租金是垄断企业为了让高需求消费者披露其真实类型而必须支付的代价,对企业而言就是信息不对称带来的"交易成本"。其次,面向低需求消费者的价格方案通常不是帕累托有效的,体现为使用价格高于企业的边际成本,因而导致低需求消费者的购买量低于社会最优水平。面向低需求消费者的使用价格偏高的原因是,企业可借此减少付给高需求消费者的信息租金。由于低需求消费者并无隐瞒自身类型的动机,其消费者剩余通常为零。

线性定价是两部定价的特例,因此后者一般能实现更高的利润。而单一两部定价又是双两部定价的特例,因此双两部定价一般可以实现更高的利润。但即使是在可使用双两部定价的情况下,当高需求消费者的比例足够大时,垄断企业仍然可能选择放弃低需求的消费者,以便节省付给高需求消费者的"信息租金",这时企业的利润与单一两部定价相同,如例 6-9 所示。

例 6-9 在上例中,假设两种类型消费者的比例为 $1:\alpha$,那么企业的二级区

别定价方案$((T_1^*, p_1^*), (T_2^*, p_2^*))$是以下问题的解

$$\max_{(T_1, p_1),(T_2, p_2)} [T_1 + p_1(10 - p_1)] + \alpha[T_2 + p_2(12 - p_2)]$$

$$\text{s.t.} \quad \frac{1}{2}(10 - p_1)^2 - T_1 \geqslant \frac{1}{2}(10 - p_2)^2 - T_2,$$

$$\frac{1}{2}(12 - p_2)^2 - T_2 \geqslant \frac{1}{2}(12 - p_1)^2 - T_1,$$

$$\frac{1}{2}(10 - p_1)^2 - T_1 \geqslant 0,$$

$$\frac{1}{2}(12 - p_2)^2 - T_2 \geqslant 0$$

从第 2、3 个条件中解出 T_1 和 T_2，代入目标函数，企业的利润最大化问题变成

$$\max_{p_1, p_2} \left[\frac{1}{2}(10 - p_1)^2 + p_1(10 - p_1) \right]$$
$$+ \alpha \left[\frac{1}{2}(12 - p_2)^2 - \frac{1}{2}(12 - p_1)^2 + \frac{1}{2}(10 - p_1)^2 + p_2(12 - p_2) \right]$$

这个问题的一阶导数条件给出的候选最优使用价格为

$$p_1 = 2\alpha, p_2 = 0$$

当 $\alpha \leqslant 5$ 时，我们可以按与前面类似的方法得到企业的最优定价方案。但是当 $\alpha > 5$，即高需求消费者的比例足够大时，使用价格 $p_1 = 2\alpha > 10$ 下的消费者购买量为 0。这时垄断企业的最优选择是放弃低需求的消费者，仅为高需求消费者提供两部定价 $(T_2^*, p_2^*) = (72, 0)$。

6.4 二级区别定价：其他方式

二级区别定价可能是现实世界中最常见的区别定价。除了使用双两部定价，企业还可以根据具体情况，采用各种其他方式实现不对称信息条件下的区别定价。

打包销售

除了采用线性的使用价格，企业还可以将一定数量的产品"打包"，按一定的总价进行销售。打包销售的特点是不允许消费者自由选择购买数量，这种定价方式在实践上有利有弊。当企业确切知道消费者仅有几种可能类型时，打包销

售可以通过限制消费者的边际化决策,更有效地降低消费者的"信息租金",因而可能实现比双两部定价更高的利润。反之,也正是由于打包销售限制了消费者根据个人信息选择购买量的自由,也可能迫使消费者购买显著偏离其最优水平的产品数量,造成效率的损失。我们仅通过一个例子来演示打包销售的特点。

例 6-10 仍然考虑例 6-6 中的模型。垄断企业的边际成本为零。企业不能直接观察消费者的需求,但知道有两种不同类型的消费者,比例为 1:1,需求函数分别为

$$q_1 = 10 - p \quad \text{和} \quad q_2 = 12 - p$$

现假设企业提供两个量价组合 (q_1, P_1) 和 (q_2, P_2),供消费者自由选择,其中 q_i 是商品的数量,P_i 是相应的总价。

首先注意到,当一个消费者的需求函数为 $p = a - q$ 时,该消费者从 $q \leqslant a$ 个单位的产品中获得的(货币度量的)总效用是

$$u(q) = \frac{1}{2}q^2 + (a - q)q$$

如图 6-5 所示。如果 $q > a$,我们通常假设消费者可以将多余产品 $(a - q)$ 无成本抛弃,因而从消费中获得的总效用为 $u(q) = \frac{1}{2}a^2$。

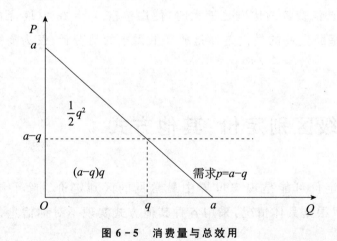

图 6-5 消费量与总效用

假如企业可以直接观察到消费者类型,不难证明,企业的"第一最优"打包定价方案是 $(10, 50)$ 和 $(12, 72)$,分别面向两种类型的消费者。这时消费者剩余均为 0,企业利润为 122,企业利润和社会总福利均实现最大化。

当企业不能直接观察消费者类型时,可以证明,为高需求消费者准备的打包方案中,产品数量是帕累托有效的,即 $q_2^* = 12$(详情略去)。这时企业的打包方案是以下最大化问题的解

$$\max_{P_1,q_1,P_2,q_2} P_1 + P_2$$

s. t. $\quad \dfrac{1}{2}q_1^2 + (10-q_1)q_1 - P_1 \geqslant 50 - P_2,$

$\qquad \dfrac{1}{2}q_2^2 + (12-q_2)q_2 - P_2 \geqslant \dfrac{1}{2}q_1^2 + (12-q_1)q_1 - P_1,$

$\qquad \dfrac{1}{2}q_1^2 + (10-q_1)q_1 - P_1 \geqslant 0,$

$\qquad \dfrac{1}{2}q_2^2 + (12-q_2)q_2 - P_2 \geqslant 0$

其中第一个约束条件右边是当低需求消费者选择一个数量超过 10 的打包时获得的效用。

我们可以从第 2、3 个约束条件推出第 4 个约束条件。仍然暂时忽略第 1 个条件,利用第 2、3 个约束条件求解。这两个条件都必须是有效约束,可从中解出总价 P_1 和 P_2,代入目标函数,上述问题转化为

$$\max_{q_1,q_2} -\dfrac{1}{2}q_1^2 - \dfrac{1}{2}q_2^2 + 8q_1 + 12q_2$$

通过一阶导数条件可得

$$q_1 = 8 \quad \text{和} \quad q_2 = 12$$

于是相应的总价为

$$P_1 = 48 \quad \text{和} \quad P_2 = 56$$

这时第 1 个约束条件显然是满足的,因此打包方案 (8,48) 和 (12,56) 是企业最优方案。

在最优打包方案下,消费者的消费量(即 8 和 12)与双两部定价时相同,但企业的利润为 104,高于双两部定价时的 102。低需求消费者仍然获得零剩余,而高需求消费者的剩余(信息租金)为 16,低于双两部定价情形,可见打包销售降低了企业需要支付的信息租金。

与双两部定价相比,打包销售不允许消费者自由选择购买量,这在某种意义上放松了消费者的激励相容约束,使得企业有进一步减少高需求消费者的信息租金的空间。具体而言,从前面的双两部定价例子的最优方案

$$((T_1^*, p_1^*), (T_2^*, p_2^*)) = ((32,2)(54,0))$$

可见,低需求消费者的消费量为 8,总支出是 $8 \times 2 + 32 = 48$,高需求消费者的消费量为 12,总支出为 $12 \times 0 + 54 = 54$。如果企业依此选择打包方案

$$((q_1, P_1), (q_2, P_2)) = ((8,48), (12,54))$$

那么激励相容条件均满足,但对高需求消费者而言是"松"的,即

$$u_2(q_2) - P_2 = 18 > 16 = u_2(q_1) - P_1$$

企业可以通过提高总价 P_2,收紧高需求消费者的激励相容约束,从而进一步提高利润。

在最优打包销售方案中,面向高需求消费者的定价方案一般是帕累托有效的(体现为交易量为第一最优水平),而面向低需求消费者的定价方案不是帕累托有效的(体现为交易量低于第一最优水平)。面向低需求消费者的打包产品数量向下扭曲,目的是降低其对高需求消费者的吸引力,从而降低企业需要支付的信息租金。

操纵品质

在许多信息技术产品市场中,虽然研发(沉没)成本很高,但是产品的边际成本很低。从社会福利的角度看,当最先进的产品问世后,技术较落后的产品就不再有存在的必要。但是在现实世界,我们经常看到企业在提供最新产品的同时,还继续生产并销售较落后的产品,甚至故意降低部分产品的性能指标。Deneckere & McAfee(1996)指出,企业在边际成本基本相同的情况下,同时提供最新技术的产品和"被破坏的产品"(damaged goods),目的是对消费者进行二级区别定价。

具体而言,如果仅提供最新技术的产品,那么就必须对异质性的消费者统一定价。如果支付意愿较低的消费者数量较大,那么就必须制定较低的价格以吸引他们购买,但这样就无法从支付意愿较高的消费者那里获得较高的利润。另一方面,支付意愿高的消费者往往对产品品质有较高的要求,反之亦然。通过既提供采用最新技术的高质高价产品又提供被人为扭曲的低质低价产品,既可以在一定程度上维持对高端消费者的高价格又可以服务低端消费者,因此经常是有利可图的。例 6-11 演示了这个机制。

例 6-11 假设 M 公司是某计算机软件的唯一供应者,该公司可提供两种版本的软件,分别称为专业版(Professional Edition)和家用版(Home Edition),边际成本均为零。假设有两类消费者,分别称为 H 用户和 L 用户,比例为 1:a(不妨假设一共有 $1+a$ 个消费者)。两类消费者对两个版本的保留效用水平(或估值)由下表列出

	专业版	家用版
H 用户	800	500
L 用户	400	300

注意到，无论对哪类消费者，专业版软件的价值都更高。考虑到两种软件的边际成本相同，从社会福利的角度看，家用版软件根本不应该在市场出现。事实上，在完美信息条件下，即 M 公司能够直接观察用户类型的情况下，企业将仅提供专业版软件，但对不同消费者采用不同的定价。对 H 用户的最优定价为 $p^H = 800$，对 L 用户的最优定价为 $p^L = 400$。企业的利润可用 $800 + 400a$ 代表。这实际上相当于一个一级区别定价方案。显然，当 M 公司无法直接观察消费者类型时，这种定价方案是不可行的，因为 H 用户有动机选择较低的价格。

现假设 M 公司不能直接观察用户类型，仅知道两种类型用户的相对数量。如果企业选择单一价格，即不进行区别定价，那么企业将仅提供专业版，最优定价 p^M 要么是 800（仅服务 H 用户），要么是 400（服务所有用户），利润分别为 800 和 $400(1+a)$。M 公司选择较高的价格（从而放弃 L 用户）当且仅当 $a \leqslant 1$ 时满足，即

$$p^M = \begin{cases} 800, & a \leqslant 1 \\ 400, & a \geqslant 1 \end{cases} \quad \text{和} \quad \pi = \begin{cases} 800, & a \leqslant 1 \\ 400(1+a), & a \geqslant 1 \end{cases}$$

如果 M 公司决定进行二级区别定价，那么将提供两种版本的软件，且定价必须满足激励相容和个体理性，因此最优定价 (p^H, p^L) 为以下问题的解

$$\max_{p^H, p^L} p^H + a p^L$$
$$\text{s. t. } 800 - p^H \geqslant 500 - p^L,$$
$$300 - p^L \geqslant 400 - p^H,$$
$$p^H \leqslant 800,$$
$$p^L \leqslant 300$$

注意到在这个最优化问题中，仅有第 1、4 个约束条件是有效的，其中第 3 个条件可以直接从第 1、4 个条件推出，而第 2 个条件可以先忽略再检验。从中可解出最优区别定价方案为

$$p^H = 600 \quad \text{和} \quad p^L = 300$$

企业利润为

$$\pi = 600 + 300a$$

在这个定价方案中，H 用户购买专业版，获得信息租金 200，L 用户购买家用版，消费者剩余为零。

M 公司是否进行区别定价取决于参数 a。当 $a \leqslant 1$ 时，进行区别定价当且仅当

$$800 \leqslant 600 + 300a, \text{即 } \frac{2}{3} \leqslant a \leqslant 1$$

当 $a \geqslant 1$ 时,企业进行区别定价当且仅当

$$400(1+a) \leqslant 600 + 300a, \text{即 } 1 \leqslant a \leqslant 2$$

因此我们有以下三种情况:

(i) $a < \frac{2}{3}$,企业仅提供专业版,最优价格为 $p^M = 800$;

(ii) $\frac{2}{3} \leqslant a \leqslant 2$,企业提供两种版本,定价分别为 $p^H = 600$ 和 $p^L = 300$;

(iii) $a > 2$,企业仅提供专业版,最优价格为 $p^M = 400$。

也就是说,只有当两种类型用户的比例属于特定范围时,企业才会有动机通过操纵产品品质进行区别定价。在第(i)种情况中,L 用户未能获得该边际成本为零的产品;在第(ii)种情况中,L 用户使用了被人为降低品质的产品;只有在第(iii)种情况中,所有用户都使用了最好的产品,资源配置是帕累托有效的。

在不对称信息的前提下,是否允许企业通过操纵产品品质进行二级区别定价对社会福利的影响是不确定的。在上例中,当 $\frac{2}{3} < a < 1$ 时,允许区别定价能够促使该公司服务 L 用户,从而增加社会总福利,否则企业将放弃 L 用户。但是当 $1 < a < 2$ 时,允许区别定价导致品质扭曲,使得社会总福利降低。

现实中的商家经常利用不同类型的消费者的特点(如偏好程度、交易成本等),通过各种价格或非价格手段,实现对消费者区别对待的目的。例如零售商店经常不定期地举行打折促销(Varian,1980),或者通过特定渠道发放优惠券,或者限时抢购特定低价商品等,这些活动使得部分消费者能够以较低的价格买到特定商品。这些促销活动通常没有明显的规律,持续时间短,或者相关优惠信息仅对部分消费者可得,在多数情况下,价格敏感型消费者更愿意花时间关注各种类型的促销信息,因而也是相关活动的主要受益者。因此,这些促销活动实际上类似于二级区别定价。

零售商店的"低价保障"也可能是二级区别定价的载体(Png & Hirshleifer,1987)。"低价保障"承诺,如果消费者在购物后发现其他商店有更低的价格,那么消费者可以要求退货或返还差价。但在实践中,在其他商店查看特定商品的价格、向原购物商店证明价格差别及办理返差价或退货等事宜都需要耗费很多时间和精力,对多数消费者而言可能是得不偿失的。只有对价格较敏感且时间成本较低的消费者会利用商店的低价保证,获得较低的购买价格。因此对商家

而言,低价保障使得它们可以实现区别定价。

本章小结

本章讨论区别定价的基础理论,主要结论有:

● 企业实行两部定价需要一定的前提条件,当条件允许时,两部定价一般比线性定价更加有利可图。企业的区别定价中经常同时采用多个两部定价。

● 一级区别定价的前提是企业准确了解每一个消费者的需求函数。一级区别定价可通过因人而异的两部定价实现,能够实现社会福利和企业利润的最大化,但不能保证交易的"公平"。

● 三级区别定价即市场间的区别定价,通常是对需求弹性较低的市场制定较高的价格。三级区别定价扭曲了价格体系,但可能增加销售量,对社会总福利的影响不确定。

● 二级区别定价是在"类型"信息不对称的条件下,对不同类型消费者的区别定价。二级区别定价必须满足不同消费者之间的"激励相容",经常使得部分类型的消费者获得"信息租金"。二级区别定价对社会总福利的影响也是不确定的。

习 题

1. 某垄断企业的边际成本为 2,消费者是同质的,每个消费者的需求函数为 $q=12-4p$。请给出垄断企业的最优单一线性价格、最优两部定价方案和最优打包销售方案,以及相应的利润。

2. 某垄断企业面临两类消费者,记为 1 和 2。企业不能直接识别消费者类型,仅知道它们的需求函数分别为 $q_1(p)$ 和 $q_2(p)$,对任意价格 $p>0$,有 $q'_1(p)<0, q'_2(p)<0$ 和 $q_1(p)>q_2(p)$。企业可提供两个两部定价,(T_1,p_1) 和 (T_2,p_2),供消费者自由选择。假设在均衡状态下,企业服务所有消费者。证明:如果企业的最优定价 $(T_1,p_1) \neq (T_2,p_2)$,那么有 $T_1>T_2$ 和 $p_1<p_2$。

3. 某垄断企业的边际成本为 $c=2$,面临两种类型(1 和 2)的消费者,他们的需求函数分别为 $q_1=16-2p, q_2=20-2p$,两种类型的消费者的比例为 2∶1。

(1) 如果消费者类型可以直接观察,找出企业最优的两部定价方案 $((T_1,p_1),(T_2,p_2))$。

(2) 如果企业不能直接观察消费者类型,找出最优的两部定价方案 $((T_1,p_1),(T_2,p_2))$。

(3) 如果企业不能直接观察消费者类型，找出最优的打包定价方案 $((t_1,q_1),(t_2,q_2))$。

4. 某垄断企业面临两种类型的消费者，比例为 2∶1，他们的（以货币衡量的）效用函数分别为 $U_1=\sqrt{q_1}-p_1$ 和 $U_2=2\sqrt{q_2}-p_2$，其中 q 为产品品质，p 为价格。一个品质为 q 的产品的生产成本为 $c(q)=q$。请找出垄断企业的最优定价方案 $\{(q_1,p_1),(q_2,p_2)\}$。

5. 某垄断企业的边际成本为 1，采用打包销售方式，记一个定价方案为 (q,t)，其中 q 是产品数量，t 是总价格。有两种类型的消费者，分别记为类型 1 和 2，他们从垄断企业的定价 (q,t) 中获得的（以货币度量的）效用分别为

$$u_1(q,t)=\sqrt{q}-t \quad \text{和} \quad u_2(q,t)=2\sqrt{q}-t-1$$

注意到类型 2 的消费者有"固定消费成本"（例如交通成本、学习成本等），数值为 1。

(1) 假设企业可以直接观察消费者类型，因而可以分别为他们提供定价方案 (q_1,t_1) 和 (q_2,t_2)，请找出企业的最优定价方案。

(2) 假设企业不能直接观察消费者类型，但是可以提供两个定价方案 (q_1,t_1) 和 (q_2,t_2) 供消费者自由选择，请找出企业的最优定价方案。（提示：你不需要知道两种类型消费者的比例。）

参考文献

Deneckere, R. and R. P. McAffe, 1996, "Damaged Goods", *Journal of Economics & Management Strategy*, 5(2): 149—174.

Png, I. and D. Hirshleifer, 1987, "Price Discrimination through Offers to Match Price", *The Journal of Business*, 60(3): 365—383.

Varian, H., 1980, "A Model of Sales", *American Economic Review*, 70(4): 651—659.

Qi, W., 1971, "A Disneyland Dilemma: Two-part Tariffs for a Mickey Mouse monopoly", *Quarterly Journal of Economics*, 85(1): 77—96.

Schmalensee, R., 1981, "Output and Welfare Implications of Monopolistic Third-Degree Price Discrimination", *American Economic Review*, 71(1): 242—247.

第七章
捆绑销售

企业有时会将两个或更多产品放在一起进行整体销售,这就是捆绑销售(tying 或 bundling)。捆绑销售有两种比较常见的方式,一种是将多种商品按特定比例组合后进行整体销售,我们称之为比例捆绑或打包销售。另一种是为消费者购买某一产品(经常是垄断产品)设置条件,一般是要求消费者以该企业作为另一产品的唯一供应商,而不得从其他企业购买被捆绑产品,这种销售方式具有排他性,我们称之为排他性捆绑。企业有时还会在提供捆绑产品的同时,也允许消费者单独购买各个单品。

◆ 引导案例

有线电视会员年包

"大片随心看,全年不散场。""电视院线会员年包"是北京歌华有线电视网络股份有限公司(以下简称"歌华有线")2016年力推的产品之一,观众支付238元可成为电视院线VIP会员,全年可观看500部电影。歌华有线的"电视院线"还提供单点服务,收费为每部影片5元,如果观看全部500部影片,需要支出2500元,而VIP会员年包的价格只有238元,平均每部影片的价格仅为0.48元。

歌华有线曾经是北京市唯一的有线电视服务提供商,具有市场垄断力量,但价格受到政府规制。随着宽带互联网的兴起,宽带运营商和有线电视运营商开始相互进入对方的业务范围,垄断格局被打破,政府规制的必要性也显著降低。

"单点"和"年包"同时提供,实际上起到区别定价的作用。"单点"主要面向那些平时甚少在家观看电影的消费者,由于支付频率很低,他们相对不介意支付较高的单价。"年包"则主要面向喜欢在家观影的消费者,或家庭成员较多的家户,对他们而言,虽然总支出较高,但高单价显然是更不可接受的。

"年包"既可以被看作一种两部定价,也可以被看作捆绑销售。如果年包中包含的各种类别的影片的数量都明显超过消费者可能观看的量,那么这种定价方式本质上属于两部定价,其中边际价格为零。反之,如果这个电影年包并不能完全满足消费者对影片的需求，那么这种定价方式则接近于捆绑销售。不同消费者有不同的观影偏好，一个消费者未必能够看完 500 部影片，同时也未必能从年包中找到所有自己想看的影片，尽管如此，他们仍然必须为自己并不喜欢看的影片付钱，因为所有影片是捆绑在一起的。

本章概要

垄断产品和完全竞争产品之间的比例捆绑

垄断产品和完全竞争产品之间的排他性捆绑

垄断产品之间的比例捆绑

垄断产品之间的混合捆绑

7.1 垄断产品和完全竞争产品之间的比例捆绑

在不考虑消费者和企业之间的交易成本或心理因素的情况下，一个垄断企业把自己的产品与一个完全竞争产品进行比例捆绑通常是无利可图的。不仅如此，如果被捆绑的完全竞争产品对消费者而言是多余的，那么这样的捆绑销售还会降低垄断企业的利润。

假设 A 是一个垄断产品（如操作系统软件），B 是一个完全竞争产品（如瓶装矿泉水）。企业可以通过垄断定价 p_A^m 从产品 A 获得垄断利润，也可以将 A 和 B 捆绑在一起销售，而单独销售 B 仅能获得零利润。如果对产品 A 的消费者而言，产品 B 也是其所需要的商品，而且捆绑的产品 B 的数量没有超过其需求量，那么垄断企业将两种产品进行捆绑销售是"无害"的。只要 A+B 的价格等于 A 的垄断价格 p_A^m 与 B 的边际成本之和，就不会影响消费者对垄断产品的需求，垄断企业仍然获得与单独销售 A 一样的利润。但是，如果捆绑的产品 B 超过了消费者所需要的量，那么对消费者而言，这种捆绑是"有害"的，会降低消费者对垄断产品 A 的需求，从而很可能降低垄断企业的利润。例 7-1 将演示为何一个垄断企业没有兴趣将其产品与完全竞争产品进行捆绑。

例 7-1 假设消费者对两种产品，垄断产品 1 和完全竞争产品 2，分别有单位需求，保留价格分别为 v_1 和 v_2。两种产品的边际成本分别为 c_1, c_2，满足 $c_1 < v_1, c_2 < v_2$。

在没有捆绑销售的情况下,垄断企业可选择垄断价格 $p_1^m = v_1$,从每个消费者获得垄断利润 $v_1 - c_1$,而消费者从产品 1 上无法获得剩余。完全竞争产品 2 的定价为边际成本 c_2,不能产生任何利润,而每个消费者从中获得剩余 $v_2 - c_2$。

如果垄断企业将一个单位产品 1 和一个单位产品 2 捆绑起来销售,那么由于 2 的边际成本为 c_2,捆绑有利可图的必要(但不充分的)条件是捆绑后的价格 $p_{1\&2}^m$ 高于 $v_1 + c_2$,否则企业从每个消费者获得的利润将低于 $v_1 - c_1$。但是,如果捆绑后的价格 $p_{1\&2}^m > v_1 + c_2$,那么消费者剩余

$$v_1 + v_2 - p_{1\&2}^m < v_2 - c_2$$

因此消费者将放弃购买捆绑产品,转而在完全竞争市场上购买产品 2 并获得剩余 $v_2 - c_2$。因此这样的捆绑销售不可能有利可图。

一般地,假如消费者仅消费两种产品,一个代表性消费者从两种产品中获得的效用记为 $u(q_1, q_2)$,其中 q_1, q_2 是两种产品的消费量。产品 1 的价格记为 p_1,产品 2 的价格等于其边际成本 c_2,另记消费者的可支配收入为 I,那么给定市场价格,消费者对产品 1 的需求函数 $q_1(p_1, c_2)$ 是以下问题的解

$$\max_{q_1, q_2 \geq 0} u(q_1, q_2)$$
$$\text{s.t.} \ p_1 q_1 + c_2 q_2 \leq I$$

当产品 1 由一个垄断企业提供时,企业选择垄断价格 p_1^m 获得垄断利润

$$\pi_1^m = (p_1^m - c_1) q_1(p_1^m, c_2)$$

如果这个垄断企业将一个单位的产品 1 和一个单位的产品 2 捆绑,那么将"创造"出一种新产品。记这个新产品的价格和数量分别为 p_1^B 和 q_1^B,这时消费者效用函数

$$v(q_1^B, q_2) = u(q_1^B, q_1^B + q_2)$$

消费者面临的预算约束为 $p_1^B q_1^B + c_2 q_2 \leq I$,也即

$$(p_1^B - c_2) q_1^B + c_2 (q_1^B + q_2) \leq I$$

因此在捆绑后,消费者的效用最大化问题为

$$\max_{q_1^B, q_2 \geq 0} u(q_1^B, q_1^B + q_2)$$
$$\text{s.t.} \ (p_1^B - c_2) q_1^B + c_2 (q_1^B + q_2) \leq I$$

从中可解出

$$q_1^B = q_1^B(p_1^B - c_2, c_2)$$

比较以上两个最优化问题,注意到它们的结构是相同的,因此只要存在内部解,我们一定有

$$q_1^B = q_1^B(p_1^B - c_2, c_2) = q_1(p_1^B - c_2, c_2)$$

也就是说捆绑不会改变对产品 1 的需求,因此提供捆绑产品的垄断企业的最优价格满足

$$p_1^B - c_2 = p_1^m,\ 即\ p_1^B = p_1^m + c_2$$

因此消费者实际消费的产品 1 和 2 都不受影响。但是,如果上述最优化问题中的非负约束 $q_2 \geqslant 0$ 是有效约束(即在捆绑前消费者的选择满足 $q_2 < q_1$),那么这个额外约束将减弱消费者对捆绑产品(或产品 1)的需求,最终使得垄断企业利润下降,所以这样的捆绑销售是无利可图的。

以上分析表明,具有市场力量的企业难以通过将其产品与完全竞争产品捆绑来获利。虽然完全竞争产品可以给消费者带来显著的剩余,但是由于外部购买机会的存在,消费者并不会为捆绑的完全竞争产品付出更高代价。在现实中,我们经常观察到类似于"买 A 送 B"的促销现象,解释这些现象可能需要考虑交易成本、消费者异质性或消费心理方面的因素。

7.2 垄断产品和完全竞争产品之间的排他性捆绑

垄断企业有时会以其垄断力量为"杠杆",向消费者搭售另一种产品,要求消费者不得从其他企业购买被搭售产品,这种捆绑具有明显的排他性。进行排他性捆绑的垄断企业可以分别为其垄断产品和搭售产品进行定价。

我们知道,当垄断企业采用线性定价时,其利润一般低于采用两部定价时的利润,因为两部定价允许企业通过一次性费用攫取消费者剩余。Burstein(1960)指出,如果企业可以要求消费者以较高的价格购买完全竞争的搭售产品,那么就相当于向消费者收取了一笔一次性费用,因此其利润能够更接近两部定价时的利润。事实上,消费者之所以不得不接受以较高的价格购买完全竞争产品,是因为垄断企业可以用消费者从垄断产品中获得的消费者剩余作为"杠杆"。

假设某企业在产品 A 上是垄断的,其边际成本为 c_a。产品 B 是边际成本为 c_b 的完全竞争产品。一个代表性消费者对两种产品的需求函数分别为 $q_a(p_a)$ 和 $q_b(p_b)$,均为严格递减函数。如果企业对产品 A 单独定价,假设相应的垄断价格为 p_a^m,相应的垄断利润为

$$\pi(p_a^m) = q_a(p_a^m)(p_a^m - c_a)$$

产品 B 的市场价格假设为长期均衡价格,即 $p_b = c_b$。

在排他性捆绑情况下,垄断企业选择(p_a, p_b)来最大化其利润,前提条件是消费者愿意接受垄断企业的销售方案。记消费者剩余函数为

$$S_a(p) = \int_p^{+\infty} q_a(s)\,\mathrm{d}s \quad \text{和} \quad S_b(p) = \int_p^{+\infty} q_b(s)\,\mathrm{d}s$$

垄断企业求解以下问题

$$\max_{p_a, p_b} \pi(p_a, p_b) = q_a(p_a)(p_a - c_a) + q_b(p_b)(p_b - c_b)$$
$$\text{s.t. } S_a(p_a) + S_b(p_b) \geqslant S_b(c_b)$$

目标函数是企业从两个产品获得的利润之和。约束条件的含义是,当消费者购买垄断企业的产品组合时,所获得的剩余不应低于仅从市场上以c_b的价格购买产品 B 时得到的剩余,否则消费者将放弃购买垄断企业的产品。

通过排他性捆绑,垄断企业可以利用消费者从产品 A 获得的剩余,将其垄断力量延伸到完全竞争产品 B,迫使消费者放弃一部分原本在产品 B 上可以获得的剩余。事实上,如果选择价格$p_a = p_a^m$和$p_b = c_b$,垄断企业可以获得与没有捆绑时完全相同的利润,但这时上述约束条件是"松"的。如果企业保持垄断产品 A 的价格不变,而将竞争产品 B 的价格略微调高,那么约束条件仍然成立(意味着消费者仍然愿意购买垄断企业的产品),而垄断企业的利润上升。

在均衡状态下,一般有$p_a < p_a^m, p_b > c_b$,即垄断企业会适当降低垄断产品的价格,以提高竞争产品的价格。直观而言,在原来的最优垄断价格p_a^m基础上,小幅降低产品 A 的价格虽然会对企业的利润产生负面影响,但仅仅是"二阶"的微小影响,而对消费者从产品 A 上获得的剩余会产生较大的"一阶"影响。企业可以通过提高产品 B 的价格回收这部分剩余,因此这样的调整对垄断企业是有利的。

在这个模型中,采用线性定价的垄断企业有动机实行排他性搭售(Burstein,1960)。如果垄断企业可以通过两部定价攫取消费者在产品 A 上的全部剩余,即实现一级区别定价,那么就失去了撬动产品 B 的价格的"杠杆"。从实践角度看,两部定价经常是不可行的,而排他性捆绑可能更加容易操作。在线性价格前提下,即使进行排他性搭售,垄断企业的利润一般也不会高于一级区别定价情况下的垄断利润。

例 7-2 体育馆和音乐厅等人口聚集场合经常不允许观众携带饮料入场,以保证公共安全,但这种规定在经济上也是有利可图的(尤其是当门票价格因为各种原因偏低时)。在门票为"单一价格"的情况下,大部分观众获得一定剩余,即使禁止携带饮料入场,多数观众也不会因此改变购票决定。饮料原本是一种

高度竞争的产品,利润微薄,但在体育馆或音乐厅内可能变成垄断产品,实现丰厚的利润。而且,越是支付能力高的观众,越有可能在场内购买高价饮料,因此在单一门票价格的情况下,禁止自带饮料还可以实现一定程度的区别定价。

7.3* 两个垄断产品之间的比例捆绑

假设某企业垄断了产品 A 和 B 的供应。不失一般性,假设两种产品的生产成本均为零。企业面对两种类型消费者,分别以 1 和 2 表示。两类消费者的人数相同,均标准化为 1,他们对每种产品均有单位需求。类型 $i=1,2$ 的消费者最多愿意为产品 A 支付价格 a_i,为产品 B 支付价格 b_i,如表 7-1 所示。

表 7-1　消费者对产品的估值

	产品 A	产品 B
1 类消费者	a_1	b_1
2 类消费者	a_2	b_2

该垄断企业有两个选择,即对产品 A 和 B 分别定价销售,或者将两者按 1:1 捆绑销售。当企业对两种产品分别定价销售时,其对每种产品的定价取决于两类消费者对该产品的相对估值,我们分以下几种情形进行讨论。

(i) 如果估值满足

$$\max\{a_1, a_2\} < 2\min\{a_1, a_2\} \quad \text{和} \quad \max\{b_1, b_2\} < 2\min\{b_1, b_2\}$$

即对每一种产品而言,消费者估值中的较高值都低于较低值的两倍,这时企业将选择相当于较低估值的价格,即最优的产品价格分别为

$$p_a = \min\{a_1, a_2\} \quad \text{和} \quad p_b = \min\{b_1, b_2\}$$

在这组价格下,所有消费者都会购买两种产品。企业的总利润为

$$\pi = 2\min\{a_1, a_2\} + 2\min\{b_1, b_2\}$$

(ii) 如果估值满足

$$\max\{a_1, a_2\} < 2\min\{a_1, a_2\} \quad \text{和} \quad \max\{b_1, b_2\} \geqslant 2\min\{b_1, b_2\}$$

即对产品 A 而言,消费者估值中的较高值低于较低值的两倍,而对产品 B 而言,消费者估值中的较高值不低于较低值的两倍。在分别定价的情况下,企业对产品 A 的定价等于消费者估值中的较低值,而对产品 B 的定价等于消费者估值中的较高值,即

$$p_a = \min\{a_1, a_2\} \quad \text{和} \quad p_b = \max\{b_1, b_2\}$$

所有消费者都会购买产品 A，但是仅估值较高的消费者会购买产品 B。企业的总利润为

$$\pi = 2\min\{a_1, a_2\} + \max\{b_1, b_2\}$$

（iii）如果估值满足

$$\max\{a_1, a_2\} \geqslant 2\min\{a_1, a_2\} \quad 和 \quad \max\{b_1, b_2\} \geqslant 2\min\{b_1, b_2\}$$

即对每一种产品而言，消费者估值中的较高值都不低于较低值的两倍。这时垄断企业对两个产品的定价均等于消费者估值中的较高值，即

$$p_a = \max\{a_1, a_2\} \text{ 和 } p_b = \max\{b_1, b_2\}$$

每种产品都仅出售给估值较高的消费者。企业的总利润为

$$\pi = \max\{a_1, a_2\} + \max\{b_1, b_2\}$$

现在假设企业将两种产品按 $1:1$ 进行捆绑，然后以一个总价格 p' 进行销售。注意到类型 i 的消费者愿意为该产品组合支付的最高价格为 $a_i + b_i$。我们仍然分别讨论上述三种情形。

（i）如果估值满足

$$\max\{a_1, a_2\} < 2\min\{a_1, a_2\} \quad 和 \quad \max\{b_1, b_2\} < 2\min\{b_1, b_2\}$$

那么可以证明（详情这里略去）

$$\max\{a_1 + b_1, a_2 + b_2\} < 2\min\{a_1 + b_1, a_2 + b_2\}$$

因此在捆绑销售时，垄断企业对产品组合的最优定价为

$$p' = \min\{a_1 + b_1, a_2 + b_2\}$$

所有消费者都会购买该产品组合，相应的利润为

$$\pi' = 2\min\{a_1 + b_1, a_2 + b_2\}$$

由于

$$\min\{a_1 + b_1, a_2 + b_2\} \geqslant \min\{a_1, a_2\} + \min\{b_1, b_2\}$$

我们有 $\pi' \geqslant \pi$，因此一般来说捆绑销售会比单独销售给企业带来更高的利润。只有当某类型消费者对两种产品的估值均低于另一类型消费者时，捆绑销售实现的利润才与分别销售时相等。相反，如果两类消费者需求具有负相关性，即对产品 A 估值较高的消费者对产品 B 的估值较低，那么比例捆绑对企业而言是有利可图的。

（ii）如果估值满足

$$\max\{a_1, a_2\} < 2\min\{a_1, a_2\} \quad 和 \quad \max\{b_1, b_2\} \geqslant 2\min\{b_1, b_2\}$$

这时 $\max\{a_1 + b_1, a_2 + b_2\}$ 和 $2\min\{a_1 + b_1, a_2 + b_2\}$ 之间的大小关系并不确定，我们分别讨论两种情形。一方面，如果

$$\max\{a_1+b_1, a_2+b_2\} < 2\min\{a_1+b_1, a_2+b_2\}$$

这时捆绑后，垄断企业对产品组合的最优定价是

$$p' = \min\{a_1+b_1, a_2+b_2\}$$

所有消费者都会购买产品组合。相应的利润为

$$\pi' = 2\min\{a_1+b_1, a_2+b_2\}$$

这时捆绑是否有利可图不确定。例如当 $(a_1, a_2, b_1, b_2) = (5,4,8,3)$ 时，分别销售时的利润为 $4\times 2+8=16$（类型 2 的消费者不会购买产品 B），而捆绑销售时的利润下降为 $(4+3)\times 2=14$（所有消费者都会购买捆绑产品），这时企业不会选择捆绑。但是当 $(a_1, a_2, b_1, b_2) = (4,5,8,4)$ 时，分别销售时的利润为 $4\times 2+8=16$（所有消费者都会进行购买），而捆绑销售时的利润上升为 $(5+4)\times 2=18$（所有消费者都会购买捆绑产品），企业有动机选择捆绑。注意到在前一种情况，虽然两类消费者的估值具有负相关性，但捆绑销售仍然未必有利可图。

另一方面，如果

$$\max\{a_1+b_1, a_2+b_2\} \geqslant 2\min\{a_1+b_1, a_2+b_2\}$$

这时捆绑后的最优定价是

$$p' = \max\{a_1+b_1, a_2+b_2\}$$

仅总估值较高的消费者会进行购买，这意味着捆绑销售促使企业放弃一部分消费者。这时垄断企业的利润为

$$\pi' = \max\{a_1+b_1, a_2+b_2\}$$

由于 $a_i < 2\min\{a_1, a_2\}$，$b_i \leqslant \max\{b_1, b_2\}$，我们有

$$\pi' = \max\{a_1+b_1, a_2+b_2\} \leqslant 2\min\{a_1, a_2\} + \max\{b_1, b_2\}$$

这意味着与分别销售相比，捆绑销售是无利可图的。例如当 $(a_1, a_2, b_1, b_2) = (5,4,8,2)$ 时，前面的不等式条件成立，分别销售时的利润为 $4\times 2+8=16$（类型 2 的消费者不会购买产品 B），而捆绑销售时的利润为 $5+8=13$（总估值较低的消费者不会购买）。

（iii）如果估值满足

$$\max\{a_1, a_2\} \geqslant 2\min\{a_1, a_2\} \quad \text{和} \quad \max\{b_1, b_2\} \geqslant 2\min\{b_1, b_2\}$$

我们仍然需要分两种情况讨论。一方面，如果

$$\max\{a_1+b_1, a_2+b_2\} < 2\min\{a_1+b_1, a_2+b_2\}$$

垄断企业对产品组合的最优定价是

$$p' = \min\{a_1+b_1, a_2+b_2\}$$

所有消费者都会购买该产品组合。相应的利润为

$$\pi' = 2\min\{a_1+b_1, a_2+b_2\}$$

这时捆绑销售是否有利可图不一定。例如当 $(a_1,a_2,b_1,b_2)=(8,3,2,4)$ 时，分别销售时的利润为 $8+4=12$（类型 2 的消费者不会购买产品 A），而捆绑销售时的利润上升为 $(3+4)\times 2=14$（所有消费者都会购买捆绑产品）。但是当 $(a_1,a_2,b_1,b_2)=(8,1,1,4)$ 时，分别销售时的利润为 $8+4=12$（类型 2 的消费者不会购买产品 A，类型 1 的消费者不会购买产品 B），但是捆绑销售时的利润下降为 $(1+4)\times 2=10$（所有消费者都会购买捆绑产品）。我们再次注意到，两类消费者在估值上的负相关性并不能保证捆绑销售有利可图。

另一方面，如果
$$\max\{a_1+b_1, a_2+b_2\} \geqslant 2\min\{a_1+b_1, a_2+b_2\}$$
捆绑后的最优定价和利润是
$$p' = \pi' = \max\{a_1+b_1, a_2+b_2\}$$
仅总估值较高的消费者会进行购买。不难看出
$$\max\{a_1+b_1, a_2+b_2\} \leqslant \max\{a_1,a_2\} + \max\{b_1,b_2\}$$
即捆绑销售一般无利可图。例如当 $(a_1,a_2,b_1,b_2)=(9,3,1,2)$ 时，分别销售时的利润为 $9+2=11$（类型 2 的消费者不会购买产品 A），而捆绑销售时的利润下降到 $9+1=5\times 2=10$。

总之，在单位需求的情况下，两个垄断产品之间的比例捆绑对企业利润的影响是复杂的，除了情形(i)，并没有简单的结论。不过，当消费者对两种产品的估值相差不大，而且不同类型消费者对不同产品的估值具有负相关性时，比例捆绑很可能是有利可图的(Adam & Yellen, 1976)。

更一般地，McAfee, McMillan & Whinston(1989)指出，在一定条件下（如消费者对两种产品的估值是独立的，服从特定概率分布），给定对两种产品的最优垄断定价，垄断企业总是可以有利可图地提供一个捆绑折扣，即将两种产品按特定比例进行捆绑，然后以低于分别购买时的总价格的价格出售。他们认为，要使得捆绑有利可图，消费者对不同产品的估值之间的负相关性并无必要。

例 7-3 一个垄断企业提供两种产品，分别记为 A 和 B，企业的生产成本假设为零。消费者是异质性的，他们对这两种产品均有单位需求，但估值各不相同。消费者们对每种产品的估值都均匀分布在区间 $[0,1]$ 内。不妨将消费者人数标准化为 1。由于生产成本为零，"第一最优"的资源配置是满足所有消费者的需求，从而实现社会总福利 $0.5+0.5=1$。第一最优的社会总福利将在企业利润、消费者剩余和"无谓损失"之间分配。

如果这个垄断企业对两种产品分别定价,记价格分别为 p_A 和 p_B。由于消费者的估值位于区间 $[0,1]$,垄断企业的定价显然也应在该区间。当估值超过产品价格时,消费者才会购买,因此购买两种产品的消费者人数分别为 $1-p_A$ 和 $1-p_B$,于是企业的利润为

$$\pi(p_A, p_B) = (1-p_A)p_A + (1-p_B)p_B$$

从中可解出企业的最优价格和利润分别为 $p_A = p_B = 0.5$ 和 $\pi = 0.5$。

图 7-1 描述了垄断企业分别销售两种产品的情况。消费者对两种产品的估值均匀分布在一个边长为 1 的正方形中,在以上最优定价下,有一半的消费者购买产品 A,另一半的消费者购买产品 B,其中有 0.25 个消费者同时购买两种产品,有 0.25 个消费者没有购买任何产品(从而形成"无谓损失")。

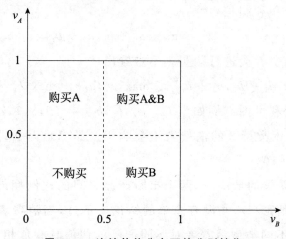

图 7-1 连续估值分布下的分别销售

在进行购买的消费者中,平均估值为 0.75,因此消费者剩余为

$$(0.75 - 0.5) \times 0.5 \times 2 = 0.25$$

我们也可以用第一最优的社会福利减去企业利润和"无谓损失"(即部分消费者放弃购买造成的福利损失)来代表消费者福利,即

$$1 - 0.5 - 0.25 \times 0.5 \times 2 = 0.25$$

注意到放弃购买的消费者对每个产品的估值的平均值为 0.25,因此无谓损失为 $0.25 \times 0.5 \times 2$。

现假设这个垄断企业将这两种产品按 1∶1 的比例进行捆绑,然后以总价格 P 出售。这时消费者实际上面临一个新的产品(即产品组合),只有对两种产品的估值之和不低于 P 的消费者才会购买这个新产品。图 7-2 描述了捆绑销售的情况,愿意以 P 的价格购买产品组合的消费者的数量可以用正方形中位于

$v_A+v_B=P$ 上侧的面积代表。

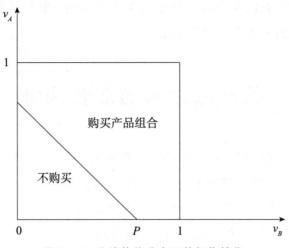

图 7-2 连续估值分布下的捆绑销售

我们分以下两种情况讨论。如果 $1<P<2$,那么消费者的购买量为 $\frac{1}{2}(2-P)^2$,企业的利润为

$$\pi(P)=\frac{1}{2}P(2-P)^2$$

从中可解出企业的最优捆绑价格为 $P=\frac{2}{3}$,而这与前提 $1<P<2$ 矛盾。因此,满足 $1<P<2$ 的价格不可能是最优价格。

如果 $0<P\leqslant 1$,那么消费者的购买量为 $\left(1-\frac{1}{2}P^2\right)$,企业的利润为

$$\pi(P)=P\left(1-\frac{1}{2}P^2\right)$$

从中可解出企业的最优价格和利润分别为

$$P=\frac{\sqrt{6}}{3}<1 \quad \text{和} \quad \pi=\frac{2\sqrt{6}}{9}>\frac{1}{2}$$

可见,垄断企业进行捆绑销售是有利可图的,且产品组合的价格低于分别销售时两种产品的价格之和。在最优捆绑定价下,有 $\frac{1}{3}$ 个消费者没有购买任何产品,其他 $\frac{2}{3}$ 个消费者购买了产品组合。与分别销售相比,捆绑销售实现了较高的总销售量,但平均销售价格较低。部分消费者放弃购买造成的无谓损失为

$$\int_0^{\frac{\sqrt{6}}{3}}p^2\,\mathrm{d}p=\frac{2\sqrt{6}}{27}<0.25$$

因此，与分别销售相比，捆绑销售不仅对企业有利，而且提高了社会总福利。在这个例子中，消费者对两种产品的估值是相互独立的，并不存在互补性。即使在这种情况下，比例捆绑仍然可能是有益的。

7.4 两个垄断产品之间的混合捆绑

企业在销售比例捆绑产品的同时，经常还允许消费者单独购买其中各个产品。例如消费者在快餐店既可以购买套餐，也可以购买单品，套餐价格通常低于其中包含的单品的价格之和。当一个垄断企业销售两种产品时，它可以选择三种定价方法：单独定价（*a la carte*）、比例捆绑（bundling）和混合捆绑（mixed bundling，即消费者可以选择购买组合或单品）。Adam & Yellen(1976)提出，混合捆绑使得企业可以较好地应对消费者异质性，提高企业利润，减少消费者剩余。

假设消费者对两个产品均有单位需求，他们对两个产品的估值 v_1 和 v_2 分别服从某个概率分布。在一个混合捆绑方案中，消费者可以按 p_1 和 p_2 的单价分别购买两种产品，也可以按总价 P 购买两种产品的 1+1 组合，显然只有当 $P < p_1 + p_2$ 时，混合捆绑才有意义。

在单独定价的情况下，给定企业的价格 (p_1, p_2)，当且仅当 $v_i \geqslant p_i$ 时，消费者购买产品 i。在购买的前提下，该消费者从产品 i 中获得消费者剩余 $CS = v_i - p_i$。在 1+1 比例捆绑且定价为 P 时，这个消费者进行购买当且仅当 $v_1 + v_2 \geqslant P$，并获得消费者剩余 $CS = v_1 + v_2 - P$。在混合捆绑下，消费者有四种可能的选择：

（Ⅰ）不进行任何购买：消费者对每种产品的估值均低于相应单品价格，且对两种产品的估值之和低于捆绑产品价格 P；

（Ⅱ）仅购买产品 1：消费者对产品 1 的估值不低于产品 1 的价格 p_1，且对产品 2 的估值不高于捆绑产品价格 P 与 p_1 的差（即 $v_1 + v_2 - P \leqslant v_1 - p_1$）；

（Ⅲ）仅购买产品 2：消费者对产品 2 的估值不低于产品 2 的价格 p_2，且对产品 1 的估值不高于捆绑产品价格 P 与 p_2 的差（即 $v_1 + v_2 - P \leqslant v_2 - p_2$）；

（Ⅳ）购买组合：消费者愿意购买组合，且购买组合优于仅购买任意一种单品（即 $v_1 + v_2 - P > v_1 - p_1$，$v_1 + v_2 - P > v_2 - p_2$ 和 $v_1 + v_2 \geqslant P$）。

消费者进行这四种选择的条件和可获得的消费者剩余 CS 可总结为

$$CS = \begin{cases} 0, & \text{如果 } v_1 < p_1, v_2 < p_2, v_1 + v_2 < P & (\text{I}) \\ v_1 - p_1, & \text{如果 } v_1 \geqslant p_1, v_2 \leqslant P - p_1 & (\text{II}) \\ v_2 - p_2, & \text{如果 } v_2 \geqslant p_2, v_1 \leqslant P - p_2 & (\text{III}) \\ v_1 + v_2 - P, & \text{如果 } v_1 > P - p_2, v_2 > P - p_1, v_1 + v_2 \geqslant P & (\text{IV}) \end{cases}$$

如图 7-3 所示，一个消费者对两种产品的估值可用平面直角坐标系中第一象限的一个点 (v_1, v_2) 代表，所有消费者的估值在第一象限服从特定联合密度分布。当垄断企业选择单品价格 p_1 和 p_2，以及捆绑价格 P（满足 $P < p_1 + p_2$）时，我们可以将第一象限用粗黑线划分成四个区域，分别对应以上四种消费者选择。其中，区域 I 由 $v_1 = p_1$、$v_1 + v_2 = P$ 和 $v_2 = p_2$ 向左下围成，区域 II 由 $v_1 = p_1$ 和 $v_2 = P - p_1$ 向左上围成，区域 III 由 $v_2 = p_2$ 和 $v_1 = P - p_2$ 向右下围成，而区域 IV 由 $v_2 = P - p_1$、$v_1 + v_2 = P$ 和 $v_1 = P - p_2$ 向右上围成。

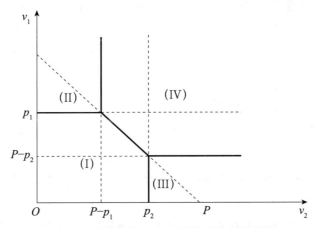

图 7-3 两个垄断产品之间的混合捆绑销售

当我们刻画了消费者的选择之后，就可以描述垄断企业的利润，其中每个区域的消费者数量乘以其所购买的产品价格，即等于该企业从该区域的消费者获得的销售收入。通过比较企业在不同定价方式下的利润，就可以找出最优定价方式。哪种定价方案最优取决于消费者估值的联合概率分布。Adam & Yellen (1976) 发现，在大多数情况下，混合捆绑是最有利可图的定价方式，特别是当消费者对两种产品的估值具有负相关性时。不过，McAfee, McMillan & Whinston (1989) 认为，Adam & Yellen (1976) 所强调的消费者对两种产品的估值的负相关性并无必要。

本章小结

本章讨论企业将多个产品进行比例捆绑或排他性捆绑的现象，讨论的前提是消费者同时对两种或多种产品有需求。主要内容有：

● 一个垄断企业通常没有动机将其产品与一个完全竞争的产品进行比例捆绑销售。

● 一个实行线性定价的垄断企业可能有动机将其产品与某个完全竞争产品进行排他性搭售，从而延伸其垄断力量。

● 一个多产品的垄断企业可能有动机将其产品按特定比例进行捆绑，然后作为一个整体销售。更常见的销售策略是，企业在对各产品分别定价的基础上，再提供特定的捆绑折扣。

习 题

1. 假设一个垄断企业的销售价格受到政府的最高限价管制，请问这个企业是否有动机将其产品与一个完全竞争产品进行比例捆绑销售？

2. 请从直观上解释为何一个企业将其产品与另外一个完全竞争产品进行捆绑销售是无利可图的。但是这种销售方式（如"买 A 送 B"）在现实世界实际上是常见的，试解释以上理论与实践之间产生冲突的原因是什么。

3. 试解释在以下情况下，企业没有动机进行捆绑销售：

(1) 提供多产品的企业面临充分的竞争，且消费者对各产品的需求是相互独立的。

(2) 产品的购买者可以将捆绑产品拆分后重新出售，且重新交易不产生额外成本。

4. 某垄断企业提供两个产品，记为 1 和 2，边际成本假设为零，消费者对这两个产品均有单位需求。消费者有两种类型，记为 A 和 B，比例为 1∶1，企业无法直接观察消费者类型。消费者对这两个产品的（以货币度量的）保留效用由下表给出：

	产品 1	产品 2
A 类消费者	20	30
B 类消费者	26	14

企业可以选择将两种产品分别定价销售，或者将两种产品进行比例捆绑销售。请问哪种销售方案更优？为什么？

参考文献

Adam, W. and J. Yellen, 1976, "Commodity Bundling and the Burden of Monopoly", *Quarterly Journal of Economics*, 90(3): 475—498.

Burstein, M. , 1960, "The Economics of Tie-in Sale", *Review of Economics and Statistics*, 42(1): 68—73.

Mathewson, F. and R. Winter, 1997, "Tying as a Response to Demand Uncertainty", *Rand Journal of Economics*, 28(3): 566—583.

McAfee, R. , J. McMillan and M. Whinston, 1989, "Multiproduct Monopoly, Commodity Bundling, and Correlation of Values", *Quarterly Journal of Economics*, 104(2): 371—384.

第八章
策略性行为

在不完全竞争市场，企业经常采用策略性行为，间接实现利润最大化的目标。狭义的策略性行为指的是企业通过提前采取特定行为，影响竞争对手面临的决策环境，促使其做出对自己有利的反应。广义的策略性行为包括所有用"间接"方式达到目的的行为。需要注意的是，策略性行为（strategic behavior）是通过改变博弈对手的行为，实现对自己有利的结果，具有互动的特征，而"决策"（decision-making）是在给定外部环境情况下的单方面选择。

策略性行为对博弈对手的影响可分为间接影响和直接影响。间接影响指的是通过先发行为，改变博弈对手对先发者的未来行为的预期，促使其做出对己有利的选择（Schelling，1960）。例如在《史记》中记载的"破釜沉舟"策略中，项羽通过主动放弃看似对自己有利的资产或选择，展示决战意志，借此打击敌方士气，这种策略影响就是间接影响。直接影响指的是通过先发行为改变博弈对手的策略选项，从而影响其行为。例如，战国时期的齐国通过"围魏救赵"，直接改变了入侵赵国的魏国军队的可选策略，使得继续进攻赵国不再可能是魏军的最优选项，这种策略依靠的就是直接影响。

企业的策略性行为有时具有排他性，可能"不合理地"排挤竞争者，特别是较为弱小的竞争者，因此可能受到国家反垄断机构的关注。

◆ 引导案例

南京师范大学人民武装学院靶场流弹伤人

据《扬子晚报》2016年10月31日报道，2016年9月12日下午，南京市江宁区翠屏国际城小区居民秦海霞和丈夫推着婴儿车中9个月大的孩子在小区散步时，遭遇一枚飞来的子弹袭击致伤。后证实流弹是由南京师范大学人民武装学院靶场飞出的，南京师范大学人民武装学院教务处吴姓处长称，这枚子弹是7.62毫米的步机弹，由56式冲锋枪发出，其最大射程是2000米。子弹脱靶后，先后飞越韩府山南延山体、翠屏山等，最后落到翠屏国际城小区。

南京市规划局江宁规划分局表示，经常被流弹袭击的翠屏国际城及挪威森林小区，其规划工作是在2000年前后开展的。根据查询，上述靶场也是在2000年被批准建设的。不过，根据一份1996年南京市人民政府批复的"东山城市总体规划"方案，翠屏国际城小区所在的区域已被确定为居住用地。这也意味着，是居民小区规划建设在前，靶场建设在后。

对此，南京师范大学人民武装学院反驳说，靶场建于20世纪70年代末，主要用于保障江苏省军区驻南京部队军事训练，一直沿用了40年，从未停止过。在当时的社会历史条件下，未办理正式手续的军事设施是十分常见的现象。人民武装学院表示，搬迁一事将由军地双方会商，决定是否重新选址，目前不管谁建在先，关键问题在于把问题解决好。"既要保证军事训练、高校国防教育，又要保证周边居民的安全。"

靶场早就存在，在搬迁谈判中本来应该占有优势，但是由于其未被正式批准建设的历史遗留问题，地方政府得以在附近完成多个居民小区的规划、建设和入住。在小区实现入住后，居民和社会舆论必然会对靶场施加巨大压力，促使其完成搬迁。

资料来源：距离小区过近 流弹多次伤人，这家靶场，还要拖到何时才搬离？《扬子晚报》，2016年10月31日。

本章概要

阻止竞争对手进入市场的策略　　　驱逐竞争对手以实现垄断的策略
提高竞争对手的经营成本　　　　　策略性行为的分类

8.1　阻止进入

一个在位的垄断或寡头企业为了维持市场地位，可能利用其先发优势，通过某些策略性行为改变进入者面临的市场环境，使得潜在的进入无利可图，从而达到阻止竞争对手进入市场的目的。这类策略在文献中经常被称为限价（limit pricing）或进入阻碍（entry deterrence）。

早期的"限价"模型，如Bain（1949）认为，如果新企业进入的可能性与进入前的市场价格有关，那么在位的企业可能通过压低价格或限定产量来阻止进入。潜在的进入者预见到较低的（进入后）价格，可能放弃进入的打算。这个理论经常假设潜在进入者相信在位企业在遭遇新竞争对手后,不会根据当时情况改变产量。通过选择并承诺于适当的产量,可使新企业进入后无利可图,从而达到阻止新企业进入的目的。

如图 8-1 所示,市场需求由曲线 D 代表,而曲线 AC 代表潜在进入者的平均成本函数。如果进入者面临的"剩余需求曲线"(即市场需求减去在位企业的供应量)落在其平均成本曲线之下,那么进入就不再有利可图。给定市场需求 D 和进入者平均成本 AC,如果在位企业选择产量 q^*,那么留给潜在进入者的剩余需求 d 将不足以使进入者有利可图,从而阻止了进入。

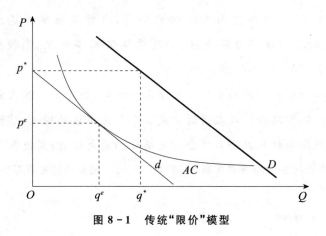

图 8-1 传统"限价"模型

传统的限价模型中经常存在"不可置信的威胁"。虽然在位企业可以利用其先发优势选择较高的产量,但进入者有理由相信,在位企业在任何情况下都应该采取彼时对其最有利的定价策略。当进入者真的进入市场后,在位企业的决策环境就发生了变化,继续保持原来的产量 q^* 通常不再是最优,因此没有理由不进行调整。事实上,当进入者进入并选择特定产量后,在位企业面临的需求下降,一般来说应适当降低产量,这样就为进入者腾出市场空间,进入可能变得有利可图,这样前述的限价策略就不再有效。从这个角度看,传统的限价或阻止进入理论存在一定缺陷,未必能很好地描述企业在阻止进入方面的策略性行为。

传统的限价策略一般不会引起反垄断机构的关注。采用上述限价策略的在位企业会主动压低价格,体现了潜在竞争压力对价格的影响。这种策略虽然会降低企业的当前利润,但是对消费者有利,且改善了市场价格体系,从社会福利角度看,这是在垄断前提下不错的资源配置方式。

从博弈论的"精炼"均衡的角度看,为了使限价策略能够有效地阻止竞争者进入,在位企业必须采取一定措施,使得阻止进入的市场安排是真正可信的。也就是说,可信的阻止进入的安排应该满足以下条件:即使在位企业对竞争者的进入做出事后的最优反应,进入者仍然无利可图,这正是 Schelling(1960)的思想。

Dixit(1980)更严谨地讨论了在位企业阻止进入的问题。在其两期模型中,在位企业首先选择一个(有线性成本的)产能 K,然后进入者决定是否进入并与在位者进行产量竞争。在位企业在事后,即第二期,可以通过追加投资提高产能,但是无法降低前期已经选择的产能。给定先行选择的产能 K,在位企业在第二期的产量竞争中有一个弯折的反应曲线。具体而言,当进入者的产量足够高时,在位企业面临较低的剩余需求,最优产量较低,有过剩产能;相反,当进入者的产量足够低时,在位企业面临较高的剩余需求,最优产量较高,现有产能不足,将追加产能投资(因而边际成本较高);而当进入者的产量位于某个范围之内时,在位企业满足于充分使用其现有产能。在位企业有弯折的反应曲线的根本原因是,当第二期选择的产量高于其事前选择的产能时,边际成本会出现一个跳跃。

图 8-2 描述了当在位企业在事前建立产能 K 的情况下,事后可能出现的均衡状态。图中的粗折线代表在位企业建立产能 K 后的反应曲线。虚线 $q_2(q_1)$、$\bar{q}_2(q_1)$ 和 $\hat{q}_2(q_1)$ 代表进入者三个可能的反应曲线,取决于进入者的边际成本,其中 $q_2(q_1)$ 是当进入者的边际成本最高时的反应曲线,$\hat{q}_2(q_1)$ 是当进入者的边际成本最低时的反应曲线。

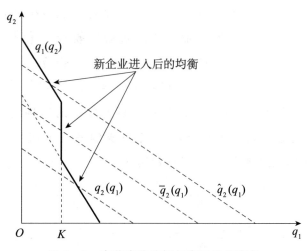

图 8-2 事前产能选择与事后产量竞争

Dixit(1980)发现,在不同的市场条件下,可能发生各种均衡状态。如果在位企业成本足够高,那么完全不可能阻止低成本企业的进入,因而必须与进入者共享市场。如果在位企业的成本足够低,以至于高成本的潜在进入者无法与其竞争,那么进入完全不可能发生。在介于两者之间的情况下,在位企业可能策略性地选择产能 K,从而在一定程度上承诺于较高的产量,降低进入者的盈利能力,最终实现阻止进入或提高进入后的自身利润的目的。在图 8-2 中，如果进入者的反应曲线是 $\bar{q}_2(q_1)$，那么事前承诺较高的产能 K 能够降低竞争者进入市场后的产量和利润。当进入者的固定成本足够高时，甚至可以完全阻止其进入市场。

限价策略还可能以其他方式出现。例如边际成本较低的生产工艺需要较高的固定资产投入，在不考虑策略性因素的情况下，垄断企业存在一个最优的生产工艺。但是考虑到潜在进入者的存在，企业可能倾向于选择固定成本较高而边际成本较低的生产工艺，以降低进入者的盈利能力。在位的垄断企业还可能选择特殊的生产工艺，降低事后调整产出的灵活性，从而使得原本不可置信的产出承诺变得可信。

给定企业的生产技术，在位企业还可以通过研究与开发，策略性地阻止竞争者进入或增加自身利润。在寡头企业之间的产量竞争中，通过投资于研发，企业可以降低自身的边际成本，最终提高自身的均衡产量、市场份额和毛利润，同时降低竞争者的均衡产量、市场份额和毛利润。当外部企业进入市场的动机并不十分强烈时，在位企业的过度研发行为可能打消潜在进入者进入市场的念头，如例 8-1 所示。

例 8-1 考虑以下两阶段博弈。市场上有两个初始成本相同的企业，边际成本为 $c_1 = c_2 = 9$，固定成本均为 f，其中一个企业是在位企业，另一个是潜在的进入者。在第一期，在位的垄断企业可以通过研发投资 z，使其在下一期的边际成本降低至 $c_1' = 3$。在第二期，如果新企业进入，两个企业之间进行产量竞争，否则在位企业保持垄断地位。市场需求函数为 $P = 18 - Q$。

首先我们分别讨论企业不进行研发和进行研发时的市场结果。

（i）如果在位企业不进行研发投资，且潜在竞争者进入市场，那么两个企业的毛利润分别为（详细的寡头均衡求解过程略去）

$$\pi_1^c = \frac{(18 + c_2 - 2c_1)^2}{9} = \frac{(18 + 9 - 18)^2}{9} = 9$$

$$\pi_2^c = \frac{(18 + c_1 - 2c_2)^2}{9} = \frac{(18 + 9 - 18)^2}{9} = 9$$

因此，当在位企业不进行研发投资时，有两种情况可能发生：(1) 如果潜在进入者的固定成本 $f \leqslant 9$，那么潜在进入者的确会进入市场，企业的实际毛利润如上所示；(2) 如果 $f > 9$，那么潜在进入者实际上不会进入，在位企业获得垄断毛利润

$$\pi_1^m = \frac{(18 - 9)^2}{4} = 20.25$$

（ii）如果在位企业进行研发投资，且潜在竞争者进入市场，那么两个企业的

毛利润分别为

$$\pi_1^c = \frac{(18 + c_2 - 2c_1')^2}{9} = \frac{(18 + 9 - 6)^2}{9} = 49$$

$$\pi_2^c = \frac{(18 + c_1' - 2c_2)^2}{9} = \frac{(18 + 3 - 18)^2}{9} = 1$$

因此,当在位企业进行研发投资时,也有两种情况可能发生:(1)如果潜在进入者的固定成本 $f \leqslant 1$,那么进入会发生,两个企业在第二期的毛利润如上所示。与不进行研发投资时相比,研发投资给在位企业带来的利润增加为 $49 - 9 = 40$,因此只要研发投资 $z \leqslant 40$,在位企业就会进行该项研发;(2)如果潜在进入者的固定成本 $f > 1$,那么该项研发能够有效阻止进入,使得在位企业可以维持垄断地位并获得毛利润

$$\pi_1^m = \frac{(18 - 3)^2}{4} = 56.25$$

与不进行研发投资相比,只有当研发投资 $z \leqslant 56.25 - 20.25 = 36$ 时,在位企业才会进行研发。

然后我们讨论在位企业是否进行研发投资的决策。这个决策与潜在进入者的固定成本 f 有关,从以上分析可以看出:

(i)如果 $f \leqslant 1$,那么无论在位企业是否进行研发,新企业的进入都不可避免,因而在第二期必定形成寡头市场。在位企业比较研发与否时的寡头利润之差和研发支出,因此当且仅当研发投资 $z \leqslant 49 - 9 = 40$ 时,在位企业会进行该项研发。注意到,研发降低了进入者的利润,即对进入者有"负外部性"。

(ii)如果 $1 < f \leqslant 9$,那么当且仅当在位企业进行研发时,才能阻止潜在进入者的进入。在位企业比较研发情况下的垄断利润与不研发情况下的寡头利润之差和研发支出,因此当且仅当研发投资 $z \leqslant 56.25 - 9 = 47.25$ 时,在位企业会进行研发。这是典型的通过研发阻止潜在竞争者进入市场的情形,研发显然对潜在进入者有"负外部性"。

(iii)如果 $f > 9$,那么潜在进入者无论如何都不会进入市场。在位企业只需比较研发与否时的垄断利润之差和研发支出,因此当且仅当研发投资 $z \leqslant 56.25 - 20.25 = 36$ 时,企业会进行研发。这种情况下的研发不存在策略性考虑,没有对潜在进入者的"外部性",当然对消费者有影响。

总之,现代的限价理论强调博弈均衡解的某种"合理性",特别是排除"不可置信的威胁"。在位企业可能利用其先发优势,采取各种对潜在进入者有"负外部性"的策略,例如技术研发、广告投入、常客优惠计划、稀缺资源锁定等,降低进

入者可能获得的利润,从而降低其进入的动机。

8.2 进攻性定价

所谓进攻性定价(predatory pricing),指的是在寡头市场中,具有优势地位的企业采用低价销售的方式,造成竞争对手的巨额亏损,迫使其因财务原因退出市场,从而进一步加强自身市场垄断地位,最终获取更高利润的行为。进攻性定价不公平地打击竞争对手,造成市场集中和垄断价格,损害消费者和社会福利,一般被各国反垄断机构认定为不正当竞争行为。

◆ 案 例

美国烟草公司的收购兼并

美国烟草公司(American Tobacco)成立于1890年,由若干烟草公司合并而成。在19世纪末和20世纪初,美国烟草公司通过设立地区性"战斗品牌"(fighting brands),对各地区的香烟品牌逐个发起价格战,造成地方小烟草公司严重亏损,之后再以较低的价格进行收购。收购完成后,"战斗品牌"就会退出市场。美国烟草公司用这种方法迅速收购了大量小烟草公司,实现了对美国烟草市场的垄断。

在1911年的一场反垄断官司中,美国高等法院认定美国烟草公司试图垄断烟草市场,将其一分为四,即 American Tobacco Company、R. J. Reynolds、Liggett & Myers 和 Lorillard。

在后来的学术研究中,Burns(1986)考察了美国烟草公司在1891—1906年收购的43家地区性烟草公司,认为该公司通过价格战建立起强势收购者的名声,促使小烟草公司提前退出市场,以避免价格战的损失,这样就显著降低了美国烟草公司的收购成本,是一种成功的商业战略。

进攻性定价所导致的低价销售是两败俱伤的,很可能会给进攻者本身造成更大的短期损失。进攻者必须让竞争对手产生严重的短期亏损,这样就不得不以很低的价格向市场提供大量的产出,这意味自身会产生巨额亏损。相比之下,被进攻的企业可以在市场价格不利的情况下,采取削减产量、寻求外部融资措施,尽可能改善短期财务状况。事实上,如果双方有相同的财务资源和相同的生产成本,那么进攻者反而会率先崩溃,这可以解释为何进攻性定价通常都是由优势企业发起,它们利用其较强的财务实力或较低的边际成本,对弱小的竞争对手发起进攻。下例演示了当两个企业的生产技术相同时,进攻性定价对双方利润的影响。

例 8-2 假设每期的市场需求为 $P = 10 - q_1 - q_2$。两个企业的成本函数均为 $c(q) = q^2 + 1$。不难计算,静态的 Cournot 竞争均衡产量为 $q_1^c = q_2^c = 2$,均衡价格为 6,每个企业的利润为 7。

企业的平均成本为 $\frac{c(q)}{q} = q + \frac{1}{q} \geqslant 2$,最小值在 $q = 1$ 时得到。如果企业 1 试图通过进攻性定价将企业 2 逐出市场,那么至少应将市场价格维持在 2 以下。假如市场价格 $P = 2$,被进攻的企业 2 的利润为

$$\pi_2(q_2) = 2q_2 - (q_2^2 + 1)$$

当 $q_2 = 1$ 时,企业 2 实现利润最大化,即为 0。而为了维持市场价格 $P = 2$,作为进攻者的企业 1 的产量 q_1 必须满足

$$2 = 10 - q_1 - 1, \text{即} q_1 = 7$$

这时企业 1 的利润为

$$\pi_1 = 2q_1 - (q_1^2 + 1) = -36$$

在这个寡头模型中,为了让企业 2 的利润降至 0,企业 1 就会产生 36 的亏损,可见进攻性定价"损人更害己"。因此当两个企业势均力敌时,进攻性定价很难实施。

进攻性定价的想法十分直观,在现实世界中也有很多"疑似"案例,但是以推崇自由市场著称的"芝加哥学派"(The Chicago School)认为这个假说具有严重缺陷。在耗费巨资的进攻性定价之后,暂时获得垄断地位的进攻企业必须通过大幅提高价格来弥补之前的损失并获得回报,但是这个垄断高价很快会吸引竞争企业重新进入市场并再次压低价格,这使得前期的损失变得没有意义。从这个角度看,进攻性定价无法有利可图。

◆ **案 例**

日本消费电器在美国的进攻性定价

1974 年,以 Zenith Radio 和 National Union Electric Corporation(NUE)为代表的美国电视机制造商在美国联邦地区法院(Federal District Court)起诉以 Matsushita(松下)为代表的21家日本消费电器制造商或日本控制的美国制造商,认为后者在长达20年的时期内,非法合谋将美国企业逐出消费电器(尤其是电视机)市场。认为日本公司在日本市场设定不正常的高价格,同时在美国市场设定不正常的低价格,以从日本市场获取的利润补贴在美国市场的亏损,其目的是打垮美国本土厂商,最终占领和垄断美国电器市场,这种行为违反了一系列反垄断相关法律。

联邦地区法院要求原告提供相关证据,并在证据被提供后,认定绝大多数证据不可采纳,而可采纳的证据不足以证实上述合谋的存在,因此判决有利于被告。但是上诉法院(The Court of Appeals)推翻了地方法院的判决,认为大部分证据是可采纳的,而且有足够的证据表明合谋行为的存在。1986年,案子进入最高法院(Supreme Court),最高法院又推翻了上诉法院的判决,认为日本企业不存在进行进攻性定价合谋的动机。最高法院认为,消费电器产业的进入门槛很低,任何显著的提价行为都会导致竞争者重新进入市场,这意味着进攻性定价根本不可行。这个判决反映了芝加哥学派的观点。

资料来源:https://caselaw.findlaw.com/us-supreme-court/475/574.html,访问时间2020-7-25。

传统的看法认为,如果进攻企业与其竞争对手相比,具有成本或技术上的优势,那么进攻性的价格策略比较容易成功,事实上早期的研究经常把进攻企业假设为实力雄厚的大企业,而受害企业为小企业。这个看法也未必合理,小企业仍然可以在未来条件合适时重新进入市场,也就是说芝加哥学派的观点仍然成立。另外,退出和重新进入市场可能有巨大的成本,但是只要存在较完善的金融市场,小企业预见到未来的价格上升,那么就可以选择进入"过冬模式",在外部融资帮助下忍受短期亏损,暂停生产但随时准备重返市场,从而打击进攻企业的决心。

芝加哥学派的观点在有技术进步和规模经济的情况下,说服力会有所下降。如果技术进步较快,被挤出市场的企业在若干年后可能不再拥有相关产业所需要的最新技术和运营经验,使得重新进入变得非常困难。技术进步还可能大幅降低生产成本,使得进攻企业即使取得一定垄断地位,价格也不会明显上升。此外,如果存在显著的规模经济,当被进攻企业退出市场后,存活下来的企业可以获得较大的市场空间,从而可以充分利用规模经济降低平均成本,不必大幅提高销售价格。因此,在技术进步较快、规模经济显著的情况下,即使是在传统的完全信息市场条件下,大企业对小企业的进攻性定价还是有可能发生。

虽然芝加哥学派关于进攻性定价的观点有广泛影响,但是有学者认为,在较复杂的市场条件下,类似于进攻性定价的现象还是可能发生。特别地,如果引入一些信息不对称假设,进攻性定价策略可能成为"大企业"的一个合理的均衡策略,主要的理论机制包括以下几个。

1. 名声模型

Selten(1978)通过一个有限周期的模型,讨论连锁店企业对新竞争对手发起价格进攻的问题。假设连锁店企业运营的各个区域市场各有一个潜在进入者,它们依次决定是否进入市场并与在位连锁店竞争,而在位企业决定是否发起进攻。在短期内,在位连锁店企业选择与新竞争对手共存优于发起两败俱伤的价格战,但是如果能够建立起"好战"的名声,并借此阻止其他企业进入市场,那么在位企业可以获得部分垄断利润,这样发起价格战还是有利的。

Selten(1978)的博弈分析发现,在位连锁店企业实际上不会对进入者发起进攻,也就是说没有建立"好战"名声的动机。其逻辑是,在面临最后一个进入者时,在位企业显然是不会进攻的,因为不存在"名声"问题,所以最后一个进入者肯定会进入市场。由于最后一个进入者肯定不会被进攻,倒数第二个进入者就可以放心进入,因为此时在位企业没有必要通过进攻倒数第二个进入者来建立"名声"。以此类推,在位企业从一开始就不会发起进攻,因此所有的潜在进入者都会进入市场。从直觉上看,这个理论预测与现实不符,尤其是当在位企业的门店数量很多时,因此人们将这个理论与实践的脱钩称为"连锁店悖论"(The chain store paradox)。

Milgrom & Roberts(1982a)和Kreps & Wilson(1982)试图为"连锁店悖论"给出一个博弈论解释。在Selten(1978)的模型基础上,他们假设在位的连锁店企业和每个潜在的进入者都有两种可能的类型,即"强硬"(tough)或"软弱"(weak)。一个强硬的在位企业永远无条件地对进入者发起进攻,而一个软弱的在位企业总是选择经济上有利的行动。类似地,一个强硬的进入者永远无条件地进入市场,而一个软弱的进入者只是在有利可图时才会进入。进入者和在位者的类型都是各自的"私人信息"。

在这个模型下,存在一个"序贯均衡"(sequential equilibrium),在这个均衡中,在位企业即使是"软弱"类型,也很可能会对最先进入市场的进入者发起进攻,以建立"强硬"的名声并阻吓其他潜在进入者,这样就形成了进攻性定价行为。虽然"强硬"类型的假设有些突兀,甚至与经济学理性有些矛盾,但模型只需要在位企业有很小的概率是"强硬"的即可。

从直觉上看,如果"软弱"的在位企业对第一个进入者选择共存,那么就立刻将自己的"软弱"类型暴露出来,这样所有的潜在进入者都会进入市场。相反,如果对早期的进入者以较高的概率发起价格战,就可以在一定程度上暂时隐藏自己的真实类型。潜在进入者预期到在位企业的这个动机,虽然知道其很可能是"软弱"类型,也不会贸然进入市场。

2. "大钱包"模型

如果一个企业认为竞争对手的财务资源有限,那么可能试图通过"消耗战"迫使对方退出市场。在完全信息的情况下,如果一个潜在进入者存在相对较紧的"财务约束",即在一定时期的价格战后不得不因为资金耗尽而退出市场,那么在面临在位企业的进攻威胁时可能放弃进入。即使潜在进入者可以忍受很长时间的价格战,但是预期到最终的失败,还是会选择不进入。类似地,如果在位企业面临较紧的财务约束,则可能在遭遇进入时迅速退出市场。因此在完全信息情况下,尽管价格战的威胁存在,但实际上并不会发生。从这个理论的角度看,在位企业的进攻威胁本身可能存在反垄断方面的问题,虽然进攻未必真的会发生。

在现实世界,企业之间通常存在信息不对称,体现为企业相互之间不了解对方的情况,这种条件下的博弈比较复杂。如果在位企业认为进入者有可能因为各种原因(如高昂的退出成本)而不轻易退出,那么在均衡状态下既可能发起价格战,也可能选择共存(Benoit,1983,1984)。在位企业和进入者之间可能形成非退化的"消耗战"(war of attrition),直到有企业承认失败并退出。

3. 信号模型

发起价格战这个行为本身可能是为了向对手发出一个有效的信号(signal),让对手相信自己是一个低成本的企业(Milgrom & Roberts,1982b;Saloner,1987)。在一个"双寡头"的市场,其中一个企业的边际成本为其"私人信息",另一个企业的边际成本为公共信息。当拥有私人信息的企业实际上是个低成本的企业,且试图收购或排挤其竞争对手时,可能选择提高产量或降低价格,以此作为一个信号,使得竞争对手相信自己的确是一个低成本企业,从而促使其接受比较苛刻的收购条件,或者退出市场。作为信号的价格必须足够低,以至于高成本的企业不可能有动机模仿。前面的美国烟草公司收购案就是一个现实案例。以下是一个算例。

例 8-3 在某市场中,寡头企业 1 和企业 2 生产同质产品,市场需求为 $P = 16 - q_1 - q_2$。企业 1 的边际成本 c_1 只有企业 1 知道,企业 2 仅知道 c_1 的值可能是 0(低成本)或 4(高成本),两者概率均为 0.5。企业 2 的边际成本为 $c_2 = 4$,为两个企业之间的公共信息。博弈进行两期,在第一期,企业 1 是一个垄断者,在第二期,企业 2 决定是否进入市场,进入的沉没成本为 12。如果进入,两个企业进行产量竞争。两期之间的贴现因子为 1。

不难证明,在完全信息情况下,企业 2 只有在 $c_1 = 4$ 时才会进入市场。这是因为当企业 1 的成本 $c_1 = 0$ 时,企业 2 进入后的利润不足以覆盖其进入成本。如果企业 1 没有策略性考虑,那么其在第一期的产量分别为 $q_{11}^L = 8$ 或 $q_{11}^H = 6$,利润分别为 64 或 36,取决于其边际成本。因此,如果企业 2 观察到 $q_{11}^L = 8$,就相信企业 1 是低成本企业,从而放弃进入并获得利润 0,这时 1 的总利润为 $64 + 64 = 128$;如果观察到 $q_{11}^H = 6$,就相信企业 1 是高成本企业,于是进入市场并获得净利润 $16 - 12 = 4$,这时企业 1 的总利润为 $36 + 16 = 52$。

可是,企业 2 的上述"信念"(belief)并不能支持一个均衡。假如企业 1 是个高成本的企业,那么它有动机在第一期选择产量 8,以误导企业 2 认为它是一个低成本企业,从而阻吓其进入市场并在第二期保持垄断地位。这样做的代价是第一期利润从 36 下降到 32,而好处是第二期利润从寡头利润 16 上升到垄断利润 36,总利润 $32 + 36 = 68 > 36 + 16 = 52$,因而是有利可图的。考虑到企业 1 的这种动机,当企业 2 观察到企业 1 的产量为 8 时,其未必相信企业 1 是个低成本的企业。这种状况对低成本的企业 1 是不利的。

为了让企业 2 了解自己的真实类型,低成本的企业 1 需要提高其在第一期的产量,直到高成本的"自己"没有兴趣伪装成低成本企业。因此,低成本的企业 1 在第一期的产量 q_{11}^L 必须满足以下"激励相容"条件,即当 $c_1 = 4$ 时,即使能够成功地阻止竞争者进入,企业 1 也不会选择产量 q_{11}^L:

$$(16 - q_{11}^L - 4)q_{11}^L + 36 \leqslant 36 + 16$$

即 $q_{11}^L \geqslant 6 + 2\sqrt{5} \approx 10.5$

低成本企业 1 在第一期的产量不低于 10.5 实际上是一个信号,能够可信地告诉企业 2 其真实的边际成本。

在反垄断实践中,对进攻性定价的判断标准是一个重要但非常难解决的问题。Areeda & Turner(1975)认为,如果一个企业以低于短期边际成本的价格出售其产品,那么应该被认定为进攻性定价。但是在实践上,边际成本非常难以确认,因此他们建议用平均成本来替代。即便如此,Areeda & Turner(1975)对进攻性定价的确认方法仍然有一定问题,事实上低于平均成本的价格可能是单方面的正常行为,并不都代表排他性的价格进攻,例如:

(1)新产品推广:一个新产品被引入市场后,企业经常需要进行低价销售。在短期内赔钱销售新产品,其目的是给消费者一个信号,即新产品的确是有竞争力的,企业相信消费者一旦尝试,就会重复购买。如果企业对自己的产品品质没有足够的信心,那么反而可能不会以过低的价格销售。这种低价销售在主观上并无排他性目的。与低价销售新产品基本等价的一种销售策略是为新产品投入大量广告宣传。

(2)"干中学":在有显著的干中学效应的产业,市场价格可能低于短期平均成本甚至边际成本。企业需要通过增加当前产量,尽快积累经验,降低成本。这种现象在一些产品高度复杂的行业比较常见,这些产品只有通过大规模实用检验后,才能够在细节上充分完善。这种情况下的低价销售也没有排他性目的。

(3)规模经济:当规模经济显著时,平均成本可能显著高于边际成本,这时以价格低于平均成本作为进攻性定价的标准是不合适的。虽然低于平均成本的销售价格会产生亏损,但是当被进攻企业退出市场时,进攻企业的产量就会大幅上升,平均成本就会显著降低。这样不仅整个社会的生产效率提高,而且进攻企业也未必需要在将来提高销售价格。

当反垄断执法机构认定进攻性定价时,一方面要认定被进攻企业确实被排挤出了市场,另一方面要认定进攻企业在事后大幅提高了价格。但是,满足这两个条件的行为未必就是进攻性定价,部分企业的退出会使得市场竞争减弱,自然就会导致较高的价格,这并不意味着之前的低价是进攻性的,问题的关键在于退出者是否属于低效率企业。成本过高或产品品质过低的企业即使在正常的市场竞争中也不得不退出。事实上,在绝大部分的相关案件中,进攻性定价都难以获得充分的证据支持。根据 Hurwitz 等(1981),美国 90% 以上的进攻性定价案例是被告赢得诉讼。

8.3 提高对手的成本

许多企业的排他性策略都可以概括为"提高对手的成本"(raising rivals' costs)(Salop & Scheffman,1983)。通过各种手段提高竞争对手的运营成本或降低对手的销售收入,可以迫使其提高价格或降低产量,从而达到提高自身市场份额和利润的目的。因此,当企业通过"不恰当"的方式提高竞争对手的成本时,可能存在反垄断方面的问题。

◆ 案 例

标准石油公司与铁路卡特尔

在 1870 年,洛克菲勒的标准石油公司仅控制了美国炼油产能的 4%,到 1879 年,标准石油通过激进的收购行为控制了全美国 70% 的炼油产能。Granitz

& Klein(1996)认为,标准石油公司是通过建立石油运输市场的卡特尔,实现了在炼油市场的垄断力量的迅速提升。

作为石油运输市场的大买方,标准石油通过调整发运量,稳定了各条铁路的市场份额,从而帮助建立起稳定的铁路运输卡特尔。铁路卡特尔对标准石油收取较低的运价,而对多数其他炼油企业收取较高的运价,这样就有效地提高了标准石油的竞争对手的成本。利用这个成本优势,标准石油能够以较低的价格购买原油,以较高的价格出售成品油,并且以较低的价格收购其他炼油企业。

标准石油的超强盈利能力依赖于铁路运输卡特尔,当铁路卡特尔崩溃时,标准石油的定价能力也会随之崩溃。

◆ 案 例

网景和微软的网络浏览器

1994年年底,美国网景(Netscape)公司发布网景导航者(Netscape Navigator)1.0并取得巨大成功,成为当时网络浏览器市场的主导产品,以收费的方式发行。1995年8月,微软(Microsoft)推出 Internet Explorer(IE)1.0网络浏览器,供使用者免费下载。IE被整合到视窗(Windows)操作系统中,同时微软公司还通过补贴,鼓励网络运营商和计算机制造商使用IE产品。

IE的营销方式显著提高了网景公司的营销成本。IE不仅运行速度快于网景导航者,而且由于被整合到视窗系统中,对消费者而言更加容易获得。1997年年底,网景公司爆出巨额亏损消息。1998年年初,网景公司宣布其所有软件产品均为免费,并开放部分源代码。1998年10月,美国在线(America Online)以43亿美元(换股方式)收购了网景公司。2003年7月,美国在线解散网景公司。

网景导航者是基于Java的软件,而Java是一种与操作系统平台无关的编程语言。如果网景导航者得到广泛使用,那么由于网络浏览器在计算机应用中的核心地位,必然会出现大量跨平台的Java应用软件,而这样将使得消费者可以方便地使用多种操作系统,从而威胁视窗在桌面计算机操作系统上的垄断地位。通过打击网景浏览器,微软阻止了基于Java的应用软件的流行,有效维护了视窗的垄断地位。

提高对手的成本作为一种排他性手段,具有可靠的理论基础。通过提高竞争对手的成本,的确可以增加自身的利润。例如提高对手的边际成本通常能够增加自身面临的剩余需求,而提高对手的固定成本有助于将竞争对手挤出市场。

我们首先看一下产量竞争的情形。假设两个寡头企业生产相互替代的产品,它们的边际成本分别为 c_1 和 c_2,市场反需求函数为 $p_1 = p_1(q_1, q_2)$ 和 $p_2 = p_2(q_1, q_2)$,满足 $\frac{\partial p_i}{\partial q_j} < 0$,其中 $i, j \in \{1, 2\}$。企业 1 的利润最大化问题为

$$\pi_1(c_1, q_2) = \max_{q_1 \geq 0}(p_1(q_1, q_2) - c_1)q_1$$

我们仅考虑非退化(即有内部解)的情形,即产量 $q_1(c_1, q_2) > 0$。在给定 q_2 的情况下,企业 1 可视为一个垄断者,我们已经知道垄断企业的产量一般随其边际成本上升而下降,即 $\frac{\partial q_1}{\partial c_1} \leq 0$。另外根据包络定理,我们有

$$\frac{\partial \pi_1(c_1, q_2)}{\partial c_1} = -q_1 < 0 \quad \text{和} \quad \frac{\partial \pi_1(c_1, q_2)}{\partial q_2} = \frac{\partial p_1(q_1, q_2)}{\partial q_2} \cdot q_1 < 0$$

类似地,根据企业 2 的利润最大化问题

$$\pi_2(c_2, q_1) = \max_{q_2 \geq 0}(p_2(q_1, q_2) - c_2)q_2$$

我们有

$$\frac{\partial \pi_2(c_2, q_1)}{\partial c_2} = -q_2 < 0 \quad \text{和} \quad \frac{\partial \pi_2(c_2, q_1)}{\partial q_1} = \frac{\partial p_2(q_1, q_2)}{\partial q_1} \cdot q_2 < 0$$

从上述最优化问题的解 $q_1 = q_1(c_1, q_2)$ 和 $q_2 = q_2(c_2, q_1)$,我们可解出均衡产量 $q_1 = q_1(c_1, c_2)$ 和 $q_2 = q_2(c_1, c_2)$,代入各自目标函数即得到两个企业的均衡利润

$$\pi_1(c_1, c_2) = \pi_1(q_1(c_1, c_2), q_2(c_1, c_2))$$

$$\text{和} \quad \pi_2(c_1, c_2) = \pi_2(q_1(c_1, c_2), q_2(c_1, c_2))$$

边际成本 c_2 的微小变化对企业 1 的均衡利润的影响为

$$\frac{\partial \pi_1(c_1, c_2)}{\partial c_2} = \frac{\partial \pi_1}{\partial q_1}\frac{\partial q_1}{\partial c_2} + \frac{\partial \pi_1}{\partial q_2}\frac{\partial q_2}{\partial c_2}$$

企业利润最大化意味着 $\frac{\partial \pi_1}{\partial q_1} = 0$,因此上式第一项应为零。前面我们已经指出,在产量竞争情况下,$\frac{\partial \pi_1}{\partial q_2}$ 和 $\frac{\partial q_2}{\partial c_2}$ 一般均为负,因此上式第二项一般为正,也就是说,提高对手的成本有利于提高自身的利润。因此,当提高对手成本的行为本身给企业带来的额外成本足够小时,企业都有动机发起该类"损人利己"的行为。

例 8-4 假设两个寡头企业的产品无差异,边际成本分别为 c_1 和 c_2,市场需求函数为线性函数 $P(Q) = A - bQ$。静态的产量竞争的均衡为

$$q_1 = \frac{A + c_2 - 2c_1}{3b}, q_2 = \frac{A + c_1 - 2c_2}{3b}$$

$$\pi_1 = \frac{(A + c_2 - 2c_1)^2}{9b}, \pi_2 = \frac{(A + c_1 - 2c_2)^2}{9b}$$

不难看出，企业的均衡利润对自身边际成本单调递减，而对竞争对手的边际成本单调递增，也就是说，对手成本的提高对企业是有利的。

图 8-3 演示了在产量竞争中，提高对手的成本对市场结果的影响。如果企业 1 能够设法提高企业 2 的边际成本，那么企业 2 的反应曲线从 $q_2(q_1)$ 向下移动到 $q_2(q_1)'$，这样均衡产量组合从 A 点移动到 B 点，其中企业 1 的产量上升，而企业 2 的产量下降。在新的均衡产量组合下，企业 1 位于代表更高利润的"等利润线"上。

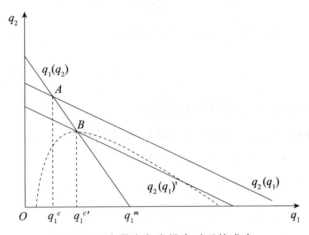

图 8-3 产量竞争中提高对手的成本

我们再来看价格竞争的情形，分析是类似的。假设两个寡头企业的边际成本分别为 c_1 和 c_2，市场需求函数为 $q_1 = q_1(p_1, p_2)$ 和 $q_2 = q_2(p_1, p_2)$，满足 $\frac{\partial q_1}{\partial p_1} < 0$，$\frac{\partial q_2}{\partial p_2} < 0$，$\frac{\partial q_1}{\partial p_2} > 0$ 及 $\frac{\partial q_2}{\partial p_1} > 0$。企业 1 的利润最大化问题为

$$\pi_1(c_1, p_2) = \max_{p_1 \geq 0} (p_1 - c_1) q_1(p_1, p_2)$$

我们仍然只考虑内部解。由于给定 p_2，企业 1 可视为一个垄断者，我们有 $\frac{\partial p_1}{\partial c_1} \geq 0$。另外根据包络定理，我们有

$$\frac{\partial \pi_1(c_1, p_2)}{\partial c_1} = -q_1 < 0 \quad \text{和} \quad \frac{\partial \pi_1(c_1, p_2)}{\partial p_2} = (p_1 - c_1) \frac{\partial q_1(q_1, q_2)}{\partial p_2} > 0$$

同样，根据企业 2 的利润最大化问题

$$\pi_2(c_2, p_1) = \max_{p_2 \geq 0} (p_2 - c_2) q_2(p_1, p_2)$$

我们有

$$\frac{\partial \pi_2(c_2, p_1)}{\partial c_2} = -q_2 < 0 \quad \text{和} \quad \frac{\partial \pi_2(c_2, p_1)}{\partial p_1} = (p_2 - c_2) \frac{\partial q_2(q_1, q_2)}{\partial p_1} > 0$$

从上述最优化问题的解 $p_1 = p_1(c_1, p_2)$ 和 $p_2 = p_2(c_2, p_1)$，我们可解出均衡产量 $p_1 = p_1(c_1, c_2)$ 和 $p_2 = p_2(c_1, c_2)$，代入各自目标函数即得到两个企业的均衡利润

$$\pi_1(c_1, c_2) = \pi_1(p_1(c_1, c_2), p_2(c_1, c_2))$$

和 $\pi_2(c_1, c_2) = \pi_2(p_1(c_1, c_2), p_2(c_1, c_2))$

边际成本 c_2 的微小变化对企业 1 的均衡利润的影响为

$$\frac{\partial \pi_1(c_1, c_2)}{\partial c_2} = \frac{\partial \pi_1}{\partial p_1}\frac{\partial p_1}{\partial c_2} + \frac{\partial \pi_1}{\partial p_2}\frac{\partial p_2}{\partial c_2}$$

企业利润最大化意味着 $\frac{\partial \pi_1}{\partial p_1} = 0$，因此上式第一项应为零。前面我们已经指出，在产量竞争情况下，$\frac{\partial \pi_1}{\partial p_2}$ 和 $\frac{\partial p_2}{\partial c_2}$ 一般均为正，因此上式第二项一般为正，也就是说，提高对手的成本有利于提高自身的利润。

例 8-5 如果两个寡头企业面临的市场需求函数分别为

$$q_1(p_1, p_2) = A - p_1 + p_2 \text{ 和 } q_2(p_2, p_1) = A - p_2 + p_1$$

那么静态的价格竞争的均衡为

$$p_1 = A + \frac{2}{3}c_1 + \frac{1}{3}c_2, p_2 = A + \frac{2}{3}c_2 + \frac{1}{3}c_1$$

$$\pi_1 = \left(A - \frac{1}{3}c_1 + \frac{1}{3}c_2\right)^2, \pi_2 = \left(A - \frac{1}{3}c_2 + \frac{1}{3}c_1\right)^2$$

企业的均衡利润对自身边际成本单调递减，而对竞争对手的边际成本单调递增。

图 8-4 演示了在价格竞争中，提高对手的成本对市场结果的影响。如果企业 1 能够设法提高企业 2 的边际成本，那么企业 2 的反应曲线从 $p_2(p_1)$ 向上移动到 $p_2(p_1)'$，这样在均衡状态下，两个企业的均衡价格均上升，但是企业 2 的价格上升是由成本推动的，导致企业 2 利润下降，而企业 1 的价格上升是由需求拉动的，使得企业 1 利润上升。

在一个有一个优势企业和一群完全竞争的企业组成的"1+n"市场，"提高对手的成本"仍然是优势企业有效的商业策略，可以提高市场均衡价格和自身利润。小企业的边际成本函数即其供应函数，提高其边际成本相当于降低其供应，使得大企业面临的剩余需求上升。小企业的固定成本直接影响利润，提高小企业的固定成本可能促使其退出市场，或阻止其进入市场，同样可以提高大企业面临的剩余需求。

具体而言，假设有一个作为价格制定者的优势企业，以及很多作为价格接受者的小企业，他们生产完全相同的产品。市场需求函数为 $Q = Q(p)$。记大企业的产

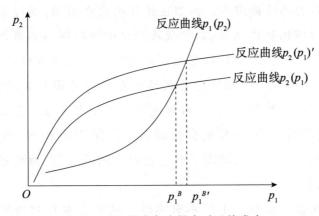

图 8-4 价格竞争中提高对手的成本

量为 q_1，小企业的总产量为 q_2。大企业的成本函数为 $C_1(q_1)$，满足 $C'_1(q_1) \geqslant 0$ 和 $C''_1(q_1) \geqslant 0$。所有小企业作为一个整体的供应函数（即"反成本函数"）为 $q_2 = q_2(p)$。大企业面临的"剩余需求"为 $q_1 = Q(p) - q_2(p)$。如果小企业的边际成本上升，那么意味 $q_2 = q_2(p)$ 下降，这意味着大企业面临的剩余需求上升，这样显然对大企业是有利的。

以上机制可以用图 8-5 演示。市场需求由 D 代表，所有小企业的边际成本水平加总后为 MC，这条曲线也代表了小企业的供应曲线，于是优势大企业面临的剩余需求可以用图中的粗实线 d 代表。如果优势企业可以通过各种方式将小企业的边际成本提高到 MC'，那么优势企业面临的剩余需求曲线就会上升到粗实线 d'。

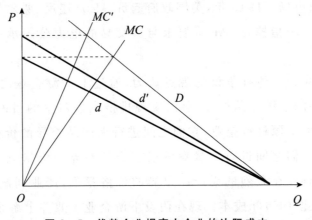

图 8-5 优势企业提高小企业的边际成本

在现实世界，企业提高其对手成本的方法多种多样，以下是一些比较常见的手段。

(1) 提高消费者的转换成本。例如在计算机软件市场,通过培养消费者特定的使用习惯、实行应用软件捆绑(如在微软视窗中捆绑网络浏览器)、降低产品兼容度或"互联互通"程度等,都能够提高用户转向其他竞争软件的成本,从而提高竞争对手的进入成本等。又如航空公司经常发行会员积分卡,顾客只有积累较高的积分才能获得"升舱"或免费航班等利益。由于大多数顾客难以在多个航空公司同时积累较高的积分,这样就促使顾客尽量保持乘坐同一家航空公司的航班。因此,会员积分计划不仅减弱了航空公司之间的竞争,而且提高了新航空公司开拓市场的成本。

(2) 利用不同企业在技术上的不对称性。例如资本相对密集的企业有动机与工会或政府合作,推动提高工人的工资水平。虽然这样会提高所有企业的成本,但是劳动力相对密集的竞争对手受到的影响更大,最终的结果对资本密集企业有利。

(3) 大型零售商的进货价格折扣。大型零售商经常利用其庞大的销售能力,向供货商要求进货价格折扣,从而获得相对于其他零售商的成本优势。价格折扣可能是显性的,也可能是隐性的,例如以"通道费""货架费"等形式出现,大零售商还可能通过选择单一排他性供货商,掩盖其进货价格折扣。大型零售商的进货价格折扣经常会迫使供货商提高对小零售商的报价。

(4) 排他性交易。优势企业有时会要求其上游或下游的交易方拒绝与其竞争对手进行交易,这样使得竞争对手的采购或营销渠道减少,最终导致成本上升。例如美国铝业(Alcoa)曾经是美国铝产品市场的垄断者,并且通过卡特尔垄断加拿大和欧洲市场。1945 年,美国政府起诉 Alcoa 违反《谢尔曼法》(The Sherman Act),其中一个指控是,Alcoa 要求与其交易的电力公司承诺不向其他铝业公司出售电力。

(5) 垂直兼并。一种有争议的观点认为,通过上下游企业之间的兼并,控制或影响竞争对手的上游产品供应,可以实现排挤竞争对手的目的。如图 8-6 所示,假设上游有两个原材料企业,它们之间进行无产品差异的价格竞争。下游有两个成品企业,它们之间进行产量竞争或有产品差异的价格竞争。在这个市场设定下,由于上游存在激烈的无产品差异的价格竞争,产业利润集中在下游,原材料价格等于上游的边际成本。现在假设下游企业 1 兼并上游企业 1,并且承诺兼并后不再向下游企业 2 出售原材料。由于上游利润为零,因此这个兼并或许不会耗费巨资。但是在兼并后,下游企业 2 只能向上游企业 2 购买原材料,由于上游企业 2 意识到自己是下游企业 2 的唯一供应商,它们之间的交易价格显然不可能再是上游的边际成本,而是更高,这样下游企业 2 的边际成本就会显著上升。因此,下游企业 1 通过垂直兼并提高了其竞争对手的成本,实现了排挤竞争对手的目的。这个观点在特定现实条件下或许有一定的意义,但在理论上,双重寡头企业之间的策略性互动通常十分复杂,不同的博弈过程会导致完全不同的解,上述策略未必能够顺利执行。例如上游企业即使没有利润,也会意识到自身的策略性价值,可能提高被收购的要价;当下游企业 2 发现下游企业 1 的策略意图时,也可能同时发起垂直收购。

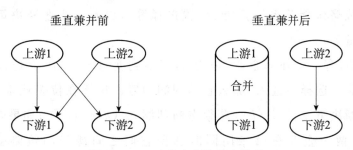

图 8-6　双重寡头中的垂直兼并

(6)通过政府法规的干涉。例如利用对老企业的豁免惯例[即"祖父条款"(Grandfather clause)或"新旧划分"],增加新企业在环保、资源等方面的成本,这样使得新企业的成本上升,从而在与老企业的竞争中处于劣势。又如在一些国有企业主导的行业,虽然没有明确禁止私人资本,但是民营企业常常遇到所谓的"玻璃门",各种审批程序使得民营企业进入十分困难,即使进入了,运营成本也往往比较高。

(7)非法手段。例如借助黑帮势力,非法破坏对手的生产设施,威胁对手的雇员和客户;通过"五毛党"造谣抹黑对手;恶意扰乱市场秩序,制造对竞争对手不利的市场环境等。这些方法在法治不完善的环境下十分有效且经常被采用,但显然不是市场经济条件下正常的商业策略。

8.4* 策略性行为的分类

经济活动中的策略性行为多种多样,但是其基本思想是,博弈人利用先发优势选择特定行为(即选择策略变量的值),引导其他利益相关方做出对自己有利的反应。Fudenberg & Tirole(1984)和 Bulow, Geanakoplos and & Klemperer(1985)认为,对企业的策略性行为做一个简单的分类,就可以概括现实世界中大多数的策略现象。与非策略性的"决策"行为相比,策略行为首先意味着选择"过大"或"过小"的策略变量值,这样的选择可能有利或有害于其他利益相关方,从这两个维度可以将策略性行为分为四类:大而友善、大而严厉、小而友善及小而严厉。

为了演示这个分类理论,我们考虑一个有两个企业的两阶段博弈模型。在第一期,市场上有一个在位的垄断企业,记为 1,这个企业可以选择某个事前策略变量 k(我们将这个抽象的事前策略变量称为"投资",例如研发、广告、公益等投入,或建立"战略伙伴关系"、产能、位置选择等),以及一个垄断决策变量 s_{1m}(例如价格或产量等)。

在第二期,有一个外部企业,记为 2,观察到变量 k 后,决定是否进入这个市场。如果企业 2 选择不进入,那么它的利润为零。这样在位企业维持垄断,在第二期选择垄断决策变量 $s_{1m}(k)$,获得垄断利润 $\pi_{1m}(k, s_{1m}(k))$;如果企业 2 选择进入市场,那么两个企业在第二期同时选择它们之间博弈的策略变量 $s_1(k)$ 和 $s_2(k)$,利润分别为

$$\pi_1(k, s_1(k), s_2(k)) \quad 和 \quad \pi_2(k, s_1(k), s_2(k))$$

假设当企业 2 选择进入市场时,博弈的均衡 $\{s_1^*(k), s_2^*(k)\}$ 存在、唯一且稳定。我们还假设在第二期的博弈中,$\frac{\partial \pi_1}{\partial s_2}$ 和 $\frac{\partial \pi_2}{\partial s_1}$ 的符号相同,即 $\text{sign}\left(\frac{\partial \pi_1}{\partial s_2}\right) = \text{sign}\left(\frac{\partial \pi_2}{\partial s_1}\right)$。

关于企业之间在第二期的博弈,我们引入以下两个定义(Bulow, Geanakoplos & Klemperer, 1985)。如果给定企业 1 的策略 s_1,企业 2 的策略 s_2 满足 $\frac{ds_2}{ds_1} \geq 0$,那么我们说 s_2 是 s_1 的"策略补充"(strategic complement)。例如,如果企业之间是竞争关系,且它们之间进行价格竞争,那么双方的策略变量(即价格)是策略互补的;如果 $\frac{ds_2}{ds_1} \leq 0$,那么我们说 s_2 是 s_1 的"策略替代"(strategic substitute)。例如,如果企业之间是竞争关系,且它们之间进行产量竞争,那么双方的策略变量(即产量)是策略替代的。

关于策略性"投资"对博弈对手的影响,我们有以下两个定义。如果增加投资 k 会降低对手的利润,我们称该投资会使企业 1 更"严厉"(tough);反之如果增加投资 k 会增加对手的利润,我们称该投资会使企业 1 更"友善"(soft)。

Fudenberg & Tirole(1984)将以上模型中在位企业通过"投资"k 进行的策略

性行为分成以下四种类型。

（1）猛犬策略（top dog）：策略性增加对博弈对手不利的投资（取"大而严厉"之义）；

（2）小狗策略（puppy dog）：策略性减少对博弈对手不利的投资（取"小而友善"之义）；

（3）饿狼策略（lean & hungry look）：策略性减少对博弈对手有利的投资（取"小而严厉"之义）；

（4）肥猫策略（fat cat）：策略性增加对博弈对手有利的投资（取"大而友善"之义）。

假如企业2决定在第二期进入市场，根据均衡利润的表达式 $\pi_1(k,s_1(k),s_2(k))$ 和 $\pi_2(k,s_1(k),s_2(k))$，我们有以下关于企业利润与策略性投资 k 之间的关系：

$$\frac{d\pi_1(k,s_1(k),s_2(k))}{dk} = \frac{\partial \pi_1}{\partial k} + \frac{\partial \pi_1}{\partial s_1}\frac{ds_1}{dk} + \frac{\partial \pi_1}{\partial s_2}\frac{ds_2}{dk} = \frac{\partial \pi_1}{\partial k} + \frac{\partial \pi_1}{\partial s_2}\frac{ds_2}{dk}$$

$$\frac{d\pi_2(k,s_1(k),s_2(k))}{dk} = \frac{\partial \pi_2}{\partial k} + \frac{\partial \pi_2}{\partial s_1}\frac{ds_1}{dk} + \frac{\partial \pi_2}{\partial s_2}\frac{ds_2}{dk} = \frac{\partial \pi_2}{\partial k} + \frac{\partial \pi_2}{\partial s_1}\frac{ds_1}{dk}$$

注意到在均衡条件下，应该有 $\frac{\partial \pi_1}{\partial s_1} = \frac{\partial \pi_2}{\partial s_2} = 0$。以上两式的右侧各有两项，其中第一项被称为直接影响（direct effect），即代表投资如何直接（非策略性地）影响各企业的利润，第二项被称为策略性影响（strategic effect），即代表投资如何通过影响博弈对手的事后策略变量 s，从而间接（策略性地）影响各企业的利润。

在位企业1在第一期选择投资 k 时，其策略目标可能是阻止外部企业进入，也可能是在与外部企业共存情况下获取更多的利润。阻止企业2进入的好处是可以在事后获得垄断利润，不好之处是阻止进入本身可能产生很高的成本，在位企业必须根据市场具体情况，在两者之间做出取舍。如果阻止进入并不划算，企业1必须在与企业2共享市场的前提下追求利润最大化。以下我们分别讨论在位企业的目标是阻止进入和市场共享（entry accommodation）时的策略特点。

阻止进入策略

如果在位企业试图阻止外部企业进入，那么其关注点在于如何降低企业2预期的进入后利润水平。如果投资 k 的增加使得企业1更严厉，那么企业1应该通过过度投资来阻止企业2进入，即采取"猛犬策略"；如果投资 k 的增加使得企业

1 更友善，那么就应该通过减少投资来阻止企业 2 进入，即采取"饿狼策略"。

从以上的 $\dfrac{d\pi_2}{dk}$ 的表达式可以看出，在位企业除了考虑投资的直接影响 $\dfrac{\partial \pi_2}{\partial k}$，还会通过选择更高或更低的投资 k，使得自己在第二期可信地承诺于较高或较低的策略变量 s_1，最终降低潜在进入者预期的进入后利润。

例如，在位企业可能通过过度投资于降低边际成本的技术，使得潜在竞争者预期到，进入市场后将面临十分有力的竞争对手，无法获得非负的净利润，从而放弃进入。如果企业之间进行产量竞争（即事后的策略变量是产量），那么较大的研发投资 k 使得在位企业可以在（假想的）第二期竞争中承诺于很高的产量 $\left(\dfrac{ds_1}{dk}\geqslant 0\right)$，而这对潜在竞争者是不利的 $\left(\dfrac{\partial \pi_2}{\partial s_1}\leqslant 0\right)$；如果企业之间进行价格竞争（即事后的策略变量是价格），那么较大的研发投资 k 使得在位企业可以在（假想的）第二期竞争承诺于较低的价格 $\left(\dfrac{ds_1}{dk}\leqslant 0\right)$，而这对潜在竞争者也是不利的 $\left(\dfrac{\partial \pi_2}{\partial s_1}\geqslant 0\right)$。无论企业之间是进行产量竞争还是价格竞争，在位企业为了阻止进入，都会选择"猛犬策略"，因为降低成本的研发投资总是使得企业 1 更"严厉"。

市场共享策略

如果在位企业无意阻止外部企业进入市场，那么其关注点在于如何增加自身的利润，特别是在第二期的博弈中取得优势，而不是进入者的预期利润。投资 k 除了产生直接影响 $\dfrac{\partial \pi_1}{\partial k}$，还会产生策略性影响 $\dfrac{\partial \pi_1}{\partial s_2}\dfrac{ds_2}{dk}$，如果后者的符号为正，那么在位企业 1 就会策略性增加投资 k，否则会策略性减少投资 k。如果

$$\text{sign}\left(\dfrac{ds_2}{dk}\right)=\text{sign}\left(\dfrac{ds_2}{ds_1}\dfrac{ds_1}{dk}\right)$$

即投资 k 通过影响企业 1 自身的事后策略 s_1 来影响企业 2 的事后策略 s_2，那么我们有

$$\text{sign}\left(\dfrac{\partial \pi_1}{\partial s_2}\dfrac{ds_2}{dk}\right)=\text{sign}\left(\dfrac{\partial \pi_1}{\partial s_2}\dfrac{ds_1}{dk}\dfrac{ds_2}{ds_1}\right)=\text{sign}\left(\dfrac{\partial \pi_2}{\partial s_1}\dfrac{ds_1}{dk}\right)\text{sign}\left(\dfrac{ds_2}{ds_1}\right)$$

注意到前面我们假设了 $\dfrac{\partial \pi_1}{\partial s_2}$ 和 $\dfrac{\partial \pi_2}{\partial s_1}$ 符号相同。因此在位企业 1 在第一期的投资 k 所产生的策略性影响的方向由 $\dfrac{\partial \pi_2}{\partial s_1}\dfrac{ds_1}{dk}$ 和 $\dfrac{ds_2}{ds_1}$ 的符号共同决定，前者取决于投资

是否是友善的,后者决定于两个企业的事后策略变量是互补还是替代。可能采取的策略包括以下四种。

(1)如果投资 k 的策略性影响使企业 1 更严厉(即 $\text{sign}\left(\frac{\partial \pi_2}{\partial s_1}\frac{\mathrm{d}s_1}{\mathrm{d}k}\right)\leqslant 0$),而且两个企业的策略变量是相互替代的(即 $\frac{\mathrm{d}s_2}{\mathrm{d}s_1}\leqslant 0$),那么企业 1 会策略性地增加投资 k。由于更大的投资对进入者是不利的,我们称企业 1 采取的是"猛犬策略"。例如在产量竞争情况下,企业策略性地过度投资于降低边际成本的技术研发,或者在有显著"干中学"效应的产业中策略性扩大当前产量,可以降低企业自身在未来的边际生产成本,提高自身的产量,从而刺激竞争对手降低产量,最终形成"损人利己"的结果。例 8-1 中的情形(i)给出了一个具体的"猛犬策略"例子。

在 21 世纪初,"新经济"企业经常高调采用低价扩张的方式"跑马圈地",争夺市场份额。以淘宝网和京东网为代表的电子商务平台、以支付宝和微信支付为代表的网络支付服务,普遍采用了免费服务甚至补贴消费者的模式,不仅致力于改变消费者的消费习惯,而且加剧了企业之间的竞争。这些互联网行业的普遍特点是,市场份额对企业而言十分重要,而任何夺取市场份额的行为必然迫使其他企业让出市场份额,因此很难实现"共赢"。

(2)如果投资 k 的策略性影响使企业 1 更严厉(即 $\text{sign}\left(\frac{\partial \pi_2}{\partial s_1}\frac{\mathrm{d}s_1}{\mathrm{d}k}\right)\leqslant 0$),而且两个企业的策略变量是相互补充的(即 $\frac{\mathrm{d}s_2}{\mathrm{d}s_1}\geqslant 0$),那么企业 1 会策略性地减少投资 k,而这样对进入者是有利的,因此企业 1 采取的是"小狗策略"。例如在价格竞争情况下,企业策略性减少降低边际成本的研发投入,或者在有"干中学"效应的产业中策略性降低当前产量,可以提高自身在未来的边际成本和价格,从而刺激竞争者提高价格,最终对双方都有利。

在 20 世纪 80 年代早期,一个规模不大的水泥进口商 Viking 进入挪威水泥市场,当时挪威的在位企业 Norcem 占据了 95% 的市场份额,处于绝对优势地位。为了不刺激 Norcem,进入者 Viking 主动限制了自己的产量,而 Norcem 也最终决定不对 Viking 发起价格战,双方都选择了"共赢"的"小狗策略"(Gelman & Salop,1983)。

(3)如果投资 k 的策略性影响使企业 1 更友善(即 $\text{sign}\left(\frac{\partial \pi_2}{\partial s_1}\frac{\mathrm{d}s_1}{\mathrm{d}k}\right)\geqslant 0$),而且两个企业的策略变量是相互补充的(即 $\frac{\mathrm{d}s_2}{\mathrm{d}s_1}\geqslant 0$),那么企业 1 会策略性地增加投资

k，而这样对进入者是有利的，因此企业 1 采取的是"肥猫策略"。例如在产量博弈情况下，一个垄断企业策略性地提高降低边际成本的研发投入，或者在有"干中学"效应的产业中策略性提高当前产量，可以降低自身在未来的边际成本，提高自身产量。这样会刺激上下游合作伙伴提高产量，最终对双方都有利。

1984 年，美国联邦贸易委员会（Federal Trade Commission）发起一个针对四个汽油防爆剂生产商（Dupont、Ethyl、PPG、Nalco）的反垄断案例，认为后者在 1974—1979 年的一些商业行为促成了合谋，包括提前 30 天通知价格变化、"最优惠客户条款"（most-favored-customer clauses）等。"最优惠客户条款"指的是承诺为每个客户提供最低的价格，而这意味着企业一旦降价，就必须向所有老客户补偿差价，导致企业产生巨大成本。因此，宣布最优惠客户条款实际上相当于承诺于未来不会轻易降价，这是对竞争各方都有利的"共赢"策略。

（4）如果投资的策略性影响使企业 1 更友善，即 $\operatorname{sign}\left(\frac{\partial \pi_2}{\partial s_1} \frac{\mathrm{d} s_1}{\mathrm{d} k}\right) \geqslant 0$，且两个企业的策略变量是相互替代的，即 $\frac{\mathrm{d} s_2}{\mathrm{d} s_1} \leqslant 0$，那么企业 1 会策略性地减少投资 k，而这样对进入者是不利的，因此企业 1 采取的是"饿狼策略"。例如在价格博弈情况下，一个垄断企业策略性地减少降低边际成本的研发投入，或者在有"干中学"效应的产业中策略性降低当前产量，可以提高自身在未来的边际成本，提高自身价格。这样会刺激上下游合作伙伴降低价格，最终"损人利己"。

以上的企业策略性行为可以归纳为以下表格（Fudenberg & Tirole,1984），其中"A"代表在位企业的市场共享策略，"D"代表在位企业的阻止进入策略。注意到阻止进入的策略永远是不友好的，而市场共享的策略则有可能追求"共赢"。

表 8-1 策略性行为的分类

	投资使在位企业	
	严厉 $\left(\frac{\partial \pi_2}{\partial s_1} \frac{\mathrm{d} s_1}{\mathrm{d} k}<0\right)$	友善 $\left(\frac{\partial \pi_2}{\partial s_1} \frac{\mathrm{d} s_1}{\mathrm{d} k}>0\right)$
策略互补 $\left(\frac{\mathrm{d} s_2}{\mathrm{d} s_1}>0\right)$	A：小狗策略 D：猛犬策略	A：肥猫策略 D：饿狼策略
策略替代 $\left(\frac{\mathrm{d} s_2}{\mathrm{d} s_1}<0\right)$	A & D：猛犬策略	A & D：饿狼策略

关于策略性行为的分类理论，有几点可适当注意。第一，这个理论的关注点在于策略性考虑对"投资 k"的影响，而不是"投资 k"的绝对大小。在实践中，非策略性的考虑也可能是重要的，例如企业的研究与开发决策大多数都可能是非

策略性的。第二,这个理论强调了事前的"投资"在基准水平上的"增加"和"减少",由于"投资"的高度抽象特征,这些变化方向的判断经常有一定的主观性。"猛犬策略"和"饿狼策略"之间及"小狗策略"和"肥猫策略"之间有时未必很容易区分,取决于如何定义"投资"。第三,这个分类理论并不十分直观。策略性行为归根到底还是企业从自身利益出发,其基本原则是刺激博弈对手做出对自己有利的反应。

本章小结

本章讨论企业的策略性行为,即企业利用先发优势,采取特定行动,影响博弈对手的决策环境,间接实现增加自身利润的目的。主要内容有:

- 在位企业有动机阻止竞争者进入市场,传统的"限价"理论在博弈论意义上存在一定缺陷,现代限价理论强调在位企业应"可信地"承诺于特定行为,使得外部企业放弃进入,或降低外部企业进入的动机。

- 传统的进攻性定价假说面临"芝加哥学派"的批判,认为市场的自由进出使得进攻性定价很难有利可图。基于不对称信息的企业博弈理论则认为,类似于进攻性定价的现象可能在市场均衡中出现。

- 排他性的企业策略经常体现为"提高对手的成本"。通过各种手段提高竞争对手的成本或降低对手的销售收入,可以促使其提高价格或降低产量,最终形成对企业自身有利的市场环境。

- 按照先发企业的策略变量在基准水平上的"增加"和"减少",以及对博弈对手的"友善"和"严厉",可以将企业的策略性行为分为四种类型,即"猛犬策略""小狗策略""肥猫策略"和"饿狼策略"。

习 题

1. 在一个基准的 Hotelling 空间竞争模型中,试分别讨论当其中一个企业设法提高对手的边际成本时,对各企业的均衡价格和利润的影响。

2. 两个企业生产同质产品,它们有两种不同的生产技术可以采用,分别记为 X 和 Y。技术 X 的总成本函数为 $c(q)=4+6q$,技术 Y 的总成本函数为 $c(q)=12+3q$。市场反需求函数为 $p=15-Q$,其中 $Q>0$ 为总需求量。这个市场的博弈分两步:第一,两个企业选择它们将要采用的生产技术,第二,企业之间进行产量竞争。

(1) 如果两个企业在第一步以非合作的方式同时选择生产技术,请找出这个博弈的"子博弈完美"纳什均衡。

（2）如果两个企业在第一步可以通过合同约定双方将要采用的技术,请问两个企业能否同时获得更高的利润？

（3）在以上分析的基础上,试解释企业在技术选择上的策略性考虑。

3. 假设某产品市场的需求函数为

$$p(Q) = 15 - q_1 - q_2$$

如果有两个企业之间进行静态的产量竞争,成本函数分别为

$$c_1(q) = c_1 q \quad 和 \quad c_2(q) = c_2 q$$

且存在内部解,那么可以解出两个企业的均衡利润分别为

$$\pi_1^c = \frac{(15 + c_2 - 2c_1)^2}{9} \quad 和 \quad \pi_2^c = \frac{(15 + c_1 - 2c_2)^2}{9}$$

两个企业的初始边际成本为 $c_1 = c_2 = 6$。

（1）如果企业1可以通过技术研发投资 E,将其边际成本降低至 $c_1 = 3$,请问在什么情况下,企业1愿意进行该项研发投资？该投资对企业2有何影响？

（2）如果企业1可以策略性地付出成本 F,设法将企业2的边际成本提高至 $c_2 = 9$,请问在什么情况下,企业1愿意进行该项行动？该行动对企业2有何影响？

4. 假设某产品市场的需求函数为

$$p(Q) = 15 - q_1 - q_2$$

有两个企业在这个市场进行静态的产量竞争,每个企业都使用两种投入要素,即劳动力和资本,两者的市场价格分别为 w 和 r。企业的生产技术都是规模不变的,边际成本分别为

$$c_1 = 3w + r \quad 和 \quad c_2 = w + 3r$$

初始的要素价格为 $w = r = 2$。现假设企业所在行业的工会提议将全行业的劳动力成本（即工资水平）提高到 $w' = 3$。请问企业是否有兴趣推动该事项？为什么？

5. 考虑一个两期博弈。在第一期,一个垄断的经济型轿车生产企业考虑在一项降低成本的技术上投资 k,投资越多,成本下降的幅度越大；第二期,另一个企业考虑是否进入市场,如果进入,两个企业通过选择价格进行博弈。试从Fudenberg & Tirole(1984)的模型的角度,讨论以下问题。

（1）如果进入者是一个生产汽车装饰品的企业,那么原垄断企业在决定投资 k 时,会有什么样的策略性考虑？

(2) 如果进入者是一个生产豪华轿车的企业,那么原垄断企业在决定投资 k 时,会有什么样的策略性考虑?

参考文献

Areeda, P. and D. Turner, 1975, "Predatory Pricing and Related Practices under Section 2 of the Sherman Act", *Harvard Law Review*, 88(4):697—733.

Bain, J., 1949, "A Note on Pricing in Monopoly and Oligopoly", *American Economics Review*, 39(2):448—464.

Benoit, J., 1983, "Entry with Exit: An Extensive Form Treatment of Predation with Financial Constraints", IMSSS Technical Report, No. 405, Stanford University.

Benoit, J., 1984, "Financially Constrained Entry in a Game With Incomplete Information", *Rand Journal of Economics*, 15(4):490—499.

Bulow, J., J. Geanakoplos and P. Klemperer, 1985, "Multimarket and Oligopoly: Strategic Substitutes and Complements", *Journal of Political Economy*, 93(3):488—511.

Burns, M., 1986, "Predatory Pricing and the Acquisition Cost of Competitors", *Journal of Political Economy*, 94(2):266—296.

Dixit, A., 1980, "The Role of Investment in Entry-Deterrence", *Economic Journal*, 90:95—106.

Fudenberg, D. and J. Tirole, 1984, "The Fat Cat Effect, the Puppy Dog Play and the Lean and Hungry Look", *American Economic Review*, 74(2):361—366.

Gelman, J. and S. Salop, 1983, "Judo Economics: Capacity Limitation and Coupon Competition", *Bell Journal of Economics*, 14(2):315—325.

Granitz, E. and B. Klein, 1996, "Monopolization by 'Raising Rivals' Costs': The Standard Oil Case", *Journal of Law and Economics*, 39(1):1—47.

Hurwitz, J., W. Kovacic, T. Sheehan and R. Lande, 1981, "Current Legal Standards of Predation", Federal Trade Commission.

Kreps, D. and R. Wilson, 1982, "Reputation and Imperfect Information", *Journal of Economic Theory*, 27(2):253—279.

Milgrom, P. and J. Roberts, 1982a, "Predation, Reputation, and Entry Deterrence", *Journal of Economic Theory*, 27(2):280—312.

Milgrom, P. and J. Roberts, 1982b, "Limit Pricing and Entry under Incomplete Information: An Equilibrium Analysis", *Econometrica*, 50(2):443—460.

Saloner, G., 1987, "Predation, Mergers, and Incomplete Information", *Rand Journal of Economics*, 18(2):165—186.

Salop, S. and D. Scheffman, 1983, "Raising Rivals' Costs", *American Economic Review*, 73(2):267—271.

Schelling, T., 1960, *The Strategy of Conflict*, Cambridge, MA: Harvard University Press.

Selten, R., 1978, "The Chain Store Paradox", *Theory and Decision*, 9:127—159.

第九章
耐用品

经济学中狭义的"耐用品"(durable goods)一般指可长期使用且价值较高的商品,如土地、房产、机器设备等。与非耐用品相比,一件耐用品的完整刻画不仅包括产品在特定时点的物理特征和使用价值(即为使用者提供的服务),还包括可持续使用的时间跨度,以及使用价值如何随时间变化等。有些耐用品的使用期限几乎是无限长(如土地),且使用价值基本不变,但大多数耐用品的使用价值会随着时间推移而明显降低(如机器设备)。

耐用品的交易方式包括产权总体转让(即出售)和按使用时间段转让(即出租)。出售和出租之间并无绝对界限,超长期的协议出租在经济学意义上可能接近于出售,但两者在法律上的产权安排不同。耐用品在被出售之后,有可能在二手市场(second-hand market)上被重新出售。

其他具有耐用品特征的商品,比如珠宝、古董、艺术品、稀有邮票、高档家具等,虽然经常不被认为是典型的耐用品,但是具有耐用品的典型特征,因此与耐用品相关的理论经常也适用于这些商品。另外,耐用品不同于可储存商品(如工业金属、救灾物资、白酒等),后者虽然可以长时间储存,但是一旦被消费,使用价值随即消失。当然,两者之间未必有绝对界限。

◆ 引导案例

中国二手汽车市场

中国的新车销量于2010年超越美国位居全球之首,此后两国新车销量差距越来越大,但是中国二手车市场尚处于起步阶段。据中国汽车流通协会和汽车市场研究咨询公司 J. D. Power(君迪)的数据,2016年,美国二手车销量达4100万台,而中国二手车销量只有1000万台。中国二手车销量约为新车销量的42%。美国正好相反,新车销量约为二手车销量的42%。2016年,美国二手车均价为135225元,中国二手车均价只有24796元,这是因为美国很多二手车来自租赁市场,车龄大多只有3年,价值相对较高。中国二手车市场发展迅速,2017上半年,二手车累计交易量达到了583.71万台，同比增21.53%，交易额达到3896亿元。

在美国，二手车是经销商业务利润的主要贡献者。据美国汽车经销商联合会（NADA）的数据，2015年，全美每家经销商的二手车部门平均净利润为71265美元，比新车部门高出73%。早期中国经销商主要依靠新车销售，随后转向售后服务和零配件，以及金融和保险。在中国汽车流通协会举办的2017中国二手车大会上，J. D. Power中国区高管提出，中国的二手车市场潜力巨大，汽车经销商的下一轮利润推动要靠二手车。但对于中国的二手车市场，目前仍需解决区域限迁、税制不统一、金融支持力度低、融资租赁比例低、交易信息不透明等问题。

资料来源：http://www.cada.cn/Data/list_86_1.html，访问时间2020-7-25。

本章概要

耐用品的使用期限与生产成本的关系　　耐用品需求的描述方式
耐用品的销售方式　　消费者预期与企业激励

9.1 耐用品的使用期限

耐用品的标准单位

耐用品的"数量"不能仅以其物理产品的量来代表，还需要考虑到其使用期限。同样一件产品，可使用5年的产品与可使用15年的产品所代表的"产品量"显然是不同的。一件耐用品大致可用其即期使用价值和使用年限来刻画，同时要考虑到产品的即期使用价值和维护维修费用可能随时间发生的变化。例如旧汽车的使用价值通常显著低于新汽车，而且维护维修费用较高。耐用品退役后可能还会有一定残值可以回收，但也可能会产生一定的处置成本。例如在一些国家，较富裕家庭淘汰的旧钢琴可以出售，具有一定的残值，而在其他一些劳动力较昂贵的国家，旧钢琴不仅无法产生残值，反而需要花钱请人处理，因此"残值"可能为负。本章我们主要讨论一种简单的耐用品，即可以在一定期限内为使用者提供无差异服务，然后直接报废且残值为零的产品。

为了便于比较，给定某耐用品在每一期的使用价值，我们可以定义一个"标准单位"的耐用品：可以永久性提供该使用价值的一组产品。例如，假设每个物

理产品可以使用 L 年,那么当期的一件产品,加上在 $L+1$ 期生产的一件产品,加上在 $2L+1$ 期生产的一件产品……,直到无穷,这个产品序列就是一个"标准单位"的耐用品。有了标准单位,我们就可以比较方便地讨论耐用品的生产成本或租价。对消费者而言,购买价格虽高但耐用性较好的产品,可能优于购买价格略低但不那么耐用的产品,但是对于一个标准单位的耐用品,消费者永远偏好价格较低者。使用期限较长的产品一般需要较高的生产成本,而且两者之间的关系经常不是线性的。对企业来说,存在最优的产品使用年限,具体取决于各种市场条件。

完全竞争

对于一个完全竞争市场上的耐用品生产企业而言,只有选择生产"性价比"最高的产品,才能在市场上立足。在产品使用寿命的选择上,完全竞争企业会根据生产技术的具体情况,在控制生产成本和提高使用期限之间做出最优的取舍。

假设完全竞争生产企业的跨期贴现因子为 $r \in (0,1)$,生产一件可使用 L 期的耐用品的成本是 $c(L)$,满足常规条件

$$c(.) > 0, c'(.) > 0, c''(.) > 0$$

在不考虑其他各种复杂情况的前提下,一个(永续存在的)完全竞争企业需要选择合适的使用期限 L,使得其提供一个标准单位耐用品的成本最低,即求解问题

$$\min_L c(L)(1 + r^L + r^{2L} + \cdots)$$

即 $\min_L \dfrac{c(L)}{1-r^L}$

注意到为了生产一个标准单位产品,企业需要在第 1 期、第 $L+1$ 期、第 $2L+1$ 期……各生产一个可使用 L 期的产品。在这个目标函数中,$c(L)$ 随 L 加速上升,而 $\dfrac{1}{1-r^L}$ 虽然递减但趋向于 1,因此上述问题通常存在内部解 L^o,即最优的使用期限。

现实世界中的企业在选择耐用品的使用期限时,还需要考虑很多其他相关因素,例如产品性能的衰减曲线、产品的可靠程度或故障率、产品的购置安装及使用成本、产品的品牌形象、配套和互补产品情况(例如复杂设备的各个核心零部件的耐用程度应大致匹配)、产品退役时的残值等。

不完全竞争

耐用品企业的市场力量对其产品的耐用程度的影响比较复杂,文献中有许

多不同的结论。在某些条件下,是否拥有市场力量可能不影响企业对产品耐用程度的选择,而在其他条件下则可能会有影响。例如当企业必须以产权出售的方式进行耐用品交易时,有市场力量的企业倾向于选择耐用程度较低的产品,这个观点我们后面还会仔细讨论。

很多耐用设备在投入使用前,需要产生较高的一次性安装成本(其中包括买卖双方的时间成本)。由于不同的使用者往往有不同的安装成本,耐用设备生产企业一般会同时向市场提供不同耐用程度的产品,形成系列。具有相对较高安装成本的使用者会偏好于价格和耐用程度较高的产品,而具有较低安装成本的使用者会更偏好于价格和耐用程度较低的产品。

不完全竞争企业可能利用耐用品的使用期限作为区别定价的工具。在很多情况下,部分使用者收入较高,支付能力较强,但他们的时间成本较高,不愿意频繁更换设备,而低收入使用者则相反。有一定市场力量的企业可以利用使用者对耐用程度的不同偏好,对耐用程度较高的产品设定较高的利润率,以便从高收入使用者那里赚取较高的利润,同时也对耐用程度较低的产品设定较低的利润率,以免失去低收入使用者市场。因此在这种情况下,与竞争性企业相比,垄断企业倾向于生产耐用程度跨度更大的产品系列。

9.2 耐用品的需求函数

需求函数描述了消费者对特定产品的需求量如何受产品价格的影响,给定一个价格,需求函数给出消费者愿意购买的数量。而反需求函数描述了消费者愿意支付的价格如何受消费量的影响,给定一个消费量,反需求函数给出消费者愿意支付的最高价格。但是,适用于非耐用品的需求函数并不适合于准确描述消费者对耐用品的需求,传统的需求函数理论需要进行修订以适应耐用品的特点。

刻画消费者对耐用品的需求至少需要注意以下两个问题。第一,产品的物理数量并不能准确描述耐用品的可使用量,消费者还关注耐用品的使用期限。耐用品的使用期限也不能简单加总,因为不同时期的使用价值对消费者而言是不等价的。第二,由于耐用品的使用跨期很长,消费者需求还可能随时间发生显著的变化。

对于可长期提供特定服务的耐用品,消费者的需求一方面取决于产品的使用期限,另一方面还取决于在产品生命周期内消费者偏好的变化。一个简单而清晰的耐用品需求刻画方式是描述消费者在每个时期对耐用品所提供的服务的需求,即"租赁"需求。

我们可将租赁需求量记为 $Q_t = Q_t(R)$,其中 t 代表时期,R 代表租价。这个函数给出在每一期,消费者对耐用品所提供的服务的需求量与租价的关系。相应的反(租赁)需求函数可记为 $R_t = R_t(Q)$,描述了当耐用品所提供的服务的消费量为 Q 时,消费者最高愿意支付的租价。

对于一件可以在一段时间内持续提供一单位特定服务的耐用品,其市场价格等于其在寿命期内的租金流的总"现值"(present value)。假设某耐用品可使用 n 期,消费者在每期的反(租赁)需求函数为 $R_i = R_i(Q), i = 1, 2, \cdots, n$。当消费者拥有 Q 个单位耐用品的使用权时,消费者从"最后"一个耐用品中获得的效用(即边际效用)为

$$\sum_{i=1}^{n} r^{i-1} R_i(Q)$$

其中 r 为贴现因子。这也是消费者最多愿意为额外一个耐用品付出的代价。因此,给定贴现因子 r,该耐用品的销售价格 P 和消费者需求量 Q 之间应满足

$$P = \sum_{i=1}^{n} r^{i-1} R_i(Q)$$

上式即消费者对可使用 n 期的耐用品(产权)的反需求函数,从中可见消费者愿意支付的耐用品价格 P 是各期(隐含)租金流的现值。

应该注意的是,消费者在未来各期的反需求函数受到当期偏好的影响,每期的租赁需求可能是不同的。由于耐用品的使用跨期很长,其未来的使用价值或二手市场价格可能很难准确估计,同时用于计算现值的贴现率也可能发生变化。由于对耐用品的购买需求会受到消费者预期的影响,当预期发生波动时,耐用品的市场价格就可能发生波动。例如在房地产、古玩、珍稀邮票、名贵花卉等市场,我们经常观察到剧烈的价格波动。因此在实践中,准确估计消费者对耐用品产权的需求经常是很困难的,这为市场操纵行为提供了可能性。

耐用品产业受宏观经济影响显著。在经济景气下行阶段,对机器设备、住房、汽车等耐用品的总体需求下降,由于产品的耐用性,市场上必然存在相当数量的二手产品,这使得对新产品的需求(按比例)发生剧烈下降。即使没有一个活跃的二手市场,旧耐用品的存在也会显著抑制对新产品的需求。耐用品需求的大幅下降继而可能引起对相关原材料(如工业金属)需求的大幅下降。在经济景气上行阶段,情况正好相反。因此,一些耐用品及其主要原材料行业的波动幅

度远大于整个经济的波动幅度。

9.3 耐用品的销售

出售与出租

在耐用品的交易中,卖方可以将产品的全生命周期的使用权整体出售(简称出售),也可以将其使用权按时间段分割后出售(即出租)。出租意味着法律上的所有权与使用权分离,使得在耐用品的生命周期内,可以在不进行产权转让的情况下拥有多个不同使用者。在不考虑交易成本的情况下,通过多次产权转让(即二手货交易)也可以实现与出租类似的资源配置结果,只是没有所有权与使用权分离。在耐用品市场上,不同的销售方式可能导致不同的资源配置方式和社会福利结果。

某企业提供可使用 N 期的耐用品,假设消费者对该产品的需求跨期不变,或需求较高的消费者不随时间而改变。于是在每一期,耐用品供应商面临的每期需求函数可记为与时间无关的 $Q(R)$。如果企业出租该产品,不妨记最优的租价为 R,那么企业在每期获得的租金收入为 $R \cdot Q(R)$,在产品的生命周期内可以获得的收入总现值为

$$R \cdot Q(R)(1 + r + \cdots + r^{N-1}) = \frac{1 - r^N}{1 - r} R \cdot Q(R)$$

其中 $r \in (0, 1)$ 为企业的贴现因子。从以上表达式也可以看出,企业以 R 的租价出租产品与直接按 $\frac{1 - r^N}{1 - r} R$ 的价格出售 $Q(R)$ 单位的产品是等价的。注意到最优租价 R 取决于市场竞争、生产成本及其他市场条件。

假设消费者的贴现因子为 $s \in (0, 1)$。如果企业以 $\frac{1 - s^N}{1 - s} R$ 的价格出售该耐用品,并且承诺在售出之后不会降价继续销售,那么由于

$$\frac{1 - s^N}{1 - s} R = R(1 + s + \cdots + s^{N-1})$$

消费者一次性支付 $\frac{1 - s^N}{1 - s} R$ 的价格,等价于从当期开始每期支付 R 且一共支付 N 期。根据消费者的需求函数,当租价为 R 时,消费者选择的每期需求量应为

$Q(R)$。如果消费者在第一期以 $\frac{1-s^N}{1-s}R$ 的价格买入 $Q(R)$ 数量的该耐用品并使用 N 期,与按 R 的租价承租 $Q(R)$ 个耐用品并持续 N 期,在消费量和总支出上完全相同。因此消费者对于以 $\frac{1-s^N}{1-s}R$ 的价格买入和以 R 的租价承租该耐用品是无差异的。

综上,假设没有任何其他交易成本,如果企业和消费者的贴现因子相等,即有 $r=s$,那么以 R 的租价出租该耐用品,与以 $\frac{1-r^N}{1-r}R$ 的价格出售该耐用品,在资源配置和福利结果上是等价的。无论是企业还是消费者都不介意采用哪种方式进行交易,企业只需选择最优的租价 R 和相应的售价 $\frac{1-r^N}{1-r}R$。

但是,当双方的贴现因子 $r\neq s$ 时,出售与出租的等价性将不复成立。如果 $r<s$,即企业相对消费者而言,更加重视当前的收入,那么对企业而言,以 $\frac{1-r^N}{1-r}R$ 的价格出售等价于以 R 的租价出租,而对消费者而言,以 R 的租价承租等价于以 $\frac{1-s^N}{1-s}R$ 的价格购买。由于

$$\frac{1-r^N}{1-r}R < \frac{1-s^N}{1-s}R$$

消费者认为以 $\frac{1-r^N}{1-r}R$ 的价格购买优于以 R 的租价承租。因此在不考虑其他因素的情况下,双方的交易将以产权转让的方式进行。反之,如果 $r>s$,即消费者相对企业而言更加重视当期的效用,那么在不考虑其他因素的情况下,双方将以出租的方式进行交易。

上述讨论的假设前提是消费者的需求跨期不变,或需求较高的消费者不随时间发生变化。如果这个条件不成立,那么出租的交易方式可能有一定优势,因为出租可以保证使得产品始终配置给需求最高的消费者。这样不仅对企业有利,也有利于资源的有效配置。如果存在高效率的二手市场,且企业和消费者的贴现因子相等,那么出售和出租的等价性仍然成立。这是因为产品可以随时通过二手交易,转移到估价最高的消费者手中,从而保证资源配置的有效性。具体而言,如果消费者需求随时间变化,那么企业的最优(或均衡)租价也随时间变化。记各期的最优租价为 $R_1, R_2, \cdots, R_N$,这时企业不介意按该租价出租产品,或者以

$$R_1 + rR_2 + \cdots + r^{N-1}R_N$$

的单价出售产品。当消费者的贴现率 $s = r$ 时,消费者也不介意以何种方式交易,当然前提是消费者可以随时在二手市场上出售该耐用品。与前面类似,如果企业和消费者的贴现因子不相等,那么两种交易方式仍然可能是不等价的。

前面讨论的另外一个隐含的假设前提是,当企业选择以产权转让的方式进行交易时,须承诺维持特定的未来市场价格。在完全竞争市场显然不存在承诺问题,因为企业无法控制价格,但是当企业有显著的市场力量时,耐用品的二手货价格就不再是"随行就市"。如果企业无法可信地承诺未来的销售价格,那么消费者会预期企业在前期出售耐用产品后,将会面临降低了的市场需求,从而在未来降价出售产品。如果预期手中的产品会不断贬值,消费者在当期的购买意愿就会下降,迫使企业从一开始就按较低的价格销售。因此,当企业的价格承诺不可信时,企业选择出租更加有利。这个现象是耐用品市场的一个重要特点,我们后面还将深入讨论。

信息问题也可能使得出售和出租两种销售方式产生差异。对于很多耐用制造品,前期的使用和保养会影响到后期的使用价值和使用期限。在出租的情况下,耐用品的所有权与使用权分离,所有者往往很难监督使用者的使用及保养方式,使用者也难以监督所有者提供的服务质量,从而可能出现所谓的"道德风险"问题(Mann,1992)。例如在汽车出租市场,人们对于租来的汽车往往在使用上比较随意,并且过度节约维护维修成本,因此用于出租的汽车往往贬值较快。当这个问题过于严重时,出租的交易方式会很不效率,促使企业更多地采用出售的方式交易。

◆ 案 例

共享经济

兴起于 21 世纪前十年的"共享经济"本质上是一种新型的短租经济。这种商业模式的特点是频繁的耐用品出租,其出租时间跨度远低于传统经济中允许的跨度。例如"爱彼迎"(Airbnb)允许个人房屋拥有者将住房使用权以天为单位出租给游客使用,"滴滴出行"的功能之一是允许私家车主利用空闲时间提供短途交通服务,"摩拜单车"等无桩共享单车企业的核心业务是将自行车以小时为单位出租给行人使用。Airbnb 和滴滴出行是 C2C 模式,摩拜单车是 B2C 模式,但共同点都是耐用品超短租。当然,作为注册用户数量巨大的网络企业,上述共享经济领域的企业还可能提供各种基于数据的增值服务。

很多耐用消费品都存在严重的使用不足问题,形成很多浪费。例如大多数居民家中的电动维修工具在99%以上的时间内都处于闲置状态,有人认为最早的共享概念就是起源于小区居民共享电钻等工具的行为,后来才逐渐发展成一种商业行为。共享经济的兴起有助于"物尽其用",提升整个社会的资源配置效率。这种商业模式之所以突然变得可行,主要得益于近年来移动互联网、卫星导航定位等信息技术的迅速发展,使得出租交易的各种信息成本大幅降低。

以租借代替购置也有不效率的一面,特别是各种"道德风险"问题。例如共享单车企业ofo因为自行车大量迅速损毁而在财务上不堪重负,其竞争者摩拜为了解决这个问题,定制了耐破坏的自行车,使得采购成本远高于普通家用自行车。在民宿市场,则经常爆出暗藏摄像头等不道德行为。能否妥善解决这些问题是共享经济能否壮大的关键。

如果耐用品(如机器设备)由垄断企业提供,那么其价格可能远高于边际成本。如果耐用品的使用期限与产品的维护维修服务有很大关系,而且维护维修服务由高度竞争的企业提供,那么使用者很可能利用廉价的维护维修服务对耐用品进行过度保养。一般来说,耐用设备的买入价格越高,使用者愿意投入的维护维修费用越高。另一方面,垄断企业提供耐用设备的边际成本可能很低。从社会整体的角度看,这些低成本的设备不值得投入很高的维护维修费用,而应该适时淘汰。因此,当采用产权转让的方式进行耐用品交易时,垄断造成的价格扭曲可能会延伸到维护维修市场。如果垄断企业采用出租的方式进行交易,就可以避免这种不效率现象的发生,从而具有一定优势。

如果耐用品必须以出售的方式交易,解决过度保养问题的一个办法是垂直整合或垂直约束,实现生产和维护维修部门的整合或合作。耐用品企业可以通过收购相关企业、与设备使用者签订合约或者设立技术壁垒等方式,阻止设备使用者从竞争性市场购买维护维修服务。通过控制维护维修服务的供应,企业不仅可以使产品获得经济上最优的保养,而且确保其在合适的时候退出市场。

二手市场

二手市场是供已被使用过的旧产品进行产权转让的市场,是耐用品行业的一个特有现象。由于新产品和二手产品之间具有一定程度的相互替代性,在非完全竞争情况下,二手市场的存在意味着耐用品企业的前期买家成为自己在当期的竞争者,这样会使得企业面临的需求弹性(绝对值)上升。

假设某耐用品市场有一个垄断供应商,且旧产品和新产品为消费者提供相同的效用。如果消费者每期对耐用品服务的需求为 $Q(R)$,且市场上有 $\widetilde{Q}$ 个单位的旧产品存在。根据定义,市场总(租赁)需求的弹性为

$$\varepsilon = \frac{dQ(R)}{dR} \frac{R}{Q(R)}$$

由于二手市场的存在,新产品企业所面临的剩余需求为 $Q(R) - \widetilde{Q}$,该企业所面临的需求价格弹性为

$$\begin{aligned}
\varepsilon' &= \frac{d[Q(R) - \widetilde{Q}]}{dR} \frac{R}{Q(R) - \widetilde{Q}} \\
&= \frac{dQ(R)}{dR} \frac{R}{Q(R) - \widetilde{Q}} \\
&= \left[\frac{dQ(R)}{dR} \frac{R}{Q(R)}\right] \frac{Q(R)}{Q(R) - \widetilde{Q}} \\
&= \varepsilon \frac{Q(R)}{Q(R) - \widetilde{Q}} \\
&= \frac{\varepsilon}{s}
\end{aligned}$$

其中 $s = \dfrac{Q(R) - \widetilde{Q}}{Q(R)}$ 为新产品的市场份额。以上表达式表明,可进入二手市场交易的旧产品越多,新产品的市场份额 s 就越小,因而新产品企业所面临的需求价格弹性(的绝对值)就越大。从这个意义上看,二手市场的存在降低了新产品企业的市场力量。

对于一些高度耐用的产品,即使市场上仅有一个垄断供应商,如果该企业必须以出售的方式销售产品,那么其市场力量也很可能随着时间的推移而逐渐降低。例如在我国目前的土地政策下,地方政府是商品房用地的垄断供应者。在房地产发展的早期,商品房存量很少,地方政府具有很大的市场控制力,可以通过调节土地供应量来操控房地产价格。但是随着越来越多的土地使用权被出售给个人或其他市场主体,对新的土地使用权的需求的价格弹性越来越大,使得政府对房地产市场的操控能力越来越弱,最终会成为随行就市的市场参与者。如果由于人口老龄化、购买者预期等原因使得人们对住房的需求开始下降,那么土地供应市场的竞争会变得尤其激烈。

以上现象在需求不断萎缩的行业表现得尤其显著。给定二手货的数量,如果市场总需求萎缩,那么新产品的市场份额会迅速下降。即使新产品的供应高

度集中于少数几个企业甚至一个垄断企业,来自二手货的竞争也会使得企业的市场力量十分有限。因此在政府反垄断实践中,应该注意到耐用品生产企业的市场力量可能没有表面上看起来的那么大。

◆ 案 例

北美四轮驱动拖拉机市场

Versatile Co. 和 Deere & Co. 是 20 世纪 80 年代北美最大的两家规模相当的四轮驱动拖拉机的生产商,它们在新拖拉机市场有很大的份额。一方面,这个行业的规模在迅速缩小,需求从 1981 年的大约 14000 台下降到 1985 年的大约 5000 台。另一方面,保养良好的四轮驱动拖拉机十分耐用,可使用 15 年到 30 年不等,拖拉机也很容易在二手市场进行交易。

1985 年,美国 Deere & Co. 发起对加拿大 Versatile Co. 的农业设备部门的收购。虽然有加拿大政府的支持,由于美国司法部对合并后价格可能上升的担忧,这个交易最终未能达成。2007 年,俄罗斯农业机械制造商 Rostselmash 公司收购了加拿大 Versatile 公司 80% 的股份。

经济学家指出,耐用品行业的反垄断评估应重视来自二手市场的竞争。反垄断机构不能将耐用品市场狭隘地定义为新产品市场,还应包括可能在二手市场发生的交易,否则会严重高估新产品企业的市场力量。如果整个行业的市场规模在逐年缩小,那么二手产品尤其不可忽视。

虽然二手市场会对新产品企业构成竞争压力,但这并不意味着新产品企业会敌视二手市场,因为这种竞争压力是产品耐用性的必然结果。事实上,耐用品企业有时反而会帮助其产品的二手交易。一些复杂的耐用设备在进入二手交易之前,需要进行检查和维修,而原生产企业在这方面具有天然的优势,因此有些耐用品企业或其经销商会主动为旧产品提供质量检测认证服务,或设立专门的二手产品部门,收购旧产品并在检查维修后重新出售。这些业务经常能够产生可观的收入。原生产企业的介入可以降低二手市场的交易成本,有利于提高二手耐用品的市场价值,延长耐用品的生命周期。当预期到较高的旧货价值时,消费者对新产品的估值也会相应提高,从长远看反而可能有利于新产品的销售。从社会总体来看,运行良好的二手市场使得新旧产品各得其所,有利于改善资源配置、减少浪费。

区别定价

耐用品的生产同样存在技术更新,由于产品的耐用性,可能有不同品质的产品同时在市场上流通,这为区别定价创造了条件。Fudenberg & Tirole(1998)研究在产品不断升级情况下,垄断耐用品企业的区别定价问题。在他们的二期模型中,企业在第一期生产低品质的耐用品,在第二期出现生产技术创新,能够提供较高品质的产品,而成本可能更高也可能降低。创新可能是较小、中等或较大的。假设企业将一个低品质产品"升级"到高品质产品的成本与直接生产一个高品质产品的成本相同。也就是说,企业实际上不可能改变一个前期已生产出来的产品的品质。消费者对品质的估值具有异质性。他们考虑了以下三种情形。

第一种情形:存在一个活跃的二手市场,且消费者匿名(如教材)。耐用品企业在新款产品问世时,可以选择继续生产并销售低品质的旧款产品,也可以把消费者手中的旧款产品购回并置换成高品质的新款产品。一个旧款产品的拥有者对新款产品的估价等于旧款产品的二手市场价格加上新款产品提供的额外效用。Fudenberg & Tirole(1998)指出,耐用品企业继续销售旧款和购回旧款的现象都可能出现,取决于模型参数设置,例如当创新比较显著(但成本上升不多)时,企业更加可能选择购回部分旧款产品。

第二种情形:不存在二手市场,且前期购买了旧版产品的消费者的身份被企业完全掌握(如大型机器设备)。在这种情况下,前期购买产品的行为暴露出消费者对产品较高的估值。如果存在"锁定"效应,那么,一方面,耐用品企业可能在产品出现显著创新后,对这部分消费者给出较高的升级价格;另一方面,如果产品创新有限,已经购买旧版的消费者也可能满足于使用旧版,对新版的需求较低,因而只愿意接受较低的升级价格。具体的区别定价情况仍然取决于模型参数设置,包括成本、估值、贴现率等。

第三种情形:不存在二手市场,企业不掌握消费者的购买记录,但消费者可以证明自己曾经购买了旧版产品(如软件、时装等)。这时老客户可以取得购买"升级版"的资格,也可以隐瞒自己拥有旧版产品的事实,取得购买"完全版"的资格。在这种情况下,如果创新并不显著,也就是说旧版消费者不愿意花很多钱更新到新版,那么消费者可隐瞒信息的假设不会产生什么影响。反之如果创新十分显著,旧版消费者大多倾向于使用新版,这时垄断耐用品企业可能希望对一部分旧版使用者收取较高的价格,但是由于消费者可以隐瞒自己拥有旧版的事实,企业的区别定价受到一定约束,"升级版"的价格不能超过"完全版"的价格。在一定条件下,耐用品企业仍然可以实现一定程度的区别定价,具体均衡取决于模型参数设置。

9.4 消费者预期

消费者为一件产品付出的价格不是取决于该产品的使用价值,而是取决于生产成本和市场竞争程度。生成成本越高,产品定价越高。竞争越激烈,产品的成本加成率越低。这个基本的市场经济原理当然也适用于耐用品市场,但不同的是,耐用品企业不仅要与其他同行竞争,还要与二手市场的卖家竞争。当一个耐用品企业出售其产品的产权后,来自二手市场的竞争随即产生,于是企业面临降价压力。预期到企业将来的降价动机,消费者的购买意愿会下降,从而迫使企业在当期就降价销售,这就是耐用品市场的消费者预期问题。

从企业的角度看,如果企业能够可信地承诺未来的销售价格,那么就可以解决消费者预期压低当期价格的问题。消费者相信企业将来不会降价,也就愿意在当期以较高的价格购买,因此企业的市场力量得以维持。但是,企业经常很难做到"可信地承诺",实际上企业在当期有动机承诺于未来不降价,但是在事后面临二手市场竞争时,又有动机降价销售,也就是说,企业存在激励的前后不一致(time inconsistency)问题。耐用品市场上的企业激励前后不一致性与消费者预期问题实际上是对同一个现象的不同描述。

消费者预期问题最早由 Coase(1972)提出,科斯认为,由于企业激励前后不一致,耐用品的垄断生产企业在以产权转让方式销售产品时,其市场力量比以出租的方式销售产品时小,甚至可能完全没有市场力量,这个想法被称为"科斯猜想"(Coase conjecture)。科斯猜想的一个直接推论是,在不考虑其他因素的情况下,耐用品垄断企业倾向于出租而不是出售其产品。

科斯的思想可以用图 9-1 进行简单描述。考虑一个垄断的耐用品市场,假设产品的边际生产成本为零,而且产品可使用 N 期。垄断企业长期在该市场运营,消费者在每一期对该耐用品提供的服务的需求由图中的曲线 D 代表,企业和消费者有相同的跨期贴现因子。

如果企业以出租的方式与消费者交易,那么最优的租价为 p^m,这时消费者每期的需求量为 q^m。不考虑固定成本,企业每期可以获得的租金(或利润)为 $p^m q^m$,而 N 期租金的总现值就是企业可以获得的总利润。

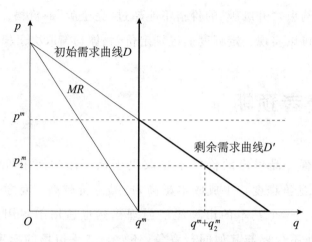

图 9-1 消费者预期与垄断市场力量

如果企业以产权转让的方式与消费者进行交易，并且将价格定为 N 期的租价 p^m 的总现值，记为 P^m，那么消费者认为，以 P^m 的价格购买耐用品产权与以 p^m 的租价承租无差异，因此仍然会购买 q^m 单位的该耐用品，而且企业在两种情况下也可以获得相同的总利润。

但是科斯指出，由于产品的耐用性，消费者其实并不愿意以 P^m 的价格购买 q^m 单位的耐用品产权。原因是，假如消费者购买了 q^m 单位，那么在第二期，市场上还有部分剩余需求没有被满足。这部分需求记为 D'，相当于将图中的纵轴向右平移 q^m 后剩下的需求曲线部分（用粗线代表）。于是企业有动机按比较低的价格 p_2^m 继续销售 q_2^m 单位的产品。以此类推，垄断企业每期都会有新的销售，而且销售价格会越来越低。理性的消费者预期到该耐用品会逐渐"贬值"，不会愿意按前述的高价格购买产品，而是尽可能地"持币待购"，等待企业降价。由于这种消费者预期问题，垄断企业在早期面临的需求会明显降低，不得不降低价格销售。在 Coase(1972) 的土地市场例子中，假设"持币待购"过程对消费者而言没有等待成本，那么消费者最终能够在第一期就按完全竞争的价格购买该耐用品，因而垄断企业的市场力量完全消失。

注意到垄断企业实际上有动机承诺在第一期之后即停止销售，但这个承诺是不可置信的，因为给定消费者在第一期的购买行为，企业在第二期总有动机重新开始出售。也就是说，企业存在激励前后不一致性。显然，如果垄断企业采用出租的方式销售耐用品，那么消费者预期问题和企业激励前后不一致问题都不复存在。从这个角度看，出租比出售更加有利。

Coase(1972) 的思想主要通过文字进行描述，在严格的模型分析方面略有不足。Bulow(1982)为科斯的思想给出了一个数学模型表达,较清晰地展示了企业与自己之前售出的产品竞争的机制,如例 9-1 所示。

例 9-1 某垄断企业生产可使用两期的产品,边际生产成本为零。消费者在每一期对该产品所提供的服务的反需求函数为

$$R(Q) = 18 - Q$$

这个市场仅存在两期,两期之间的贴现因子为 1,因此企业最大化两期利润之和。

如果企业选择出租其产品,记两期的产量分别为 Q_1 和 Q_2,两期的租价分别为 R_1 和 R_2,那么企业的最优化问题为

$$\max_{Q_1, Q_2 \geq 0} \pi^R(Q_1, Q_2) = R_1 Q_1 + R_2(Q_1 + Q_2)$$

根据市场的反需求函数,企业能够获得的租价与当期的使用量之间存在以下关系:

$$R_1 = 18 - Q_1 \quad 和 \quad R_2 = 18 - (Q_1 + Q_2)$$

代入企业的利润表达式,上述最优化问题变成

$$\max_{Q_1, Q_2 \geq 0} \pi^R(Q_1, Q_2) = (18 - Q_1)Q_1 + (18 - Q_1 - Q_2)(Q_1 + Q_2)$$

这个问题最优解由以下一阶导数条件给出

$$Q_1 : 18 - 2Q_1 - Q_2 = 0$$
$$Q_2 : 9 - Q_1 - Q_2 = 0$$

从中可解出 $Q_1 = 9$ 和 $Q_2 = 0$。代回利润表达式,可得企业在出租情况下的总利润为

$$\pi^R(Q_1, Q_2) = \pi^R(9, 0) = 162$$

从反需求函数可计算出,两期总的消费者剩余为

$$\int_0^9 (18 - Q_1) dQ_1 - 81 + \int_0^9 (18 - Q_2) dQ_2 - 81 = 40.5 + 40.5 = 81$$

出租情况下的社会总剩余为 243。

如果企业选择出售其产品,并且能承诺第一期产量为 9,而第二期为 0,那么根据反需求函数,消费者每期愿意付出租价 9,因此一共愿意为每单位产品支付 18 的购买价格。企业获得的利润为 $18 \times 9 = 162$,全部在第一期获得。消费者在两期的总剩余仍为 81。因此,市场结果与出租情形基本相同。

现在假设企业出售其产品,并且无法可信地承诺第二期的产量。这种情形对应于上述两期博弈的"子博弈完美"的均衡解。仍然记企业在两期的产量分别为 Q_1 和 Q_2,两期的隐含租价分别为 R_1 和 R_2,满足

$$R_1 = 18 - Q_1, R_2 = 18 - Q_1 - Q_2$$

记两期的销售价格分别为 P_1 和 P_2，消费者在第一期愿意付出的购买价格等于其在两期中愿意付出的租价之和，因此

$$P_1 = R_1 + R_2, \quad P_2 = R_2$$

为了求解"子博弈完美"均衡，我们采用逆向归纳法，先考虑在给定 Q_1 的情况下，企业如何在第二期选择最优的 Q_2。企业在第二期求解以下最优化问题

$$\max_{Q_2 \geqslant 0} \pi_2^S(Q_2) = P_2 Q_2 = (18 - Q_1 - Q_2)Q_2$$

从以上问题的一阶导数条件可解出第二期的最优销售量为 $Q_2 = 9 - \dfrac{Q_1}{2}$，于是第二期的最优价格（或租价）为 $R_2 = 9 - \dfrac{Q_1}{2}$。

然后我们考虑第一期的企业选择。企业预见到"自己"在第二期的行为，求解以下问题

$$\max_{Q_1 \geqslant 0} \pi^S(Q_1) = P_1 Q_1 + P_2 Q_2 = (R_1 + R_2)Q_1 + R_2 Q_2$$

将反需求函数 $R_1 = 18 - Q_1$ 和前面的 R_2、Q_2 的表达式代入上式，化简后可得

$$\pi^S(Q_1) = 81 + 18Q_1 - \frac{5}{4}Q_1^2$$

当 $Q_1 = 7.2$ 时，企业的利润达到最大值 $\pi^S = 145.8$，小于出租时的利润 162。这时各期的租价及第二期产量为

$$R_1 = 18 - Q_1 = 10.8, R_2 = 9 - \frac{Q_1}{2} = 5.4, Q_2 = 9 - \frac{Q_1}{2} = 5.4$$

在第二期消费者一共拥有 12.6 单位的该耐用品。两期的销售价格分别为

$$P_1 = R_1 + R_2 = 16.2, P_2 = R_2 = 5.4$$

消费者在两期的总剩余为

$$\int_0^{7.2}(18 - Q_1)\mathrm{d}Q_1 - 7.2(18 - 7.2) + \int_0^{12.6}(18 - Q_2)\mathrm{d}Q_2 - 12.6(18 - 12.6)$$
$$= 105.3 > 81$$

于是出售情况下的总剩余为 $145.8 + 105.3 = 251.1$，高于出租情况下的 243。由于产品的耐用性和消费者预期问题，垄断企业的市场力量下降，无谓损失减少。

在出租情况下，企业销售的实际上是非耐用品，企业的决策问题与其他非耐用品市场基本上是一样的。在出售的情况下，由于企业一次性销售多期的耐用品服务，消费者愿意支付的价格取决于他们对未来的耐用品售价或未来的耐用品服务租价的预期。如果企业能够可信地承诺未来的价格或产量，那么市场结果与出租情形是基本一样的，但问题在于这样的承诺未必可信。企业实际上陷

入了与自己的竞争之中,最终消费者从中获益。

Bulow(1982)进一步指出,如果耐用品垄断企业必须以出售的方式销售产品,那么为解决预期问题,企业会尽量降低产品的耐用程度,这样很可能导致生产成本上的浪费。注意到这个福利效应与科斯猜想中竞争加剧带来的福利效应方向相反,因此 Bulow(1982)认为垄断耐用品市场上的消费者预期问题未必提升市场总福利。除了选择出租和降低产品耐用性,企业还可能通过以下办法解决或部分解决消费者预期问题。

(1)企业可以策略性地采取某种行动,使得自己无法在将来生产太多的产品。例如一些纪念币的发行商会宣布在某个特定时间点,公开销毁纪念币的制作模板,使得自己无法继续生产更多的某款纪念币。

(2)企业可以试图建立永不降价的声誉。在一次性博弈中,的确存在企业的承诺不可置信的问题。但是在长期博弈中,为了追求长期利润的最大化,企业可能不会通过欺骗消费者获得短期利益,从而有动机维持事前宣布的价格。

(3)企业可以通过与消费者签订合同,承诺从消费者手中以一定的价格把旧产品购回。由于一旦降价,就可能触发消费者依据合同进行回售的行为,因此这样的合同有助于使原本不可置信的承诺变得可信。

在科斯猜想中,如果消费者对产品的估值是异质性的,且跨期不变,那么估值较高的消费者会率先购买,由于下一期的需求来自估值较低的消费者,企业有很强的动机在下一期降价销售,从而产生较严重的消费者预期问题。Biehl(2001)认为,如果消费者的估值跨期可变,那么虽然估值较高的消费者先行购买,但在下一期可能又会出现一些高需求的消费者,这样企业在下一期降价销售的动机较弱,因此消费者预期问题会减弱。例如在房地产市场,在每一期房子都被销售给估值最高的消费者,这些消费者在下一期一般不会再进行购买,但是这并不意味着市场需求会随着时间推移越来越低,因为消费者的估值可能发生变化。一些原本估值较低的消费者(如年轻人)的经济状况可能会发生变化,变成高估值消费者。

一个与耐用品企业激励前后不一致性或消费者预期问题类似的现象是Waldman(1993,1996)提出的"计划中的产品过时"(planned obsolesce)。Waldman(1993,1996)的思想源自对一些耐用品(如汽车、教科书、计算机操作系统等)频繁更新换代的观察,认为企业热衷于这些必要性不大的升级,主要目的是让老版本的产品更快贬值,从而提高消费者购买新版的欲望。Waldman指出,在耐用品被售出之前,生产商有动机承诺产品的保值性,以鼓励消费者购买。但是一旦产品被售出,该耐用品即在未来成为自己的竞争者,因此企业又有动机通过研发投资引进新版产品,使以前的产品更快过时,以提高消费者对新版产品的需求。从这个意义上看,当耐用品企业以出售的方式进行产品交易时,它面临产品升级换代方面的激励前后不一致问题。当消费者预期到产品未来将快速贬值时,当前的支付意愿会下降,从而降低耐用品企业的盈利能力。"计划中的产品过时"意味着耐用品企业过度投入产品的技术更新,这种投资对社会来说是一个浪费。因此,虽然 Waldman 的耐用品技术升级模型与 Coase-Bulow 的耐用品出售模型看起来比较类似,但是在社会福利方面的结果却完全不同,后者认为消费者预期问题可能提升社会福利。

本章小结

本章讨论关于耐用品市场的基础理论。与非耐用品企业相比,耐用品企业还面临产品耐用程度、交易方式以及跨期定价等选择。

- 完全竞争市场的企业一般会选择社会最优的产品耐用程度,使得为消费者提供耐用品服务的成本最低。不完全竞争市场的企业根据生产成本函数、交易成本、消费者异质性等情况,选择利润最大化的产品耐用程度。

- 消费者对耐用品的需求可以用对耐用品服务的需求来表示,消费者对特定数量耐用品的产权所愿意支付的价格等于他们对耐用品在生命周期内提供的服务所愿意支付的价格的总现值。

- 如果耐用品企业能够事前承诺未来的销售价格、企业和消费者有相同的跨期贴现因子,并且不存在信息问题,那么出售和出租这两种交易方式对企业和消费者而言基本上是等价的。否则两种交易方式可能不等价。

- 活跃的二手市场有助于改善耐用品市场的资源配置效率,同时也构成对新产品供应企业的竞争压力。

- 当耐用品企业以出售的方式进行产品交易时,有动机在事前承诺较高的未来价格,但是在事后又有动机降价销售,即存在激励的前后不一致性。预期到未来较低的价格,消费者对耐用品的需求会下降,从而降低耐用品企业的市场力量(科斯猜想)。

习　题

1. 在一个完全竞争的耐用品市场上,每个生产企业的跨期贴现因子为 $r \in (0,1)$,生产一件可使用 L 期的耐用品的成本是 $c(L)$,满足 $c(.)>0, c'(.)>0$,

$c''(.) > 0$。在第 L 期末,该耐用品的残值为 R。假设该耐用品在其整个生命周期内为消费者提供的使用价值是不变的。请写出决定市场均衡的产品耐用程度的等式。

2. 某经济体在正常状态下每年对汽车的需求为 $Q(p) = A - P$,在市场上存在数量为 $B \ll A$ 的旧车。假设新旧车在使用上无差异,且二手车市场运行良好。新的汽车由完全竞争企业提供,边际生产成本为 c。现假设该经济体受外生冲击,使得需求下降为 $Q(p) = \rho A - P$,其中 $\rho \in (0,1)$,假设 ρ 足够接近于 1。

(1) 请找出外生冲击导致的对汽车需求量的百分比变化。

(2) 请找出外生冲击导致的对新车需求量的百分比变化。

3. 某垄断企业生产可使用两期的产品,边际生产成本为 8。消费者在每一期对该产品所提供的服务的反需求函数为 $R(Q) = 28 - Q$,其中 R 为租价,Q 为服务消费量。企业和消费者在两期之间的贴现因子均为 1。这个市场仅存在两期。

(1) 假设企业和消费者以出租的方式进行交易,请找出垄断企业的最优出租方案及总利润。

(2) 假设企业和消费者以产权转让的方式进行交易,并且企业不能可信地承诺未来的销售方案。请找出企业的最优出售方案及总利润。

4. 某垄断企业生产可使用两期的产品,边际生产成本为 2。消费者在两期对该产品所提供的服务的需求函数分别为 $Q_1(R) = 12 - R$ 和 $Q_2(R) = 16 - R$,其中 R 为租价。企业和消费者在两期之间的贴现因子均为 1。这个市场仅存在两期。假设企业以租赁的方式销售该产品,请找出企业的最优出租方案。

5. 某垄断企业生产可使用两期的产品,生产成本为 0。消费者在每一期对该产品所提供的服务的反需求函数为 $R(Q) = 20 - Q$,其中 R 为租价,Q 为服务消费量。企业和消费者在两期之间的贴现因子均为 0.9。这个市场无限期存在。

(1) 假设企业和消费者以出租的方式进行交易,请找出垄断企业的最优出租方案及总利润现值。

(2) 假设企业和消费者以产权转让的方式进行交易,并且企业可以可信地承诺未来的销售方案。请找出企业的最优出售方案及总利润现值。

(3) 试讨论当边际成本为正时的最优出租和出售方案。

参考文献

Biehl, A., 2001, "Durable-goods Monopoly with Stochastic Values", *Rand Journal* of Economics, 32(3):565—577.

Bulow, J., 1982, "Durable Goods Monopolists", *Journal of Political Economy*, 90(2):314—332.

Coase, R., 1972, "Durability and Monopoly," *Journal of Law and Economics*, 15(1):143—149.

Kamien, M. and N. Schwartz, 1974, "Product Durability under Monopoly and Competition", *Econometrica*, 42(2):289—301.

Fudenberg, D. and J. Tirole, 1998, "Upgrades, Trade-ins, and Buybacks", *Rand Journal of Economics*, 29(2):235—258.

Mann, P., 1992, "Durable Goods Monopoly and Maintenance", *International Journal of Industrial Organization*, 10(1):65—79.

Swan, P., 1980, "Alcoa: The Influence of Recycling on Monopoly Power", *Journal of Political Economy*, 88(1):76—99.

Waldman, M., 1993, "A New Perspective on Planned Obsolescence", *Quarterly Journal of Economics*, 108(1):273—283.

Waldmam, M., 1996, "Planned Obsolescence and the R&D Decision", *Rand Journal of Economics*, 27(3):583—595.

第三部分

信　息

信息是现代经济学最核心的概念之一。经济主体依据它们拥有的关于现实世界的信息，包括它们认为其他经济主体所拥有的信息，来决定它们的选择。每个经济主体所拥有的信息都只是关于现实世界的不完美描述。实物和货币的流动必然伴随信息的交换和更新。信息本身也可能是一种商品，其特点之一是，卖家在售出信息产品后，可能仍然拥有该产品。

企业实现产品销售的前提是让消费者了解其产品，而产品信息的传达往往需要通过广告，因此广告是一种重要的信息现象。企业进行生产的前提是获知生产的技术信息，而技术的获取需要通过研究开发或对外采购，期间需要面临各种不确定性和交易成本。当买卖双方关于产品的相关信息不完备时，可能造成价格、产量、品质等方面的扭曲，解决或部分解决这些市场失效需要适当的制度安排。

第十章
广　告

广告(advertising)是传递交易信息的一种方式。企业经常需要借助广告，使其产品能为潜在的消费者所了解，从而使销售成为可能。现代经济的一个重要特点是社会分工不断细化，新产品不断涌现，使得交易的数量和种类快速扩大，交易所必需的信息交换量也迅速增加，这意味着广告在经济中的地位越来越重要。企业不仅通过广告销售商品或服务，还可能将广告当作一种策略性的竞争手段。

广告的推送需要通过特定的渠道。传统的广告渠道包括广播电视、报纸期刊、场景展示、邮寄目录等。互联网的普及使得新的广告形式不断涌现，包括门户网站、购物平台、搜索引擎、各种社交及应用软件等。互联网时代的许多免费服务，比如各种应用软件，很多都是依靠广告的支持得以实现的。移动互联时代的广告经常可以实现个性设计、精准投放，具有更强的渗透性，同时也面临隐私保护等方面的问题。

广告的发布和接收过程经常涉及心理学因素，超出经济学的研究范围。经济学理论经常假设消费者具有特定偏好，但是在现实世界，消费者所表现出来的偏好经常明显受到广告的影响，这个现象给传统的福利经济学分析带来挑战。

◆ **引导案例**

央视2017年广告招标现场拍出逾70亿元

据11月9日消息，央视2017年黄金资源广告招标会现场招标最终金额超过70亿元。其中互联网金融企业在今年遭遇央视全面"封杀"，酒企成为招标主力。

央视在今年换了广告招标的"玩法"。早在9月20日举行的"中央电视台2017黄金资源暨国家品牌计划发布会"上，央视宣布启动中央电视台"国家品牌计划"。该计划的实施包括公益、商业两部分，其中公益分为"广告精准扶贫""重型装备制造业品牌传播"项目，而商业部分则是今年央视现场广告招标的主体，分为"国家品牌计划TOP合作伙伴""国家品牌计划行业领跑者"两部分。为了招揽此次"国家品牌计划"的广告主,央视拿出了诸多资源吸引企业,除了《新闻联播》《焦点访谈》等王牌新闻节目广告资源,还有多项增值资源。

在今年央视现场招标会上,海尔、格力、云南白药、美的、京东、鲁花、比亚迪、金一、洋河、东阿阿胶等10家企业在"砸出"42.09亿元抢得该标段的同时,也成为央视的10个"国家品牌计划TOP合作伙伴"。另外,8个"国家品牌计划行业领跑者"拍出20.83亿元,5个"CCTV－1、2、3、4、7春节贺岁套装广告"位置拍出1.3758亿元,合计64.2958亿元。

现场还有6个项目未公布金额。分别为茅台拍得的"2017年国家品牌计划—TOP合作伙伴—中国时间合作企业";碧桂园拍得的"2017年国家品牌计划—TOP合作伙伴—中央电视台全媒体合作伙伴";华为和万达分别拍得的"2017年国家品牌计划—TOP合作伙伴—特邀TOP企业";双汇拍得的"中国肉业领跑者"及金龙鱼拍得的"2017年国家品牌计划—行业领跑者特邀企业"。按照这些项目的标底价来看,此次现场招标会的金额就已经突破了70亿元。

资料来源:央视2017年广告招标现场拍出逾70亿,《北京商报》,2016年11月9日。

本章概要

广告的种类   广告对竞争的影响
广告对社会福利的影响   广告作为一种"信号"

10.1 广告的种类

狭义的广告是企业通过媒介向潜在消费者进行的商业信息发布行为,通过提供商品信息、操纵消费者偏好、创造消费文化等,最终实现增加消费者需求的目的。广义的广告包括所有能实际起到产品推广效果的活动,在狭义广告的基础上,还包括诸如冠名公益、社区参与、活动赞助、声明启事等。

从广告包含的内容看,人们经常将广告分为"信息型广告"(informational advertising)和"说服型广告"(persuasive advertising)。信息型广告描述商品的物理特征、销售价格、销售场所及销售方式等,不仅告知特定商品的存在,而且为消费者可能的购买提供便利。说服型广告则通过各种引导、暗示方法,试图影响或加强消费者对产品的偏好。现实世界的广告经常同时包括信息型和说服型广告的成分,而且两者之间也不可能绝对分割。

不同的广告经常对应于不同类型的商品。对于有些商品,消费者可以在购买前观察并确认商品的特征和品质,例如标准化程度较高的商品,我们称这类商品为"搜寻型商品"(search goods)。对于另外一些商品,消费者必须在实际使用后,才可以确认产品的品质和(主观)消费感受,比如美食,或者在消费体验中包含特定的人文社会信息,比如奢侈品,或者产品的性能品质不易精确描述,我们称这类商品为"体验型商品"(experience goods)。搜寻型商品一般偏好使用信息型广告,而体验型商品则偏好使用说服型广告。

从广告的外部性看,我们可将广告分为"合作型广告"(cooperative advertising)和"进攻性广告"(predatory advertising)。合作型广告在增加对本企业商品需求的同时,也会增加对一些相关企业商品的需求,即有正的外部性。这时从产业整体角度看,每个企业投放广告的动机不足,总的广告投放量低于使产业利润最大化的水平。相反,进攻型广告则把消费者从其他企业那里吸引过来,减少其他企业面临的需求,即具有负的外部性。这时从产业整体角度看,每个企业投放广告的动机过强,总的广告投放量会高于使产业利润最大化的水平。特定企业的广告可能既对一些其他企业有正的外部性,同时又对另一些企业有负的外部性,因此"合作"和"进攻"可能是相对的。

合作型广告在生产互补品的企业之间,或上下游企业之间比较常见。例如当汽车广告增加了对汽车的需求时,消费者对成品汽柴油、汽车修理服务、汽车装饰等方面的需求也会相应增加。合作型广告也可能在生产相互替代产品的企业之间出现,因为广告可能提升整个行业面临的产品需求。消费者从广告中了解到的经常是该类产品在特定时间地点的存在性,而不仅是品牌,因此每个企业的广告都能增加整个行业面临的需求。例如在共享经济中,每个成功的商业模式都会立刻引来大量的模仿者,这时任何一个企业的广告都可能增加对共享产品的需求,而不仅是对特定企业的产品需求。在一些滑雪胜地,一个滑雪场在外地进行推广活动,所吸引来的滑雪人群经常会外溢到本地的其他滑雪场。在一些产业集聚(如旅游、小商品等)地区,每个企业的市场份额都很小,品牌影响力弱,消费者更容易记住产业的集聚地而不是单个品牌,这时广告的外溢特征往往也十分明显,单个企业没有足够的动机进行广告宣传。

合作型广告投入不足的问题可以通过企业之间的合作来解决。例如计算机中央处理器(CPU)的制造商有时会补贴整机制造商的广告支出,从而增加产业总广告量。由行业协会或地方政府统一协调的广告发布能够在很大程度上克服外部性问题。事实上我国地方政府经常直接出面发布地方形象、特色产品或当地旅游的广告,这种做法既简单易行又具有经济上的合理性,不失为一种克服广告正外部性的合适办法。

例 10-1 两个企业生产相互补充的产品,生产成本均为零。它们面临的需求函数分别为

$$p_1 = 15 - 2q_1 + q_2 \quad \text{和} \quad p_2 = 15 - 2q_2 + q_1$$

如果两个企业分别投入 x_1 和 x_2 的广告支出,那么它们面临的需求函数增加为

$$p_1 = 15 + \sqrt{x_1} - 2q_1 + q_2 \quad \text{和} \quad p_2 = 15 + \sqrt{x_2} - 2q_2 + q_1$$

在这个模型中,广告的作用是提高本企业面临的需求。由于产品的互补性,当一个企业提高产量时,另一个企业也从中获益。在市场博弈中,我们假设两个企业同时选择它们的产量和广告投入。

如果没有广告,企业的利润分别为

$$\pi_1 = (15 - 2q_1 + q_2)q_1 \quad \text{和} \quad \pi_2 = (15 - 2q_2 + q_1)q_2$$

从中可解出企业的均衡产量、价格和利润为

$$q_1^* = q_2^* = 5, p_1^* = p_2^* = 10, \quad \pi_1^* = \pi_2^* = 50$$

如果企业可以投资于广告,那么企业的利润函数分别为

$$\pi_1 = (15 + \sqrt{x_1} - 2q_1 + q_2)q_1 - x_1 \quad \text{和} \quad \pi_2 = (15 + \sqrt{x_2} - 2q_2 + q_1)q_2 - x_2$$

企业利润最大化问题的一阶导数条件为

广告:$q_1 = 2\sqrt{x_1}, \quad q_2 = 2\sqrt{x_2}$

产量:$15 + \sqrt{x_1} - 4q_1 + q_2 = 0, \quad 15 + \sqrt{x_2} - 4q_2 + q_1 = 0$

从中可解出均衡产量、价格、企业利润及广告支出为

$$q_1^{**} = q_2^{**} = 6, p_1^{**} = p_2^{**} = 12, \pi_1^{**} = \pi_2^{**} = 63, x_1^{**} = x_2^{**} = 9$$

两个企业的产量和利润均上升,同时消费者支付的价格也上升。

这里的广告是合作型的。如果两个企业可以先共同合作确定使双方利润最大化的广告支出 $x_1 = x_2 = x$,然后进行产量博弈,那么它们将选择较高的广告支出,即有 $x > 9$(详细情况留作习题)。

进攻型广告常见于一些成熟产品市场中相互竞争的企业之间。在这些成熟产品市场,消费者的总需求基本上已经十分稳定,不太会受到广告的影响,但是企业仍然有很强的动机投入广告,这是因为广告一方面能提高消费者的品牌忠诚度,使得单个企业面临的剩余需求的价格弹性下降,另一方面还可以将消费者从竞争者那里吸引过来,使得企业面临的剩余需求上升。例如可口可乐和百事

可乐都是广为人知的品牌,但是它们都仍然大量投入广告宣传。因此在广告投入上,企业之间会形成类似于"囚徒困境"的局面,各企业都会过度投入广告,不仅两败俱伤,消费者也未必从中获益。

广告还可能成为企业间恶斗的工具。有些相互竞争的企业由于各种原因,形成了相互敌视的关系,它们之间不仅可能发生价格战,还可能发生广告战。例如加多宝公司(加多宝凉茶)与广药集团(王老吉凉茶)、淘宝网与京东网等企业之间,经常会发布暗含一定排他性的广告,最终往往对双方都不利。如果通过各种手段限制企业的进攻型广告投放,那么可能对企业是有利的。世界各国经常对烟草广告进行禁止或限制,这样无疑有助于降低青少年沾染烟草的可能性,但也使得烟草企业得以避开广告投放上的"囚徒困境",可能在一定程度上增加它们的利润。

例 10-2 两个企业生产相互替代的产品,生产成本均为零。它们面临的需求函数分别为

$$p_1 = 20 - 2q_1 - q_2 \quad \text{和} \quad p_2 = 20 - 2q_2 - q_1$$

如果两个企业分别投入 x_1 和 x_2 的广告支出,那么它们面临的需求函数变为

$$p_1 = 20 + 2\sqrt{x_1} - \sqrt{x_2} - 2q_1 - q_2 \quad \text{和} \quad p_2 = 20 + 2\sqrt{x_2} - \sqrt{x_1} - 2q_2 - q_1$$

在本例中,广告不仅提高了企业自身面临的需求,并且直接降低了竞争对手面临的需求。总的市场需求大致随企业的广告支出上升而上升。在市场博弈中,两个企业同时选择它们的产量和广告支出。

如果没有广告,那么两个企业的利润分别为

$$\pi_1 = (20 - 2q_1 - q_2)q_1 \quad \text{和} \quad \pi_2 = (20 - 2q_2 - q_1)q_2$$

从中可解出企业的均衡产量、价格和利润为

$$q_1^* = q_2^* = 4, p_1^* = p_2^* = 8, \pi_1^* = \pi_2^* = 32$$

在有广告的博弈中,两个企业的利润分别为

$$\pi_1 = (20 + 2\sqrt{x_1} - \sqrt{x_2} - 2q_1 - q_2)q_1 - x_1$$

和 $\quad \pi_2 = (20 + 2\sqrt{x_2} - \sqrt{x_1} - 2q_2 - q_1)q_2 - x_2$

企业利润最大化问题的一阶导数条件为

广告:$q_1 = \sqrt{x_1}, q_2 = \sqrt{x_2}$

产量:$20 + 2\sqrt{x_1} - \sqrt{x_2} - 4q_1 - q_2 = 0, 20 + 2\sqrt{x_2} - \sqrt{x_1} - 4q_2 - q_1 = 0$

从中可解出均衡产量、价格、企业利润及广告支出为

$$q_1^{**} = q_2^{**} = 5, p_1^{**} = p_2^{**} = 10, \pi_1^{**} = \pi_2^{**} = 25, x_1^{**} = x_2^{**} = 25$$

广告提高了消费者的总需求,但由于广告的进攻性,两个企业都过度投入了广告支出。虽然产量和价格都有所上升,但企业的利润下降。在 $x_1^{**} = x_2^{**} = 25$ 的基础上,如果两个企业可以通过"合谋"适当减少广告支出,并在此基础上进行非合作的产量竞争,那么两个企业的利润都会上升,例如选择 $x_1 = x_2 = 0$。注意这里的"合谋"与常见的价格或产量合谋不同,减少进攻型广告的合谋未必降低社会总福利,因此不一定有反垄断方面的问题。

10.2 市场进入与竞争

广告经常对企业的市场进入和市场竞争行为产生显著影响。市场进入与市场竞争是两个密切相关的概念。市场进入可能导致更为激烈的市场竞争,因此在进入门槛较高的行业,能够促进市场进入的因素往往也是提升市场竞争程度的因素。另外,企业决定是否进入一个市场,取决于企业对进入后的盈利的预期,如果预期到市场竞争很激烈,使得可能获得的盈利下降,那么企业进入的动机就会减弱,因此在进入门槛较低的行业,能够减弱企业间竞争程度的因素可以鼓励更多的企业进入市场。广告作为一种主动的信息发表行为,既可能影响市场进入的成本,也可能影响市场竞争的程度。

市场进入

广告对市场进入的影响并不确定。首先,广告使得新进入者的产品和品牌较快地得到消费者的了解,从而实现销售,因而有助于新产品或新企业进入市场;其次,广告也有助于在位企业增强消费者品牌忠诚度,使其相对不愿意接受新产品,这不利于新企业的进入;最后,广告可能影响企业之间的竞争合作关系,加强和减弱企业之间的竞争,从而对企业的盈利能力产生影响,最终影响新企业进入的动机。因此,仅从理论而言,广告对市场进入或品牌数量的净影响不确定,具体取决于产业的特点。值得注意的是,虽然市场进入能够加剧市场竞争,但未必能提升社会总福利。在自由市场经济条件下,如果有显著的规模经济,那么可能出现过度进入问题,在这种情况下,鼓励更多的进入反而会降低社会福利。

Kessides(1986)利用 1972—1977 年间美国 266 个制造行业的市场进入数

据,从三个角度研究了广告对市场进入的影响,一是对进入的沉没成本的影响,二是对进入的不确定性的影响,三是对企业盈利能力的影响。该文发现,由于广告提高了进入的沉没成本,不利于鼓励企业进入市场,但是在一些广告宣传比较重要的产业,企业会认为广告使得进入后取得成功的可能性上升。总的来说,广告对制造业的市场进入有一定促进作用。

Rizzo & Zeckhauser(1990)利用美国医疗协会(American Medical Association,AMA)1987年关于4014个内科医生的广告行为的调查数据,研究了广告对内科医生市场进入的影响。该文发现,内科医生广告总的来说对已经进入的医生比较有利,而对新医生的进入有抑制作用。广告支出的增加使得收入从资历较浅的医生转移到资历较深的医生,这与Kessides(1986)关于制造业广告的发现形成对比。该文还发现,虽然广告能给他们带来较大的财务利益,有经验的老内科医生反而选择较少的广告。可能的解释是,传统观点经常认为医生的职业道德不允许他们进行广告宣传,而老医生往往已经形成这种职业观念,因此宁可牺牲部分利益也不愿做广告。

总之,实证研究表明广告对市场进入的影响不确定。制造业的进入往往形成新的产品品种,而消费者欢迎产品的多样化,信息型广告有助于新产品较快地被消费者找到,从而得以进入市场。而在医疗市场,新医生往往是实践经验相对不足的医生,消费者倾向于得到经验丰富的老医生的医疗服务,广告使得消费者更容易找到老医生,使其市场地位更加稳固。在医疗服务供应饱和的情况下,广告实际上阻止了过度的市场进入。

市场竞争

关于广告对市场竞争的影响,长期以来存在两个完全不同的观点。一个是"市场力量"观点,许多经济学家和反垄断机构官员认为,说服型广告经常夸大产品的独特性,甚至误导消费者对产品的看法,借此提升消费者的品牌忠诚度,提高企业的市场力量和盈利能力,在长期还可能导致垄断竞争市场的过度进入。例如一些消费品品牌经常被广告赋予特定文化内涵,引导消费者认为类似产品之间有较大差别。例如许多消费者从"可口可乐"品牌上感受到某种传统价值观、从"百事可乐"品牌上感受到年轻与活力、从"耐克"品牌上感受到某种体育精神等,这在很大程度上都是长期精心设计的广告宣传的结果。从这个角度看,不加限制的广告活动不利于鼓励有效的市场竞争。另一个是"信息"观点(Nelson,

1974；Ehrlich & Fisher，1982），该观点认为广告，特别是信息型广告，为消费者提供了有用的价格和质量信息，使得他们对价格的敏感程度上升，促使企业提供性价比更高的产品。

"市场力量"观点认为广告投放会减弱企业间竞争，使企业具有更强的市场力量，而"信息"观点则认为广告会促进企业间竞争，导致较弱的企业市场力量，两者的预测相反。市场力量经常是用企业的毛利润率度量。应该注意的是，广告投放量与毛利润率之间的正向关系未必完全支持市场力量观点，因为其中的因果关系可能是反向的。边际成本较低、毛利润率较高的优势企业往往有更强的动机投资于广告。

一个有趣的关于广告的实证研究是 Benham(1972)，该文研究 1963 年的美国眼镜市场。其行业背景是，验光配镜经常被认为是一种医疗服务，应该由专业医生完成。一些传统医生和其他人士认为，医疗服务不应过度商业化，不应做广告宣传，因此当时美国只有部分州允许在媒体投放配镜广告。该文发现，眼镜价格在禁止验光配镜广告的州，远远高于没有限制的州。在控制了州与州之间不同的收入、年龄和家庭结构等因素后，每副眼镜的价格在禁止广告的州要比其他州高约 7.37 美元。在没有禁止配镜广告的州，眼镜的平均价格为 26.34 美元，所以禁止广告使配镜价格提高了大约 28%。另外，在允许配镜广告的州中，是否允许宣传价格信息对均衡价格的影响不明显。这项研究支持了关于广告的信息观点，即广告加剧了市场竞争，提高了市场效率。

一个与信息观点相关的看法来自 Bagwell & Ramey(1994)，该文认为广告可以成为一个实现买方和卖方之间协调的工具。在价格信息传递比较困难的情况下，如果没有广告来传递信息，那么消费者难以发现高效率企业，使得后者难以扩大市场份额，无法充分利用规模经济。同时，低效率企业也更加容易生存，这样很可能出现过度进入现象，最终导致较高的均衡价格。如果广告是可能的，那么效率较高的企业比较容易被消费者发现，得以扩大市场份额，发挥规模经济，降低平均成本，使得消费者可以获得较低的价格，而低效率企业更容易被逐出市场。Bagwell & Ramey(1994)的理论实际上支持关于广告促进信息交换的观点，与 Benham(1972)在美国眼镜市场上的发现较为一致，而与 Kessides(1986)关于信息型广告促进制造企业进入的发现不太一致，但三个研究都认为信息型广告会提升社会总福利。Bagwell & Ramey(1994)的理论可能在有显著的规模经济和成本异质性，但产品基本同质的行业比较适用。

10.3　社会福利

关于广告的"信息"观点认为,(信息型)广告促进信息交流,降低交易成本,因而可能增进社会总福利。不过,如果广告被策略性地用于排挤竞争对手,其对社会福利的影响也是不确定的。例如,在位企业可以通过大量投资广告,降低消费者购买自家产品(特别是复杂产品)的信息成本,有可能实现阻止其他企业进入市场的目的,这是一种"猛犬"策略。企业也可能用类似的"猛犬"策略与竞争对手共存,但在一定程度上相互排挤。这些策略都可能造成社会福利的损失。

"市场力量"观点则认为,(说服型)广告对社会福利的影响比较复杂,原因是广告改变了消费者的偏好。在评估广告前后的社会福利时,没有一个普遍认可的标准,很难断定广告之前还是之后的消费者偏好是真实的。有人认为说服型广告使部分消费者错误地认为质地类似的产品有显著区别,或者认为一个产品具有并不存在的特性,因而只有广告前的消费者偏好才是真实的偏好。也有人认为说服型广告所塑造出来的价值标准也会给消费者带来实实在在的效用,因此广告后的偏好也是真实的偏好,例如,如果消费者认为某运动品牌代表了特定体育精神,那么在使用并展示该品牌产品的过程中,消费者的确获得了额外的心理效用。

Dixit & Norman(1978)得到一个很强的关于广告的社会福利影响的结论,认为企业有过强的动机投资于广告。该文指出,如果广告纯粹是误导消费者,那么在评估社会福利时,就应该使用广告前表现出来的消费者偏好。相反,如果广告后的消费者偏好是消费者的真实偏好,那么就应该使用广告后表现出来的消费者偏好。如果基于两种不同偏好标准所得到的社会福利结果相同,那么这样的结论无论如何都是可靠的。他们提出,无论采用哪种偏好,企业都有过强的广告动机,具体体现为企业从广告中的获益大于社会整体从广告中的获益。这无疑是一个令人吃惊的发现。下面我们演示该理论的最简单情形。

考虑一个垄断企业的广告行为。垄断企业的生产边际成本为常数,不受广告的影响。不妨假设提供广告服务的行业是完全竞争的,因而不必考虑广告行业的剩余,社会总福利等于消费者剩余和垄断企业利润之和。假设在特定现状的基础上,增加广告投入 E 使得对垄断企业产品的需求从 $D(Q,0)$ 上升为 $D(Q,E)$,分别如图 10-1 中的粗线所示。需求的上升使得垄断企业的最优价格从 p^m 上升为 $p^{m\prime}$,垄断产量则从 q^m 上升到 $q^{m\prime}$。

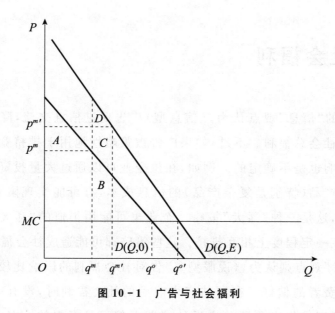

图 10-1 广告与社会福利

从图 10-1 可见,如果以广告前的偏好为准,那么广告后的社会总福利增加量可用图中的区域 B 代表,因而净的社会福利增加为 $B-E$。如果以广告后的偏好为准,那么广告后的社会总福利增加量为 $B+C+D$,净的社会福利增加为 $B+C+D-E$。显然,以广告后偏好为准的社会福利增加量较大,这是因为在较高的"真实"需求下,产量增加($q^{m'}-q^m$)所避免的"无谓损失"更多。

另外,企业从广告中得到的净剩余是 $A+B+C-E$,这个值显然大于以广告前偏好为准的社会总福利的增加 $B-E$。另外,我们注意到,当需求函数的移动较小时,三角形区域 D 的面积相对于梯形区域 A 的面积而言较小,因为前者的面积是"二阶无穷小",而后者的面积是"一阶无穷小"。因此我们有

$$A+B+C-E > B+C+D-E$$

也就是说,即使以广告后的偏好为准,企业从广告投入中的获益一般也大于社会总福利的增加。从直观上看,广告对社会福利的贡献仅仅是通过提高销量减少"无谓损失",但是对企业而言,当广告帮助消费者找到较高的"真实"需求后,企业不仅可提高销量,还可获得更高的销售价格,因而获益更大。

Dixit & Norman(1978)还发现,类似的结果在寡头市场和垄断竞争市场同样成立。基于这些分析,他们得出结论,企业的利润增加是社会福利随广告增加而增加的必要条件,但并非充分条件。也就是说,当广告投入的增加提升社会总福利时,一定同时提升企业利润,反之,当广告投入的增加还能提升企业利润时,未必还能提升社会总福利。追求利润最大化的企业会一直增加广告投入,直到净利润不再继续上升,而这时社会总福利一般来说已经在减少,因此企业在广告上的

投入是过度的。从利润最大化的广告水平出发,减少广告投入一般会提高社会总福利。最重要的是,无论是用广告前还是广告后的消费偏好作为标准,该结论都成立。

Fisher & McGowan(1979)指出,Dixit & Norman(1978)的结论显然太强了。事实上,该结论可以适用到任何能够增加对产品需求的因素,例如改进产品品质的研究开发行为也会增加消费者需求,使得均衡价格和产量上升,但是很难相信,追求利润最大化的企业在研究与开发上的投入一定会过度。研究与开发使得企业的产品本身发生了变化,因而消费者从一个产品中获得的效用也发生了变化,既不能用关于旧产品的偏好来衡量消费者对新产品的估值,也不能用关于新产品的偏好来衡量消费者对旧产品的估值。

类似道理,无论是用广告前还是广告后的偏好为准来衡量社会福利的变化,都是片面的。广告改变了人们对产品的偏好,使得广告前后的消费偏好无法直接进行比较,仅以两种偏好之一作为福利标准并不严格。广告前的社会福利应该以广告前的偏好为准,而广告后的社会福利应该以广告后的偏好为准。具体而言,假设广告前后的社会总福利(作为总产量的)函数分别为 $v(q)$ 和 $w(q)$,那么 Dixit & Norman(1978)考虑了

$$v(q^1) - v(q^0) - E \quad \text{和} \quad w(q^1) - w(q^0) - E$$

的正负,其中 E 是广告支出,但是我们实际需要关注的或许应该是

$$w(q^1) - v(q^0) - E$$

Dixit & Norman(1978)的结论过强的另一个表现是,即使是纯粹信息型的广告也一定会被过度投入。例如许多广告只是让一些消费者知道某产品的存在,在没有策略性考虑的情况下,这种广告一般来说对社会是有利的。Shapiro(1980)指出,在 Dixit & Norman(1978)的分析中,即使按照广告后的消费者偏好,广告前的消费配置也是有效的,而实际上当消费者人数超过 1 时,这个事实一般不成立。也就是说,按照广告后的消费者偏好,广告前的消费配置一般不是有效的。因此,如果以广告后的偏好衡量福利变化,Dixit & Norman(1978)高估了广告前的福利水平,低估了广告带来的社会福利增加,从而错误地得出广告投入过度的结论。

Shapiro(1980)的思想可用图 10-2 演示。某垄断企业的生产成本为零。在广告前,企业面临的需求为 $x(p)$,最优价格是 p^*,相应的产量是 x^*。这时社会总福利可以用图中的梯形 $ABEO$ 的面积代表,其中 ABp^* 为消费者剩余,p^*BEO 为企业利润。

现在假设企业通过发布信息型广告,使得消费者人数增加了一倍,因而企业面临的需求上升为 $2x(p)$。广告之后企业的最优价格不会发生变化,仍然是 p^*,

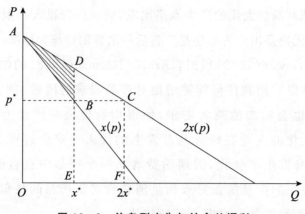

图 10-2 信息型广告与社会总福利

但是产量增加到 $2x^*$。在不考虑广告支出的情况下,企业利润、消费者剩余及社会总福利都增加了一倍。特别地,广告带来的社会福利增加量可以用图中的 $ACFEB$ 的面积代表,该面积与 $ABEO$ 的面积相等。

但是,根据 Dixit & Norman(1978)的模型,如果以广告后的偏好为准,那么广告前的社会总福利由 $ADEO$ 的面积代表,而实际上应该是 $ABEO$ 的面积。广告实现的社会总福利的增加量被认为是用图中的 $DCFE$ 的面积代表,低估的幅度为图中的阴影部分 ABD。正是由于 Dixit & Norman(1978)低估了广告带来的社会福利增加,才得出企业过度投入广告的结论。

事实上,在广告之前,产量 x^* 全部由一半消费者所消费,广告之后新增的消费者并没有参与消费,因而消费者剩余仅为 ABp^*,而不是 $ADBp^*$。也就是说,如果以广告后的消费者总体偏好为准,那么广告之前的消费不是有效配置的,不能实现最大的消费者剩余。在这种情况下,Dixit & Norman(1978)的处理是错误的。

Shapiro(1980)进一步指出,以广告后的偏好作为福利标准,以广告前后的消费量之间位于需求曲线以下的面积衡量广告带来的社会福利增加,这个计算方法可行的充分必要条件是,在广告前购买量的基础上,所有消费者的反需求函数在广告之后发生等比例的上升。这个条件在图 10-2 中不成立。

总之,无论是信息型广告还是说服型广告,对社会福利的影响都是复杂的,没有简单的结论,需要具体问题具体分析。

10.4* 产品质量信号

很多广告似乎既不传递任何有用的信息,也没有试图影响消费者偏好,但仍然产生巨大的广告支出。例如企业经常重金聘请影视或体育明星"代言",而明星的受欢迎程度与代言产品的品质或消费体验之间几乎毫无关系。

Nelson(1974)提出,当消费者会重复购买某体验型商品时,广告对提供垂直差异化产品的企业的回报会出现异质性,使得广告支出,而不是广告内容,可能成为关于产品品质的信号。在重复购买之前,广告无差别地提高消费者对各种类型产品的需求,但是在重复购买情况下,有了消费体验的消费者更倾向于购买品质较高的产品,因而高质量产品从广告中获得的回报相对较高,这样高质量产品制造商有更强的动机投资于广告。因此从消费者的角度看,较高的广告支出本身可能意味着较高的产品品质。Kihlstrom & Riordan(1984)为 Nelson(1974)的思想给出了更严谨的表述。在以 Spence(1973)为代表的常见信号(signaling)模型中,信号机制大多是基于信号发放的成本的异质性,而 Kihlstrom & Riordan(1984)等的产品质量信号机制是基于信号回报的异质性。

假设有一个垄断企业生产并供应某产品。企业知道自己的产品品质为"高"或"低",但消费者不能在购买前知道。消费者在事前认为,这个企业的产品是高品质的概率为 q。一个高品质的产品带给消费者的效用为 X,否则为零。生产一个高品质产品的边际成本为 c^G,生产一个低品质产品的边际成本为 c^B,且 $c^G > c^B$。

市场仅存续两期。消费者每期最多购买一个单位的产品,并在第二期拥有关于该产品的完全信息。假设如果某消费者在第一期没有购买该产品,那么在第二期也不会购买。两期之间的贴现因子为 $\delta \in (0,1)$。企业可以在第一期进行广告投放,每单位产品分摊的广告支出为 A,企业的广告支出可以被消费者所观察,例如在昂贵的广告平台播放、邀请著名明星代言、设计精美、持续时间较长的广告,会被消费者认为付出了较高的广告支出。

一个"信号均衡"是一个"完美的贝叶斯纳什均衡",其组成部分包括企业的(类型依赖的)策略、消费者对企业行为的解读(即"信念"),以及消费者依据其信念做出的最优选择。"完美的贝叶斯纳什均衡"意味着给定消费者信念,企业的策略是最优的,而给定企业的策略,消费者的信念得到验证,或至少不会被证伪。由于不同的消费者信念可以支持不同的企业策略,信号均衡经常是不唯一的,这时我们需要"构造"能达成上述一致性的均衡状态。考虑以下一个候选均衡:

(1) 市场交易当且仅当该企业生产高品质产品时存在,且第一期的价格 p_1 和广告支出 A 满足 $p_1 - A = c^B$;

(2) 消费者的信念是,如果企业的价格 p_1 和广告支出 A 满足 $p_1 - A \leqslant c^B$,那么该企业的产品是高品质的,否则为低品质的;

(3)如果消费者认为该产品为高品质的,那么每期都愿意以不高于 X 的价格购买一个单位该产品,否则不进行购买。

我们可以证明,当模型参数满足

$$(c^B - c^G) + \delta(X - c^G) \geqslant 0$$

时,以上候选均衡的确是一个完美的贝叶斯纳什均衡。

首先我们注意到,无论是哪种类型的企业,如果在第一期选择的价格和广告支出满足 $p_1 - A > c^B$,那么消费者将认定其提供低品质产品,不会进行购买,因而企业所得利润为零。

假如企业提供高品质产品,如果选择 $p_1 - A \leqslant c^B$,那么消费者将认定其产品为高品质,不仅会在第一期以 p_1 的价格购买,还会在第二期以垄断价格 X 购买。因而企业总利润为

$$\prod\nolimits^G = (p_1 - c^G - A) + \delta(X - c^G) \leqslant (c^B - c^G) + \delta(X - c^G)$$

这时企业的最优价格和广告支出应满足 $p_1 - A = c^B$,利润为

$$(c^B - c^G) + \delta(X - c^G) \geqslant 0$$

因此,如果企业提供的是高品质产品,选择 $p_1 = c^B + A$ 是最优的。这时企业在第一期产生亏损 $(c^G - c^B)$,而在第二期获得垄断利润 $(X - c^G)$。

假如企业提供低品质产品,如果选择 $p_1 - A \leqslant c^B$,那么消费者将误认为其产品为高品质,会在第一期以不高于 $c^B + A$ 的价格购买。但是在第二期,消费者发现了产品的真实品质,不会继续购买,因此企业的总利润为

$$\prod\nolimits^B = p_1 - c^B - A \leqslant 0$$

这意味着低品质产品的生产企业没有动机通过选择 $p_1 - A \leqslant c^B$ 假冒成一个高品质产品的供应者。

从以上分析可见,高品质产品供应者会选择 $p_1 - A = c^B$,而低品质产品供应者会退出市场,消费者信念得到验证,因此上述候选均衡的确是一个信号均衡。

直观而言,消费者通过观察价格和广告支出判断企业是否提供高品质的产品,而且给定消费者的信念,提供低品质产品的企业无法在市场上获利。高品质产品供应者通过在第一期的亏损,发出一个关于其产品品质的可信信息,得以在第二期获得垄断利润。这个简单的模型从信息的角度解释了为什么厂家经常对新产品进行促销或大规模发布广告。当然,如果低品质产品的生产成本过低,即 $(c^G - c^B)$ 过大,那么上述均衡不能成立,也就是说高品质产品的生产企业不能仅依赖广告或低价来可信地展示其类型。

本章小结

本章讨论与广告有关的基本理论。广告作为一种信息发布行为,既可以传播与产品有关的信息,也可以建立特定消费文化,甚至可以在一定程度上操纵消费者偏好。由于经常涉及心理学因素,广告现象有时不能完全用经济学理论进行解释。本章的主要内容有:

- 根据广告中包括的内容,广告可大致分为信息型广告和说服型广告,前者主要提供与产品有关的各种信息,后者主要试图影响消费者偏好,但两者之间没有绝对的界限。

- 根据广告的外部影响,广告可分为合作型广告和进攻型广告,前者对其他企业有正的外部性,后者对其他企业有负的外部性。从产业整体角度看,独立决策的企业投放合作型广告的动机不足,而投放进攻型广告的动机过强。

- 广告可能对市场进入和市场竞争产生影响,但是影响方向不确定。一般来说,信息型广告改善产业内的信息交流,既可能加剧竞争从而促使没有竞争力的企业退出,也可能有利于新企业尽快被消费者了解,从而得以进入市场。说服型广告提升消费者的品牌忠诚度,既可能减弱竞争从而鼓励进入,也可能妨碍新企业获得消费者认可从而不利于进入。

- 广告对社会福利的影响也是不确定的。虽然有理论认为在很弱的条件下,企业都有过强的动机投资于广告,但是这个理论有较大争议。

- 广告可能被用作发出关于产品品质的"信号"。如果一个企业认为其产品具有较高的品质和市场潜力,那么可能有较强的动机投资于广告宣传。反过来,当消费者观察到巨额的广告支出时,往往可大致认定相关产品具有较高品质。

习 题

1. 试证明:在例 10-1 中,如果两个企业先合作确定广告支出 $x_1 = x_2 = x$,然后进行产量博弈,那么它们选择的最优广告支出满足 $x > 9$。

2. 试解释在什么市场条件下,信息型广告有助于新企业进入市场,以及在什么条件下起到相反的作用。

3. 在一个寡头市场中,有两个成本均为零的企业进行产量竞争。企业同时还可以投入广告,给定企业的产量 q_1 和 q_2,以及广告投入 x_1 和 x_2,两个企业面临的剩余需求分别为

$$p_1(q_1, x_1) = 40 + \sqrt{x_1} - q_1 - q_2 \quad \text{和} \quad p_2(q_2, x_2) = 40 + \sqrt{x_2} - q_1 - q_2$$

(1) 假设企业同时(非合作地)选择它们的产量和广告投入,请找出这个市场的均衡产量、广告投入和利润。

(2) 假设两个企业先合作确定它们的广告投入 $x_1 = x_2 = x$,然后进行静态的(非合作的)产量竞争,请找出最优的广告投入 x,以及产量竞争均衡的产量和利润。

(3) 如果(1)和(2)的结果不同,请解释为什么。

4. 一些奢侈消费品的生产成本与有类似外观设计和使用价值的实用商品相当,也不涉及专利技术,但价格比实用商品高出数十倍。试解释其中的原因。

5. 某产品市场上有一个垄断企业,其边际成本为 2。每个消费者的需求函数为 $q(p) = 10 - p$。如果企业投入广告支出 x,可以吸引 $\sqrt{x}$ 个消费者前来购买。企业先选择广告支出 x,然后选择销售价格 p。

(1) 请找出这个垄断企业的最优决策 (x, p)。

(2) 从社会总福利的角度看,企业是否过度投入了广告支出? 解释为什么。

6. 从直观上解释为什么消费者往往对低成本广告持怀疑态度。

参考文献

Bagwell, K. and G. Ramey, 1994, "Advertising and Coordination", *Review of Economic Studies*, 61(1):123—172.

Benham L., 1972, "The Effects of Advertising on the Price of Eyeglasses", *Journal of Law and Economics*, 15(2):337—352.

Dixit, A. and V. Norman, 1978, "Advertising and Welfare", *Bell Journal of Economics*, 9(1):1—17.

Ehrlich, I. and L. Fisher, 1982, "The Derived Demand for Advertising: A Theoretical and Empirical Investigation", *American Economic Review*, 72(3):366—388.

Fisher, F. and J. McGowan, 1979, "Advertising and Welfare: Comments", *Bell Journal of Economics*, 10(2):726—727.

Kessides, I., 1986, "Advertising, Sunk Costs, and Barriers to Entry", *Review of Economics and Statistics*, 68(1):84—95.

Kihlstrom, R. and M. Riordan, 1984, "Advertising as a Signal", *Journal of Political Economy*, 92(3):427—450.

Nelson, P., 1974, "Advertising as Information", *Journal of Political Economy*, 81(4):729—754.

Rizzo, J. and R. Zeckhauser, 1990, "Advertising and Entry: The Case of Physician Services", *Journal of Political Economy*, 98(3):476—500.

Shapiro, C., 1980, "Advertising and Welfare: Comment", *Bell Journal of Economics*, 11(2):749—752.

Spencer, M., 1973, "Job Market Signaling", *The Quarterly Journal of Economics*, 87(3):355—374.

第十一章
研究与开发

产品生产工艺可以不断改进以降低成本,产品设计可以不断完善以提高品质或性能,全新的产品也可以不断地被研究开发出来以满足消费者的新需求,所有这些行为都是"创新"。著名经济学家约瑟夫·熊彼特(Joseph Schumpeter)认为资本主义制度的精华在于创新,资本主义体系就是一个"创造性破坏"(creative destruction)过程,新的产品和工艺会周期性颠覆旧的市场并创造新的市场。

创新经常需要创新者付出高度的主观努力。在基于私有制和分散决策的市场经济体制中,企业和个人经常能够从创新中获益,因而形成较为强烈的创新激励。尽管如此,创新通常还会产生显著的外部性,使得其他人也受到创新的影响。有人认为"创新"行为与"研究与开发"行为之间略有区别,后者特指较重大技术的生产,但本章我们基本不区分这两个术语。

◆ 引导案例

支付方式的创新

社会分工意味着交易,而交易需要支付手段。最简单的交易是物物交换,这种交易方式无须专门的支付手段,但是效率较低,因为在多数情况下,交易双方并不同时拥有对方所需要的物品。为了解决这个问题,人们发明了货币,这样人们可以卖出自己的产品获得货币,然后用货币买回自己需要的物品,极大地提高了交易效率。

最早的货币是自然货币,主要是用贝壳制成的"贝币"。随着经济活动的增加,数量有限的贝币难以满足交易的需求。从商代开始,出现了仿海贝形状的铜币。这是早期的人工货币,铜币可以自行铸造,代表了支付方式上的一次重大创新,而贝币逐渐退出交易。随着经济的发展和交易活动的增加,人工铸造的金属货币不断完善,形状逐渐统一,铸造权逐渐集中于中央政府。

从北宋开始,由于铸币用铜的紧缺,开始出现纸币"交子"。纸币采用廉价原料制成,其支付功能依赖于国家强制力量。纸币是支付方式上的又一次重大创新,一直沿用至今(期间清朝同治停用纸币,改回铜钱)。纸币大幅降低了铸币成本,但仍存在一定缺陷,例如不便携带、易丢失、不适合远距离支付等。北宋期间还出现了作为存款和取款凭据的"银票",类似于现代的支票,是有担保的支付方式,可就近兑换,避免了在旅行中携带大量货币。在一些西方国家,支票在今天仍然是一种常见的支付方式,但是在我国,个人在银行活期账户基础上开具支票的现象很少见。

在20世纪,随着现代科技的发展,起源于发达国家的银行卡逐渐成为一种主流的日常支付方式。银行卡包括信用卡和借记卡,小巧耐用,便于携带,可记名挂失,有一定融资功能,能快速完成远距离支付或汇款,使用上也较支票更为简单。但是,银行卡不仅需要金融企业提供清算服务,还需要一定的硬件设施支持,如POS机或ATM,这影响了银行卡在一些偏远地区的应用。

到了21世纪,随着数字科技的进步,出现了基于互联网的支付手段创新。以"支付宝""微信支付""Apple Pay"等为代表的数字支付方式,依托传统银行体系,借助电脑或智能手机的强大信息交换能力,可便捷地完成各种日常支付和转账,进一步降低了支付成本,使得一些以前无利可图的小额交易(包括小额投资)变得有利可图。

本章概要

不同市场结构下的创新激励　　　　专利竞赛对企业创新的影响
最优技术转让方式　　　　　　　　知识产权保护

11.1　市场结构与创新激励

Schumpeter(1950)的一个著名观点是,虽然完全竞争从静态的角度看是一种有效的市场结构,但是这种市场结构不适合于为创新提供激励。正是由于垄断利润的诱惑,促使企业不断创新。而Arrow(1962)则认为,在不考虑"专利竞赛"(patent race)的情况下,竞争性企业有更强的动机进行降低成本的研发。从直观上看,原因包括以下几点。

第一,竞争性企业只有通过创新降低成本,才可能获得较高的利润。相比之下,垄断企业在创新之前即可获得可观的垄断利润,其创新激励仅仅在于垄断利润的增加。因此,创新对竞争性企业而言可能有更大的吸引力。

第二,竞争性企业倾向于选择较高的产量,有利于新技术的充分利用。而垄断企业会通过减少产量获取较高的价格和利润,不能充分利用新技术带来的好处。因此,竞争性企业可能从新技术中获得更多的额外利润。

第三,在竞争性市场中,创新如同逆水行舟,不进则退。创新不一定能使企业获得垄断利润,但不创新的企业很快会被市场淘汰。通过创新还可以提升自身的市场份额,将利润从竞争对手转移过来。相比之下,垄断企业没有竞争对手,因而也没有源自竞争的压力和动力。

我们可以通过一个简单的模型,来说明在两种极端市场结构下的创新激励(Dasgupta & Stiglitz,1980b)。假设某个产业中,企业有不变的边际成本,而固定成本为零。一项技术创新的作用是将边际生产成本从 c'' 降低到 c'。市场需求函数为 $D(p)$,满足 $D'(.) < 0$。

记该创新对社会的潜在价值为 v^s。由于该创新使产品的边际生产成本从 c'' 降低到 c',因此消费者最多可以从该产品获得的剩余从 $\int_{c''}^{+\infty} D(c) dc$ 上升到 $\int_{c'}^{+\infty} D(c) dc$,于是社会总福利的潜在增加值最大可以达到

$$v^s = \int_{c'}^{+\infty} D(c) dc - \int_{c''}^{+\infty} D(c) dc = \int_{c'}^{c''} D(c) dc$$

如图 11-1 中的阴影部分所示。在市场机制下,当所有完全竞争企业都可以免费使用最新技术时,社会总福利的增加值正好就是以上 v^s。

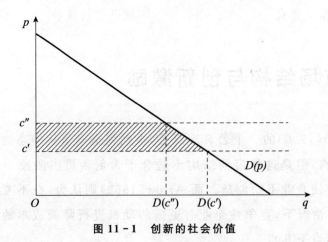

图 11-1 创新的社会价值

以下我们讨论在不同市场结构下,追求利润最大化的企业最多愿意为该项降低成本的创新付出多大代价。在此基础上,我们就可以比较不同市场结构下

企业进行创新的激励强度。

垄断

假设该市场被一个企业所垄断,企业的垄断价格作为边际成本 c 的函数记为 $p^m(c)$,于是企业的均衡利润为

$$\pi^m(c) = (p^m(c) - c)D(p^m(c))$$

使得边际成本从 c'' 降低到 c' 的技术创新对垄断企业的价值为

$$v^m = \pi^m(c') - \pi^m(c'') = -\int_{c'}^{c''} \frac{d\pi^m(c)}{dc} dc$$

根据包络定理,我们有

$$\frac{d\pi^m(c)}{dc} = \frac{\partial}{\partial c}[(p-c)D(p)]\bigg|_{p=p^m} = -D(p^m(c)) = -q^m(c)$$

因此该创新对垄断企业的价值可以写成

$$v^m = \int_{c'}^{c''} D(p^m(c)) dc = \int_{c'}^{c''} q^m(c) dc$$

如图 11-2 中的阴影部分所示。由于 $\forall c \in [c', c'']$,我们有 $p^m(c) > c$,而需求函数是递减的,故 $D(p^m(c)) < D(c)$,因此从 v^s 和 v^m 表达式可见 $v^m < v^s$。

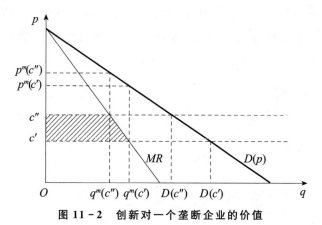

图 11-2 创新对一个垄断企业的价值

完全竞争

假设在创新之前,市场原本有很多企业进行价格竞争,且企业生产完全同质的产品,边际成本均为 c''。由于企业的边际成本为常数,如果有一个企业获得较先进的技术,边际成本下降为 c',那么在完全竞争条件下,其他企业必然被挤出

市场,创新企业成为市场唯一的供应者。由于不存在进入障碍,创新企业的价格不能高于其他企业的边际成本 c'',否则其他企业将重新进入。关于创新企业的定价,我们需要考虑以下两种可能性。

第一,如果创新企业的无约束垄断价格 $p^m(c') \geqslant c''$,即创新带来的成本下降有限,创新企业还不足以成为一个无约束的垄断企业,那么创新后的市场均衡价格为 c''。该创新对原完全竞争企业的价值为

$$v^c = (c'' - c')D(c'') = \int_{c'}^{c''} D(c'') \mathrm{d}t$$

如图 11-3 中的阴影部分所示。注意到在以上积分中,积分项为常数。由于对 $\forall c \in (c', c'')$,有 $D(c'') < D(c)$,因此

$$v^c = \int_{c'}^{c''} D(c'') \mathrm{d}t < \int_{c'}^{c''} D(t) \mathrm{d}t = v^s$$

另外,由于前提是 $p^m(c') \geqslant c''$,我们有 $D(p^m(c')) \leqslant D(c'')$,于是 $\forall c \in (c', c'')$,有

$$D(p^m(c)) < D(p^m(c')) < D(c'') < D(c)$$

所以我们有

$$v^m = \int_{c'}^{c''} D(p^m(t)) \mathrm{d}t < \int_{c'}^{c''} D(c'') \mathrm{d}t = v^c$$

总之 $v^m < v^c < v^s$,因此一个"有限"降低边际成本的创新对一个完全竞争企业的价值,介于其对一个垄断企业的价值和对社会的价值之间。通过比较图 11-1、图 11-2 和图 11-3,可以比较直观地看到这个结论。

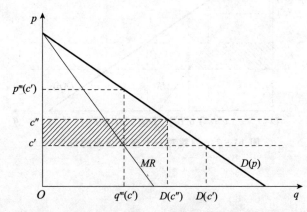

图 11-3 "有限"创新对一个完全竞争企业的价值

第二,如果创新是"突破性的",以至于创新企业的无约束垄断价格 $p^m(c')$ 低于创新前的市场均衡价格,即 $p^m(c') < c''$,那么创新企业成为一个无约束的垄断企业,创新后市场均衡价格为 $p^m(c')$。由于创新前的利润为零,创新后的利润为

垄断利润,因此该创新对企业的价值为
$$v^c = \pi^m(c')$$
如图 11-4 中的阴影部分所示。假如这个市场原本是垄断的,创新只能让垄断企业的利润从 $\pi^m(c'')$ 上升到 $\pi^m(c')$,显然我们有
$$v^c = \pi^m(c') > \pi^m(c') - \pi^m(c'') = v^m$$

不过,从图 11-4 可以看出,这个价值 v^c 仍然低于创新的社会价值,后者是介于边际成本线 c' 和 c'' 之间,以及纵轴和需求曲线之间的区域面积。具体地,我们有

$$v^c = \pi^m(c') = [p^m(c') - c']q^m(c') = \int_{c'}^{p^m(c')} q^m(c') \mathrm{d}c$$
$$= \int_{c'}^{p^m(c')} D(p^m(c')) \mathrm{d}c < \int_{c'}^{p^m(c')} D(c) \mathrm{d}c < \int_{c'}^{c''} D(c) \mathrm{d}c = v^s$$

总之,我们仍然有 $v^m < v^c < v^s$。

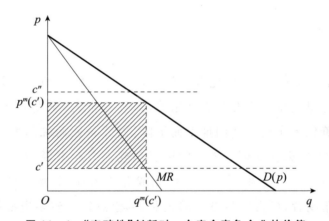

图 11-4 "突破性"创新对一个完全竞争企业的价值

以上分析表明,在不考虑不同市场结构下企业创新能力的差异、生产的规模效应及企业间复杂博弈等情况下,一项降低边际成本的创新对于一个完全竞争企业的价值,高于其对于一个垄断企业的价值。从这个角度看,完全竞争企业可能有更强的动机进行降低成本的研究与开发。但我们应注意到,完全竞争企业一般来说规模较小,可用于研究开发的资源也比较有限。如果企业从金融市场大量融资进行创新,那么风险评估可能是一个必须考虑的重要问题,而以上模型并没有包括不确定性。即使研发取得突破,由于生产技术的规模不经济,小企业往往需要通过对外授权使用来实现技术推广,在这个过程中很可能产生显著的交易成本。预见到这个情况,小企业投资于研发的动机也会有所减弱。技术的复杂性和企业之间的各种博弈也都会影响创新动机。

由于企业仅考虑利润,而代表社会福利的政府或"中央计划者"还会考虑消费者福利,因此后者有更强的动机投资于研发。这意味着在没有任何信息问题的情况下,政府有动机收购企业研发的技术,特别是有较广泛用途的共性技术,并免费提供给所有企业使用。但是在实际操作中,技术的合理定价是一个很难解决的问题。

更复杂的不完全竞争模型经常发现寡头企业有较强的创新动机。寡头企业有一定的经济实力,同时又面临"不进则退"的竞争压力,这些都是创新的动力。Dasgupta & Stiglitz(1980b)通过一个包含(降低成本的)创新的产量竞争模型说明,当产业集中度较低时,产业总研发支出与产业集中度正相关。这个结论与 Aghion 等(2005)的实证研究比较一致,后者发现相对于垄断和完全竞争,寡头企业的创新最多。他们建议的解释是,只有当企业之间势均力敌时,创新带来的利润增加才最多(或许产生的外部性也越显著),因而创新的激励最强。

研发投入与时间

技术创新是一个过程,需要耗费时间。对于一项特定的技术创新,研究开发过程所耗费的时间往往与研发投资负相关,即投入越大,研发时间越短。创新成果的"现值"随着创新实现时间的推迟而下降,因此企业面临的取舍是,要么提高当前的研发投资,要么忍受创新成果的推迟实现。一般来说,对于一个特定研发项目,成果的价值越大,企业越希望尽快完成并投入应用,因而需要的研发投资越大。从这个角度看,研发动机越强的企业,越愿意投入较多资源用于研发。

以下简单模型描述了研发动机与研发投入之间的关系。假设某项创新实现所需要的时间为 $T(d)$,其中 d 为在创新上的投入。这是一个递减的凸函数,满足 $T'(.)<0$ 和 $T''(.)>0$,也就是说,创新投入越大,创新实现所需要的时间越短,但是单位研发投入能够缩短的时间递减。

如果创新的价值为 V,那么最优的研发投资 d^o 为以下问题的解

$$\max_d Ve^{-rT(d)} - d$$

其中 $e^{-rT(d)}$ 是在未来实现的价值贴现到当前的贴现因子。如图 11-5 所示,以上问题的解 d^o 最大化曲线 Ve^{-rT} 和 d 之间的垂直距离。注意到图 11-5 中的斜虚线与曲线 Ve^{-rT} 相切,且与 45 度线 d 是平行的,因此这两条平行线之间的垂直距离即为目标函数的最大值。

在前面的分析中,我们曾得出 $v^m < v^c < v^s$ 的结论,即特定创新对一个垄断企

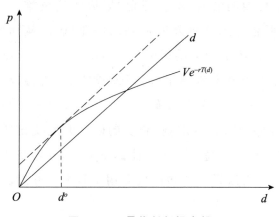

图 11-5　最优创新投资额

业的价值低于对一个完全竞争企业的价值，而后者又低于对社会福利的价值。图 11-6 中，我们分别对 $V=v^m$、$V=v^c$ 和 $V=v^s$ 给出曲线 Ve^{-rT}，从而得出在不同情况下的最优创新投入。从图 11-6 可见，由于垄断企业对创新成果的估值最低，因此愿意投入的创新资金最少，创新实现所需要的时间最长。总之，如果 $v^m < v^c < v^s$，那么最优研发投资额满足 $d_m < d_c < d_s$。

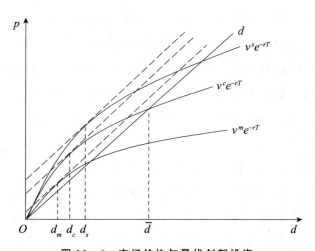

图 11-6　市场结构与最优创新投资

　　市场竞争情况只是影响企业创新行为的一个方面，还有很多其他可能的影响因素。例如企业作为一个公司，其股权结构可能影响企业的创新行为。Aghion，Reenen & Zingales（2013）发现，当机构投资者在上市公司中的持股比重较高时，公司的创新较多，这里的创新以引用数加权的专利数量代表。其原因可能是，企业家的创新不可避免存在失败的可能，从而给企业家带来个人职业生涯上的风险。相对于个人投资者，机构投资者更倾向于在事前理性评估创新的价值,而比较容忍事后可能的失败,不会完全"以成败论英雄"。因此,较高的机构持股比例有利于降低企业家在创新时面临的职业风险,从而鼓励公司的创新行为。企业的创新还受到经济周期的影响。Aghion & Saint-Paul(1998)等认为,在经济低谷时期,各种生产要素价格下降,研发投资的"机会成本"较低,因此企业可能加大研发投资。但是许多实证研究,如 Comin & Gertler(2006)、Walde & Woitek(2004)、Ouyang(2011)等发现,企业的研究开发支出大多是顺周期的,也就是说在经济景气时支出较高。一个可能的解释是,在经济低谷时期,企业可能面临较紧的预算约束,无法投入较多的资金用于研究与开发。

11.2 专利竞赛

不确定性是研究与开发活动最重要的特征之一。创新项目实现突破的时间不确定,最终的创新结果不确定,创新需要投入的资金和人力也不确定。另外,如果有多个企业进行相同的研发,那么只有最先成功的企业才可以获得排他性的专利保护,而其他企业的研发投资回报将显著降低甚至为零。在现实世界有很多企业曾经将资金投到失败的研发项目中,最后不得不放弃。例如日本在20世纪后期曾投入巨资,耗时近20年,研发基于模拟技术的高清电视。但是后来数据压缩技术兴起,数字高清电视在信号储存、传输、共享等方面具有较大优势,最终导致模拟电视技术路线被完全放弃。这样,日本在相关研发上的支出未能获得预期的回报。

多个企业同时朝一个目标进行研发,最先成功的企业获得专利保护,并赢得技术的排他性使用权。如果没有不对称信息和不确定性,完整的专利竞赛过程很难出现,因为处于弱势的竞赛者在一开始就会迅速退出,以避免失败带来的损失。"赢家通吃"的专利竞赛可能没有纯策略纳什均衡(Dasgupta & Stiglitz,1980a)。假如一个企业选择了能够确保赢得专利竞赛的研发投资,其他企业的最优选择可能是退出竞赛,而给定它们的策略,赢家企业又有动机降低研发投资以获得更多剩余。当然,专利竞赛博弈可能存在混合策略均衡。在其他模型设定下,例如各企业先后决定研发投资,且一旦决定就不可再更改,那么即使在专利竞赛条件下,也可能存在纯策略均衡解。

在现实世界,企业之间未必了解对方的实力和研发方向,研发结果和成功时间也高度不确定。在这种情况下,企业之间的专利竞赛有可能实际发生。参与竞赛的企业既可能在专利赛跑中获胜,从而获得巨额"奖金",也可能失败从而"血本无归"(在现实世界中,即使在研发比赛中失败,企业仍然还会有些回报,例如人才培养)。Thompson & Kuhn(2017)认为,专利竞赛在现实世界是普遍存在的,尤其是在信息科技领域,而且当一个企业赢得一个专利竞赛后,后续会进行较多的类似创新。

如果专利竞赛的结果是"赢家通吃",那么企业可能会倾向于选择风险较高的研发活动。以下例子可以说明这一点。假设某个创新项目有两条技术路线,A和B,需要的研发投资相同。如果采用路线A,突破的时间点服从区间$[t,2t]$上的均匀分布,期望的突破时间点是$1.5t$。如果采用路线B,突破的时间点服从区间$[0,4t]$上的均匀分布,期望的突破时间点是$2t$。由于投资相等,从工程技术的角度看,路线A不仅期望回报较高,而且不确定性较小。假如只有一个垄断企业,那么企业显然会采用路线A。

但是在专利竞赛的情况下,策略性考虑使得所有企业都选择A不再是均衡状态。假如一共有5个企业参与专利竞赛,如果它们均采用路线A,那么由于同质化竞争,每个企业率先研发成功并获得专利的概率为0.2。在这种情况下,给定其他企业的策略(即选择A),如果一个企业改用路线B,那么该企业有0.25的概率在时间区间$[0,t]$研发成功并获得专利,也就是说胜出的概率超过0.25。因此,所有企业全部采用路线A不是一个均衡状态,至少有部分企业会以一定的概率选择效率较低、不确定性较大的技术路线B,这种情况降低了资源配置的效率。

专利竞赛也可能发生在在位企业和潜在进入者之间,而两者有不同的创新动机。在一个垄断企业面临潜在进入者的市场中,在新技术研发成功之前,垄断者一直享有垄断利润,而潜在进入者没有利润。假如潜在进入者成功完成技术开发,可能出现取代在位垄断者和共享市场两种结果。Reinganum(1983)指出,如果首先进行创新的企业,无论是在位者还是进入者,总是成为新的垄断者,或占领大部分市场,那么在位垄断者在研发中的投入有可能小于潜在进入者。这是因为在位垄断企业从研发竞赛胜利中获得的额外利润低于进入者,因而相对而言,垄断企业希望推迟创新成功的时间,而潜在进入者则相反。如果在位企业创新成功即可维持垄断,而潜在进入者创新成功只能导致寡头竞争,那么在位者的创新动机可能更强,因为垄断企业的利润一般大于寡头企业的利润之和,即

$$\pi_1^m > \pi_1^o + \pi_2^o \quad \text{或} \quad \pi_1^m - \pi_1^o > \pi_2^o$$

其中$\pi_1^m - \pi_1^o$代表了在位垄断企业的创新激励,而π_2^o代表了进入者的创新激励。一个垄断企业经常会收购正在进行研发的潜在竞争者,一个重要目的就是延续

垄断。而潜在竞争者愿意被收购的原因正是因为其对新技术的估值低于在位垄断者。

从社会角度看,专利竞赛意味着研发投入的浪费,恰当的专利制度可以减少这种浪费。Dasgupta & Stiglitz(1980a)指出,如果没有任何的不确定性,或者所有企业面临一个相同的不确定性时,那么只有一个企业会投入专利技术的研发,研发活动从整个社会来说基本是有效的。但是当不同企业面临不同的研发不确定性时,情况则不同。他们进一步指出,相对垄断而言,产品市场的竞争降低研发投入,而研发的竞争增加研发总投入。当专利保护无期限,且企业自由进入时,研发投入可能过度也可能不足。当研发投入过度时,存在一个最优的专利保护期限,且这个期限与产业特征和具体创新有关。

总之,在市场竞争机制下,由于专利竞赛导致的研发外部性,分散决策的企业研发的社会效率可能较低,使得"看不见的手"不能完美地调节资源配置。如果政府能够资助企业之间"共性技术"的联合研发,那么可以减少重复研发,部分消除竞争带来的研发外部性。

11.3 技术转让

技术在本质上是一种中间产品,是最终产品生产的投入要素。与很多其他生产要素一样,技术也可以被生产和被交易。现代经济是高度分工合作的体系,技术的研发者与使用者经常不是同一个主体。许多技术的拥有者是专业的研究机构,它们虽然有很强的技术研发能力,但不具备产品生产能力,因此必须通过将技术转让给下游生产企业获取收益。

本节我们将讨论,当一个作为技术生产者的研究机构,拥有一项可以降低边际生产成本的新技术(秘密或专利),需要将技术转让给作为最终产品生产者的企业时,什么样的转让方式对研究机构最为有利。最优的转让方式取决于技术作为一种中间产品的使用价值、上下游的市场结构及其他市场条件。

常见的技术转让方式有出售和授权两种基本方式,前者一次性收取转让费并让渡技术所有权,后者按生产量、使用时间、使用方式等收取费用,类似于"出租"。技术转让也可能采用混合方式,即研究机构向生产企业转让部分技术所有权,同时按使用情况收取一定费用。在以下的模型讨论中,我们仍假设最终产品生产有不变的边际成本,研究机构的新技术能够将该边际成本从 c'' 降低到 c'。

消费者对最终产品的需求函数为 $D(p)$，满足 $D'(.) < 0$。

完全竞争的最终产品市场

假设多个下游生产企业之间进行无产品差异的价格竞争，它们都拥有相同的初始生产技术，因而市场结果相当于完全竞争情形。拥有新技术的研究机构可以向某一个生产企业出售技术，或同时向多个企业出售技术，或向一个企业授权使用技术并按件收取使用费，或同时向多个生产企业授权使用并按件收取使用费。

首先我们注意到，在单一地理市场的情况下，研究机构不会将新技术的所有权同时出售给多家企业。因为获得新技术的企业成本降低后，市场竞争会使得价格下降，消费者获得技术进步带来的好处，而取得新技术的生产企业并不能获得更高的利润，因而也不会愿意为新技术付出代价，这样研究机构也无法从技术转让中获得收入。因此，如果研究机构打算出售技术，那么只会选择对一家生产企业出售。当然，如果存在多个相互隔离的市场，那么研究机构可以在每个市场选择一个企业出售技术。不失一般性，我们这里仅考虑单一市场情形。

其次我们注意到，无论采用什么技术转让方式，取得新技术的生产企业的定价都不能高于 c''。所有生产企业都可以获得边际成本为 c'' 的初始技术，只要一个企业的销售价格高于 c''，这个企业就很快会被其他企业所取代。正如我们前面已经发现的，如果 c' 远小于 c''，那么有可能出现取得新技术的生产企业的垄断定价 $p^m(c')$ 也严格小于 c'' 的情况，这时市场均衡价格会小于 c''。否则市场均衡价格应为 c''。

(i) 我们先看技术改进程度比较有限的情形。给定初始边际成本 c''，假设 $c'' - c'$ 比较小，满足 $p^m(c') \geqslant c''$。这时在技术出售情况下，取得新技术独家使用权的企业的最优定价为 c''，并占据全部市场，市场销售量为 $D(c'')$。生产企业在事后获得的利润为

$$\pi(c') = (c'' - c')D(c'')$$

这也是生产企业最高愿意付出的技术转让费。

或者，研究机构可将技术授权给一家或多家生产企业使用，并对每单位产出收取使用费 $\delta \leqslant c'' - c'$。这时市场均衡价格为 $c' + \delta \leqslant c''$，总销售量为 $D(c' + \delta)$，研究机构的收入最大化问题为

$$\max_{0 \leqslant \delta \leqslant c'' - c'} \delta D(c' + \delta)$$

其目标函数的一阶导数为
$$D(c'+\delta) + \delta D'(c'+\delta)$$
下面我们证明研究机构的最优费率 $\delta = c'' - c'$。

注意到垄断价格 $p^m(c')$ 是以下问题的解
$$\max_p \pi(p) = (p - c')D(p)$$
在假设这个目标函数是严格凹函数的情况下,垄断定价 $p^m(c')$ 满足一阶导数条件
$$D(p^m(c')) + (p^m(c') - c')D'(p^m(c')) = 0$$
$p^m(c') \geqslant c''$ 意味着对于任意价格 $p \leqslant c''$,在 p 的基础上提高价格能够增加垄断利润,即有
$$\pi'(p) = D(p) + (p - c')D'(p) \geqslant 0$$
由于研究机构的收入可写成 $\pi(c'+\delta)$,且 $c'+\delta \leqslant c''$,因此研究机构的最优化问题应取边角解 $\delta = c'' - c'$。于是获得新技术的生产企业的实际边际成本为 $c' + \delta = c''$,销售价格为 c'',研究机构获得的技术转让收入为 $(c'' - c')D(c'')$。

比较以上两种情形可见,在技术改进程度较小的情况下,将新技术出售给一家生产企业,或向多家生产企业授权使用(并按产量收取使用费),两种转让方式对研究机构而言无差别。研究机构总是可以获得技术改进所带来的全部利益,如图 11-7 中的阴影部分所示。生产成本的降低全部以技术使用费的方式上交给研究机构,最终产品的市场价格保持不变,因而生产企业和消费者都无法从技术进步中获益。

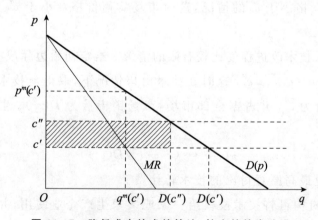

图 11-7 降低成本技术的转让:较小的技术改进

(ii)然后我们看技术改进程度较大的情形。给定初始边际成本 c'',如果 $c'' - c'$ 足够大,以至于 $p^m(c') < c''$,那么使用新技术的生产企业可以成为无约束的垄

断者,如图 11-8 所示。

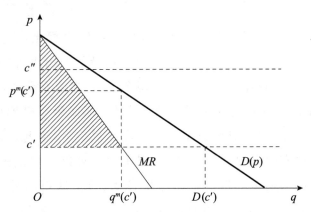

图 11-8 降低成本技术的出售:较大的技术改进

在出售技术所有权的情况下,独家取得新技术的生产企业的最优定价为 $p^m(c')$,垄断产量为 $q^m(c') = D(p^m(c'))$。生产企业的事后垄断利润为

$$\pi^m(c') = (p^m(c') - c')D(p^m(c'))$$

由于在获得技术之前,完全竞争的生产企业的利润为零,因此 $\pi^m(c')$ 即为生产企业为获得该项技术最高愿意付出的代价,也是研究机构可以获得的最大技术转让收入。

在技术出售情况下,虽然获得新技术的生产企业成为垄断者,但获得的剩余仍然为零,全部的垄断利润都归研究机构所有。但是由于"革命性"的新技术的出现,消费者能够按较低的价格 $p^m(c') < c''$ 购买产品,因此消费者剩余有所增加。当然,由于生产企业的垄断定价,市场价格可能远高于使得社会福利最大化的"第一最优价格"。

如果研究机构将技术授权给一家生产企业使用,且单位授权费为 $\delta \leqslant c'' - c'$,那么获得独家授权的企业的边际成本为 $c' + \delta \leqslant c''$。这个获得独家授权的生产企业也是一个垄断者,但是这个垄断者的边际成本高于 c',且其定价不可高于 c''。也就是说,这个垄断者的价格要么是 c'',要么是 $p^m(c' + \delta) \in (p^m(c'), c'')$。这种情形实际上是一个定价受约束(即 $p \leqslant c''$)的"双重垄断",与技术出售情形相比,会导致较高的价格和较低的产量。不仅会降低产业利润(即低于 $\pi^m(c')$),而且产业利润需要在研究机构和生产企业之间分享,因此这种转让方式对研究机构而言不是最优的。

如果研究机构用"两部定价"转让其技术,即不仅一次性授权技术转让费,而且按产量收取使用费,那么最优的转让方式要求单位使用费为零,即与纯粹出售相同。只有这样,才能彻底避免"双重垄断"现象,实现产业利润和技术转让收入最大化。

因此,在技术改进程度较大的情形中,与授权使用相比,产权出售可以避免"双重垄断"现象,对研究机构而言比较有利。在最优的出售价格下,研究机构获得垄断产业利润,生产企业没有获得任何剩余,而消费者剩余有所增加。

总之,如果最终产品市场原本是完全竞争的,那么研究机构可以通过将技术出售给单个生产企业,使其成为独家的最终产品供应者,借此可以获得最高的技术转让收入。当技术改进程度较小时,研究机构也可以采用授权使用(并按产量收取使用费)的方式,向多个生产企业提供技术,所能获得的转让收入与产权出售基本相同。另外需要再次强调的是,研究机构永远不会将技术产权同时出售给两个或多个生产企业。

不完全竞争的最终产品市场

如果最终产品市场原本是垄断的,那么授权使用会提高下游生产企业的边际成本,促使其提高最终产品价格,造成研究机构和生产企业之间的双重垄断现象,导致产业利润下降。采用一次性付费的产权转让方式则可以解决双重垄断问题。因此,对研究机构而言,向垄断的生产企业出售技术一般优于授权使用。新技术带来的产业利润增加应在研究机构和生产企业之间,通过技术转让价格进行分割,具体的分割方式取决于各方的相对讨价还价能力。

如果最终产品市场原本是寡头结构,那么情况则完全不同。在不考虑产品差异的情况下,市场均衡价格不妨记为 $p^o(c)$,其中 c 为生产企业的边际成本。在初始技术下,市场均衡价格为 $p^o(c'')$。

首先,研究机构仍然不会将技术产权同时出售给多个寡头企业。这样会同时降低各生产企业的边际成本,加剧它们之间的竞争,使得市场价格从 $p^o(c'')$ 降低到 $p^o(c')$,最终消费者获益,而生产企业的利润增加有限,因而也不会愿意为新技术付出较高的价格。

其次,研究机构一般也不会将技术产权出售给寡头企业之一。这时最终产品市场一般来说会形成不对称的寡头结构,获得新技术的企业会通过降低价格或增加产量来提升事后利润,同样会加剧市场竞争,使得市场均衡价格从 $p^o(c'')$ 降低到区间 $[p^o(c'), p^o(c'')]$ 之间的某个值。消费者从中获益,而研究机构不能实现收入最大化。而且,这种方式也不利于新技术的推广应用。

再次，研究机构同时将技术授权给各寡头生产企业使用，是一个值得考虑的技术转让方式。这样既不会加剧生产企业之间的竞争，又可以方便地将新技术带来的好处收归研究机构。很显然，授权使用费率不可能高于 $c''-c'$。另外，由于寡头竞争一般使得市场均衡价格远低于垄断价格，因此降低市场价格会降低产业总利润，这意味着技术的授权使用费率应尽可能高。因此在多数情况下，研究机构可将技术授权给所有生产企业，授权使用费率为上限，即 $\delta=c''-c'$，从而获得技术改进的全部好处。市场均衡价格仍然为 $p^o(c'')$，生产企业和消费者未能从新技术中获益。

最后，一种特殊情形是，技术进步幅度极为巨大，以至于新技术下的垄断价格 $p^m(c')$ 也低于技术进步之前的寡头价格 $p^o(c'')$，或者新技术属于全新发明（即 $c''=+\infty$）。这时事后的产业总利润最大可以达到 $\pi^m(c')$，即新技术下的垄断利润。研究机构可以采用"两部定价"，即首先选择适当的授权使用费率 $\delta<c''-c'$，使得寡头竞争的均衡价格 $p^o(c'+\delta)$ 等于垄断价格 $p^m(c')$，然后通过一次性费用进一步回收利润。由于 $p^m(c')<p^o(c'')$，这时消费者能够分享新技术带来的好处。

总之，当下游生产企业为寡头企业时，研究机构可考虑用授权使用（并按产量收取使用费）的方式转让技术。

例 11 - 1 在一个线形城市 $[0,1]$，有连续的一个单位的消费者均匀分布在该城市，消费者的单位（往返）交通成本为 t。他们对某产品有一个单位的需求，保留价格足够高。在城市的两端有两个企业，1 和 2，边际成本均为 $c_1=c_2=c>0$。某研究机构拥有一项技术，可使得企业的边际成本下降 d（假设足够小）。

在获得新技术之前，两个企业的均衡价格分别为

$$p_1=\frac{2c_1+c_2}{3}+t=c+t \quad \text{和} \quad p_2=\frac{2c_2+c_1}{3}+t=c+t$$

两个企业的均衡利润分别为

$$\pi_1=\frac{1}{18t}(c_2-c_1+3t)^2=\frac{t}{2} \quad \text{和} \quad \pi_2=\frac{1}{18t}(c_1-c_2+3t)^2=\frac{t}{2}$$

考虑三种可能的技术转让方式：

(i) 如果该研究机构将技术同时出售给两个企业，那么企业的边际成本下降为 $c-d$，于是均衡市场价格下降为

$$p_1=p_2=c-d+t$$

而企业利润不变，仍然为 $\frac{t}{2}$。由于生产企业不能从新技术中获益，研究机构所能得到的技术转让收入为零，唯一从中获益的是消费者。显然，对研究机构而言，

这不是一个好的转让方案。

(ii) 如果研究机构将该技术专利排他性地出售给一个企业（假设为企业 1），那么企业 1 的边际成本下降为 $c-d$，而企业 2 的边际成本不变。这时两个企业的均衡价格分别为

$$p_1 = c - \frac{2}{3}d + t \quad \text{和} \quad p_2 = c - \frac{1}{3}d + t$$

消费者获得更低的价格，同时由于企业 1 的价格较低，吸引了一些离企业 2 较近的消费者到企业 1 购买，因此总体而言消费者付出了较高的交通成本。两个企业的均衡利润分别

$$\pi_1 = \frac{1}{18t}(3t+d)^2 \quad \text{和} \quad \pi_2 = \frac{1}{18t}(3t-d)^2$$

获得新技术的企业能够获得较高的利润，同时对另一个企业产生不利影响，于是研究机构获得的技术转让收入不超过

$$R = \pi_1 - \pi_2 = \frac{1}{18t}(3t+d)^2 - \frac{1}{18t}(3t-d)^2 = 2d/3$$

(iii) 如果研究机构通过授权使用的方式转让技术，那么显然最优的专利使用费率为 d 每单位产出。两个企业都愿意接受这个费率，研究机构一共获得技术转让收入 d。另外不难发现，如果仅将技术授权给一个企业使用，那么研究机构的收入所得将低于 d。

比较以上三种情况可见，授权使用的转让方式优于技术产权出售。

在以上的讨论中，我们都没有考虑任何信息问题。引入信息不对称可能使得最优技术转让方案发生变化。例如，在专利转让过程中，经常需要技术开发者提供有成本的技术指导（know-how）。技术指导的提供量无法准确度量或确认，因而无法在正式合同中进行规定，只能依靠激励机制。在这种情况下，即使生产企业是垄断者，出售也未必是最优的技术转让方式。这是因为，一定技术产权一经出售，最终产品的销售情况与研究机构就不再有利益上的联系，因此研究机构不再有动机提供技术指导。产权出售不利于生产企业有效地使用新技术，最终会降低生产企业愿意为新技术付出的价格。另外，采用授权使用的方式仍然会造成双重垄断问题。

介于产权出售和授权使用之间的"两部定价"，即收取较低的一次性技术转让费，同时还收取一定的销售提成，可能是在上述约束条件下的最优技术转让方案。当最终产品的销售情况较好时，研究机构可以获得较高的提成收入，这样研究机构就有动机提供适量的技术指导。当生产企业确信技术开发者会提供合适

的技术指导时,也愿意付出较高的技术转让费(Macho-Stadler, Martinez-Giralt & Perez-Castrillo,1996)。这种"两部定价"一般不是"第一最优"的,因为销售提成提高了生产企业的实际边际成本,使得最终产品价格上升,从而可能导致更高的"无谓损失"。

11.4 知识产权保护

创新或研究与开发的成果是信息产品,经常容易被复制,包括未经允许的恶意复制。如果这种复制行为不能得到有效的管理,那么就可能降低人们进行创新的动机,特别是耗资较大、成果易于被复制的创新。因此,各国政府通常将比较重要的创新成果认定为"知识产权",以此确保创新者在一定时期内拥有排他性的使用权,最终达到鼓励创新的目的。

知识产权的种类

知识产权包括专利、版权、商标及其他特定无形资产,如商业秘密、遗传资源、地理标志等。

专利(patent)制度赋予发明者排他性的权利来使用其新的产品、工艺、材料或设计。专利的种类一般包括发明、实用新型和外观设计专利。发明和实用新型都是新的技术方案,发明的技术难度一般高于实用新型。外观设计则是新的设计方案。

专利保护的前提是相关发明或设计信息的公开发布,技术秘密不可能获得专利保护。由于专利制度给予创新者排他性地使用特定知识产品的权利,这不可避免会在一定程度上侵犯其他人的行为权利。或许部分由于这个原因,专利保护一般是有限度的。专利制度包括规定专利的长度(length)和宽度(breadth),前者指专利保护的时间跨度,后者指最相关的竞争性产品与专利保护产品之间必须保持的"距离"。专利的宽度是一个难以精确描述的变量,可能随行政当局对专利保护的重视程度而发生波动。专利保护的长度或宽度越大,保护的程度越高,排他性越强。

1623年英国《垄断法》规定,只有国王授予新技术发明人的垄断才是合法的,专利因此而专指新发明的专有权,英国《垄断法》也被称为第一部具有现代意义的专利法。美国1787年《宪法》第八款赋予国会保护发明人专有权以促进技术进步的权力，1790年国会即据此制定了《专利法》。

我国于1980年成立中国专利局，于1985年4月1日开始实施《中华人民共和国专利法》，并于1992年和2000年修订。在1998年的国务院机构改革中，中国专利局更名为国家知识产权局。在2018年的机构改革中，知识产权局再次进行了重组，现由国家市场监督管理总局管理。

从1992年起，我国发明专利权的保护期限为20年，实用新型和外观设计专利权的保护期限为10年，均自申请日起计算。发明专利的申请费为900元，其他专利的申请费为500元。在实践中，聘请代理机构申请专利的成本可能远大于官方收取的专利申请费。专利的拥有者在专利的有效期还需要支付一定的维持费，很多没有显著市场价值的专利因为持有者停止支付维持费而提前终止。美国在商务部下设专利和商标办公室（USPTO）。从1994年起，美国一般对发明专利提供20年的保护，但是对于药品等开发周期较长的产品，保护期可能酌情延长。对新型设计提供14年的保护。2004年，专利申请费对小企业或个人为385美元，对大企业为770美元。

由于美国是科学技术全球领先的国家，人们经常用各国或地区在美国专利和商标办公室获得授权的发明专利数量作为该国或地区的科技发展水平的一个指标。近年来各主要科技大国或地区在美国获得的发明专利授权的情况如表11-1所示，从中可以大致看出各国或地区在科技实力上的消长，虽然美国和日本遥遥领先，但中国、印度、韩国、以色列等经济体的相对实力在显著上升。

表11-1 各国（地区）历年在美国的发明专利授权量

年份	美国	日本	韩国	德国	加拿大	法国	英国	中国	以色列	印度
2004	84271	35350	4428	10779	3374	3380	3450	404	1028	363
2005	74637	30341	4352	9011	2894	2866	3148	402	924	384
2006	89823	36807	5908	10005	3572	3431	3581	661	1218	481
2007	79527	33354	6295	9051	3318	3130	3292	772	1302	546
2008	77501	33682	7549	8915	3393	3163	3094	1225	1166	634
2009	82382	35501	8762	9000	3655	3140	3175	1655	1404	679
2010	107792	44814	11671	12363	4852	4450	4302	2657	1819	1098
2011	108626	46139	12262	11920	5012	4531	4307	3174	1981	1234
2012	121026	50677	13233	13835	5775	5386	5213	4637	2474	1691
2013	133593	51919	14548	15498	6547	6083	5806	5928	3012	2424
2014	144621	53849	16469	16550	7043	6691	6487	7236	3471	2987
2015	140969	52409	17924	16549	6802	6565	6417	8116	3628	3355

资料来源：https://www.uspto.gov/web/offices/ac/ido/oeip/taf/reports.htm。2015年之后停止更新。

版权（copyright）保护为艺术作品提供排他性的生产、出版和出售的权利，保护对象是作者独特的表达思想的方式。我国的著作权行政管理部门在 2013 年前为新闻出版总署（国家版权局），2013 年之后为国家新闻出版广电总局。部分由于艺术作品的排他性程度较低，版权保护期一般比专利更长，具体为作者终生及其死亡后 50 年，截止于作者死亡后第 50 年的 12 月 31 日，如果是合作作品，截止于最后死亡的作者死亡后第 50 年的 12 月 31 日。法人或者其他组织的作品、电影作品和以类似摄制电影的方法创作的作品、摄影作品保护期为 50 年，截止于作品首次发表后第 50 年的 12 月 31 日。在美国，版权保护也是持续到作者去世后 50 年。

有些作品很容易在未被允许的情况下复制，如文学、摄影、音乐等。如果没有有效的版权保护，这些作品可能完全没有市场价值。盗版对版权所有者的损害有两重，它一方面减少了正版产品的销售量，另一方面又迫使正版产品的价格下调。不过另一种观点（Hui & Png, 2003）认为，盗版也可能起到免费广告的作用，增加对正版产品的需求。例如音乐和软件制作人声称他们在 2002 年由于盗版行为遭受的损失为 176 亿美元，但 Hui & Png（2003）认为音乐 CD 制作人在 1998 年由于盗版遭受的损失只有该产业估计的 42%，即其收入的 6.6%。

商标（trademark）指的是用于识别特定企业的产品的标记。商标可能被无限期地用于商业活动，因此对商标权的保护通常是永久性的。我国的《商标法》自 1983 年 3 月 1 日起施行，由国家工商行政管理总局商标局主管全国商标注册与管理。2018 年，原国家工商行政管理总局商标局并入国家知识产权局商标局。我国商标申请量长期居世界第一位，我国向世界知识产权组织递交的"马德里商标国际注册"申请量居发展中国家第一。

专利制度的作用

传统理论认为，专利制度是在事前的创新激励和事后的效率损失之间的一个适当取舍。一方面，创新成果作为一种信息产品，经常具有公共产品特征，如果没有专利保护，发明者可能无法从创新中获得足够的利益，从而失去创新的动机。虽然专利制度不一定能完全阻止模仿，但至少使得模仿的成本增加，因而有助于增强专利拥有者从创新中获益的能力。在专利保护制度下，很多重大发明对社会的贡献一般也远高于对发明者个人的收益。专利申请者还必须展示其发明的新颖性和实际意义，这些信息可能刺激其他的研发行为。因此在很多情况下,通过专利制度为创新活动提供经济激励是有必要的。

另一方面,专利制度导致新技术的垄断使用权,直接的负面影响是使得相关产品的价格过高,形成"无谓损失"。如果相关专利产品是诸如基本药品、食物等关系到普通消费者切身利益的产品,那么专利保护导致的垄断权不仅会产生经济上的福利损失,甚至还可能导致政治上的紧张。专利制度使得创新行为具有一定的排他性,企业或个人之间可能因此发生专利竞赛,导致研发支出的浪费,也不利于资源的有效配置。

度量专利保护力度的两个重要指标是长度和宽度。最优的专利保护应该足够宽广以阻止模仿,同时又要有足够长的期限以保证创新的回报。但是,过宽的专利保护可能具有过大的排他性,以至于侵犯其他人应有的行为权利。过长的专利保护则会产生较大的无谓损失。在实践上,专利侵权不是一个可以简单清晰认定的行为。有可能对专利技术进行模仿而又不侵犯专利权,但是这样需要付出一定成本。基于这个观察,Gallini(1992)把最优专利理论扩展到有成本模仿的情形,竞争对手可以选择购买专利权,或等待专利到期,或模仿专利技术,这个决定与专利保护的期限有关,保护期限越长,对手越有可能模仿。因此,延长专利保护期并不一定能提高研发和申请专利的动机。

在对称信息情况下,解决创新不足的更好方法是对研发进行各种形式的补贴,而不是通过专利来产生一系列的市场扭曲。政府也可以买断专利并免费向社会提供,这样既能消除专利带来的市场价格扭曲及非法模仿的动机,又提供了研发激励。但是在不对称信息情况下,政府补贴研发或买断专利的主要困难是,补贴程度和买断价格难以确定。Kremer(1998)描述了政府如何设计一个市场机制来确定专利的价格。该文认为,多数专利应该让政府收购并提供给大众免费使用,但同时也要鼓励私人专利买家介入,以帮助发现专利的市场价值。在这个机制下,有一部分专利会被卖给出价较高的私人买家。通过拍卖确定的私人价值再乘以某系数即得到专利的社会价值。该文同时指出,政府买断专利应是对现有专利体系的补充而非完全替代。政府创新机制的另一个困难是难以寻找创新方向,且可能使科技人员的创新活动受到不适当的行政干预。因此创新补贴仅适用于特定领域,如研发目标明确的传统产业技术、关系到国家安全的技术等,难以大面积推广。

随着科学技术在社会生活中的重要性不断提高,人们对传统的专利体制提出了越来越多的疑问,尤其是在生物医药和信息科技领域的专利保护问题。首先,科学知识不可以申请专利,但是科学与技术之间的差别有时很模糊。例如,新发现的基因（脱氧核苷酸）序列的功能目前可以申请专利。基因功能的确定比较困难，通过授予专利可以鼓励民间投资于这项研究活动。但是，基因功能在一定程度上属于科学范畴，而不是技术范畴，是否应受专利保护存在争议。其次，专利制度经常鼓励企业利用创新程度与范围的模糊性，进行策略性专利抢注，提前占领技术路线，以达到遏制竞争对手的目的，这种现象在药品和集成电路设计等领域经常发生。因此在一些特定领域，政府适当介入基础性的创新活动能改善市场运作效率。

20 世纪 80 年代末，至少有 40 个发展中国家不对医药创新提供专利保护。根据 1995 年的"贸易相关知识产权协议"（Agreement on Trade-Related Intellectual Property Rights，TRIPS），世界贸易组织的成员必须在 2005 年之前承认所有可贸易产品领域的专利权，从而迫使一些发展中国家逐渐承认医药专利。一种观点认为，具有较强研发能力的医药企业大多为西方企业，它们从商业目的出发，倾向于研发适合于高收入人群的医药科技，而忽视低收入人群。在一些发展中国家专利保护相对不完善的情况下，尤其会忽视发展中国家的低收入者。因此，发展中国家政府通过专利保护，能够鼓励医药企业为低收入者研发特定常用药品，从而有利于提高本国人民的健康水平。但是，许多发展中国家，如印度，仍然担心类似于发达国家的专利制度会大幅提高药品价格，从而威胁到本国民众的健康。当不同国家的常见病种差异不大，且发展中国家缺乏药品研发能力时，后一种看法至少在短期是有道理的。

◆ 案 例

格列卫

格列卫（Gleevec 或 Glivec），学名"甲磺酸伊马替尼片"，是一种治疗慢性白血病的药品，由瑞士诺华（Novartis）公司出品。一盒格列卫通常可供患者服用 1 个月，在中国的售价为 23000 元左右，而印度仿制品售价仅为 200 元，可见其边际生产成本极低。

印度政府原本不承认西方国家的药品专利，直到 2005 年，作为与世界贸易组织达成的协议的一部分，印度开始恢复药品专利保护，但当年生效的印度专利法只对 1995 年以后发明的新药，或经改进后大幅提高疗效的药物提供专利保护，而不支持原有药物混合或衍生药物专利。同时，印度政府可根据需要实施"强制许可"，即在特殊情况下可以不经专利权人的同意，由政府许可企业使用某项专利。直到今天，还有很多印度的仿制药企业一边出售仿制药，一边与原来的研发厂家进行专利法律战,多数欧美药企在印度的专利官司都以失败收场。发明格列卫的瑞士诺华公司也曾在2006年对印度政府和专利局发起过法律战,但最终败诉。

中国也有类似于印度的"专利强制许可"制度,也就是说,即使相关药物仍在法定专利保护期限内,中国政府也可以出于保护"公共健康的目的",授权给中国药企使用专利技术生产相关仿制药。但《专利法》颁布至今30年,中国政府未曾实施过一例强制许可。

专利制度对创新行为的实际影响是一个重要的实证问题。Mansfield(1986)实证研究了专利对创新的影响。该文随机选取100家美国各行业制造企业的数据(由企业负责研发的副总裁提供),试图回答以下问题:在没有专利保护的情况下,技术发展和新产品的引进速度会慢多少?不同的企业和产业在不同时期对专利保护的偏好有何不同?研究发现,在大多数的产业中,专利对技术进步的速度影响很小。在冶金、电力设备、仪器、办公用品、汽车、橡胶及纺织业中,专利保护基本没有带来更多的技术更新。但在其他一些产业中,特别是制药和化工产业,专利保护对于创新很重要。同时,没有充分证据表明专利保护对小企业相对更重要。不过,即使是那些认为专利制度对创新不重要的企业,也为大部分可申请专利的技术申请了专利,而不是仅依靠技术秘密。Sakakibara & Branstetter(2001)从来自日本的数据中发现了类似的情况。日本在1988年进行了专利体系改革,一个重要改革是提高了单个专利的范围(scope),即允许在一个专利申请中包括多个创新点,这样企业不必为每个创新点申请一个专利,从而降低了专利申请成本和权益保护成本。但是307家日本企业在日本和美国的专利申报的数据表明,此次改革并没有导致研发费用和创新的增加。

不少研究都表明,很多中间产品生产企业并不依赖专利来保障它们的研发回报,但从20世纪80年代中期以来,这些企业对专利申请的兴趣却明显增加,而20世纪80年代早期正是美国的专利保护大幅加强的时期。为了理解这个看似矛盾的现象,Hall & Ziedonis(2001)分析了95家美国半导体企业在1979—1995年的专利行为。他们发现大型生产商在美国专利保护较强的时期对专利的投入很多。企业这么做并不是为了获得垄断价格,而是为了占有技术路线,避免被别的企业遏制。另外,专利还可用于与其他企业进行专利共享,严格的专利保护还能鼓励专业性设计企业的进入。

本章小结

创新是社会进步和经济发展的根本推动力。研究与开发形成新的技术或产品，能够提高生产效率，更好地满足消费者需求。技术是一种信息产品，具有使用上的规模效应和易复制性特点，这些特点可能导致一定程度的市场失效，有时需要政府以特定方式进行干预。

- 在市场机制下，企业的研发激励与市场结构有关。在一定条件下，研发成果在完全竞争市场上产生的价值高于垄断市场，但是低于对社会福利的潜在价值。

- 如果企业之间进行相同技术的研发，而且只有最先获得成功的企业可以获得专利保护，那么企业之间会展开专利竞赛。专利竞赛可能扭曲企业的研发投入，导致社会福利的损失。

- 拥有专利技术的研究机构经常需要将技术转让给专业生产企业。常见的技术转让方式包括技术出售和授权使用。在不同的市场条件下，有不同的最优转让方式。例如当生产企业为垄断者时，最优的转让方式经常是技术出售，这样可以避免授权使用所带来的"双重垄断"现象。如果生产企业之间存在竞争，那么授权使用的方式可能对研究机构比较有利。

- 专利制度是在世界各国被广泛采用的一种知识产权保护制度，代表了在事前创新激励和事后效率损失之间的取舍。在一些技术复制成本很低的行业，专利制度能够有效地提高企业和个人的创新投入。但实证研究也表明，在很多其他行业，专利保护并不能显著提高研发投入，而可能在市场竞争中被策略性地利用。

习 题

1. 消费者对某产品的市场需求函数为 $Q = 40 - 2P$。企业为完全竞争的，每个企业的成本函数为 $c(q) = 16q$。现假设其中一个企业实现了技术进步，可使得产品生产成本下降至 $c(q) = 10q$。假设技术可以得到完善的专利保护。请问此项技术对这个企业的价值是多少？

2. 消费者对某全新专利产品的市场需求为 $Q = A - P$。某实验室研发该产品并获取专利所需要的支出为 A^2，生产企业运用该专利技术生产该产品的成本为 0。如果没有专利保护，那么该技术将迅速扩散，使得产品市场实现完全竞争，均衡价格为 0。假设政府可为该新产品提供 n 年的排他性专利保护，且实验室在观察到专利保护力度后决定是否投入研发。跨期贴现因子假设为 1。请问社会最优的专利保护期是多少？为什么？

3. 某实验室拥有某全新产品的独家专利，对该产品的市场需求函数为 $Q = 40 - 2P$，运用专利技术生产该产品的成本为 0。

(1) 如果该实验室将专利技术出售给一家企业，最高可获得多少收入？

(2) 如果该实验室将专利技术授权给一家企业生产，收取 r 每单位产出的特许权使用费，那么最优的使用费率是多少？总使用费收入是多少？

(3) 试从直观上解释以上两种技术转让方式的差异。

4. 在一个寡头市场，市场需求函数为 $P(Q) = 12 - Q$，其中 Q 为总产量。市场上有两个企业，边际成本均为 6，它们之间进行静态的产量竞争。现假设某实验室拥有一项新技术，可将企业的边际成本降低至 $c < 6$。实验室通过授权使用（并按生产量收取使用费）的方式将技术提供给企业使用。实验室追求技术转让收入最大化。

(1) 如果 $c = 3$，请找出实验室的最优授权方式。

(2) 如果 $c = 0$，请找出实验室的最优授权方式。

5. 试从经济学直观上解释，为什么追求收入最大化的技术研发机构一般不会将一项技术的使用权同时出售给多家最终产品的生产企业。

6. 某实验室拥有某全新产品的独家专利，生产成本为 $c(q)$，满足 $c'(q) \geqslant 0$，$c''(q) \geqslant 0$。消费者对该产品的需求函数为 $P(Q)$，满足 $P'(Q) < 0$。该专利在技术市场上公开拍卖，只有一个竞拍者可以赢得拍卖并成为该新产品的垄断供应者。私有企业和国有企业均参与拍卖，其中私有企业追求利润最大化，而国有企业追求利润和社会总福利之间的一个加权平均。假设垄断者的最优化问题总是有唯一最优解。试说明为什么国有企业更有可能赢得该专利的拍卖。

参考文献

Aghion, P., N. Bloom, R. Blundell, R. Griffith and P. Howitt, 2005, "Competition and Innovation: An Inverted-U Relationship", *Quarterly Journal of Economics*, 120(2): 701—728.

Aghion, P., J. Van Reenen and L. Zingales, 2013, "Innovation and Institutional Ownership", *American Economic Review*, 103(1): 277—304.

Aghion, P. and G. Saint-Paul, 1998, "Virtues of Bad Times Interaction between Productivity Growth and Economic Fluctuations", *Macroeconomic Dynamics*, 2(3):

322—344.

Arrow, K., 1962, "Economic Welfare and the Allocation of Resources for Invention", In *The Rate and Direction of Inventive Activity: Economic and Social Factors*. Princeton University Press, 609—626.

Brander, J. A. and B. Spencer, 1983, "Strategic Commitment with R&D: The Symmetric Case", *Bell Journal of Economics*, 14(1): 225—235.

Comin, D. and M. Gertler, 2006, "Medium-Term Business Cycles", *American Economic Review*, 96(3): 523—551.

Dasgupta, P. and J. Stiglitz, 1980a, "Uncertainty, Industrial Structure, and the Speed of R&D", *Bell Journal of Economics*, 11(1): 1—28.

Dasgupta, P. and J. Stiglitz, 1980b, "Industrial Structure and the Nature of Innovative Activity", *The Economic Journal*, 90: 266—293.

Gallini, N., 1992, "Patent Policy and Costly Imitation", *Rand Journal of Economics*, 23(1): 52—63.

Hall, B. and R. Ziedonis, 2001, "The Patent Paradox Revisited: An Empirical Study of Patenting in the U. S. Semiconductor Industry, 1979—1995", *Rand Journal of Economics*, 32(1): 101—128.

Hui, K. and I. Png, 2003, "Piracy and the Legitimate Demand for Recorded Music", *Contributions to Economic Analysis & Policy*, 2(1), Article 11.

Kremer, M., 1998, "Patent Buyouts: A Mechanism for Encouraging Innovation", *Quarterly Journal of Economics*, 113(4): 1137—1167.

Macho-Stadler, I., X. Martinez-Giralt and J. Perez-Castrillo, 1996, "The Role of Information in Licensing Contract Design", *Research Policy*, 25(1): 25—41.

Mansfield, E., 1986, "Patents and Innovation: An Empirical Study", *Management Science*, 32(2): 173—181.

Ouyang, M., 2011, "On the Cyclicality of R&D", *Review of Economics and Statistics*, 93(2): 542—553.

Reinganum, J., 1983, "Uncertain Innovation and the Persistence of Monopoly", *American Economic Review*, 73(4): 741—748.

Sakakibara, M. and L. Branstetter, 2001, "Do Stronger Patents Induce More Innovation? Evidence from the 1988 Japanese Patent Law Reforms", *Rand Journal of Economics*, 32(1): 77—100.

Schumpeter, J., 1950, *Capitalism, Socialism and Democracy*, New York: Harper & Row, Third edition.

Thompson, N. and J. Kuhn, 2017, "Does Winning a Patent Race Lead to More Follow-On Innovation?" Available at SSRN: https://ssrn.com/abstract=2899088 or http://dx.doi.org/10.2139/ssrn.2899088

Walde, K. and U. Woitek, 2004, "R&D Expenditure in G7 Countries and the Implications for Endogenous Fluctuations and Growth", *Economics Letters*, 82(1): 91—97.

第十二章
不完美信息条件下的交易

古典经济学或新古典经济学的许多核心理论都是建立在完美信息的假设之上的。古典经济学认为,如果假定每个企业和消费者都知道与市场环境有关的所有信息,或者所有信息都可以免费及时获得,那么市场机制通常可以实现帕累托有效的资源配置结果。20世纪70年代开始兴起的信息经济学理论挑战了这些基本观点,认为信息的不完美可能对市场结果产生深刻影响,特别是导致市场机制下资源配置失效现象。

不完美的信息可以宽泛地理解为博弈各方不能就特定事实达成一致的状态,例如博弈人不能确认博弈对手在特定方面的"类型"、不能确认博弈对手采取的特定行为、不能确认博弈对手拥有的信息等。在经济活动中,并非所有的不完美信息都会导致效率损失,例如企业之间的竞争经常迫使企业披露它们私下拥有的关于自身成本或技术的信息,使得市场信息逐渐完善。但是在很多博弈中,特别是当博弈人之间存在(广义的)合作关系时,信息问题很可能导致合作效率下降。

◆ 引导案例

四部委严查电动车骗补

据中国汽车工业协会、海关、公安部统计数据显示,2015年前10个月新能源汽车累计销量达17.4万辆,对应的上牌量仅10.8万辆,两者相差近7万辆。对此现象,国家信息中心信息资源开发部主任表示,这很有可能是新能源车企为了骗补而生产,而汽车并没有交到消费者手中。

此前有媒体报道称,部分电动车厂和租赁运营公司以循环使用电池组装配整车方式,骗取政府对新能源汽车的大量补贴。据称车企骗取新能源补贴的方式主要有两种:一是整车企业全资或参股汽车租赁公司,通过"自产自销"的方式,拿到国家和地方对电动车的补贴;二是由一家汽车租赁运营公司主导,一边采购整车企业,一边与电池企业合作,通过"多采购整车,少采购电池"的方式获取补贴。

有业内人士表示,对于小型电动车生产企业而言,违规操作、骗取补贴几乎是行业内公开的秘密。有些租赁公司购买的车辆并没有投入运营,但是这些车辆在上牌之后,补贴已经到手。新能源汽车推广之所以遭遇骗补,一是国家大力扶持,补贴金额巨大;二是国家在推广新能源汽车过程中,机制仍不完善,相关企业钻了政策的空子。

车企骗补行为被曝光后,引起了相关部委的高度重视。2016年1月23日,财政部部长楼继伟在出席"2016中国电动车百人会论坛"时表态,"电动车造假骗补的行为,不仅违反法律法规和有关财政纪律,也严重破坏了市场环境,我们决不手软"。四部委(财政部、科技部、工业和信息化部、国家发展改革委)表示将"通过建立失信企业黑名单制度,对各种骗补和寻租行为给予严厉打击"。

2016年1月20日,四部委发布《四部门关于开展新能源汽车推广应用核查工作的通知》,将对过去三年获得中央财政补助资金的新能源汽车进行核查,范围将覆盖全部车辆生产企业及新能源汽车运营企业(含公交、客运、专用车等)、租赁企业、企事业单位等新能源汽车用户。

资料来源:四部委严查电动车骗补,《羊城晚报》,2016年1月27日。

本章概要

不对称信息对产量竞争的影响

信息成本与市场结果

"类型"不可观察时的市场失效

不对称信息条件下有效交易的不可能定理

"行为"不可观察或不可验证时的产权设置

12.1　信息不对称与竞争

市场主体之间的博弈包括非合作博弈(如竞争、比赛、竞拍等)和合作博弈(如交易、委托代理、组织内部管理、协同行动等)。本节我们讨论信息不对称对一类非合作博弈的影响,即成本信息不对称如何影响企业间通过市场进行的竞争。

在很多寡头竞争中，企业比较清楚自己的成本等信息，但并不清楚了解其竞争对手的相关信息。在这种情况下，企业需要根据自己关于对手成本的"信念"，即概率分布，来选择自己的策略。信息缺少给企业带来一定的风险，导致企业利润的不确定性。在这种情况下，企业对风险的态度（如风险厌恶）也可能影响企业的选择。本节我们考虑最简单的情形，即企业是风险中性的，仅追求期望利润的最大化。

假设在某市场中，寡头企业 1 和 2 生产同质产品，产量分别记为 q_1 和 q_2。市场反需求函数为 $P = A - Q$，其中 Q 为两个企业的总产出。企业 1 的边际成本 c_1 是企业 1 的私人信息，企业 2 仅知道 c_1 的值可能是 c_1^L（低成本）或 c_1^H（高成本），概率分别为 y 和 $1-y$，$y \in (0,1)$。记企业 1 的期望边际成本为

$$c_1^e = yc_1^L + (1-y)c_1^H$$

两个企业都知道企业 2 的边际成本为 c_2。具有信息劣势的企业 2 是风险中性的。

我们首先给出一个基准情形，以便与信息不对称情形对比。假如企业 2 能够直接观察企业 1 的边际成本 c_1，这时市场均衡产量为

$$q_1 = \frac{A + c_2 - 2c_1}{3} \quad \text{和} \quad q_2 = \frac{A + c_1 - 2c_2}{3}$$

具体地，当 $c_1 = c_1^H$ 时，均衡产量分别为

$$q_1^H = \frac{A + c_2 - 2c_1^H}{3} \quad \text{和} \quad q_2^H = \frac{A + c_1^H - 2c_2}{3}$$

当 $c_1 = c_1^L$ 时，均衡产量分别为

$$q_1^L = \frac{A + c_2 - 2c_1^L}{3} \quad \text{和} \quad q_2^L = \frac{A + c_1^L - 2c_2}{3}$$

以上的均衡产出 $(q_1^H, q_1^L, q_2^H, q_2^L)$ 表明，当企业 1 的成本较低时，企业 1 的产量较高，而企业 2 的产量较低，同时总产量 $q_1 + q_2$ 也较高，市场价格较低。反之亦然。

回到企业 1 的边际成本为私人信息的情形。这时我们可将博弈的均衡产量记为 $(q_1^{L*}, q_1^{H*}, q_2^*)$，其中 q_1^{L*} 是低成本的企业 1 选择的均衡产量，q_1^{H*} 是高成本的企业 1 选择的均衡产量，而 q_2^* 是企业 2 选择的均衡产量。给定企业 2 的产量 q_2，企业 1 的利润最大化问题为

$$\max_{q_1 \geqslant 0}(A - q_1 - q_2 - c_1)q_1$$

其一阶导数条件（或反应函数）为

$$q_1 = \frac{A - q_2 - c_1}{2}$$

其中 c_1 可能是 c_1^L 或 c_1^H，因此

$$q_1^L = \frac{A - q_2 - c_1^L}{2}, q_1^H = \frac{A - q_2 - c_1^H}{2}$$

企业 2 意识到企业 1 的产量可能是 q_1^L 或 q_1^H，概率分别为 y 和 $1-y$。在这个信念下，企业 2 最大化其期望利润，即求解问题

$$\max_{q_2 \geq 0} y(A - q_1^L - q_2 - c_2)q_2 + (1-y)(A - q_1^H - q_2 - c_2)q_2$$

或简化为 $\max_{q_2 \geq 0}[A - (yq_1^L + (1-y)q_1^H) - q_2 - c_2]q_2$

从简化后的目标函数可见，当市场需求函数为线性时，企业 2 实际上是对企业 1 的期望产量做出最优反应。以上问题的一阶导数条件（或反应函数）为

$$q_2 = \frac{A - (yq_1^L + (1-y)q_1^H) - c_2}{2}$$

从企业 1 和 2 的最优化问题的三个一阶导数条件可解出企业的均衡产量为

$$q_2^* = \frac{A + (yc_1^L + (1-y)c_1^H) - 2c_2}{3} = \frac{A + c_1^e - 2c_2}{3}$$

$$q_1^{L*} = \frac{A - q_2^* - c_1^L}{2} = \frac{A + c_2 - 2c_1^L - 0.5(1-y)(c_1^H - c_1^L)}{3}$$

$$q_1^{H*} = \frac{A - q_2^* - c_1^H}{2} = \frac{A + c_2 - 2c_1^H + 0.5y(c_1^H - c_1^L)}{3}$$

注意到，企业 2 的均衡产量相当于在企业 2 认为企业 1 的边际成本为 c_1^e 时的产量。市场总产量为

$$Q^{L*} = q_1^{L*} + q_2^* = \frac{2A - c_2 - c_1^L + (1-y)(c_1^H - c_1^L)}{3}$$

或 $$Q^{H*} = q_1^{H*} + q_2^* = \frac{2A - c_2 - c_1^H - y(c_1^H - c_1^L)}{3}$$

与前面的对称信息情形相对比，我们容易看出

$$q_2^* = yq_2^L + (1-y)q_2^H, \quad q_1^{L*} < q_1^L, \quad q_1^{H*} > q_1^H$$

也就是说，具有信息劣势的企业 2 的产量，是其在信息对称情况下的产量的期望值，而信息的不对称使得低成本的企业 1 降低产量，而高成本的企业 1 提高产量。

图 12-1 演示了以上不对称信息条件下的寡头产量竞争过程。企业 1 的反应曲线分别为 $q_1^L(q_2)$ 或 $q_1^H(q_2)$，取决于其实际边际成本，而企业 2 的反应曲线为 $q_2(q_1)$。位于 $q_1^L(q_2)$ 和 $q_1^H(q_2)$ 之间的虚线代表企业 1 的"加权平均"反应曲线，即 $yq_1^L(q_2) + (1-y)q_1^H(q_2)$。当企业 2 无法知道企业 1 的真实类型时，实际上是假设企业 1 的反应曲线为上述平均反应曲线，并借此选择其最优产量 q_2^*。而企业 1 则根据 q_2^* 和自身实际的反应曲线，决定 q_1^{L*} 或 q_1^{H*}。

如果在寡头企业进行市场竞争之前，可以选择披露关于自身类型的信息，那

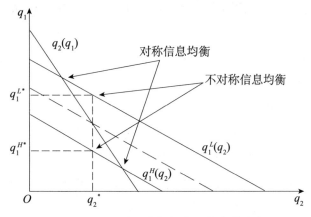

图 12-1　不对称信息条件下的产量竞争

么不同成本类型的企业 1 有不同的动机。如果企业 1 为高成本企业,暴露自己的类型会促使企业 2 提高产量,形成对自己不利的结果,因而有动机隐藏自己的类型,甚至有动机误导企业 2 认为自己是低成本企业。反之,如果企业 1 为低成本企业,那么暴露自己的类型会促使企业 2 降低产量,甚至退出市场,对自己是有利的,因而这时企业 1 有动机披露自己的真实类型。

企业主动披露的成本信息是否可验证对企业行为有决定性的影响。如果披露的信息是不可验证的,那么无论是哪种类型的企业 1,都有动机宣称自己是低成本的,以试图诱导企业 2 选择较低的产量。这样的信息披露是毫无意义的,完全不能影响企业 2 的选择。因此,至少在一次性的静态博弈中,以上信息不对称问题无法解决,市场均衡为以上的 $(q_1^{L*}, q_1^{H*}, q_2^*)$。如果企业主动披露的成本信息是可验证的,那么低成本的企业 1 显然会主动披露自己的类型,从而消除信息不对称。而当企业 1 拒绝披露自己的成本时,企业 2 可理性地推断企业 1 的类型为高成本。因此,当信息披露可验证时,不会有实质性的信息不对称问题,市场均衡为前面的 $(q_1^H, q_1^L, q_2^H, q_2^L)$。

以上分析没有考虑企业的固定成本。如果存在固定成本,那么还可能出现两种企业退出情形。如果企业 1 是低成本企业,那么企业 2 可能退出市场;反之如果企业 1 是高成本企业,那么企业 1 可能退出市场。在短期,成本信息的不对称降低了企业退出的可能性。

如果寡头企业之间的竞争过程重复进行,或企业可以不断调整产量,那么情况可能变得复杂。如果企业 1 没有策略性地考虑,那么当企业 2 观察到较高的产量时,即可推断出企业 1 为低成本企业;反之,当企业 2 观察到较低的产量时,即可推知企业 1 为高成本企业。这样在之后的竞争中将不再存在信息不对称问题。但是理性的企业1应该有策略性思维,特别是当其为高成本类型时。具体而言,一方面,高成本的企业1希望推迟暴露自己的类型,因此会在早期的博弈中尽量选择较高的产量,试图误导企业2认为其是低成本企业,从而促使企业2降低产量或退出市场。同样理性的企业2会预见到这个动机,不会在观察到略高的产量后就立刻让出市场。另一方面,低成本的企业1希望尽快暴露自己的类型,而上述策略性思维不利于其展示自己的真实类型。为了让企业2相信自己确为低成本类型,企业1需要选择足够高的产量,使得一个高成本的企业不可能模仿,即用高产量作为自身类型的"信号"。在一定条件下,这样可能导致类似于"价格战"的市场结果(Milgrom & Roberts,1982)。这种"价格战"的目的通常是尽快将没有竞争力的对手逐出市场。

以上分析在(有产品差异的)价格竞争的情况下是类似的。在非退化的寡头价格竞争中,高成本的企业希望竞争对手了解自己的真实类型,因为这样可以促使对方选择较高的价格,形成对自己有利的市场环境。反之低成本的企业则有动机隐瞒自己的真实类型或假装是高成本企业。这方面与产量竞争正好相反。不过,如果一个企业的成本足够低,以至于可以将竞争对手逐出市场,那么这个企业仍然有动机通过各种方式展示自己的真实类型。当然,如果企业披露的成本信息可以验证,那么仍然不存在实质性的信息不对称问题。

随着参与竞争的企业个数增加,每个企业面临的竞争环境的不确定性一般会降低。这是因为,当不同企业的边际成本相互独立时,来自不同竞争对手的不确定性会部分相互抵消。因此,成本信息不对称在高度竞争的市场中难以对资源配置产生重大影响。特别地,在自由进出的垄断竞争市场,只有成本较低的企业能够在市场上生存,竞争本身迫使企业暴露它们的真实类型。

12.2 信息搜寻成本

在市场经济中,消费者总是优先选择购买性价比高的产品,因此企业总是努力降低价格、提高质量,这种分散决策机制最终形成高效率的市场均衡。但是在现实世界,找出市场上性价比较高的产品未必是一件轻而易举的事情。消费者需要付出一定的搜寻成本,才能了解市场上各种产品的特征和价格,并在此基础上进行比较。搜寻成本使得消费者不能轻易找到性价比最高的产品,这样也就减弱了企业降低价格的动机,企业之间的竞争程度也随之减弱。

游客陷阱模型

Diamond(1971)指出,在一个貌似完全竞争的市场中,如果消费者每了解一个企业的销售价格,都需要付出一笔搜寻成本,那么过多的企业进入市场反而可能导致类似垄断的市场结果。企业的个数越多,消费者就越难找到价格更低(或性价比更高)的卖家,因而就越可能放弃搜寻直接购买,甚至可能从随机遇到的第一个卖家购买。这样企业即使降价也难以吸引更多的消费者,预见到这种情形,企业降价的动机也就减弱,最终形成较高甚至垄断的均衡价格。

我们通过一个旅游市场的例子,来演示很小的搜寻成本如何戏剧性地影响市场结果。该模型一般被称为"游客陷阱模型"(the tourist-trap model)。假设在一个旅游景点有很多摊贩,所有的摊贩都出售某种完全相同的纪念品。所有的游客都有相同的需求函数。当地政府提供的旅游指南给出摊贩价格的数值分布,但不提供每个摊贩的价格。游客需要找摊贩询问价格,然后决定是否购买,每查询一次价格的成本为 $c > 0$。游客随机选取一个摊贩开始搜寻,可以从已搜寻的摊贩购买,或者继续搜寻。我们可以证明,当摊贩数量足够多时,即使查价成本 c 很小,这个纪念品市场都存在唯一的均衡,其中所有摊贩都以垄断价格 p^m 出售产品。证明如下。

首先,所有摊贩选择垄断价格 p^m 是一个均衡状态。在不考虑竞争的情况下,垄断价格使得摊贩整体利润最大化。给定所有其他摊贩的价格均为 p^m,任何一个摊贩都没有动机提供较低的价格,因为游客即使知道有一个摊贩的价格较低,由于摊贩数量太多,找到这个低价摊贩需要经过很多次的搜寻。考虑到搜寻成本,游客不会去寻找这个摊贩。因此,提供较低的价格不会增加摊贩的销售量,因而不可能是有利可图的。因此,所有摊贩选择垄断价格的确是一个均衡状态。

其次,不存在其他均衡。具体而言,任何一个低于 p^m 的价格都不可能在均衡情况下存在。否则,假设市场上价格最低的摊贩的价格 $p' < p^m$,如果这个摊贩将价格提高一个足够小的幅度,如 $\frac{c}{2}$,那么不会降低这个摊贩的销售量。对于任何一个搜寻到这个摊贩的游客,不会因为其价格是 $p' + \frac{c}{2} > p'$ 而继续搜寻,因为后者最好的情形无非是找到另外一个价格为 p' 的摊贩,考虑到搜寻成本 c 之后是得不偿失的。因此,价格最低的摊贩略微提高价格是有利可图的。也就是说,市场最低价格 $p' < p^m$ 的情况不可能是均衡状态。

由以上两点,唯一可能的均衡是垄断价格均衡。可见在有搜寻成本的情况下,可能恰恰是因为市场中的企业太多,反而出现价格较高的均衡。当企业个数较小时,消费者比较容易找到低价格的卖家,因而更愿意搜寻,企业降价的动机也更强,更加容易形成价格较低的均衡。

在以上模型中,如果摊贩个数很多且市场是自由进出的,那么最终会形成类似于"垄断竞争"的均衡状态。这时由于过度的进入,事后的垄断利润仅够覆盖摊贩的固定成本,而消费者承担了很高的价格,因此市场效率十分低下。如果有一个政府机构可以限制这个市场的摊贩数量,那么不仅能解决过度进入问题,而且还可以加剧企业之间的价格竞争。这样既可以节约固定成本,又能降低消费者价格,从而提高市场效率。

在游客陷阱模型中,导致市场均衡价格有利于卖方的一个原因是,搜寻成本完全由买方承担。假如搜寻成本由卖方承担(例如卖方需要主动接近潜在购买者),那么即使潜在买家很多,均衡价格也可能有利于买方。

游客陷阱模型可以解释现实生活中的一些价格现象。例如在很多城市的特定区域,有很多相互竞争的旅馆,往往每个旅馆都在店内招牌上标示较高的价格。如果一个未提前预订的消费者直接走进一家旅馆,那么通常需要支付较高的价格。虽然知道价格偏高,这个消费者未必愿意重新搜寻以便"货比三家",因为继续搜寻是有成本的,而且也很难碰上更低的价格。因此在旅馆住宿市场,由于搜寻成本的存在,看起来很激烈的竞争并不一定导致很低的价格。但是在互联网时代,由于信息技术改变了搜寻成本,旅馆的高价格受到一定的抑制。如果消费者通过网络预订平台,如携程、飞猪、大众点评等,来预订旅馆房间,那么就可以获得较低的价格,原因是在网络平台上进行搜寻的成本很低,消费者比较容易找到性价比高的旅馆,因此旅馆不得不为预订客户提供较大的折扣。

游客和本地居民模型

前面的游客陷阱模型得出了非常有趣的结果,但是其中的单一垄断价格现象似乎与现实有一定差距。在很多市场中,都存在多均衡价格的现象,例如一些当地土特产品在旅游景点的销售价格的确很高,但是同样消费这些产品的本地人似乎并不会支付那么高的价格。这个价格特点在传统理论中不易解释,前面的模型对此也无能为力。Salop & Stiglitz(1977)通过引入有不同搜寻成本的游客和本地居民模型(the tourist-and-natives model),比较好地解释了这个现象。

考虑这样一个市场,所有企业生产相同的产品,且有相同的 U 形平均成本曲

线 $AC(q)$。企业可以自由进出市场,记企业总数为 n。有两类消费者,即游客和本地居民,记市场上的消费者总人数为 L,其中有 aL 个本地居民和 $(1-a)L$ 个游客,$a \in (0,1)$。消费者有单位需求,保留价格均为 p^u。本地居民具有零搜寻成本,因此他们知道整个市场的所有企业的价格信息,因而只在价格最低的企业购买。游客具有较高的搜寻成本,且事前不知道每个企业的具体价格,我们假设游客只会随机地从一家企业购买。简单起见,不妨假设游客第一次搜寻的成本为零,而再次搜寻的成本很高。

Salop & Stiglitz(1977)发现,这个市场上可能存在单一价格均衡,也可能存在多价格均衡。在多价格均衡中,高价格企业仅服务游客,而低价格企业既服务本地居民,也服务(运气好的)游客。记高价格企业个数为 n^H,低价格企业个数为 n^L,我们有 $n^H + n^L = n$。在均衡状态下,有以下两种可能的情形。

情形 1:如果本地居民的比例 a 足够大,那么每个企业面临的需求函数如图 12-2 中的粗黑线所示(其中假设其他企业的价格均不低于 p^c)。具体地,当销售价格高于保留价格 p^u 时,企业面临的需求量为零;当销售价格在保留价格 p^u 和竞争价格 p^c(等于企业的最低平均成本)之间时,只有游客会购买,由于游客随机购买,单个企业的销售量为 $\frac{(1-a)L}{n}$;当销售价格等于 p^c 时,由于每个企业只有当销售量为 q^{MES},即"最小有效规模"时,才能不发生亏损,因此我们不妨假设单个企业的销售量为 q^{MES};当单个企业的销售价格低于 p^c 时,这个企业将服务所有本地居民和少部分游客,销售量为 $aL + \frac{(1-a)L}{n}$,这时企业发生很大亏损。

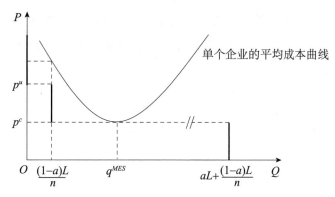

图 12-2 本地居民比例较高的情形

从图 12-2 可以看出,当本地居民的比例 a 足够大时,$\frac{(1-a)L}{n}$ 很小,在这个产量下,仅面向游客的高价格企业的平均成本高于消费者的保留价格 p^u,因此高价格企业无法生存。因此所有企业都只能选择竞争价格 p^c 和最小有效规模的销售量 q^{MES}，均衡企业个数为 $n^* = \dfrac{L}{q^{MES}}$。

这种状态构成一个纳什均衡的条件是，没有哪个企业有动机选择高价格 p^u 并仅服务游客。假如一个企业选择较高的价格，那么销售量为 $\dfrac{(1-a)L}{n^*}$，如果在这个销售量下的平均成本高于 p^u，那么一个企业选择高价格 p^u 是无利可图的，因此均衡条件是

$$AC\left(\dfrac{(1-a)L}{n^*}\right) = AC((1-a)q^{MES}) > p^u$$

在这种情形下，少数游客的搜寻成本并没有对市场均衡产生实质性影响，完全竞争均衡仍然成立，所有企业都在最小有效规模的水平进行生产，整个市场的资源配置是帕累托有效的。一般来说，低搜寻成本消费者的存在会加剧企业之间的竞争，降低价格，而高搜寻成本消费者从中获益，类似于"搭便车"，以上均衡结果是这个现象体现的方式之一。

情形 2：如果游客的比例足够大，那么上述竞争性均衡就会被破坏，仅面向游客的高价格企业可以生存。当一个企业仅面向游客销售时，销售量为 $\dfrac{(1-a)L}{n}$，如果这时企业的平均成本不高于游客愿意支付的价格 p^u，那么市场均衡中就可能有两个价格同时存在。图 12-3 描述的是非均衡状态，其中高价格企业获得了经济利润，即 $p^u > AC\left(\dfrac{(1-a)L}{n}\right)$。由于市场可以自由进出，经济利润会吸引其他企业成为仅服务游客的高价格企业。图 12-4 描述的是均衡状态，其中部分企业选择高价格 p^u，其他企业选择低价格 p^c，所有企业的价格均等于其平均成本，因此均获得零利润。

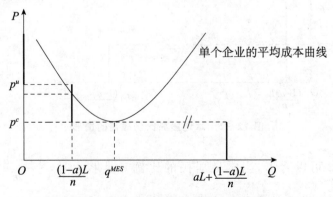

图 12-3 游客比例较高的情形：非均衡状态

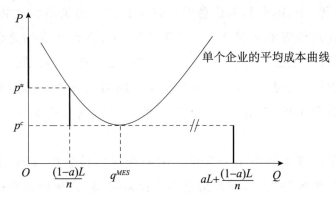

图 12-4　游客比例较高的情形：均衡状态

从数学上刻画这个双价格均衡状态，需要找出企业总个数 n^* 和高价格企业的个数 n^H，而低价格企业的个数为 $n^L = n^* - n^H$。首先，高价格企业的产量应满足零利润条件，即

$$AC\left(\frac{(1-a)L}{n^*}\right) = p^u$$

从上式可直接解出均衡中的企业总个数 n^*。其次，对低价格产品的总需求量和总供应量必须达到平衡。总供应量为 $q^{MES}(n^* - n^H)$，总需求量等于消费者总人数 L 减去购买高价产品的游客人数，即 $L - \frac{n^H}{n^*}(1-a)L$，或本地居民人数加上购买低价产品的游客人数，即 $aL + \frac{n^* - n^H}{n^*}(1-a)L$。因此

$$q^{MES}(n^* - n^H) = L - \frac{n^H}{n^*}(1-a)L$$

将前面解出的企业总个数 n^* 代入，我们可解出均衡中的高价格企业个数 n^H，并由此得到均衡中的低价格企业个数 $n^L = n^* - n^H$。这样就完成了市场均衡的刻画。

注意到在这个模型中，虽然消费者有单位需求，但是以上的双价格均衡不能实现帕累托有效的资源配置，因为高价格企业的生产没有达到最小有效规模。

12.3　逆向选择

前面我们主要讨论竞争场景下的信息不对称问题。当经济主体之间是合作而非竞争关系时，信息不对称还可能造成各种不同影响。在合约关系（如买卖、

雇佣、商业合作等)中,拥有私人信息的一方或各方可能策略性地利用其信息,促成对己方有利而对他方不利的结果。如果博弈各方在形成合约之前即存在不对称信息,那么这样的信息问题经常导致所谓的"逆向选择"问题。如果博弈各方之间的信息不对称是在形成合约之后才(以可预测的方式)出现,那么这样的信息问题经常导致所谓的"道德风险"问题。信息问题具有高度复杂性,需要具体问题具体分析。

逆向选择在经济生活中十分常见。例如在保险销售中,高风险人群对保险服务的需求高于低风险人群,因此给定一个保险价格,高风险人群购买的可能性更高,或者购买的量更大。这种"逆向"的选择对保险公司而言是不利的,因为高风险人群更加可能向保险公司提起赔付要求。如果没有办法辨别客户的类型,那么保险公司必须制定较高的保险价格,以抵消较多高风险人群投保所带来的不利影响。但是,这样又会进一步阻止低风险客户购买保险,最终会形成过高的价格和过低的参保率,市场交易量低于有效水平。很多国家和地区实行由政府提供医疗保险或医疗服务的制度,原因之一即在于这种逆向选择问题(其他原因包括改善收入不平等、提升社会稳定等)。

逆向选择问题最早由 Akerlof(1970)以二手车市场为例提出。我们下面通过一个简单的例子来演示逆向选择对市场均衡的影响。

例 12-1 在一个旧车市场,有一群卖方和一群买方,卖方知道他们将要出售的二手车的实际状况,而买方无从知道。买方认为,那些可能进入旧车市场的车中,有一半是品质较好的车(简称"好车"),而另一半是品质不好的车(简称"坏车")。假设一辆好车对买方和卖方的价值分别为 20000 元和 16000 元,而一辆坏车对买方和卖方的价值分别为 10000 元和 8000 元。注意到,我们假设一辆准备交易的车,无论是好车还是坏车,对潜在买家的价值都相对较高,因此只要完成交易,总是可以提升社会总福利。简单起见,不妨假设买方为风险中性。

在对称信息情况下,即买家也可以准确观察二手车的品质时,这时一辆好车的交易价格应介于 16000—20000 元,而一辆坏车的交易价格应介于 8000—10000 元。在上述价格下完成的交易对买卖双方都有利,因而可实现帕累托有效的资源配置。

当买方不能观察二手车品质时,上述的交易价格不能构成均衡。虽然一辆好车的拥有者希望公开其拥有的私人信息,以便获得较高的价格,但是一辆坏车的拥有者则相反。所有的卖方都有动机宣布自己在出售一辆好车,并希望按 16000—20000 元的价格出售,这种动机使得简单的语言交流完全不能解决信息不对称问题。

从买方的角度看,由于不能辨别二手车类型,而且卖方提供的质量信息不可信,如果决定购买,那么买方只能随机选车。如果所有的二手车都进入市场待售,那么买方愿意支付的价格不能高于一辆二手车的期望价值,即

$$p^A \leqslant 0.5 \times 20\,000 + 0.5 \times 10\,000 = 15\,000$$

但是一辆好车对卖方的价值为 16 000 元,因此在不高于 15 000 元的价格下,一辆好车的车主不会愿意出售。这样,当买方遇到一个愿意按 15 000 元的价格出售二手车的车主时,可以断定是一辆坏车,而坏车对买方的价值仅为 10 000 元,因此买方不会愿意按这个价格购买,也就是说交易不可能在这个价格下达成。由于信息不对称的存在,好车无法在市场上顺利交易,只能退出,所有愿意进入待售状态的都是坏车,因此市场均衡价格应介于 8 000—10 000 元。这是一个类似于"劣币驱逐良币"的低效率均衡状态。

在这个例子中,不对称信息导致较低的市场价格和产品质量,其原因也可以从"外部性"的角度理解。如果一个卖方向市场提供高质量的产品,那么市场上产品的平均质量就会提高,于是有信息劣势的买方愿意支付更高的价格购买,从而使所有卖主都获益。也就是说,向市场提供高质量产品具有正的外部性。因此从社会整体利益的角度看,卖方提供高质量产品的动机不足。相反,向市场提供低质量产品则具有负的外部性,因而存在过度动机。卖方动机的扭曲最终导致资源配置的效率下降。上例是最简单的竞争性二手车市场模型,在略微复杂一些的模型中,可能出现多均衡现象,也就是说存在多个可能的资源配置状态。

例 12-2 假设某旧车市场上有三种可能品质的旧车,分别记为高、中、低类型,比例为 1∶1∶1. 三种车对卖主和买主的保留价格由下表给出。

表 12-1 二手车对卖方和买方的价值

	高	中	低
卖方	20 000 元	14 000 元	10 000 元
买方	24 000 元	18 000 元	12 000 元

任何一辆车对买方的价值都高于对卖方的价值,因此交易量越大,总的社会福利水平越高。买家无法在购车时了解车的品质,因而市场上只能有一个价格,而不能实现"优质优价"。仍然假设买主是风险中性的。这个市场的均衡可用价格和成交情况描述,均衡价格使得供应和需求达到平衡,成交情况包括成交的数量和成交的车的品质。我们分别讨论三种可能的价格区间。

(i) 如果市场价格 $p \geqslant 20\,000$,那么所有二手车的车主都愿意出售。从买方角

度看，一辆车的期望价值是 24000 元、18000 元和 12000 元的平均值，即 18000 元，因此付出 20000 元购买一辆无法判断品质的车是不划算的。这时需求量为 0，而总的供应量可用 3 代表，供需不能实现平衡；

(ii) 如果市场价格 $p \in [14000, 20000)$，那么有且只有中、低类型的二手车车主愿意出售。从买方角度看，一辆车的期望价值是 18000 元和 12000 元的平均值，即 15000 元，因此当 $p \in [14000, 15000]$ 时，总的需求量和供应量均为 2，市场达到均衡；

(iii) 如果市场价格 $p \in [10000, 14000)$，那么有且只有低类型的二手车车主愿意出售。买方最高愿意付出的价格是 12000，因此当 $p \in [10000, 12000]$ 时，总的需求量和供应量均为 1，市场达到均衡。

因此，这个市场有两组不同的均衡，对应的交易价格分别为

$$p \in [14000, 15000] \quad \text{和} \quad p \in [10000, 12000]$$

其中前一组均衡实现了中、低类型车的交易，后一组均衡仅实现了低类型车的交易，前者的社会福利水平较高，但仍然没有实现社会最优的资源配置，因为高类型的车未能实现交易。这个例子中仍然存在类似于"劣币驱逐良币"的现象。

从直觉上看，如果消费者不愿意出较高的价格购买品质不可观察的产品，那么买到的产品很可能是低质量的产品。反之，如果消费者愿意出较高的价格购买，那么就有相对较大的概率买到高质量的产品。也就是说，"一分钱一分货"的看法在一定程度上是有道理的。不过前提条件是，市场上原本就存在不同品质的产品待售，否则当买家完全无法辨别产品品质时，成本较高的高品质产品可能根本不会被生产出来。

合作场景下的逆向选择现象导致广义的交易不足或合作低效问题，解决这类问题有以下几个常见思路。

第一，调查研究。通过信息采集或寻求第三方服务，直接解决信息不对称问题。例如买卖双方在达成交易之前，经常会寻求来自独立第三方的个人或机构的信息服务，包括独立的会计师、审计师、律师、工程师等，对交易涉及的个人或资产进行专业调查。交易各方当然也可以直接进行调查以获得相关信息。

第二，甄别（screening）。具有信息劣势的一方可以通过适当的甄别机制，使得拥有私人信息的一方愿意披露其类型信息。甄别机制经常是设置不同的"门槛"，使得不同类型的合作者可以比较容易地跨过为各自设计的门槛，从而显示出他们的类型。设置"门槛"经常会产生额外的成本，这是解决逆向选择问题需要付出的代价（经常被称为"交易成本"）。例如在移动通信市场，高需求客户因

为通信量大，不愿接受较高的单价，但比较愿意接受较高的月费，而低需求消费者则相反。因此，通过提供"高月费低单价"和"低月费高单价"两种套餐，就可以将两种类型的客户区分开来，其中后者的高单价会造成一定效率损失，这是解决逆向选择问题必须付出的代价。也存在零成本或低成本的甄别机制，例如在二手车市场，买方经常要求卖方提供质量保证（guarantee）或保修合同（warranty）。对于好车来说，提供质量保证或保修合同不需要太多成本，因此卖主乐于提供，而坏车则相反。因此愿意提供质量保证的车很可能是好车，值得买方付出较高的价格。这个机制不一定有显著的交易成本。

第三，信号发送。如果具有信息优势的一方发现，自己对对方而言是"好"的类型，那么可以通过适当的方式，发出关于自身类型的信号。发出信号经常是有成本的，这个成本对"好"类型的合作者来说通常较低，而对"坏"类型的合作者较高。例如在二手车市场，如果二手车主主动提供较长时间的保修，那么这就是一个车辆品质较好的可信信号。在劳动力市场，人们经常利用"文凭"来发出关于自身能力的信号（Spence，1973）。即使文凭毫无实践意义（例如"屠龙专业"的文凭），但是只要获得文凭需要较高的能力，那么就可以成为关于劳动力类型的信号。这时取得文凭的成本就是解决逆向选择问题所需要付出的成本。

信号机制与前面的甄别机制有类似之处，区别主要在于博弈的时间顺序。信号机制是信息优势方先采取行动，而甄别机制是信息劣势方先采取行动。但信号机制有一个十分重要的特点，即一个特定信号所代表的含义是由信息劣势方主观理解的，这个理解经常被称为"信念"。不同的信念可能导向不同的结果，博弈均衡只要求信念最终能够自我实现。

第四，重复博弈。"路遥知马力，日久见人心"，在长期或重复博弈中，人们可以通过对以往事件的观察，推断合作者的类型。例如企业可以通过在长期建立起来的品牌和信誉，让消费者了解自身的类型。雇员可以通过长期的工作表现，来展示自己的真实能力。虽然在重复博弈中，"坏"类型的合作者有动机隐瞒自身的类型，但是长期隐瞒的难度很大，或者说成本非常高，因而不一定有利可图。因此，在长期或重复博弈中，逆向选择问题经常可以自然解决，极端的"劣币驱逐良币"现象在长期其实很少发生。

第五，政府干预。依托政府的行政强制力，通过适当的政府干预可以减弱或消除逆向选择问题。例如政府可以对交易进行补贴，以促进充分交易，这时政府需要从其他渠道筹集资金。政府也可以实行强制交易，以确保所有应交易的产品都被交易，这时某些交易者可能蒙受损失。由政府通过税收或其他方式筹资，为国民提供医疗保险或医疗服务,或者为国民提供医疗补贴,可以在不同程度上解决医疗保险市场的逆向选择问题。

通过政府的行政干预应对逆向选择问题,可能产生两个不利影响,一是由于政府官员的特殊激励机制,行政干预经常会产生很高的运行成本,或者形成不当干预,甚至滋生腐败;二是几乎肯定会出现交叉补贴现象,虽然社会总福利可能上升,但部分人群的利益会受损。对于特定经济事项,政府是否应该出手直接干预,取决于市场失效的程度和政府行政能力的高低。

12.4* 不对称信息条件下的交易

在二手车市场和二级区别定价的例子中,我们注意到,当博弈人的"类型"信息相互不了解或无法验证时,在其特定的交易机制下,可能(但也仅仅是可能)出现市场失效的现象。在现实世界中,存在很多其他的交易机制,因此更一般的问题是,在类型信息不对称时,是否存在满足"合意"条件的交易机制?

一个交易机制就是一个价格决定方案,当交易各方自愿报告自己的"类型"后,这个方案给出交易价格或条款。一个"合意"的交易机制应该满足的条件包括:交易各方自愿参与、交易各方愿意报告自己的真实类型、事后的资源配置为帕累托有效,以及无须外部干预等。

大量研究表明,这个问题的答案经常是否定的。例如,Vickrey(1961)指出,在对产品估值的信息不对称的情况下,不可能设计满足以下三个条件的交易机制:①诚实报告自己的供应或需求曲线是交易各方的占优策略;②无须外部补贴;③最终的产品配置永远是帕累托有效的;D'Aspremont & Gerard-Varet(1979)提出,"激励相容"(即"说实话")的交易机制有可能在无须外部补贴的情况下实现帕累托有效的产品配置,但是这样的机制有可能给部分参与者带来负的期望回报,即不一定满足"个体理性"(即自愿参与),意味着部分参与者可能会拒绝参与交易。

这一类问题的讨论在数学上大多比较复杂,但是 Chatterjee(1982)给出了一个比较简单的模型分析,得到一个关于激励相容和个体理性之间相互矛盾的定理。假设买家(记为1)和卖家(记为2)之间有一个物品需要交易,他们的保留价格,记为 t_1 和 t_2,分别取自相互独立的概率分布 $F_1(t_1)$ 和 $F_2(t_2)$。每个人知道自己的估值,但仅知道对方的估值服从上述分布。两个人分别宣布他们的估值 a_1

和 a_2，然后通过定价规则 $g(a_1, a_2)$ 决定他们之间的交易条款。两人的回报分别为

买家： $u_1 = \begin{cases} t_1 - g(a_1, a_2), & a_1 \geqslant a_2 \\ 0, & a_1 < a_2 \end{cases}$

卖家： $u_2 = \begin{cases} g(a_1, a_2) - t_2, & a_1 \geqslant a_2 \\ 0, & a_1 < a_2 \end{cases}$

关于定价规则 $g(a_1, a_2)$，我们定义以下条件：

(1) 非负回报：$a_1 \geqslant g(a_1, a_2) \geqslant a_2$；

(2) 正向反馈：$\dfrac{\partial g}{\partial a_1} > 0$ 和 $\dfrac{\partial g}{\partial a_2} > 0$；

(3) 激励相容：$a_1 = t_1$ 和 $a_2 = t_2$。

注意到，"正向反馈"意味着买家的报价一定低于其估值，即满足 $a_1 \leqslant t_1$，因为超过自身估值的报价会带来双重损害，既会提高可能的成交价格，又可能以不利的价格买到物品。但是在选择低于估值的报价时，买家面临取舍，过低的报价虽然可以降低成交价格，但是可能失去有利的成交机会。类似地，卖家的报价一定高于其估值，即满足 $a_2 \geqslant t_2$。当定价规则 $g(a_1, a_2)$ 满足条件 1 和 2 时，买卖双方参与这个规则都不会产生负的期望回报，因此满足"个体理性"。

Chatterjee(1982)发现，以上三个条件是不相容的。具体地，假设条件 3 满足，给定卖家的诚实报价 $a_2 = t_2$，买家的期望回报为

$$E(R_1(a_1; t_1)) = \int_0^{a_1} [t_1 - g(a_1, t_2)] f_2(t_2) \mathrm{d}t_2$$

买家最优的报价满足一阶导数条件

$$[t_1 - g(a_1, a_1)] f_2(a_1) - \int_0^{a_1} \dfrac{\partial g(a_1, t_2)}{\partial a_1} f_2(t_2) \mathrm{d}t_2 = 0$$

根据条件 1，我们有 $g(a_1, a_1) = a_1$，而条件 3 意味着 $a_1 = t_1$ 是买家的最优选择，因此从上式可得

$$\int_0^{a_1} \dfrac{\partial g(a_1, t_2)}{\partial a_1} f_2(t_2) \mathrm{d}t_2 = 0$$

而这与条件 2 矛盾，因为正项的积分不可能为零。

Chatterjee(1982)也指出，如果买卖双方在决定是否参与某个定价机制时，还不知道自己的估值，仅知道自己的估值服从双方都知道的分布，但是在报价之前获知自己的真实估值，那么存在满足上述条件的定价机制。当然，从现实角度看，买卖双方通常是在了解自身估值之后才开始考虑交易。

Myerson & Satterthwaite(1983)从机制设计理论出发,得到了关于不对称信息条件下交易的更具一般性的结论。他们的模型设置与 Chatterjee(1982)类似,一个卖家有一个物品可以出售给一个买家,每个人知道自己对物品的估值,但只知道对方的估值服从特定区间的特定概率分布。双方均为风险中性。交易机制满足"个体理性"意味着每个人都能从参与这个机制中获得非负的回报;满足"激励相容"意味着诚实报告自己的估值为均衡行为;满足"事后有效"(ex post efficient)意味着当且仅当买家的估值高于卖家时物品才会被交易。

Myerson & Satterthwaite(1983)发现,如果卖家的估值以严格正的密度分布在区间 $[a_1,b_1]$ 上,买家的估值以严格正的密度分布在区间 $[a_2,b_2]$ 上,且两个区间有非空且非单点的交集,那么不存在同时满足激励相容、个体理性和事后有效的交易机制。

以上结论无疑具有重要的理论意义。很多经济学家极度强调自由市场机制的有效性,这一点在经济学理论上并不能得到充分的支持。从经验角度看,市场机制的确应该是基本的经济制度,资源配置主要应依靠价格引导。但是我们也应该看到,许多市场环节的确可能出现严重的失效现象,在政府具有一定行政能力的情况下,科学适当的行政干预完全可能形成更好的资源配置结果。改革开放以来,中国经济在从计划经济向市场转型的过程中,取得了比世界绝大多数市场经济国家或地区更好的经济发展成果,创造了"中国经济奇迹",这与各级政府对经济活动的适度干预,如"招商引资""集中力量办大事""全国一盘棋"等行为,有不可分割的联系。

12.5* 道德风险

在一个合作关系中,如果一个合作者的行为不可被其他合作者观察或验证,那么就可能形成道德风险问题。与逆向选择不同,道德风险发生在合作关系确定之后。虽然合作伙伴的行为无法观察或验证,但是如果能够充分掌握合作伙伴的类型信息,博弈者就可以通过激励分析,完美地预见其行为。在现实世界,无论行为是否可以被观察,只要无法被法庭确认,就无法被列入正式合同,因此都可能产生道德风险问题。

例如在许多耐用品市场,租赁是一种重要的交易方式,但是租赁过程中经常会出现道德风险问题。租赁意味着高价值耐用资产的所有权和使用权分离,承租人只是短期使用,而其使用的方式可能影响资产的残余价值。租赁合同经常是不完备的,不可能对承租人的使用方式做出无限细致的规定,而且即使合同是完备的,往往也会因为执行上的高昂成本,而不可能严格执行。承租人通常没有足够的动机谨慎使用租赁资产,因而容易导致资产的过快贬值。出租人预见到这种情形,只能提高租赁价格,这种道德风险现象降低了租赁市场的运行效率。在近年来发展起来的"共享经济"中,正是由于道德风险的挑战,降低了共享所带来的好处。由于使用者的不当使用方式,城市"共享单车"的破损率居高不下,"共享汽车"贬值迅速,这些都提高了企业的经营成本。

道德风险是关于"事后"行为而不是"事前"类型的信息不对称问题,不会因为长期或重复博弈而逐渐减弱,具有持续存在的特点。在实践中,行为和类型的信息不对称经常同时存在,使得信息问题变得更加复杂。道德风险在经济生活中广泛存在,影响显著。

保险

道德风险问题是保险产业面临的基本问题之一。购买保险产品之后,由于出险损失下降,投保人往往会减少在事故预防方面的努力或投资,这样会使得事故发生的概率提高。也就是说,投保本身会提高事故发生的可能性,预见到这种情况,保险公司不得不提高保险费,或提供不完全保险(要求客户自行承担部分风险),这样就使得保险市场的效率降低。由于投保人在事故预防方面的努力难以观察或验证,无法写入保险合同,因此产生道德风险问题。

在医疗保险市场,有证据表明,没有医疗保险覆盖的人群往往更加重视日常的健康保养,因为一旦生病就必须自行承担较高的医疗支出。而有医疗保险覆盖的人群相对没有那么重视健康生活方式,体现出事后的行为扭曲。类似地,在汽车保险市场,没有购买"全险"的驾驶员往往开车比较谨慎小心,事故率较低,而购买"全险"的驾驶员则未必。当然我们也注意到,那些选择不购买医疗保险或汽车保险的人,往往也是身体比较健康,或驾驶比较谨慎的人,也就是说他们的"类型"也区别于其他人。但不可否认的是,道德风险问题仍然是影响他们行为的一个因素。

我们可以通过一个简单的数学模型来刻画保险市场的道德风险问题。假设一个风险厌恶的驾驶员从一个风险中性的保险公司购买汽车保险。一个保险合同可表示成(q, r),其中q是驾驶员付给保险公司的保险费,r是发生事故后保公司付给驾驶员的补偿金。驾驶员面临一个事故风险，该事故将给他造成 d 的经济损失。驾驶员的初始财富水平是 w，他的（贝努利）效用函数是 $u(.)$，满足 $u'(.) > 0, u''(.) < 0$，即这个驾驶员是风险厌恶的。事故发生的概率取决于驾驶员小心驾驶的程度，记为 $\pi(e) \in (0,1)$，满足 $\pi'(e) < 0$，其中 $e \in [\underline{e}, +\infty)$ 代表驾驶员的努力程度。我们不妨就用 e 代表驾驶员付出的主观努力的成本。驾驶员选择的努力程度 e 无法被保险公司所观察或被法院所确认，因而不能在保险合同中进行规定。在以上模型设置下，驾驶员的期望效用作为努力程度 e 的函数是

$$U(e) = \pi(e)u(w-q-d+r) + (1-\pi(e))u(w-q) - e$$

给定保险合同 (q,r)，这个驾驶员选择最优的努力程度来最大化期望效用，这个努力程度由以下一阶导数条件决定

$$U'(e) = \pi'(e)(u(w-q-d+r) - u(w-q)) - 1 \leqslant 0，当 e > \underline{e} 时取等号。$$

如果保险公司提供完全保险，即有 $r=d$，那么以上一阶导数条件成为

$$U'(e) = -1 < 0$$

这意味着驾驶员的最优努力程度为 $e = \underline{e}$，即选择最低可能的努力程度。这时在不考虑业务成本的情况下，保险公司的利润为

$$q - \pi(\underline{e})d$$

如果 $\pi(\underline{e})$ 很大，那么保险公司必须选择很高的保险费 q，于是驾驶员获得的期望效用为

$$U(\underline{e}) = u(w-q) - \underline{e}$$

虽然选择很低的努力程度可以降低驾驶成本，但是过高的保险费可能使得购买保险得不偿失。

如果驾驶员可以通过提高主观努力程度显著降低事故的发生概率，那么保险公司可以通过适当降低补偿金，使得 $r < d$，即提供不完全保险，提高驾驶员实际承受的事故损失，从而引导驾驶员选择较高的安全驾驶努力程度，这样可以实现双方的帕累托改进。但是，市场机制下的资源配置结果一般来说不是"第一最优"的，因为风险厌恶的驾驶员承担了一部分风险，这是道德风险带来的福利损失。由于行为信息的不对称，市场主体必须在事前的风险规避和事后的资源配置有效性之间进行适当的取舍。

政府服务外包

企业作为一个追求特定目标的市场主体，本身也可能产生道德风险问题。

如果企业利益与其服务对象的利益产生矛盾,就可能产生市场失效现象。如果产品的品质不能被清楚地辨认,那么追求利润最大化的企业可能利用这个特点,提供成本较低但不符合买方利益的产品,形成道德风险问题。企业的谋利动机越强,产品品质越难观察,这种道德风险问题发生的可能性也越大。一般来说,完全私人所有的营利性企业有较强的谋利动机,因此产生道德风险问题的可能性也较大。

Hart, Shleifer & Vishny(1997)以监狱服务外包为例,从"不完全合约"(incomplete contracting)的角度讨论特定公共服务的政府自营和合同外包之间的利弊比较。他们指出,由于私人企业过强的谋利动机,企业管理者可能会过度控制成本(例如倾向于对囚犯过度使用暴力),产生政府不乐见的结果,最终可能形成较低的社会总福利水平。虽然他们强调"不完全合约",但是模型的核心假设是代理人的特定行为难以准确度量,因而无法列入合同,因此与道德风险问题并无本质区别。

Hart 等将提供特定公共服务的资产称为"设施 F(facility)",F 由一个经理 M 运营。这个经理 M 可能是私人企业家(即服务外包),也可能是政府雇员(即政府自营)。另外还有一个官僚 G 代表公共利益,G 和 M 之间存在长期合同关系,合同规定需要提供的服务产品和相应的价格。具体地,合同中描述的服务称为"基础产品"(basic good),合同中规定的价格记为 P_0。如果 F 是由私人企业运营的,那么 P_0 为经理从提供基础产品中获得的回报。如果 F 是政府自营的,那么 P_0 可以看作经理作为政府雇员的工资。

"基础产品"可以根据实践情况进行修改,形成"改进产品"(modified good)。由于现实的复杂性,这些产品修改不可能在事前列入合同,即合同注定是"不完全的",但产品修改也不违反合同。产品修改给经理个人带来成本 C,但优化后的产品对社会的价值为 B。经理可以通过选择两种不同的努力,来进行两种类型的"创新",即成本创新(努力 e)和品质创新(努力 i)。成本创新能够降低成本 C,幅度记为 $c(e)$,但同时也会降低产品品质,幅度记为 $b(e)$。品质创新提高产品品质,但同时会提高成本。具体而言

$$B = B_0 - b(e) + \beta(i), C = C_0 - c(e)$$

其中 $\beta(i)$ 是在考虑到成本提升后的品质"净提升",B_0 和 C_0 为常数。上述各函数满足以下条件:

$$b(0) = 0, b' \geqslant 0, b'' \geqslant 0; c(0) = 0, c'(0) = \infty, c' > 0, c'' < 0;$$
$$\beta(0) = 0, \beta'(0) = \infty, \beta' > 0, \beta' < 0, \beta'(\infty) = 0; c' - b' \geqslant 0$$

经理 M 的总成本为

$$C+e+i = C_0 - c(e) + e + i$$

假设变量 B、i、e、b 和 c 都是 G 和 M 可以观察的,但不可验证,因此无法列入合同。M 和 G 都是风险中性的。

在这个模型中,如果设施 F 是私人运营的,那么除非可以通过重新谈判提高价格,否则经理 M 不会进行品质创新。但是经理显然有动机进行成本创新,因为产品品质 B 的下降是政府无法验证的。如果设施 F 是政府自营的,那么无须重新谈判,两种创新都可能发生,只是作为政府雇员的经理 M 的创新计划需要获得官员 G 的批准。这时创新的社会价值为 $-b(e)+c(e)+\beta(i)$,假设代表公共利益的 G 可以获得其中的一部分,比例为 $1-\lambda \in [0,1]$。

社会第一最优的努力水平 i 和 e 应最大化社会总剩余,即为以下问题的解

$$\max_{e,i} \; -b(e)+c(e)+\beta(i)-e-i$$

一阶导数条件为

$$-b'(e^*)+c'(e^*)=1 \quad 和 \quad \beta'(i^*)=1$$

在私人运营且可以重新谈判的情况下,假设谈判的结果是品质创新的好处 $\beta(i)$ 在 G 和 M 之间等分,那么双方的回报分别为

$$官员\; G: U_G = B_0 - P_0 + \frac{1}{2}\beta(i) - b(e)$$

$$经理\; M: U_M = P_0 - C_0 + \frac{1}{2}\beta(i) + c(e) - e - i$$

经理 M 的最优选择 (e_M, i_M) 由以下一阶导数条件隐性给出

$$c'(e_M) = 1 \quad 和 \quad \frac{1}{2}\beta'(i_M) = 1$$

注意到,私人经理 M 会忽略成本创新对品质的不利影响。同时,与第一最优相比,M 进行品质创新的动机也较弱。社会总福利为

$$S_M = U_G + U_M = B_0 - C_0 - b(e_M) + c(e_M) + \beta(i_M) - e_M - i_M$$

在政府自营的情况下,由于创新需要获得官员 G 的批准,G 以 $1-\lambda$ 的比例直接获得创新的好处,假设剩下的 λ 部分在 G 和 M 之间均分,因此

$$官员\; G: U_G = B_0 - P_0 + \left(1 - \frac{\lambda}{2}\right)[-b(e)+c(e)+\beta(i)]$$

$$经理\; M: U_M = P_0 - C_0 + \frac{\lambda}{2}[-b(e)+c(e)+\beta(i)] - e - i$$

经理 M 的最优选择 (e_G, i_G) 由以下一阶导数条件隐含给出

$$\frac{\lambda}{2}(-b'(e_G)+c'(e_G))=1 \quad \text{和} \quad \frac{\lambda}{2}\beta'(i_G)=1$$

社会总福利为

$$S_G = U_G + U_M = B_0 - C_0 - b(e_G) + c(e_G) + \beta(i_G) - e_G - i_G$$

可以证明

$$e_M > e^*, e_G < e^*, i_G \leqslant i_M < i^*$$

也就是说,当设施 F 由私企运营时,经理有过强的成本创新动机,而当 F 由政府自营时,作为政府雇员的经理有过弱的成本创新动机。同时,私企的品质创新动机也较强。

两种产权安排的相对优劣,即 S_M 和 S_G 的大小比较,取决于模型中的各个函数。简单来说,成本创新对产品品质的负面影响越小,或成本创新努力在降低成本上的作用越小,或品质创新努力在提高品质上的作用越显著,激励较强的服务外包模式就越可能优于政府自营模式。

在以上理论分析的基础上,作者讨论了哪种类型的监狱更加适合外包,哪种更适合政府自营。该文还讨论了这个理论在其他领域的应用,如垃圾处理、武器采购、外交政策制定、学校、健康服务、警察和武装力量等。Hart,Shleifer & Vishny(1997)一文的理论意义在于,指出道德风险或不完全合约问题使得弱激励的政府自营事业有其存在的价值,从而挑战了作为市场经济制度基础的私人所有制。

非营利性企业

Glaeser & Shleifer(2001)从另一个角度质疑了纯粹私人所有制的有效性。该文试图解释为什么很多企业(如学校、环保组织、慈善机构等)选择注册为非营利性企业(not-for-profit enterprises),而不是营利性企业(for-profit enterprises)。非营利性企业是一种被政府高度规制的企业,这类企业不得分配利润,企业利润必须全部用于再投资,员工和所有者的报酬也必须符合政府的规定,因此这不是一种严格意义下的市场化企业形式。

Glaeser & Shleifer(2001)认为,选择注册为非营利性企业意味着企业家承诺于较弱的谋利动机,从而可以获得捐赠者、志愿者、消费者及雇员的信任,使他们减弱被"事后攫取"(ex post expropriation)的担忧。当行业的特点使得企业家很可能在"事后"(例如交易合同已签订而产品尚未交付时)损害合作方利益时(例如降低产品品质),注册为非营利性企业有助于企业家获得合作方的信任,从而在事前得到更多的交易机会。因此,虽然企业家从利润中获得的效用较低,这些行业的企业家还是可能选择注册为非营利性企业。

在 Glaeser & Shleifer(2001)的模型中,企业家出售一个产品给消费者并收取货款 P,产品在下一期交付,其中产品的品质 q 是不可验证的(因而无法列入交易合同)。消费者对产品的估值为

$$P = z - m(q^* - \hat{q})$$

其中 $\hat{q}$ 是消费者期望的产品品质,z、m 和 q^* 为参数。参数 m 度量了消费者对产品品质的敏感程度。当企业提供产品品质为 q,价格为 P 时,获得的现金利润为 $P - c(q)$,其中 $c(q)$ 为企业的成本。如果企业注册为非营利性企业,那么企业从利润中获得的效用需要打一个折扣,记为 $d[P-c(q)]$,其中 $d<1$。当企业选择的产品品质 $q < q^*$ 时,会产生内疚成本 $b(q^* - q)$。

从以上设定可见,一个营利性企业家的效用为

$$P - c(q) - b(q^* - q)$$

其最优产品品质由一阶导数条件

$$c'(q) = b$$

隐含给出。一个非营利性企业家的效用为

$$d[P - c(q)] - b(q^* - q)$$

其最优产品品质由

$$dc'(q) = b$$

隐含给出。比较以上两个一阶导数条件可见,在成本 $c(q)$ 相同的情况下,非营利性企业提供的产品品质较高。

比较两类企业家的均衡效用可以看出,存在一个临界的 m 值,记为 m^*,当 $m \geq m^*$,即消费者对产品品质足够重视时,企业家会选择注册为非营利性企业,否则会选择注册为营利性企业。直观而言,消费者越重视(不可确认的)产品品质,企业家越需要通过注册为非营利企业,承诺于较弱的激励,从而承诺于提供较高的品质,以获得较高的价格,因为利润大幅增加带来的好处足以抵消利润不能直接分配带来的不利影响。

Glaeser & Shleifer(2001)认为,在幼教、养老、表演艺术、医院、学校等行业有较多的非营利性企业,一个重要原因就是,人们更加相信这些行业的非营利企业会提供较高品质的产品或服务。Glaeser & Shleifer(2001)本身只是讨论一个十分具体的问题,但是具有比较重要的理论意义。在不完美信息条件下,基于资本

主义产权制度的个体利益最大化未必总是能够实现最优的资源配置结果。注意到非营利性企业的关键特征是有较弱的激励机制,这与政府自营事业和国有企业有类似之处。正是由于较弱的激励机制,使得道德风险问题得以弱化。从这个理论出发,我们也可以在一定程度上理解国有企业在特定行业的市场竞争力。

企业管理与团队合作

在企业或团队内部管理中,道德风险经常也是核心问题之一。一个企业就是一个合作团队,只有所有员工齐心协力,企业才能取得成功。但实际上,单个员工的利益和企业的整体利益并不完全一致,这使得员工的行为经常与企业利润最大化的目标不一致。一个典型现象是,员工在工作中经常需要发挥不可被他人观察的个人努力,这种努力的成本必须由个人承担,但努力工作带来的结果由整个企业共享。这种"外部性"的存在使得员工努力工作的激励不足,存在"搭便车"的动机,最终导致整个企业的效率下降。

Holmström(1982)为这个现象给出了一个模型说明。假设某个合作团队有 n 个参与人,分别记为 $1,2,\cdots,n$。团队合作的结果取决于所有参与人的努力程度,但每个人的努力程度都不能被其他人观察。记参与人 i 的努力程度为 $a_i \in A_i = [0,\infty)$,努力的个人成本为 $v_i(a_i)$,满足 $v_i(0) = 0, v_i'(.) > 0, v_i''(.) > 0$,这个成本必须由参与人自己承担。给定所有参与人的努力程度 $a = (a_1,\cdots,a_n)$,团队合作的货币回报为 $x(a) \in R$,假设 $x(a)$ 为严格单增凹函数,且 $x(0) = 0$。

货币回报 x 需要在参与人之间分配,记 $s_i(x)$ 为参与人 i 分到的部分,$i = 1,\cdots,n$。在没有外部干预的情况下,一个分配方案应满足"预算平衡"条件,即 $\sum_{i=1}^{n} s_i(x) = x$。假设 $s_i(x)$ 均可导,如果对预算平衡等式两边的 x 求导数,那么有

$$\sum_{i=1}^{n} \frac{\mathrm{d}s_i}{\mathrm{d}x} = 1$$

因此预算平衡意味着,如果团队的回报增加 1,那么每个参与人分到的回报的变化值之和也是 1。

参与人 i 的效用函数为其货币回报 m_i 和努力程度 a_i 的函数,为

$$u_i(m_i, a_i) = m_i - v_i(a_i), i = 1,\cdots,n$$

所有参与人各自独立选择他们在团队合作中的努力程度。

这个博弈不存在帕累托有效的纳什均衡。根据以上模型设定,一方面,参与人 i 的最优化问题为

$$\max_{a_i} s_i(x(a)) - v_i(a_i), i=1,\cdots,n$$

一个参与人面临的取舍是,努力程度越高,那么团队总的回报越高,自己能够分配到的回报也可能越高,但是个人承担的努力成本也越高。各参与人的均衡努力程度 a^* 由以下一阶导数条件决定

$$\frac{\mathrm{d}s_i}{\mathrm{d}x}\frac{\partial x}{\partial a_i} - \frac{\mathrm{d}v_i}{\mathrm{d}a_i} = 0, i=1,\cdots,n$$

另一方面,团队整体最优的努力程度是以下最优化问题的解

$$\max_{a\in A} x(a) - \sum_{i=1}^n v_i(a_i)$$

决定整体最优努力程度 a^o 的一阶导数条件为

$$\frac{\partial x}{\partial a_i} - \frac{\mathrm{d}v_i}{\mathrm{d}a_i} = 0, i=1,\cdots,n$$

比较以上两组一阶导数条件可见,如果 $a^* = a^o$,那么一定有

$$\frac{\mathrm{d}s_i}{\mathrm{d}x} = 1, 对于 i=1,\cdots,n$$

而这与前面得到的预算平衡条件 $\sum_{i=1}^n \frac{\mathrm{d}s_i}{\mathrm{d}x} = 1$ 矛盾。因此,在可导的预算平衡分配规则下,我们不可能实现团队整体福利水平的最大化,或者说不存在帕累托有效的纳什均衡。"搭便车"动机使得参与人付出的工作努力程度低于整体最优水平,这个问题在独立核算、自负盈亏的企业中很难避免。

如果我们放松预算约束,仅要求 $\sum_{i=1}^n s_i(x) \leqslant x$,那么存在很多帕累托有效的纳什均衡。仍然记 a^o 为整体最优的努力程度。通常我们有 $x(a^o) > \sum_{i=1}^n v_i(a_i^o)$,即合作的回报大于总的努力成本,也就是说合作会产生净的剩余,否则这个团队不可能实现合作。定义以下分配规则

$$s_i(x) = \begin{cases} b_i, & x \geqslant x(a^o) \\ 0, & x < x(a^o) \end{cases}, i=1,\cdots,n$$

其中 b_i 满足

$$\sum_{i=1}^n b_i = x(a^o), b_i > v_i(a_i^o)$$

也就是说,如果团队合作的结果达到最优结果 $x(a^o)$,就实行一个帕累托有效的、预算平衡的分配方案 $(b_1,\cdots,b_n)$,否则所有的团队合作成果被"没收"。

不难验证,整体最优的努力程度 a^o 是这个博弈的纳什均衡。事实上,给定其

他参与人的努力程度 a^o_{-i}，参与人 i 只有选择不低于 a^o_i 的努力才能使团队实现 $x(a^o)$ 的结果，从而获得正的净效用，否则获得零回报。而且，考虑到努力成本和 a^o 的定义，参与人 i 没有动机选择大于 a^o_i 的努力程度。因此，参与人 i 选择 a^o_i 是均衡策略。注意到这个均衡不是"占优策略"均衡，也就是说，参与人 i 只有在预见到其他人会采用 a^o_{-i} 时，才会选择 a^o_i。

在这个帕累托有效的均衡中，最终还是实现了"预算平衡"。但是为了实现这个结果，博弈规则必须在事前承诺，如果团队合作结果低于整体最优水平，即 $x < x(a^o)$，就必须对所有参与者进行惩罚，即 $s_i(x) = 0, i = 1, \cdots, n$。假如没有外部权力介入，这个承诺未必可信，因为这意味着在事后万一没有达到考核目标，团队就要放弃已经创造出来的财富，这显然很难做到。大公司对内部事业团队的管理上，有时会采用类似的激励方案，即严厉惩罚未达到特定考核目标的事业团队，包括整体解雇。

虽然基于道德风险的"搭便车"问题在企业中很难避免，但是企业的所有者或管理者还是可以通过各种激励机制，使其能够在无法准确观察员工敬业程度的情况下，尽量使员工从努力工作中获得的利益与公司利益相一致，从而提升企业运行效率。例如让公司高层管理人员持有公司的股票期权，或与高管签订"对赌协议"，当公司业绩较好、股票价格较高时，高管可以显著受益，从而使他们有较强的动机为公司努力工作，这样就部分解决了高管之间相互"搭便车"的问题。

道德风险问题与逆向选择问题经常同时发生。例如工作场所的怠工偷懒行为，看起来是道德风险现象，但即使是在完全相同的激励条件下，也有很多员工并不会偷懒或欺骗，这意味着员工之间还是有类型差异，既有懒惰的员工，也有勤奋的员工。因此企业在签订用工合同时，应该认真应对逆向选择问题。也就是说，要减少怠工偷懒行为，除了加强监督、改进激励，还应提前甄别合意类型的员工。

本章小结

本章讨论在不完美信息条件下的企业和消费者行为、相应的市场结果，以及可能的解决方案。主要内容有：

- 在一个典型的产量竞争模型中，如果企业不了解竞争对手的边际成本，那么将在主观认定的概率分布基础上，追求期望利润的最大化。企业之间的竞争经常驱使企业自愿暴露自己拥有的信息，例如成本水平。
- 有用的信息经常可通过支付一定成本来获得，但这种成本可能显著影响市场结果。例如当消费者获取产品的价格或品质信息需要付出一定代价时,过多的企业进入市场反而可能造成类似于垄断的市场结果。

- 如果存在合作关系的经济主体(如买方和卖方)之间存在"类型"信息的不对称,那么可能产生"逆向选择"问题。逆向选择意味着对其他经济主体而言的"坏"类型博弈人有动机冒充"好"类型,可能导致交易不足、"劣币驱逐良币"等问题。

- 当交易各方之间存在"类型"信息不对称时,可能不存在同时满足激励相容、个体理性和事后有效的交易机制。适当的政府干预或外部补贴可以提高交易效率,实现资源配置的帕累托改进。

- 如果存在合作关系的经济主体之间存在行为不可观察或验证的现象,那么可能产生"道德风险"问题。道德风险使得合作各方的行为难以实现整体利益最大化,导致欺骗、"搭便车"等损害合作效率的行为。适当的产权安排有助于解决道德风险问题。

习 题

1. 在本章第一节的产量模型中,试说明:在有固定成本的情况下,成本信息的不对称降低了企业(在短期)退出市场的可能性。

2. 某市场中有 n 个风险中性的寡头企业,分别记为 $1,2,\cdots,n$,它们生产完全同质的产品。企业 $i=1,\cdots,n$ 的边际成本 c_i 是企业的私人信息,其他企业仅知道 c_i 可能是 c^L(低成本)或 c^H(高成本),概率分别为 y 和 $1-y$,不同企业的边际成本的概率分布虽然相同,但相互独立。市场需求为 $P=A-Q$,其中 Q 为所有企业的总产量,参数 A 足够大。企业之间进行静态的产量竞争。请找出这个市场中每个寡头企业的均衡策略 $q_i(c)$,$i=1,\cdots,n$。

3. 考虑一个 Salop & Stiglitz(1977)的"游客和本地居民模型"。假设某市场一共有 1000 个消费者,其中游客和本地居民各半。游客的搜寻成本很高,因而总是从遇到的第一个企业购买。本地居民的搜寻成本为零,因而总是从价格最低的企业购买。所有企业的技术和产品都是同质的,且自由进出市场。每个企业的总成本函数为 $C(q)=100+q^2$。所有消费者对企业的产品均有单位需求,保留价格为 24。所有企业同时决定是否进入市场以及进入后的销售价格。请找出并描述这个市场的一个均衡状态。

4. 假设某旧车市场上有两种可能品质的旧车,分别记为高、低类型,比例为 1∶1。卖方和买方对两种车的保留价格由下表给出。

	高	低
卖方	16 000 元	8 000 元
买方	24 000 元	12 000 元

请找出这个二手车市场的均衡价格。这个均衡是帕累托有效的吗？为什么？

5. 有一个垄断企业在两个城市经营，在每个城市分别有一个外部企业考虑是否进入该市场。在位企业有很小的概率 $\varepsilon \in (0, 0.1)$ 为一个"疯狂"的进攻者，会对任何进入者发起价格战，从而给进入者带来1个单位的损失。一个"理智"的在位企业在一个城市的博弈回报由下表给出

		进入者	
		进入	不进入
"理智"的在位企业	进攻	−1, −1	0, 0
	共存	1, 1	4, 0

在位企业的类型为其私人信息，但是其类型的概率分布为公共知识。博弈的顺序为，首先，一个城市的外部企业决定是否进入市场，如果进入，在位企业决定是否发起价格战；其次，另一个城市的外部企业在观察到第一个城市发生的情况后，决定是否进入市场，如果进入，在位企业决定是否发起价格战。

(1) 证明：如果第一个城市的外部企业没有进入市场，那么第二个城市的外部企业会进入。

(2) 证明：如果第一个城市的外部企业决定进入市场，那么其遭到进攻的概率大于 ε，即"理智"的在位企业发起价格战的概率为正。

6. 警察提供维护公共安全的服务。试从直观上解释，为什么警察服务一般不适合外包给私人安保企业，而主要由政府直接提供。

参考文献

Akerlof, G. A., 1970, "The Market for 'Lemons': Quality Uncertainty and the Market Mechanism", *Quarterly Journal of Economics*, 84(3): 488—500.

Chatterjee, K., 1982, "Incentive Compatibility in Bargaining under Uncertainty", *Quarterly Journal of Economics*, 97(4): 717—726.

Diamond, P., 1971, "A Model of Price Adjustment", *Journal of Economic Theory*, 3: 156—168.

D'Aspremont, C. and L. Gerard-Varet, 1979, "On Bayesian Incentive Compatible

Mechanisms", *Aggregation and Revelation of Preferences* (Amsterdam: North-Holland).

Glaeser, E. and A. Shleifer, 2001, "Not-for-profit Entrepreneurs", *Journal of Public Economics*, 81(1):99—115.

Hart, O., A. Shleifer and R. Vishny, 1997, "The Proper Scope of Government: Theory and an Application to Prisons", *Quarterly Journal of Economics*, 112(4): 1127—1161.

Holmström, B., 1982, "Moral Hazard in Teams", *Bell Journal of Economics*, 13(2):324—340.

Myerson, R. and M. Satterthwaite, 1983, "Efficient Mechanisms for Bilateral Trading", *Journal of Economic Theory*, 29(2):265—281.

Milgrom, P. and J. Roberts, 1982, "Limit Pricing and Entry under Incomplete Information: An Equilibrium Analysis", *Econometrica*, 50(2):443—460.

Saloner, G., 1987, "Predation, Mergers, and Incomplete Information", *Rand Journal of Economics*, 18(2):165—186.

Salop, S. and J. Stiglitz, 1977, "Bargains and Ripoffs: A model of Monopolistically Competitive Price Dispersion", *Review of Economic Studies*, 44(3):493—510.

Spence, M., 1973, "Job Market Signaling", *Quarterly Journal of Economics*, 87(3):355—374.

Vickrey, W., 1961, "Counterspeculation, Auctions, and Competitive Sealed Tenders", *Journal of Finance*, 16(1):8—37.

第四部分

企业间协调

经济体中各企业之间通过市场进行博弈，市场上不仅买卖产品，还买卖企业，市场还允许企业之间建立各种合约关系。企业的商业选择具有（广义的）外部性，一个企业追求自身利润最大化的行为，可能对其他企业产生正面或负面的外部影响。这种外部性意味着企业之间可以通过协调行动，实现整体利益的帕累托改进。企业之间的兼并重组或合约关系是实现这种协调的方法。

生产替代品的企业之间存在竞争关系，它们通过提供"性价比"尽可能高的产品或服务来争夺消费者。竞争是利润的天敌，企业之间可以通过建立卡特尔或进行合谋来协调价格或产量，避免激烈的竞争，实现各方"共赢"。企业也可以通过合并或相互持股来消除或减弱竞争。相互竞争企业之间的协调经常对消费者不利，也可能损害社会总福利，因此一般受到政府反垄断机构的监督。

上下游企业或生产互补品的企业之间存在合作关系，它们需要尽量做大总利润，然后根据各自的谈判力量分割合作的回报。企业可以通过各种价格和非价格的合约安排，或相互之间的合并或相互持股，来提升合作效率。上下游企业和互补品企业之间的协调大多对消费者有利，可能提升社会总福利，当然也有例外，也经常受到政府反垄断机构的监督。

现实世界中买卖企业的行为经常被称为兼并收购（merger & acquisition）。兼并收购不一定意味着企业之间的完全合并或对目标企业全部股权的占有，企业之间经常存在复杂的持股结构，并因此形成复杂的企业行为激励。

第十三章
水平合并

水平关系指的是生产替代品的企业之间的关系,即相互竞争的企业之间的关系,尤其是寡头企业之间的关系。之前我们已经对基于非合作博弈的市场竞争讨论很多,这里我们将讨论关于相互竞争企业之间的合并问题,即水平合并(horizontal merger)。

两个相互竞争的企业之间进行合并的动机基本上可概括成两点,即减弱市场竞争和提高生产效率。一方面,两个相互竞争企业的合并相当于消除了一个竞争对手,因此在合并之后,每个企业(包括参与合并企业和未参与合并企业)的市场份额扩大,价格控制力增强,从而导致市场价格和产业总利润上升。另一方面,企业之间的合并可能会实现一些生产资源(如大型设备设施、关键技术技能、采购销售网络等)的共享互补,带来一定的规模效应,从而节约生产成本,提高生产效率。

◆ 引导案例

中国南车公司和中国北方机车车辆工业集团公司的前身是中国铁路机车车辆工业总公司(以下简称"中车公司"),于2000年拆分。2014年12月30日,两公司公告称将合并成立"中国中车股份有限公司"。上市公司"中国南车股份有限公司"将向"中国北车股份有限公司"全体A股股东发行中国南车A股股票,向中国北车全体H股股东发行中国南车H股股票。每1股中国北车股票可以换取1.1股即将发行的中国南车股票。按照2015年5月4日的收盘价计算,中国南车总市值4133亿元,中国北车总市值3754亿元,两者之和为7887亿元。

中国南车和中国北车的合并应该能加强企业在铁路机车市场上的议价能力,但是实际效果并不十分令人鼓舞。2016年6月24日,中国中车的股价最低到8.75元,总市值为2388亿元。股价的大幅下跌主要是由于整个股票市场的形势不佳,但在一定程度上也显示出,投资者认为这两个企业之间的合并并没有显著增加企业的盈利能力。

在铁路机车行业的国际竞争者方面,加拿大庞巴迪(Bombardier)、法国阿尔斯通(Alston)、德国西门子(Siemens)、美国通用电气(GE)和美国 EMD(隶属 GM 公司)是当今世界铁路设备市场的五大供应商,占据了全球市场约 75% 的销售份额。其他规模较小的制造商有意大利安萨尔多(Ansaldo)、西班牙塔尔高(Talgo)、印度铁路技术经济服务公司、韩国车辆公司、日本川崎、东芝、三菱、日立等。

本章概要

合并的基本分析工具　　　　　合并分析的"50%准则"
产生成本节省的合并　　　　　产品差异条件下的合并
企业间的相互持股　　　　　　跨行业的企业合并

13.1　产量竞争下的水平合并

我们首先从无产品差异的产量竞争模型出发,讨论企业水平合并的影响。

HHI 指数

水平合并减少相互竞争的企业的个数,导致"产业集中度"(或市场集中度)上升。在实践中,人们经常用产业集中度来间接描述市场竞争的激励程度。存在不同的度量产业集中度的指标,其中 HHI(Herfindahl-Hirschman Index)指数是一种常用指标。HHI 指数的定义或计算公式为

$$\mathrm{HHI}(s_1,\cdots,s_n) = \sum_{i=1}^{n} s_i^2$$

其中 $s_1,\cdots,s_n$ 为市场中各个企业的市场份额。HHI 指数的最大值为 1,对应于垄断市场情形,最小可趋近于 0,对应于完全竞争市场情形。

我们在前面章节讨论过"Lerner 指数",这个指数描述了企业的产品销售价格高于其边际生产成本的程度。人们经常用 Lerner 指数度量企业的定价能力,因此在反垄断实践中,人们经常关注相互竞争企业之间的合并对市场平均 Lerner 指数的影响。当产品无差异的企业之间进行产量竞争时,市场平均的 Lerner 指数与 HHI 指数之间存在一定关系。

在某市场上有 n 个企业,它们之间进行无产品差异的产量竞争。给定市场需求函数 $p(Q)$ 和每个企业的成本函数 $c_i(q)$, $i=1,\cdots,n$,每个企业的利润最大化问题为

$$\max_{q_i} \pi_i(q_i) = p(q_1 + \cdots + q_n)q_i - c_i(q_i), i = 1, \cdots, n$$

不妨假定这些目标函数都是拟凹函数,且这些最大化问题都有唯一内部解。市场均衡解由以下一阶导数条件共同决定

$$p(q_1 + \cdots + q_n) + \frac{\mathrm{d}p(q_1 + \cdots + q_n)}{\mathrm{d}Q} q_i = MC_i(q_i), i = 1, \cdots, n$$

记均衡价格为 p^c,上述表达式可以改写为

$$\frac{p^c - MC_i(q_i^c)}{p^c} = -\frac{\mathrm{d}p^c}{\mathrm{d}Q}\frac{q_i}{p^c}$$

$$= -\frac{\mathrm{d}p^c}{\mathrm{d}Q}\frac{(q_1 + \cdots + q_i)}{p^c} \frac{q_i}{(q_1 + \cdots + q_i)}$$

$$= \frac{s_i}{-\varepsilon}, i = 1, \cdots, n$$

其中 $\varepsilon = \frac{\mathrm{d}Q}{\mathrm{d}p^c} \cdot \frac{p^c}{Q}$ 为均衡状态下的需求价格弹性,$s_i = \frac{q_i}{q_1 + \cdots + q_i}$ 为企业 i 的市场份额。上式左侧为企业 i 的 Lerner 指数。从以上 n 个等式可见

$$\sum_{i=1}^{n} s_i \left(\frac{p^c - MC_i(q_i^c)}{p^c} \right) = \frac{\sum_{i=1}^{n} s_i^2}{-\varepsilon} = \frac{\mathrm{HHI}}{-\varepsilon}$$

也就是说,市场份额加权的平均 Lerner 指数与 HHI 成比例。因此 HHI 在一定程度上代表了寡头企业"平均"的定价能力。由于这个原因,有些反垄断机构用 HHI 来判断一个水平合并是否会减弱竞争,例如当反垄断机构认为合并将导致 HHI 数值大幅上升,特别是当合并前的 HHI 已经较高时,就很可能禁止合并的发生。用 HHI 指数来指导反垄断实践可能有一定道理,但是这个方法也存在不少问题,有可能造成不恰当的反垄断判断。

第一,只有在市场边界十分清晰,而且产品基本同质的市场上,才可能比较准确地计算 HHI 的数值。这里的"市场"包括在特定地理范围内的相互竞争的产品集合。在实践中,各企业的产品各不相同、营销对象各异、两两之间的竞争关系有强有弱,使得准确刻画市场边界几乎不可能。在这种情况下,精确计算 HHI 十分困难,计算方式本身可能成为反垄断实践中的争论焦点。

第二,从产量竞争模型中 HHI 与 Lerner 指数的关系可见

$$\mathrm{HHI} = -\varepsilon \sum_{i=1}^{n} s_i \left(\frac{p^c - MC_i(q_i^c)}{p^c} \right)$$

即 HHI 与市场需求的价格弹性(的绝对值)成比例,当需求弹性较高时,HHI 也会较高。一个市场的集中度高,企业个数少,其原因可能恰恰是由于消费者需求的价格弹性很大,使得企业难以维持较高的价格,导致无利可图,因而不会大量进入市场。因此,较高的 HHI 值并不一定意味着市场竞争不充分。

第三,在反垄断实践中借助 HHI 进行判断,要求在企业之间的合并尚未实现时,预估 HHI 可能发生的变化,这个估计可能很不准确。合并可能对各企业之间的竞争结构产生复杂的影响,甚至可能影响生产技术和产品特性,这些因素很难在事前预料,错误的估计可能导致错误的反垄断判断。在实践中,反垄断机构一般把合并后企业的市场份额假想为合并前企业的市场份额的算术和,这个做法存在一定问题。如果合并企业保持它们在合并前的总产量,那么其他未合并企业也没有动机改变它们的产量,这样合并后的市场总产量及价格会基本保持不变,因此这样的合并不会损害社会总福利或消费者福利。如果合并可以实现企业间的资源共享或其他成本节省,那么社会总福利还会增加。在这种情况下,HHI 的增加并不意味着存在反垄断方面的担忧。

水平合并的动机

在完全竞争或垄断竞争市场,由于没有进入障碍,企业之间的合并一般不会产生实质性的长期影响,合并只是在短期导致价格有所上升,但是较高的价格会鼓励新企业进入,使得价格回归长期均衡水平。在高度竞争市场的合并分析中,人们可能会关注市场进入的难易程度,包括进入的沉没成本和需要的时间(Collard-Wexler,2014),或者在位企业的策略性阻止进入行为,这些因素会影响合并在短期造成的社会福利影响。

◆ 案 例

可口可乐收购汇源案

可口可乐公司在包括中国在内的全球软饮料市场具有绝对优势地位,占有将近一半的市场份额,同时在中国内地的低浓度果汁市场具有优势地位,约占 30% 的市场份额。在香港上市的"中国汇源果汁集团"在中国内地的高浓度果汁市场具有优势地位,约占 50% 的市场份额。

2008年9月3日,可口可乐旗下公司提出以24亿美元现金收购汇源果汁集团。次年3月18日,中国商务部宣布,根据《中华人民共和国反垄断法》禁止可口可乐收购汇源,之后汇源集团的股票市值大幅下跌,最低跌至约5亿美元。

收购失败无疑给汇源集团的股东造成很大损失,而消费者未必能够从收购失败中获益。果汁市场是一个竞争充分的行业,品牌众多,价格合理。虽然新企业的进入无疑会面临品牌树立和渠道建设方面的成本,但与其他的竞争性行业相比没有显著区别。对于这样的行业,合并形成的市场集中度上升不会导致严重的垄断行为,因为一旦出现较高的价格,很快会有新企业进入市场并平抑价格。在没有特殊进入门槛的行业,过于严厉的反垄断限制并无必要,反而可能干扰市场的正常运转。

在寡头市场,由于不存在潜在进入者,水平合并减少了市场上的竞争主体,因此会对市场产生实质性的影响。在一个产量竞争中,如果寡头企业的产品是同质的,且合并后的企业仍然是一个简单的产量竞争者,那么所谓合并实际上相当于关闭一家企业,这样合并后企业的产量一般会低于合并前两个企业的总产量,从而导致市场价格上升。

根据产量竞争的基本特征,合并企业产量的减少一方面提升了市场价格,另一方面促使其他企业增加产量,因此产量竞争市场的合并具有两个福利上的"外部性",一是通过提高市场价格,产生对消费者的"负外部性",二是通过提高价格和让出市场份额,产生对其他企业的"正外部性"。在不考虑合并带来的效率提升情况下,净的社会福利影响大多为负。

Salant,Switzer & Reynolds(1983)利用常见的产量竞争模型讨论寡头企业之间的水平合并,发现一个现象,当产品同质且不存在固定成本的情况下,即使不考虑合并的交易成本,合并经常也是无利可图的,也就是说,合并后的企业的均衡利润往往低于合并前的企业的均衡利润之和,这意味着在产品无差异的情况下,水平合并可能根本不会发生。例13-1演示了这个现象。

例 13-1 在一个寡头市场有 $n \geqslant 3$ 个同质企业,成本函数均为 $C(q) = cq$,它们之间进行无产品差异的静态产量竞争。市场的反需求函数为 $p(Q) = A - bQ, Q \leqslant \frac{A}{b}$。

我们前面曾经讨论过这个模型,每个企业的均衡产量和利润分别为

$$q_i(n) = \frac{A-c}{(n+1)b}, \pi_i(n) = \frac{(A-c)^2}{(n+1)^2 b}, i = 1, \cdots, n$$

如果其中两个企业合并,且成本函数不变,那么这个市场只剩下 $n-1$ 个企业,每个企业的利润为

$$\pi_i(n-1) = \frac{(A-c)^2}{n^2 b}$$

当 $n \geqslant 3$ 时,我们有

$$\pi_i(n-1) < 2\pi_i(n)$$

因此任何两个企业之间的合并都是无利可图的。由于合并后的产业总产量下降,更加接近垄断产量,因此产业总利润上升,即

$$(n-1)\pi_i(n-1) > n\pi_i(n)$$

可见,合并对未参与合并的企业产生了很大的"正外部性"。另外,市场均衡价格上升意味着消费者剩余和社会总福利均下降。

这个例子表明,即使不考虑合并的各种交易成本,企业之间的简单合并经常也是无利可图的(除非通过合并形成垄断)。这个结果无疑令人感到意外,仔细观察这个例子,就会发现其中的"合并"实际上就是注销一个企业。在现实世界,很少发生一个企业收购另一个企业,然后直接将其关闭的现象,在多数情况下,参与合并的各个企业在合并后都会继续运营,因此这个模型可能忽略了一些重要因素,例如较高的固定成本、合并对博弈规则的影响、产品的物理或空间差异、生产要素共享等。例如当企业的固定成本较高时,由于合并后的企业可以节约固定成本,使得合并更加可能有利可图。我们后面将讨论一些现实意义更强的合并模型。

13.2 "50%准则"

产量竞争模型中关于合并的结果不太符合人们的直观感觉,为了在保持产品同质性假设和产量竞争模型框架的前提下,得到更加符合现实的结论,Levin(1990)提出了一个"50%准则"(the 50% benchmark)假说。其核心假设是,合并后的企业不再是产量竞争者,而可以具有某种产量领导者地位,至少可以选择保持合并前的总产量。在这个条件下,水平合并大多是有利可图的。

考虑一个有 n 个企业进行产量竞争的市场,各企业的产品无差异。如果其中一部分企业合并,那么合并后的企业成为具有先发优势的产量领导者,而其他企

业仍然是产量竞争博弈者。Levin(1990)发现以下结论。

(1) 如果合并企业的边际成本不高于未合并企业的边际成本的平均值,并且合并企业在合并前的市场份额之和低于50%,那么合并后企业的产出的任何减少都会使其利润降低。这意味着,如果企业之间同意合并,那么本身就表示它们承诺不会降低总产量,否则合并行为无法解释。

(2) 如果所有企业的边际成本均相同,那么任意在合并前总市场份额不高于50%的企业之间的"有利可图的合并"都会提高社会福利。根据结论(1),有利可图的合并要求合并企业的产量不降低,这样行业总产量一般也不会降低,因此价格不会上升,消费者剩余不会下降。

(3) 更进一步,如果企业的边际成本不同,在不太强的条件下仍然可以证明,合并前市场总份额小于50%的企业之间的有利可图的合并会增加社会福利。因此该文认为,只要合并企业的市场总份额不高于50%,反垄断机构都不必过于担心,这就是"50%准则"。

(4) "50%准则"仅仅是水平合并提升社会总福利的一个充分条件,而不是必要条件。也就是说,即使合并企业的总市场份额高于50%,该文定义的合并仍然可能是"好"的合并。

例 13-2 假设市场需求函数为 $p = 12 - Q$,有4个寡头企业生产无差异的产品,成本均为零,它们之间进行静态的产量竞争。市场均衡价格及每个企业的均衡产量和利润分别为

$$p = 2.4, q_i = 2.4, \pi_i = 5.76, i = 1, \cdots, 4$$

在这个对称的模型中,任何两个企业的市场份额之和为50%。

如果其中两家企业(不妨假设为3和4)合并,并且合并后的企业(记为3)仍然是产量竞争者,那么合并是无利可图的。如果合并后的企业承诺选择产量 q,那么未参与合并的企业1和企业2的利润分别为

$$\pi_1 = (12 - q_1 - q_2 - q)q_1 \text{ 和 } \pi_2 = (12 - q_1 - q_2 - q)q_2$$

这两个企业的利润最大化问题的一阶导数条件分别为

$$12 - 2q_1 - q_2 - q = 0 \text{ 和 } 12 - q_1 - 2q_2 - q = 0$$

在均衡情况下有

$$q_1 = q_2 = 4 - \frac{q}{3}$$

于是合并企业的利润作为 q 的函数为

$$\pi_3(q) = \frac{1}{3}q(12 - q)$$

当 $q = 4.8$ 时，

$$\pi_3(q) = 5.76 \times 2 = 11.52$$

等于合并之前的总利润。而当 $q \leqslant 4.8$ 时，$\pi_3(q)$ 随着 q 的下降而下降。也就是说，如果合并后的企业从它们合并前的总产量水平（4.8）上降低产量，其利润将低于合并前的总利润。相反，如果合并后的企业适当提高产量，那么合并将是有利可图的，而且社会总福利将增加。特别地，函数 $\pi_3(q)$ 在 $q = 6$ 时取到最大值12，这时另外两个作为"跟随者"的企业的产量均为2，市场价格从合并前的2.4降低为2，因此无谓损失减少，社会总福利高于合并前。

13.3 成本节省

相互竞争的企业使用类似的生产要素和技术，相互之间经常存在一些资源或技术上的互补性，使得合并可以降低生产成本，这可能是企业寻求合并的一个重要动机。成本节省对社会总福利有正面影响，这与合并提升企业市场力量的影响相反。

Williamson 取舍

水平合并会提高企业的定价能力，形成较高的价格，进而提高"无谓损失"。Williamson（1968）认为，如果水平合并允许企业更充分地利用生产的规模效应，或合并企业之间有各种资源共享机会，那么从社会福利角度看，存在无谓损失和成本节省之间的取舍。人们经常将这种关系称为"Williamson 取舍"（the Williamson trade-off）。水平合并对社会福利的净影响取决于 Williamson 取舍中，哪个因素占主导。

如图 13-1 所示，假设合并前的市场是充分竞争的，价格等于 c。假设在水平合并后，市场竞争减弱，价格上升到 p^m，那么这样会产生图中阴影三角形面积代表的"无谓损失"，这是合并对社会福利的负面影响。但是如果合并使得企业的边际成本下降，例如降低到 c'，那么就会产生图中阴影矩形面积代表的成本节省，这是合并对社会福利的正面影响。两种影响相互部分抵消后，即得到水平合并对社会福利的净影响。另外，如果成本节省足够大，那么在理论上甚至可能出现合并后价格下降的现象，这时水平合并对消费者或社会福利的影响都是正面的。

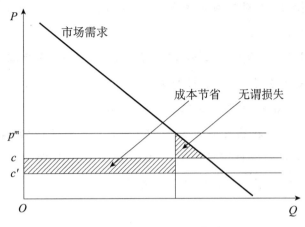

图 13-1 Williamson 取舍

Williamson 取舍是一个理论上的可能性，合并对社会福利的影响方向并不确定，但是 Williamson(1968)认为，为了抵消由于合并而产生的社会福利损失，只需要较小的成本节约就足够了。理由是合并导致的无谓损失与价格上升幅度是二次关系，当这个幅度较小时，无谓损失很小，但是成本节省与成本下降幅度是一次关系，即比例关系，因此后者比较容易超过前者。当然这个观点完全是经验性的，合并导致的价格上升幅度与成本下降幅度之间没有必然关系。

Williamson 取舍强调了成本节省的作用，对关于水平合并的反垄断实践有一定影响。如果提出合并计划的企业能够证明相关合并将带来显著的规模效应或协同效应，那么虽然合并可能导致产品价格有所上升，追求社会总福利最大化的反垄断机构也不会一概阻止。不过，虽然许多国家的反垄断机构重视社会总福利指标，美国的反垄断机构基本上仅考虑合并对消费者福利的影响，因此它们主要以价格作为判断水平合并是否可行的标准。对于一个导致市场集中度显著上升的水平合并，只有当成本节省足够大（或市场进入足够容易），以至于合并后的长期价格不会上升，才能被批准。另外，很多大型跨国企业面向全球销售，这些跨国企业之间的合并需要通过相关产品进口国的反垄断审查。由于合并企业的成本节省未必能够惠及产品进口国，因此价格效应往往是进口国水平合并审查中更重要的判断标准。

◆ 案 例

力拓与必和必拓合并案

澳大利亚的力拓（Rio Tinto）、必和必拓（BHP Billiton）和巴西的淡水河谷

(Vale)是世界三大主要铁矿石出口商,一共占据超过 70% 的国际铁矿石贸易份额。与淡水河谷相比,澳洲矿商离主要销售市场(如中国、韩国、日本等)更近,具有一定的地理优势。

2009 年 12 月 5 日,力拓与必和必拓签署协议,提议将两家公司位于澳大利亚西澳州的铁矿石业务合并。力拓与必和必拓宣称,铁矿石业务的合并有利于铁路等资产的共享,带来超过 100 亿美元的成本节省。

考虑到这两家企业在国际铁矿石贸易中的巨大市场份额(共计约 38%),这一计划遭到众多铁矿石进口国的反对。由于担心亚洲和欧洲国家反垄断机构的反对,两家公司于 2010 年 10 月取消了该合并计划。

HHI 变化方向与社会福利

生产成本节省与市场力量提升对社会福利产生相反的影响,这使得对水平合并的福利分析变得复杂。Farrell & Shapiro(1990a)试图讨论两方面的综合影响,为反垄断实践提供一些判断准则。与 Salant, Switzer & Reynolds(1983)类似,Farrell & Shapiro(1990a)强调应该在纳什均衡框架下进行水平合并分析,特别是强调合并后的企业应该仍是产量竞争者,而不是改变博弈规则。

如果不同企业有不同的生产技术,那么在进行均衡分析之前,我们首先需要设定合并之后的企业拥有什么样的生产技术。Farrell & Shapiro(1990a)认为,当若干个企业合并后,至少可以将产出在参与合并的企业之间进行优化配置,使得生产成本最小化。具体而言,集合 I 的企业合并后,形成的新企业的总成本函数 $c^M(x)$ 应满足

$$c^M(x) = \min\left\{\sum_{i \in I} c^i(x_i') \,\Big|\, \sum_{i \in I} x_i' = x\right\}$$

其中 $c^i(x), i \in I$,是各参与合并企业的成本函数。例如当边际成本均为常数时,合并企业可以将产出全部放在低边际成本的企业生产,以尽可能降低成本。不仅如此,合并企业之间还可能有协同效应(synergy),使得合并后的成本比仅优化配置产出后的成本更低。例如当两个合并企业拥有互补的专利技术时,合并就可能产生协同效应。

反垄断机构经常依靠 HHI 来指导反垄断活动。当 HHI 上升时,反垄断机构往往认为市场竞争程度减弱,并因此担心社会福利水平下降。Farrell & Shapiro

(1990a)指出,当企业的生产技术各不相同时,产业集中度指标 HHI 的变化未必能够正确指示社会总福利的变化方向,即 HHI 上升未必意味着社会总福利下降。只有当各企业的生产技术完全相同时,HHI 上升才会伴随社会总福利下降,而如果企业的边际成本各不相同,那么 HHI 的上升未必意味着社会总福利下降。即使不考虑协同效应,异质性企业之间的合并也会产生成本节省,有助于提升生产效率和社会福利,这个正面影响可能大于竞争减弱对社会福利的不利影响。

例 13-3 某市场有 3 个生产同质产品的寡头企业,分别记为 1、2、3,它们之间进行静态的产量竞争,边际成本分别为 $c_1=1, c_2=5, c_3=6$。市场需求函数为 $P=24-Q$。

利用线性产量竞争模型的均衡计算公式

$$q_i^c = \frac{24+\sum_{j=1}^{n}c_i}{n+1} - c_i, \quad P^c = \frac{24+\sum_{i=1}^{n}c_i}{n+1}, \quad \pi_i^c = \left(\frac{24+\sum_{i=1}^{n}c_i}{n+1} - c_i\right)^2$$

我们可以计算这个市场的均衡结果,以及当企业 2 和企业 3 合并后的均衡结果。合并后企业的边际成本为两个企业合并前的边际成本中较小的一个,即 $c_m=5$。合并前及合并后的市场均衡如表 13-1 所示。

表 13-1 合并前后的均衡结果

	合并前均衡	合并后均衡
产量和利润	8,64	9,81
产量和利润	4,16	5,25
产量和利润	3,9	
总产量	15	14
市场价格	9	10
HHI	0.40	0.54
消费者剩余	112.5	98
社会总福利	201.5	204

企业 2 和企业 3 的合并提高了市场集中度,即 HHI,但同时也提高了社会总福利,可见 HHI 上升不一定意味着社会总福利下降。消费者剩余有所减少,但是下降幅度小于企业总利润的上升幅度。因此从社会总福利的角度看,反垄断机构常用的 HHI 标准可能存在问题。

消费者最终支付的价格依赖于合并后企业的成本与合并前企业成本之间的关系。Farrell & Shapiro(1990a)发现,合并一般来说会导致均衡价格上升。具体地,如果企业的边际成本为常数,并且合并后的企业的边际成本等于参与合并企业的边际成本的最小值,那么在产量竞争下的合并总会提高市场价格;如果没有成本协同效应,那么即便在更一般的成本函数情况下,产量竞争下的合并也总会使市场价格提高。

Farrell & Shapiro(1990a)认为,一个研究合并的福利影响的重要角度是考虑合并的"外部效应"(external effect),即考虑合并对消费者剩余和未合并企业利润的影响。由于合并是企业的自愿选择,我们可以假设参与合并的企业从中有利可图,因此合并提升社会总福利的一个充分条件是它的外部效应为正。总的来说,合并企业越小越低效,那么合并的外部效应越可能为正。这是因为,第一,合并企业的市场份额越小,合并导致的价格提高幅度就越小,对消费者影响越小。第二,合并企业的效率越低,那么在合并之后,未参与合并企业的产量提升越多,因此社会总生产成本的节省越显著。注意到在产量竞争模型中,边际成本越高的企业产量越低,因此规模和效率之间存在直接联系。Farrell & Shapiro(1990a)的研究对反垄断实践具有一定的借鉴意义,特别是对那些重视社会总福利的反垄断机构。

有限生产要素

同样是在 Salant,Switzer & Reynolds(1983)的基础上,Perry & Porter(1985)提出了一个关于合并的新颖理论,他们保留了产品同质和线性需求函数等设定,但是假设每个企业都拥有一定数量的"资本要素"(capital factor)。整个产业的资本要素的数量是固定的,因此是一种稀缺资源。资本要素在成本函数中体现为固定成本,其作用是降低生产的边际成本,或者说能够使企业以较低的平均成本生产较大的产出。资本要素与所在企业是一体的,无法单独进行交易。

水平合并使得一个企业可以拥有更多的稀缺资本要素,从而可以有更低的边际成本。与 Salant,Switzer & Reynolds(1983)等的模型相比,资本要素为企业之间的水平合并提供了更强的动机。当资本要素的初始配置不效率时,合并尤其可能发生。例如拥有技术优势的企业兼并拥有销售渠道优势的企业,能够使得资本要素的配置更合理,合并提升利润的空间更大。总的来说,有限资本要素理论给出了通过合并降低成本的一个具体方式。

在现实世界,稀缺资本要素包括各种中短期内难以增加的可用于生产的资源,例如产品销售团队或网络、可用产能、研究与开发能力等。事实上,许多消费品品牌被竞争对手收购后,逐渐退出了市场,这意味着收购者着眼的不是品牌,而可能是销售渠道等其他资源。在许多并购活动频繁的行业,如采矿业,产品高度同质，品牌的影响力很小，但是发生合并后，并没有如 Salant，Switzer & Reynolds(1983)描述的那样，将部分生产设施直接关闭，而是继续运营所有资产。这些现象可以在一定程度上用 Perry & Porter(1985)的理论解释。

◆ 案 例

日用化工行业的兼并收购

"小护士"曾经是中国第三大护肤品牌，于 2003 年年底被法国欧莱雅(L'Oréal)收购，目前在市场上已经基本消失。类似的还有法国香水制造商科迪(Coty)集团收购丁家宜(2010 年)，之后丁家宜品牌也逐渐退出市场。美国强生(Johnson & Johnson)收购大宝(2008 年)，英国联合利华(Unilever)收购中华牙膏(1994 年)后，虽然被收购的品牌仍然在继续运作，但是在品牌维护上的投资大幅减少，被收购品牌的影响力逐渐降低。

国外日用化工品企业收购中国本土品牌的目的不仅是减少直接竞争者，更重要的是获取销售渠道、本土人才等在短期难以聚集的资源，从而加快进入中国市场的速度。

我们通过一个具体的例子来演示 Perry & Porter(1985)的理论。

例 13-4 某产业中存在一种数量固定的稀缺资本要素，总量为 $S=3$。市场中有三个企业，记为 1、2、3，生产无差异的产品，它们之间进行静态的产量竞争。市场需求为函数为 $p=13-Q$，其中 $Q\leqslant 13$ 为总产量。在初始状态下，每个企业拥有的要素分别为 $s_1=s_2=s_3=1$。给定资本要素的拥有量 s，一个企业的成本函数为

$$c(q,s)=s+q+\frac{q^2}{s}$$

注意到企业的成本函数对 (q,s) 而言是一个一次齐次函数，即满足

$$c(tq,ts)=tc(q,s)$$

也就是说，当产出量和资本要素同比例增加时，总生产成本也同比例增加。资本要素一方面构成企业的固定成本，另一方面能够降低企业的可变成本。给定资本要素 s，企业的边际成本 $\left(1+\frac{2q}{s}\right)$ 和可变平均成本 $\left(1+\frac{q}{s}\right)$ 均随资本要素 s 递减，随产出 q 递增。

在合并发生之前，企业 1 的利润最大化问题为

$$\max_{q_1\geqslant 0}(13-q_1-q_2-q_3)q_1-(1+q_1+q_1^2)$$

企业 1 的最优产量由以下一阶导数条件决定

$$12 - 4q_1 - q_2 - q_3 = 0$$

企业 2 和企业 3 的问题可类似求解，一阶导数条件分别为

$$12 - q_1 - 4q_2 - q_3 = 0,$$

$$12 - q_1 - q_2 - 4q_3 = 0$$

从这三个一阶导数条件可得到均衡产量为

$$q_1 = q_2 = q_3 = 2$$

于是总产量为 $Q = 6$，市场价格为 $p = 7$，企业利润为

$$\pi_1 = \pi_2 = \pi_3 = 7$$

如果企业 2 和企业 3 合并（合并后记为 2），于是资本要素的配置为

$$s_1' = 1, s_2' = 2$$

这时企业 1 的利润最大化问题为

$$\max_{q_1 \geq 0}(13 - q_1 - q_2)q_1 - (1 + q_1 + q_1^2)$$

一阶导数条件为

$$12 - 4q_1 - q_2 = 0$$

合并形成的企业 2 的利润最大化问题为

$$\max_{q_2 \geq 0}(13 - q_1 - q_2)q_2 - \left(2 + q_2 + \frac{q_2^2}{2}\right)$$

一阶导数条件为

$$12 - q_1 - 3q_2 = 0$$

从这两个一阶导数条件可得到均衡产量为

$$q_1 = \frac{24}{11}, q_2 = \frac{36}{11}$$

于是市场价格为 $p = \frac{83}{11} \approx 7.5$，两个企业的利润分别为

$$\pi_1 = \frac{1031}{121} \approx 8.5, \pi_2 = \frac{1702}{121} \approx 14.1 > 14$$

合并后的企业利润大于参与合并的企业在合并前的利润之和，因此这个合并是有利可图的。我们也注意到，由于合并后的企业降低了产量，未参与合并的企业 1 从该合并中获利更多，可见合并仍然具有较大的"外部性"。这个例子的结果与 Salant, Switzer & Reynolds(1983) 形成鲜明对比，其原因就是企业之间的合并不仅仅是关闭部分企业，而且集中了稀缺的资本要素。

即使引入稀缺资本要素，企业之间的合并也未必一定有利可图。虽然合并

使得企业拥有的资本要素和市场力量增加,但产品同质情况下的合并使得合并后企业只能选择一个策略变量值(如产量),而在合并前,每个企业都分别可以选择一个策略变量值。这就好比在市场博弈中失去了一个"抓手",对合并企业来说是不利的。合并最终是否有利可图取决于哪个因素起主导作用。

13.4 产品差异

在没有产品差异和产能约束的情况下,关于水平合并的均衡分析(Salant, Switzer & Reynolds,1983)认为,除非通过合并形成垄断,否则合并很难有利可图,因为一个水平合并仅仅意味着关闭效率较低的企业。Deneckere & Davidson(1985)指出,如果引入产品差异(或空间差异),那么在企业合并完成之后,所有参与合并的企业一般都会继续运营,形成一个多品牌企业,这时水平合并会更加有利可图。例13-5和13-6演示了在"代表性消费者模型"下,企业分别进行产量竞争和价格竞争情况下的合并。

例13-5 某市场有3个企业,记为1、2、3,进行有产品差异的产量竞争,企业的成本假设均为零。它们面临的需求函数分别为

$$p_1 = 1 - 2q_1 - q_2 - q_3,$$
$$p_2 = 1 - q_1 - 2q_2 - q_3,$$
$$p_3 = 1 - q_1 - q_2 - 2q_3$$

在合并前,企业最大化各自的利润

$$\pi_1(q_1) = p_1 q_1 = (1 - 2q_1 - q_2 - q_3)q_1,$$
$$\pi_2(q_2) = p_2 q_2 = (1 - 2q_2 - q_1 - q_3)q_2,$$
$$\pi_3(q_3) = p_3 q_3 = (1 - 2q_3 - q_1 - q_2)q_3$$

最优化问题的一阶导数条件分别为

$$q_1 = (1 - q_2 - q_3)/4,$$
$$q_2 = (1 - q_1 - q_3)/4,$$
$$q_3 = (1 - q_1 - q_2)/4$$

从中可解出合并前的均衡结果为

$$q_1 = q_2 = q_3 = 1/6,$$
$$p_1 = p_2 = p_3 = 1/3,$$
$$\pi_1 = \pi_2 = \pi_3 = 1/18$$

现假设企业 1 和企业 2 合并为企业 $1'$，合并后的企业同时出售产品 1 和产品 2。合并后各企业的利润分别为

$$\pi_{1'}(q_1, q_2) = p_1 q_1 + p_2 q_2 = (1 - 2q_1 - q_2 - q_3)q_1 + (1 - 2q_2 - q_1 - q_3)q_2,$$
$$\pi_3(q_3) = p_3 q_3 = (1 - 2q_3 - q_1 - q_2)q_3$$

针对各产品产量的一阶导数条件分别为

$$q_1 = (1 - 2q_2 - q_3)/4,$$
$$q_2 = (1 - 2q_1 - q_3)/4,$$
$$q_3 = (1 - q_1 - q_2)/4$$

从中可解出均衡结果为

$$q_1 = q_2 = 3/22, q_3 = 2/11,$$
$$p_1 = p_2 = 9/22, p_3 = 4/11,$$
$$\pi_{1'} = 27/242 > 1/9, \pi_3 = 8/121 > 1/18$$

可见，有产品差异的水平合并降低了合并企业的总产出，提高了未参与合并的企业的产出。合并后所有产品的均衡价格均有所提高，其中合并企业的价格上升较多。与同质产品市场的合并不同的是，所有企业都从合并中获利，未参与合并的企业比合并企业的利润增加更多，因为它们的产量增加而且价格上升。也就是说，水平合并仍然具有显著的"外部性"。

例 13-6 假设企业之间进行有产品差异的价格竞争，仍假设企业成本为零。各企业面临的需求为

$$q_1 = 1 - 4p_1 + 2p_2 + 2p_3,$$
$$q_2 = 1 - 4p_2 + 2p_1 + 2p_3,$$
$$q_3 = 1 - 4p_3 + 2p_1 + 2p_2$$

企业分别最大化它们的利润

$$\pi_1(p_1) = p_1 q_1 = p_1(1 - 4p_1 + 2p_2 + 2p_3),$$
$$\pi_2(p_2) = p_2 q_2 = p_2(1 - 4p_2 + 2p_1 + 2p_3),$$
$$\pi_3(p_3) = p_3 q_3 = p_3(1 - 4p_3 + 2p_1 + 2p_2)$$

这个价格竞争博弈的均衡解为

$$p_1 = p_2 = p_3 = 1/4,$$
$$q_1 = q_2 = q_3 = 1,$$
$$\pi_1 = \pi_2 = \pi_3 = 1/4$$

假设企业 1 和企业 2 合并为企业 $1'$，合并后企业的利润分别为

$$\pi_{1'}(p_1,p_2) = p_1 q_1 + p_2 q_2$$
$$= p_1(1-4p_1+2p_2+2p_3) + p_2(1-4p_2+2p_1+2p_3),$$
$$\pi_3(p_3) = p_3 q_3 = p_3(1-4p_3+2p_1+2p_2)$$

均衡解为

$$p_1 = p_2 = 5/12 > 1/4, p_3 = 1/3 > 1/4,$$
$$q_1 = q_2 = 5/6 < 1, q_3 = 4/3 > 1,$$
$$\pi_{1'} = 25/36 > 1/2, \pi_3 = 4/9 > 1/4$$

可见，合并使得三种产品的价格均提高。合并企业的产量低于合并前的总产量，而未参与合并企业的产量上升。企业利润均增加，且不参加合并的企业的利润增加较多。

从直观上看，由于合并后的企业的定价能力上升，会选择较高的价格和较低的产量。这使得未参与合并的企业面临较高的剩余需求，因此会同时提高价格和产量。价格的上升使得市场价格向上接近垄断价格，使得产业利润上升。

在空间竞争情况下，虽然市场上可能有很多企业，但是每个企业仅与相邻的其他企业形成直接竞争关系，因此当相邻企业之间发生合并时，能够有效地降低竞争程度。反之，如果是不相邻的企业之间发生合并，那么对竞争的影响就比较弱甚至没有。

例 13-7 有 4 个企业均匀分布在一个周长为 4 的"环形城市"中，如图 13-2 所示，它们生产同质的产品，且成本相同，不妨假设为零。企业之间进行价格竞争。假设有 1 个（连续的）消费者均匀分布在城市中，他们在城市里的（往返）交通成本函数为 $T(x) = tx$，其中参数 $t > 0$。消费者有单位需求，且保留效用水平足够高。根据第五章的"环形城市模型"，这个模型的均衡价格和利润为

$$p_i = t, \pi_i = t/4, i = 1,2,3,4$$

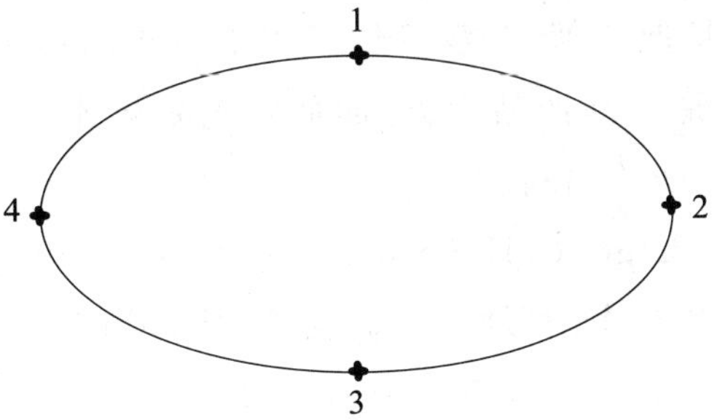

图 13-2 空间模型中的合并

与前面的有产品差异的寡头市场中的水平合并情形类似，如果两个有空间差异的企业进行合并，那么合并后的企业可以控制两个地点的销售价格。在本例中，如果企业 1 和企业 2 合并，那么这两个企业之间原本存在的竞争关系消失，也就是说，它们在定价上的"外部性"被"内部化"。具体而言，合并后的企业

有两个"门店",每个门店都不愿过度降价,因为那样会损害另一个门店的利益。当然,合并后的企业仍然面临来自企业 3 和企业 4 的竞争。在企业 1 和企业 2 合并后,在原有均衡价格的基础上,由于面临的竞争减少,它们有动机适当提高价格。由于价格竞争的特性,未参与合并的企业 3 和企业 4 也会相应地提高价格,最终形成价格较高的均衡。合并后的企业的市场份额有所减少,合并的最大受益者仍然是未参与合并的企业。模型的详细求解这里略去。

如果企业 1 和企业 3 合并,那么产生的结果就完全不同。记合并后的企业为企业 $1'$,各企业的利润分别为(参见第五章"环形城市模型")

$$\pi_{1'}(p_1, p_3) = \frac{1}{4} p_1 \left(\frac{p_4 + p_2 - 2p_1}{2t} + 1 \right) + \frac{1}{4} p_3 \left(\frac{p_4 + p_2 - 2p_3}{2t} + 1 \right),$$

$$\pi_2(p_2) = \frac{1}{4} p_2 \left(\frac{p_1 + p_3 - 2p_2}{2t} + 1 \right),$$

$$\pi_4(p_4) = \frac{1}{4} p_4 \left(\frac{p_1 + p_3 - 2p_4}{2t} + 1 \right)$$

各企业的利润最大化问题的一阶导数条件分别为

$$p_1 = \frac{p_4 + p_2}{4} + \frac{t}{2}, \quad p_3 = \frac{p_4 + p_2}{4} + \frac{t}{2},$$

$$p_2 = \frac{p_1 + p_3}{4} + \frac{t}{2}, \quad p_4 = \frac{p_1 + p_3}{4} + \frac{t}{2}$$

这些一阶导数条件与合并前的完全相同。从中可解出均衡价格仍然为

$$p_i = t, i = 1, 2, 3, 4$$

合并后的企业 $1'$ 的利润为 $t/2$,正好是合并前两个企业的利润之和,因此合并是无利可图的,资源配置方式与合并前基本相同。

与无产品差异的情况类似,在没有任何成本节省的情况下,空间上相邻的企业之间的水平合并总是提高产品价格,因而对消费者不利。当消费者有下降需求函数时,还会降低社会总福利。

在实证研究方面,Prager & Hannan(1998)考察了 1991—1994 年间美国的各地区的银行合并对存款利率的影响,他们发现,使得局部市场集中度大幅增加的合并导致存款利率相对其他地区下降较多。这个结果与理论的预测基本一致。

13.5 部分合并

相互竞争的企业之间也经常出现相互持股现象。例如,总部位于香港的国

泰航空公司（Cathay Pacific，以下简称"国泰"）持有总部位于北京的中国国际航空公司（Air China，以下简称"国航"）19.53％的股权，而国航持有国泰 29.99％的股权。在腾讯、阿里巴巴、谷歌等企业集团的"生态系统"中，日本"财团"内部或之间，都存在大量复杂的持股结构。

在持股结构外生的情况下，Reynolds & Snapp(1986) 和 Farrell & Shapiro (1990b) 指出，相互竞争的企业之间的相互持股会减弱企业之间的竞争，导致较高的价格和企业利润、较低的产量，以及较低的消费者剩余。直观上，在产量竞争情况下，较高的产量会对竞争者产生"负外部性"。当企业持有对手股份时，相对不愿意过度损害对手利益，因而会选择较低的产量。也就是说，相互持股使得企业决策的"外部性"部分地内部化，最终形成较低的均衡产量。类似地，在价格竞争情况下，较低的价格对竞争对手不利，当企业持有对手股份时，会倾向于选择较高的价格。因此，相互持股总是会减弱企业之间的竞争。

例 13-8 假设某市场有两个企业，分别记为 1 和 2，生产完全同质的产品，成本均为零。企业之间进行静态的产量竞争。市场需求函数为

$$p(Q) = 156 - 4Q = 156 - 4(q_1 + q_2)$$

我们对比以下三种情况。

（1）两个企业相互独立且进行产量竞争。这时两个企业是完全对称的，均衡的产量、价格和利润分别为（计算过程略去）

$$q_1 = q_2 = 13, p = 52, \pi_1 = \pi_2 = 676$$

产业总利润为 1352。

（2）企业 1 对企业 2 进行"财务投资"，持有企业 2 的 40％的股份，但不干预其经营。这时企业 1 的利润为

$$\pi_1(q_1) = (q_1 + 0.4q_2)[156 - 4(q_1 + q_2)]$$

企业 2 的利润为

$$\pi_2(q_2) = q_2[156 - 4(q_1 + q_2)]$$

两个企业的利润最大化问题的一阶导数条件分别为

$$39 - 2q_1 - 1.4q_2 = 0 \text{ 和 } 39 - q_1 - 2q_2 = 0$$

从中可解出均衡产量

$$q_1 = 9, q_2 = 15$$

均衡价格和利润分别为

$$p = 60, \pi_1 = 900, \pi_2 = 900$$

产业总利润为 $900 + 0.6 \times 900 = 1440$。与（1）相比，相互持股使得总产量从

26 下降至 24，价格从 52 上升至 60，总利润从 1352 上升至 1440，消费者福利下降。企业 1 考虑到其在企业 2 中的权益，适当降低了产量，而企业 2 相应提高了产量，总产量有所下降。

注意到，在以上情形中，企业 1 的股东从企业 1 本身的经营中仅获得 540 的利润，但另外根据股权从企业 2 获得 360 的利润，一共获得 900 的利润。如果占有企业 2 的 40% 股份的代价低于 900−676=224，那么对企业 1 的股东来说是划算的，否则这笔股权交易不划算。但是，无论是以参股之前还是参股之后的利润计算，企业 2 的 40% 股权的价值都大于 224，即有

$$676 \times 0.4 = 270.4 > 224, \quad 900 \times 0.4 = 360 > 224$$

因此从事前的角度看，企业 1 低价获取企业 2 的 40% 股份的交易未必容易实现，除非双方有足够的"远见"。

(3) 有两家控股企业，记为 $1'$ 和 $2'$，企业 $1'$ 持有 80% 的企业 1 和 20% 的企业 2 的股份，并完全控制企业 1 的运营，企业 $2'$ 则持有 20% 的企业 1 和 80% 的企业 2 的股份，并完全控制企业 2 的运营。这种股权结构可以通过企业间交换股份实现。企业 $1'$ 和 $2'$ 之间仍然进行静态的产量竞争。它们的利润分别为

$$\pi_{1'}(q_1) = (0.8q_1 + 0.2q_2)[156 - 4(q_1 + q_2)],$$
$$\pi_{2'}(q_2) = (0.8q_2 + 0.2q_1)[156 - 4(q_1 + q_2)]$$

两个企业的利润最大化问题的一阶导数条件分别为

$$156 - 8q_1 - 5q_2 = 0 \text{ 和 } 156 - 8q_2 - 5q_1 = 0$$

从中可解出均衡产量

$$q_1 = q_2 = 12$$

均衡价格和利润分别为

$$p = 60, \pi_1 = \pi_2 = 720$$

产业总利润为 1440。因此交叉持股使得产量下降，价格和利润上升，消费者福利下降。

在 Reynolds & Snapp(1986)、Farrell & Shapiro(1990b)及例 13−8 中，企业间的持股结构是外生给定的，而实际上持股结构有可能是内生的。Flath(1991)发现，在 Farrell & Shapiro(1990b)的模型中，如果在初始状态下企业之间没有相互参股，那么没有哪个企业有动机持有对方的一部分（无投票权的）股权（silent interest）。Clayton & Jorgensen(2005)甚至认为，如果企业首先在金融市场选择"做多"或"做空"对方企业，然后在产品市场进行竞争，那么在产量竞争情况下，企业之间可能陷入类似于"囚徒困境"的局面：每个企业的占优策略都是先做空

对方,然后选择较高的产量,最终加剧企业间的竞争。也就是说,两个企业都采用"猛犬策略",结果两败俱伤。

但是在实践中,由于相互持股是高度可观察的且不易迅速调整的行为,企业有可能以收购竞争对手股份的方式,公开可信地承诺减弱竞争强度,隐蔽地邀请对手做出类似的动作,以实现"共赢"。在重复博弈的情况下,以这种方式逐渐达成类似"合谋"的局面是完全可能的。因此,竞争企业之间的相互持股行为值得反垄断机构的关注。

总之,替代品企业之间可以独立运作从而激烈竞争,也可以形成卡特尔或合并从而消除竞争,还可以相互持股从而减弱竞争。不同的组织形式代表了不同程度的水平协调。

13.6 跨行业合并

跨行业合并(conglomerate mergers)指的是分属不同产业的企业之间的合并。跨行业合并既不限于垂直合并,也不限于水平合并,其所包含的内容十分丰富。跨行业合并的结果是形成综合性的企业集团(conglomerate),集团范围内的企业所提供的产品既可能是相互补充的,也可能是毫无关系的,甚至还可能是相互替代的。在互联网时代,一些企业,如腾讯、阿里巴巴、京东等,致力于构建所谓的商业"生态系统"。这些集团公司大量收购或参股不同行业的企业,触及消费者生活的各个方面。

跨行业合并经常是生产无关产品的企业之间的合并,这样的合并看起来是没有意义的,因为将无关产品的生产放到一个企业内部并不能产生什么好处,反而可能提高管理难度。人们通常认为每个企业家都应该专注于其有比较优势的产品或行业,将毫无关系的企业置于同一个集团公司内,会分散高层管理者的精力。在现实世界,成功的综合性企业也的确不多,多数企业都是专业性的。美国的通用电气(GE)是少数成功的大型综合性企业之一。

◆ 案 例

通用电气公司

1892年,爱迪生电灯公司和汤姆森-休斯敦电气公司合并,成立了通用电气(GE)公司。总部位于美国波士顿的GE公司在两次世界大战中获得迅速发展,并且通过大规模的兼并收购，成为多元化发展最成功的跨国公司之一，业务遍布全球 100 多个国家，拥有员工约 30 万人。

通用电气旗下的公司包括 GE 资本、GE 航空金融服务、GE 商业金融、GE 能源金融服务、GE 金融、GE 基金、GE 技术设施、GE 航空、GE 企业解决方案、GE 医疗、GE 交通、GE 能源设施、GE 水处理、GE 油气、GE 能源、GE 消费者与工业、GE 器材、GE 照明、GE 电力配送等。

综合性企业需要跨行业的管理，对管理者的要求较高。集团公司高层很难对多个不同行业有充分的了解，难以避免出现"外行管内行"的情况。除非有十分高超的管理水平，否则很可能使企业运作效率下降。跨行业合并形成的企业集团的规模可以十分巨大，在理论上是没有上限的，因此综合性企业集团还可能在国家的经济和政治生活中拥有过度的谈判力量，例如韩国的三星集团，由于规模极大，在韩国具有巨大的影响力，甚至有"三星共和国"之称。过于庞大的企业集团会招致政府或民众的警惕，也为整个国家的经济带来一定的不稳定性。

虽然综合性企业的管理难度较大，但也有一个潜在的优势，即可以形成一个企业内部的资本市场。利用集团公司内部较低的信息交流成本，可以及时发现并迅速将资源输往投资回报看好的行业，有利于提高资本回报率。相比之下，专业性企业比较难以发现本行业之外的投资机会，即使看好其他行业，由于缺乏相关业务基础，也很难迅速进入。总之，综合性企业集团可以看作是"管理密集性企业"。

综合性企业中复杂的股权结构带来一个在理论和实践上都很重要的问题，即企业追求的目标可能偏离利润最大化。很多企业的主要股东是大型企业集团，集团除了在本企业有投资，还有许多其他业务，特别是与本企业有关联的业务。一个企业的运营不太可能完全不反映其主要股东的外部利益，特别是大股东或控股股东的外部利益。如果企业在产品市场的策略会影响其主要股东在本企业之外的利益，那么企业的行为很可能出现扭曲。

例如，假如有一家主营 OTT（over-the-top）业务（OTT 指互联网公司越过运营商向用户提供各种应用服务）的互联网公司，通过投资成为一家移动通信公司的主要股东之一。该移动通信公司在考虑发展自己的 OTT 业务，并与主要股东之一的主营业务展开竞争时，就可能遭到该股东的反对，因此实施的可能性会降低，而这就意味着移动通信公司的行为可能偏离利润最大化目标。移动互联时代的一个显著现象是出现了许多试图构建商业"生态系统"的大型企业集团,集团内部存在错综复杂的股权和业务关系,这或许会对传统产业组织理论的"企业追求利润最大化"假设产生一定冲击。

本章小结

本章主要讨论相互竞争企业之间的合并问题。主要内容有:

- 在企业和产品完全同质且不存在固定成本的情况下,采用产量竞争寡头模型讨论水平合并问题,经常发现水平合并是无利可图的。
- 如果假设合并后的企业可以成为"产量领导者",那么水平合并更加可能有利可图。而且,只要参与合并企业的总市场份额不超过50%,一般不会损害社会福利。
- 水平合并经常能够带来各种成本节省或规模效应,使得合并更加可能有利可图,而且更加可能增加社会福利。
- 当存在产品差异时,相互竞争的企业之间的合并很可能是有利可图的,但是不参与合并的企业往往获益更多。在空间竞争情况下,相邻企业之间的合并比不相邻企业之间的合并更加有利可图。
- 相互竞争企业之间的相互持股或单向持股都可能减弱企业间的竞争程度。

习 题

1. 假设某寡头市场的需求函数为 $P(Q)=25-Q$,有 4 个同质的企业,每个企业的总成本函数均为 $C(q)=10+5q$,其中 q 为企业的产量。企业之间进行静态的产量竞争。试证明:在这个寡头模型中,两个企业之间的水平合并是有利可图的。请直观解释为什么。

2. 某市场有两个企业生产同质的产品,成本函数均为 $C(q)=6q$,企业之间进行(静态)产量竞争。市场的反需求函数为 $P=12-Q$,其中 $Q\in[0,12]$ 是总产出。如果两个企业合并,那么边际成本会下降到 c。请问当 c 满足什么条件时,这个水平合并能够增加社会总福利?

3. 某市场有三个生产同质产品的寡头企业,记为 1、2、3,它们之间进行静态的产量竞争,边际成本分别为 $c_1=0.1, c_2=0.4, c_3=0.4$。市场需求函数为 $p=1-Q$。

(1)请找出这个市场的均衡价格。

(2)假如企业 2 和企业 3 合并,请找出这个市场的均衡价格。

4. 假设某产业的生产需要一种稀缺的资本要素,该要素的总量为 $S=6$。市场中有四个企业,它们拥有的该要素的量分别为 $s_1 = s_2 = 2$ 和 $s_3 = s_4 = 1$。一个拥有资本要素 s 的企业的成本函数为

$$C(q, s) = s + q + \frac{q^2}{s}$$

市场需求函数为 $p = 17 - Q$。企业之间进行产量竞争,产品无差异。

(1)请找出这个市场的均衡产量和企业利润。

(2)假如企业 3 和企业 4 合并,请找出这个市场的均衡产量和企业利润。

5. 在例 13-7 中,找出当企业 1 和企业 2 合并后的均衡价格 (p_1, p_2, p_3, p_4) 和产量 (q_1, q_2, q_3, q_4)。

6. 一个长度为 2 的"线形城市"中有三个企业,分别记为 1、2、3,其中 1 和 3 位于城市两端,2 位于城市中点。三个企业销售同质的产品,边际成本均假设为零。企业之间进行静态的价格竞争,价格记为 p_1、p_2、p_3。消费者均匀分布在城市中,城内交通成本函数为 $T(x) = tx$,其中 x 为交通距离,$t > 0$ 为常数。消费者对该产品有单位需求,且保留效用足够高。假设企业 1 和企业 3 合并,合并后记为企业 $1'$。合并后企业 $1'$ 和企业 2 之间仍然进行静态的价格竞争。请分别找出这个市场在合并前后的均衡价格。

7. 某市场上有两个企业,分别记为企业 1 和企业 2,它们生产差异化的产品,成本均为零。两个企业面临的需求函数分别为

$$p_1 = A - 2q_1 - q_2, \quad p_2 = A - 2q_2 - q_1, \quad \text{其中 } A > 0$$

(1)假如两个企业进行静态的产量竞争,请找出这个市场的均衡产量、价格和利润。

(2)假如两个企业合并,且合并后的企业仍然提供原来的两种产品,请找出这个市场的均衡产量、价格和利润。

(3)假设有两家控股企业,记为企业 $1'$ 和企业 $2'$,企业 $1'$ 持有 50% 的企业 1 和 50% 的企业 2,并完全控制企业 1 的运营,企业 $2'$ 则持有 50% 的企业 1 和 50% 的企业 2,并完全控制企业 2 的运营。企业 $1'$ 和企业 $2'$ 之间进行静态的产量竞争。请找出这个市场的均衡产量、价格和利润。

参考文献

Clayton, M. and B. Jorgensen, 2005, "Optimal Cross Holding with Externalities and Strategic Interactions", *The Journal of Business*, 78(4): 1505—1522.

Collard-Wexler, A., 2014, "Mergers and Sunk Costs: An Application to the Ready-

Mix Concrete Industry", *American Economic Journal: Microeconomics*, 6(4): 407—447.

Deneckere, R. and C. Davidson, 1985, "Incentives to Form Coalitions with Bertrand Competition", *Rand Journal of Economics*, 16(4): 473—486.

Farrell, J. and C. Shapiro, 1990a, "Horizontal Mergers: An Equilibrium Analysis", *American Economic Review*, 80(1): 107—126.

Farrell, J. and C. Shapiro, 1990b, "Asset Ownership and Market Structure in Oligopoly", *The Rand Journal of Economics*. 21(2): 275—292.

Farrell, J. and C. Shapiro, 2010, "Antitrust Evaluation of Horizontal Mergers: An Economic Alternative to Market Definition", *The B. E. Journal of Theoretical Economics*, 10(1), Article 9.

Fisher, F., 1987, "Horizontal Merger: Triage and Treatment", *Journal of Economic Perspectives*, 1(2): 23—40.

Flath, D., 1991, "When is It Rational for Firms to Acquire Silent Interest in Rivals?" *International Journal of Industrial Organization*, 9(4): 573—583.

Levin, D., 1990, "Horizontal Mergers: The 50-Percent Benchmark", *American Economic Review*, 80(5): 1238—1245.

Perry, M. and R. Porter, 1985, "Oligopoly and the Incentive for Horizontal Merger", *American Economic Review*, 75(1): 219—227.

Posner, R., 1976, *Antitrust Law: An Economic Perspective*, Chicago: The University of Chicago Press, 2nd Edition.

Prager, R. and T. Hannan, 1998, "Do Substantial Horizontal Mergers Generate Significant Price Effects? Evidence From The Banking Industry", *Journal of Industrial Economics*, 46(4): 433—452.

Reynolds, R. and B. Snapp, 1986, "The Competitive Effects of Partial Equity Interests and Joint Ventures", *International Journal of Industrial Organization*, 4(2): 141—153.

Salant, S., S. Switzer and R. Reynolds, 1983, "Losses from Horizontal Merger: The Effects of an Exogenous Change in Industry Structure on Cournot-Nash Equilibrium", *Quarterly Journal of Economics*, 98(2): 185—199.

Williamson, O., 1968, "Economies as an Antitrust Defense: The Welfare Tradeoffs", *American Economic Review*, 58(1): 18—36.

第十四章
垂直整合与分离

生产互补产品的企业之间存在协作关系。一种常见的协作关系是上下游企业之间的关系,下游企业从上游企业采购中间产品(或服务),加上自己生产的中间产品,通过一定工艺流程,生产出最终产品,或为更下游企业提供中间产品。在产业组织理论中,我们称上下游企业之间的关系为"垂直关系"(vertical relationship)。

协作关系的目标是"合作共赢"。如果一个寡头市场中的上游企业和下游企业是相互独立的经济主体,那么企业各自决策的"外部性"往往难以内部化,造成上下游企业之间在经营上的协调不力,降低产业效率。垂直整合(vertical integration)可以将这种外部性内部化,从而提升产业利润甚至社会总福利。垂直整合或分离也可能被寡头企业策略性地利用,以实现减弱竞争或排挤竞争对手的目的。

◆ 引导案例

微软公司收购 LinkedIn 公司

微软公司在 2016 年 6 月 13 日公告对 LinkedIn 公司进行 100% 收购,交易对价为 262 亿美元,100% 现金收购,资金来自微软公司的现金及为收购而发行的约 150 亿美元公司债。这是迄今微软出价最高的收购。微软表示,收购之后 LinkedIn 将继续保持独立品牌发展。收购案于 2016 年年底获得各国反垄断机构的批准并最终完成。

LinkedIn 公司由 Reid Hoffman 创立于 2002 年,总部设在美国加利福尼亚州的山景城,主营业务是通过网络信息系统为职业人士提供社交平台及相关服务。截至 2016 年 9 月,LinkedIn 在全球的雇员超过 9900 人,在 31 个城市有分支机构,在全球 200 多个国家拥有会员超过 4.5 亿人。LinkedIn 有多元化经营模式,主要收入来自其提供的招聘解决方案、营销解决方案及付费账户。微软是一家创立于 1975 年的老牌软件企业,总部位于美国华盛顿州的雷德蒙德,核心产品包括 Windows 操作系统和 Office 办公软件。

微软是全球最大的个人计算机软件开发商,但是在移动互联时代,桌面计算的市场份额不断下降,市场地位面临 Google、Facebook 和 Apple 等的严重挑战,亟待战略转型。与其他互联网巨头相比,微软拥有核心技术和产品,但缺乏大规模的实名用户网络。通过收购 LinkedIn,微软可以获得通往海量用户的通道,而且 LinkedIn 的用户大多是职场专业人士,恰好是微软核心产品(如 Office 365)的潜在用户。因此,这项收购可能有利于为微软的上游产品提供营销渠道,同时也有助于微软向移动互联网领域的战略转型。

本章概要

- 上下游企业之间的整合动机与成本
- 垄断的下游企业向上游整合
- 策略性垂直分离或整合
- 垂直整合与下游投入品比例
- 垂直整合与市场风险

14.1 垂直整合的动机与阻力

垂直整合指的是一个产业的上游企业和下游企业合并为一个企业、成为单一决策主体的行为。垂直整合后形成的一体化企业(integrated firm)可以控制产品生产的多个环节,而不必进行相关中间产品的市场交易。垂直整合可以解决上下游企业之间的协调问题,将供应链上各企业的经营决策的外部性内部化。上下游企业之间的关系与互补品企业之间的关系是类似的,关于垂直整合的理论大多也适用于互补品企业之间的整合。

上下游企业之间存在各种决策的"外部性"问题。例如,当上游企业提高中间品价格时,会导致下游企业的成本上升、利润下降,而上游企业不会考虑这种"负外部性",因此从整体利益的角度看,均衡的中间品价格可能偏高;类似地,当下游企业提高最终产品售价时,会减少消费者的需求量,从而减少对上游中间品的需求量,而下游企业不会考虑这种"负外部性",最终导致下游产品价格从整体利益的角度看偏高。因此在不完全竞争情况下,垂直分离的市场结构有可能形成过高的终端价格,类似于"双重垄断"的结果。

从产量决策的角度看,也有类似的外部性问题。例如在不完全竞争的情况下,下游企业对上游产品的采购量越大,对上游企业越有利,但下游企业并不考虑这种外部性,最终使得采购量低于整体最优的水平。

如果上游企业和下游企业实现垂直整合,那么整合后的企业会从整体角度选择最优的策略,上述价格、产量等决策的外部性得到"内部化"。不仅使得企业可以获得更高的利润,而且可以降低价格,增加产量,从而提高消费者福利,实现企业和消费者的"双赢"。

在复杂的市场环境中,垂直整合还可能有许多其他的动机。如垂直整合可使得下游企业提高关键中间品供应的可靠性,避免在关键时刻被"卡脖子";新进入特定区域市场的上游生产企业经常面临销售短板,与自行开拓销售渠道相比,收购下游企业可以较快地获得销售网络并迅速建立市场地位;当需求不稳定而生产决策必须提前进行时,垂直整合允许上下游企业共同分担来自需求不确定的风险;在政府规制情况下,垂直整合有时可以规避监管,例如当政府设立电煤的价格上限但不限制电力价格时,电煤企业可以通过收购或自建发电厂来避开价格管制;寡头企业还可能利用垂直整合来减弱企业间竞争,例如通过收购上游原材料企业并拒绝向竞争对手供货,有时可实现排挤竞争对手的目的。

虽然垂直整合具有各种优势,能够降低一些(广义的)生产或交易成本,但也可能提高其他成本,使得垂直整合未必总是可行的。

第一,垂直整合形成大型综合型企业,这样的企业内部层级较多,沟通协调困难,管理难度较大,最终体现为决策缓慢和运营成本较高等问题。原本相互独立的企业之间进行整合后,还会产生企业文化冲突的问题,进一步提高了管理成本。换句话说,垂直整合降低了市场交易成本,但是提高了内部协调成本,是否有利可图需要具体问题具体分析。

第二,上下游企业之间可能存在产能匹配问题。生产的不同环节可以具有完全不同的规模经济和范围经济,其中规模经济显著的环节要求实现较大的产量,而范围经济显著的环节要求实现较多的品种。如果企业内部上下游之间的规模经济或范围经济不匹配,那么完全的整合未必有效,某些环节可能必须对外销售或采购。这意味着从整个社会的角度看,不可能实现完全的垂直整合,甚至使得整合毫无意义。例如在传统经济中,产品制造商与零售商之间的垂直整合大多不可行,因为产品制造商在单个产品生产上具有规模经济,而零售涉及复杂的物流配送网络,具有非常显著的范围经济,两者之间在一个企业内部进行匹配一般来说十分困难。

第三,重要中间品供应商的垂直整合可能导致道德风险方面的担忧。如果一个上游的中间品供应商向下整合最终产品生产商,但又无法垄断下游产品市场,那么就势必成为其客户(即其他最终产品生产商)的竞争者。由于存在利益冲突,其他最终产品生产商可能会担心该上游企业的产品供应是否稳定可靠,或产品品质是否值得信赖,或合作中涉及的相关知识产权是否安全等,这样就对上游企业的主营业务产生不利影响。因此,虽然垂直整合可能带来一定好处,但重要中间品的供应商会谨慎考虑以任何方式开展与客户竞争的业务。英特尔(Intel)公司提供计算机 CPU 但不生产计算机,高通(Qualcomm)公司提供手机芯片但不进入手机终端行业,华为(Huawei)公司提供电信和数据传输设备但不涉足电信服务或数据内容业务,台积电(TSMC)公司提供芯片代工服务但从不进入芯片设计领域,或许都有这方面的考虑。

在传统经济中,特别是农业和化工领域,有许多垂直整合型的企业。如中粮集团打造"从田间到餐桌"的全产业链农业企业,涉足种植、加工、运输和销售等各个环节;新希望集团从上游的饲料业逐渐进入下游的养殖业,从而可以将部分饲料产品转化为肉类产品后再销售;以煤炭为主业的神华集团与以发电为主业的国电集团之间的整合实现煤电一体化,使得部分电煤的供应在企业内部完成;中国石油和中国石化已经成为从石油天然气的开采、运输、加工及成品油气和化工产品销售的垂直一体化企业。但是大多数制造品行业都实行生产和销售的垂直分离。

垂直整合是拓展企业边界的一种方式,在市场经济中,企业的边界最终取决于成本结构,特别是内部管理成本与外部采购成本的相对大小,而成本结构会随技术进步不断变化。例如电子商务的兴起使得集中式的实体销售场所不再是必要的,这使得零售的范围经济变得不那么显著,因此很多消费品行业的垂直一体化逐渐变得可能。另外,电子商务也降低了企业之间的交易或协调成本,可能促使企业将部分业务剥离或外包,以充分利用生产的规模经济。因此,电子商务技术的发展重新定义了企业的边界,既可能促进某些行业的垂直一体化,也可能促进另外一些行业的垂直专业化,从而为企业间兼并重组打开新的空间。

14.2 垄断力量的转移

本节我们讨论上游有多种投入品且其中一种投入品被一个垄断企业控制的产业。在这样的市场中,垄断投入品企业的垂直整合使其成为下游产品的供应商。如果这个垂直一体化的企业拒绝向其他下游企业供应投入品,那么就可将其垄断力量从上游市场转移到下游市场。

上游市场的垄断可能导致下游企业在投入品的选择上产生扭曲。当一种上游投入品被垄断供应时，该投入品的价格必然较高，促使下游企业努力减少高价投入品的使用量，包括用其他较便宜的投入品进行替代，这样就形成了投入比例上的扭曲，导致社会福利的无谓损失。从上游垄断企业的角度看，下游的这种投入扭曲减少了对其产品的需求，是下游企业选择上的"负外部性"。换句话说，如果下游企业略微增加垄断投入品的使用，那么就能够增加整个产业的利润。

为了消除这种不利的扭曲，上游垄断企业可以通过垂直整合，直接控制下游产品的生产，并拒绝向其他下游企业供应原材料，从而成为下游产品的垄断供应商。垂直整合可以将下游企业决策的外部性内部化，纠正投入上的扭曲，提高生产的有效性。McKenzie(1951)和Warren-Boulton(1974)指出，这样的整合对垄断企业而言经常是有利的。不过，如果下游的生产技术要求使用固定比例的不同原材料，那么上游的垄断不会造成下游企业在投入品比例上的扭曲。在这种情况下，如果不考虑其他因素，那么上游垄断企业进行垂直整合通常无利可图。

我们通过一个简单的模型来说明这个现象。假设某下游产品的生产使用两种投入品，其中一种由一家垄断上游企业生产，数量记为 E，边际成本为 m。另一种由完全竞争的企业生产，数量记为 L，边际成本为 w。下游的最终产品市场是完全竞争的。假设每个下游企业的生产函数为 $f(E,L)$。市场对下游最终产品的需求为 $Q(p)$，满足 $Q'(p) < 0$。

固定比例生产函数

假设下游企业的生产函数为 $f(E,L) = \min\{E,L\}$，也就是说，两种投入品的使用是成比例的。我们分别看上下游垂直分离和垂直整合的情形。

当产业垂直分离时，记上游投入品 E 的价格为 γ。由于最终产品市场是完全竞争的，产品价格等于下游企业的边际成本，即 $\gamma + w$，于是市场总需求量为 $Q(\gamma+w)$。预见到下游的价格和需求量，垄断投入品企业选择最优投入品价格 γ^*，该价格是以下利润最大化问题的解：

$$\max_{\gamma} \pi^S(\gamma) = (\gamma - m)Q(\gamma + w)$$

当产业垂直整合时，即投入品 E 的供应商与下游企业合并时，假设垂直整合的企业停止向其他下游企业供货，因而成为最终产品的垄断供应商。这个一体化的垄断企业的边际成本为 $m+w$，其销售价格 p^* 为以下利润最大化问题的解：

$$\max_p \pi^I(p) = (p - m - w)Q(p)$$

以上两个最优化问题的结构是一样的。给定常数 w，通过变量替换 $\gamma = p - w$，可以将前一个问题转化为后一个问题。相反，如果令 $p = \gamma + w$，可以将后一个问题转化为前一个问题。因此我们有 $\gamma^* = p^* - w$，且 $\pi^S(\gamma^*) = \pi^I(p^*)$，即垂直分离情况下的垄断投入品企业的利润等于垂直整合情况下的垄断一体化企业的利润。

因此，在固定投入品比例的生产技术下，垄断投入品企业不存在进行垂直整合的动机。从直观上看，在投入比例不可调整的情况下，上游市场的扭曲会直接传导到最终产品市场，而不会在下游的生产中形成额外的扭曲，这样也就没有必要进行垂直整合。

可变比例生产函数

如果下游的生产技术允许企业在两种投入品的使用比例上有一定弹性，那么下游企业会对投入品的相对价格做出反应。当某一种投入品的价格上升时，企业会减少这种投入品的使用量。由于垄断投入品企业一般会选择较高的价格，下游企业会选择使用更多的其他投入品来替代垄断投入品，这样就在一定程度上抑制了垄断企业的市场力量，但同时也导致下游企业在生产投入比例上偏离社会最优水平。具体而言，给定产量 q，下游的完全竞争企业将寻求成本最小化，即求解问题

$$\min_{E,L} \gamma E + wL$$
$$\text{s.t.} \quad f(E, L) \geqslant q$$

在图 14-1 的投入品空间中，给定一组原材料价格 (γ, w)，我们有一族相互平行的"等成本线"，其中离原点越近的等成本线代表越低的总成本。能够与代表产量 q 的等产量线相切的等成本线，就代表了最优生产方案下的成本，而切点就是最优生产方案。

如果投入品价格都等于边际成本，那么最优生产方案就是图 14-1 中的 A。如果投入品 E 被垄断供应，那么其相对价格会上升，下游企业面临的等成本线的斜率（的绝对值）下降，最优生产方案变为 B，其中使用了较多的投入品 L 来代替投入品 E。在 E 被垄断供应的情况下，虽然 B 是下游企业的最优生产方案，但是从社会的角度看，这个方案没有反映投入品的真实的相对稀缺程度，因而不是社会最优的。

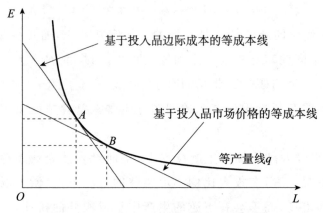

图 14-1　下游企业的等成本线和等产量线

如果上游的垄断企业进行垂直整合，直接供应下游产品，并且拒绝向其他下游企业供货，那么就可以垄断下游产业。垂直整合带来生产和供应两方面的影响。首先，整合的垄断企业可以根据边际成本来选择投入品比例，从而以最有效率的方式组织生产，这个影响有助于降低下游产品的价格。其次，整合的垄断企业可以直接选择下游产品价格，而不必经过独立决策的下游企业，这样就加强了对市场价格的控制能力，这个影响可能提高下游产品价格。因此，下游产品的价格变化方向取决于哪个作用占主导。Warren-Boulton(1974)认为，在一定条件下，垂直整合很可能提高下游价格，因而在提高垄断企业利润的同时，可能对消费者不利。

在这个模型中，垄断投入品企业垂直整合下游企业，其机制类似于一个垄断企业将其产品与互补品捆绑销售。在一些机器设备市场，虽然供应商具有很强的垄断力量，但是往往无法控制设备的维修维护服务的供应。由于垄断供应的设备价格高昂，下游企业往往会对设备进行"过度"维护，以延长设备使用寿命。这样既不符合设备供应商的利益，也会造成社会资源的不合理使用。虽然设备因为垄断供应而价格高昂，但是其边际成本并不高，因此从社会的角度看，并不值得过度维护。如果设备供应商选择以租赁的方式向下游企业提供设备，并"免费"提供维护服务（其实是将维护费并入租金），就可以确保设备不会被过度维护，一般是在设备故障频发之前就用新设备替代。虽然这样缩短了设备的使用年限，但是节省了大量维修维护支出，总体而言对设备供应商和社会总福利是有利的。

我们通过一个具体例子来说明上述机制。

例 14-1　假设在某产业中，下游的最终产品生产企业使用两种投入品，其中投入品 E 由一个垄断企业生产，投入品 L 由完全竞争企业提供。下游企业的生产函数为 $Q = f(E, L) = \sqrt{E \cdot L}$，这是一个规模不变的生产技术，即投入等比例的增加将导致产出同样比例增加。

在上下游垂直分离的情况下，由于生产函数满足规模不变，给定投入品 E 的价格 p_E 和投入品 L 的价格 w，下游企业选择 E 和 L 的最优投入比例，使得其单位成本（边际成本或平均成本）最小，即求解最优化问题

$$\min_{K,L} p_E E + wL$$
$$\text{s.t.} \quad \sqrt{E \cdot L} = 1$$

这个问题的解为

$$E^* = \sqrt{\frac{w}{p_E}}, L^* = \sqrt{\frac{p_E}{w}}$$

于是下游企业的单位成本为

$$c = p_E \sqrt{\frac{w}{p_E}} + w\sqrt{\frac{p_E}{w}} = 2\sqrt{p_E w}$$

由于下游市场是完全竞争的，这也是最终产品的市场价格。

在上游，垄断企业选择 p_E 使其利润最大化，即求解最优化问题

$$\pi^S(m,w) = \max_{p_E}(p_E - m)D(2\sqrt{p_E w})\sqrt{\frac{w}{p_E}}$$

我们记这个问题的解为 p_E^*，显然有 $p_E^* > m$。于是在垂直分离情况下，均衡的下游产品价格为

$$c^* = 2\sqrt{p_E^* w} > 2\sqrt{mw}$$

现假设垄断企业进行垂直整合，并成为下游产品的唯一供应商。由于生产技术规模不变，垂直整合的垄断企业首先最小化单位成本，即求解最优化问题

$$\min_{K,L} mE + wL$$
$$\text{s.t.} \quad \sqrt{E \cdot L} = 1$$

这个问题的解为

$$E^{**} = \sqrt{\frac{w}{m}}, L^{**} = \sqrt{\frac{m}{w}}$$

因此垄断企业的单位成本为

$$c^{**} = m\sqrt{\frac{w}{m}} + w\sqrt{\frac{m}{w}} = 2\sqrt{mw}$$

然后垄断企业选择最终产品价格 p 来最大化其利润，即求解最优化问题

$$\pi^I(m,w) = \max_p (p - c^{**})D(p), \text{其中} c^{**} = 2\sqrt{mw}$$

现在我们证明 $\pi^S(m,w) < \pi^I(m,w)$。注意到由于 $c^* > 2\sqrt{mw}$，显然有

$$\frac{1}{2c^*}(c^* + 2\sqrt{mw}) < 1$$

于是

$$\begin{aligned}
\pi^S(m,w) &= (p_E^* - m)D(2\sqrt{p_E^* w})\sqrt{\frac{w}{p_E^*}} \\
&= \left(\sqrt{p_E^* w} - m\sqrt{\frac{w}{p_E^*}}\right)D(2\sqrt{p_E^* w}) \\
&= \left(\frac{c^*}{2} - \frac{2mw}{c^*}\right)D(c^*) \\
&= \frac{1}{2c^*}(c^* + 2\sqrt{mw})(c^* - 2\sqrt{mw})D(c^*) \\
&< (c^* - 2\sqrt{mw})D(c^*) \\
&\leqslant \pi^I(m,w)
\end{aligned}$$

其中最后一步是因为 $p = c^*$ 不一定能够最大化 $(p - 2\sqrt{mw})D(p)$。因此,在不考虑企业间整合成本的情况下,上游垄断企业选择垂直整合是有利可图的。

在以上例子中,由于下游的生产技术为"规模不变"(constant return to scale),单位成本最小化与利润最大化之间没有矛盾,企业通过选择投入品的比例来最小化单位成本,通过选择产量来最大化利润。如果下游生产技术并非规模不变(non-constant return to scale),那么单位成本最小化与利润最大化之间可能存在矛盾。单位成本不仅与投入品的比例有关,还与企业的产量有关,使得单位成本最小化的产量未必等于使得利润最大化的产量。这时我们需要直接求解企业的(较复杂的)利润最大化问题,而投入品的比例内生于该问题。

总之,一个垄断的原材料供应商可能有动机通过垂直整合,将其垄断力量转移到下游市场。具体而言,如果下游产品的生产对不同投入品的使用是固定比例的,那么在不考虑其他因素的情况下,上游垄断企业没有动机进行垂直整合。也就是说,垄断投入品供应等价于垄断下游产品。相反,如果下游产品的生产过程对不同投入品的使用比例是可调整的,那么当整合成本足够低时,上游垄断企业有动机通过垂直整合将垄断力量转移到下游市场。这样不仅可以更好地控制下游产品价格,而且可以确保下游产品的生产采用最优的投入品比例。

14.3　垄断的下游市场

一个垄断的下游企业是否有动机向上游整合,取决于上游的市场结构。如果上游是不完全竞争市场，那么垂直分离可能导致"双重边际化"问题，形成过高的价格，对企业和消费者均不利，垂直整合可以实现"共赢"。如果上游是完全竞争市场，并且上游的总供应曲线是水平的，那么垂直整合毫无必要。但是如果受某些稀缺生产要素的影响，上游的总供应曲线是上升的，那么就可能出现类似于"双重边际化"的问题，这时垂直整合对下游企业和消费者均有利。

下游垄断企业在选择销售价格时，面临的取舍不仅是消费者需求函数所描述的量价矛盾，而且还会涉及上游的采购价格。销售价格越低，消费者购买量越大，垄断企业从上游采购的投入品的量也越大，由于上游的供应函数是上升的，投入品的采购价格也越高。因此，下游垄断企业选择较低的销售价格对上游企业是有利的，使得它们能够以较高的价格销售较大数量的投入品。但是在垂直分离的市场结构下，下游企业不会考虑这种"外部性"，因此均衡的下游产品价格会高于整体最优水平。

考虑一个投入品市场的"独买"模型。下游有一个垄断企业，面临反需求函数 $p = D(q)$，满足 $D'(q) < 0$。为了简化分析，我们假设垄断企业的边际收益函数 $qD(q)$ 为可导的凹函数，也就是说 $D(q) + qD'(q)$ 递减。垄断企业的加工成本函数 $C(q)$ 为单增凸函数，即满足 $C'(q) > 0$ 和 $C''(q) > 0$。

上游的投入品企业是价格接受者。受到行业必需的某种稀缺要素的影响，行业总成本函数 $S(q)$ 满足 $S'(q) > 0$ 和 $S''(q) > 0$，即上游的投入品供应函数 $S'(q)$ 是严格上升的。不妨假设每一个单位下游产品的生产需要一个单位的投入品。我们分别讨论垂直分离和垂直整合时的情形。

在垂直分离情况下，下游垄断企业从上游企业采购投入品。如果垄断企业选择采购量 q，那么采购价格等于上游的行业边际成本 $S'(q)$。因此垄断企业求解最优化问题

$$\max_{q} qD(q) - C(q) - qS'(q)$$

其一阶导数条件为

$$D(q) + qD'(q) - C'(q) - S'(q) = qS''(q)$$

根据我们的模型假设，满足这个一阶导数条件的产量即为最优产量，记为 q^s。于是下游企业利润为

$$\pi_d^S = q^s D(q^s) - C(q^s) - q^s S'(q^s)$$

上游的总利润等于上游总收入减去总成本，即

$$\pi_u^S = q^s S'(q^s) - S(q^s)$$

将上下游企业的利润相加，即为产业总利润

$$\pi^S = q^S D(q^S) - C(q^S) - S(q^S)$$

在垂直整合的情况下,一体化的垄断企业的成本函数为 $C(q) + S(q)$,其最优化问题为

$$\max_q qD(q) - C(q) - S(q)$$

其一阶导数条件为

$$D(q) + qD'(q) - C'(q) - S'(q) = 0$$

满足这个一阶导数条件的产量即为最优产量,记为 q^I,于是企业利润为

$$\pi^I = q^I D(q^I) - C(q^I) - S(q^I)$$

比较以上两个一阶导数条件,注意到两个等式的左边相同且为 q 的减函数,而 $qS''(q) > 0$,因此我们有 $q^S < q^I$,这意味着垂直整合增加了均衡产量,使得最终产品价格下降,有利于增加消费者剩余和社会总福利,同时还使得上游投入品的价格上升。如果记产业总利润作为总产出 q 的函数为

$$\pi(q) = qD(q) - C(q) - S(q)$$

那么 $\pi^S = \pi(q^S), \pi^I = \pi(q^I)$。从前面的最优化问题可以看到,产量 q^I 能够最大化产业利润 $\pi(q)$,而 q^S 一般不能,因此垂直整合使得产业总利润上升。垂直整合提升上下游协调的程度,对企业和消费者都有利。

在农业经济中,"公司+农户"是一种常见的上下游合作模式。上游的农户从事初级产品的种植或养殖,并将产品出售给从事农产品加工的公司。农户以家庭为单位进行生产,规模一般来说很小。相比之下,下游的公司规模较大,在初级产品收购和最终产品销售上均可能具有一定的定价能力。虽然"公司+农户"的模式在特定社会条件下有其合理性,例如有利于提升农户个体的生产积极性,迅速扩大初级产品的生产规模等,但是这种模式也存在不足之处。根据上面的模型讨论,当公司和农户相互独立决策时,难以实现最优的上下游协调,可能导致过高的最终产品价格和过低的初级产品价格。由下游公司直接主导初级产品的生产则可以解决这个问题。

14.4 降低市场风险

垂直整合经常可以降低市场价格波动带来的风险。在竞争市场,产品价格取决于供求关系,当总供应或总需求不确定时,价格就会出现无法预测的波动。在长期,上下游企业共同承担市场波动的风险,例如当需求上升时,下游企业提

高价格增加供应,同时增加从上游采购投入品,因此上下游企业都从中获益,反之亦然。但是在短期,企业往往必须在总供应或总需求实现之前,就做出特定决策,且之后难以更改。例如在电力市场,电力零售企业经常需要在了解终端电力需求之前,确定向客户售电的价格;在生猪市场,养殖户或企业必须在了解未来特定时点的猪肉价格之前,选择养殖的数量。在这种情况下,上下游企业往往无法共同承担市场风险,反而可能放大市场风险。垂直整合有利于提高产业应对市场风险的能力。

提前决定价格:电力市场

供电服务包含若干相对独立的环节,分别是发电、输电、配电和零售。电力行业有一些基本特点,如电力几乎完全不可储存,供求必须实时平衡;电力需求受天气等不可控因素影响;电力生产的边际成本在短期内是递增的。

发电环节由水力、火力、核能、风力、太阳能等发电企业承担。我国的电力供应以燃煤发电为主,约占70%。大型火力发电机组的发电成本很低,但是不能方便地关停启动,必须尽可能地连续运行。大型机组一般用于满足电力的基本需求,当需求超过基本需求水平时,发电企业就必须启动一些成本较高的调峰机组,如小型火力机组、燃油或燃气机组等。因此,发电的边际成本大致是递增的。和很多其他国家一样,我国的发电市场是高度竞争的。

输电指的是从发电站到用电地区之间的高压送电,而配电指的是将高压电转换为低压电,并配送到用户的使用地点。输电和配电一般由电网承担,由于电网业务具有显著的规模效应,多家竞争意味着巨额重复投资,因此电网经常实行政府授权的垄断经营,价格受到政府规制。

零售指的是向最终电力用户收取电费的环节。独立的电力零售商主要承担结算的工作,他们从电力批发市场购入(期货)电力,按照事前约定的方式销售给用户。零售收费包括电费和服务费,具体计算依据用户的用电量和用电方式。针对家庭用户的电力销售大多采用固定线性价格,针对大用户的销售则可能采用浮动电价,即电价随着电力批发市场的价格变化而变化。

传统的电力产业经常采用政府授权、四位一体、垄断经营、价格管制的模式。由于这种模式不利于提高生产效率,各国陆续对电力产业进行了改革。一个比较典型的改革思路是,将发电和零售环节独立出来,而对输电和配电环节保持政府规制(Joskow,1997;Pollitt,1997)。我们不妨称发电环节为上游,零售环节为下游，发电企业和零售企业在电力批发市场进行交易。由于电力不可储存，电力批发市场的交易具有期货交易特征，但是交割期可能短至数小时，所以有时可近似看作现货交易。

电力市场的不确定性来自需求和供应两个方面。电力用户的需求量总的来说是比较稳定的，但是可能因为天气等原因而发生一定幅度的波动，例如夏天不时会出现因天气异常炎热而使得空调用电大增的现象。在供应方面，设备故障可能导致无法预知的供应减少。由于供需必须实时平衡，发电企业不可能在事前选择产量，而只能根据需求决定发电量。

在完全竞争的情况下，上游的电力批发价格应等于发电的边际成本。由于发电的边际成本递增，需求量越大，电力批发价格就越高，对发电企业也越有利。零售商则需要以不确定的价格，从批发市场购入电力，然后以事前确定的价格销售给用户，特别是家庭用户。无论是发电企业还是零售企业，都面临市场风险。

在垂直分离的情况下，发电企业和零售企业可能出现"苦乐不均"的现象。一方面，当需求较高时，发电的边际成本较高，因而电力批发价格也较高，发电企业可以按较高的价格销售较大的电量，利润十分可观（这时平均成本低于边际成本）。另一方面，当需求较高时，零售商必须以高价购电，以合同规定的价格销售给用户，很可能因为销售价格低于批发价格而出现亏损。

相反，当需求量较低时，电力批发价格较低，发电企业受到低价格和低销量的双重打击，可能出现亏损（这时平均成本高于边际成本），而零售商可以按较低的价格购入电力，虽然售电量有所降低，但由于销售价格高于批发价格，仍然可能有较高的利润。

因此在垂直分离情况下，需求波动对发电企业和零售企业的冲击经常是相反的。这个现象增大了电力企业面临的风险，不利于电力市场的稳定运行（Wolak，2003）。如果发电企业可以直接与用户进行结算，即实行垂直整合，那么上下游的风险可以在一定程度上相互抵消，从而降低电力企业利润的波动幅度。

提前决定产量：猪肉市场

在我国的猪肉市场，长期以来存在肉价大幅波动的"猪周期"现象。我国的猪肉市场是高度竞争的，猪肉价格的波动主要是因为总供应与总需求的相对波动。我国消费者对猪肉的需求总体上比较稳定，除非有特殊事件发生，如猪瘟，因此多数的价格波动来源于供应方，即生猪的存栏量。单个养殖户或企业难以影响总的生猪存栏量,也难以预见其他供应商的存栏量,这是其面对的市场风险的主要来源。在我国的肉类消费中,猪肉的比重很高,人们对猪肉的需求的价格弹性较低,这意味着猪肉价格容易出现大幅波动。由于猪肉消费量巨大,猪肉价格在我国的"消费价格指数"(CPI)中权重很大,因此"猪周期"现象可能导致 CPI 大幅波动。例如我国 2019 年 7 月 CPI 同比上升 2.9%,其中受非洲猪瘟疫情影响,猪肉价格上涨 7.8%,影响 CPI 上涨约 0.20 个百分点。

当总的生猪存栏量较低时,一方面导致对产业上游的猪饲料的需求也较低,促使饲料价格下降(假设饲料生产的边际成本在短期内递增)。在销量和价格的双重打击下,猪饲料生产商的利润显著下降,甚至可能出现亏损。但另一方面,由于总存栏量较低,生猪出栏时的猪肉价格较高,养殖户的利润反而比较高。生猪存栏量较高时的情况相反,上游饲料企业利润丰厚,而下游的养殖户可能因猪肉价格下跌而出现亏损。总之,产业上下游的利润随生猪存栏量波动的方向是相反的。因此,在市场供需不稳定且总供应量必须提前确定的情况下,垂直分离的市场结构可能放大上下游企业面临的市场风险。

假如一个垂直一体化的企业同时生产上下游产品,虽然同时面临上下游市场的不确定性,但上下游的利润波动在一定程度上相互抵消,企业面临的市场风险反而降低了。因此,垂直一体化的肉类供应企业具有较强的抗风险能力。

14.5* 策略性垂直分离或整合

在一个寡头市场上,既存在水平的竞争关系,还存在垂直的协作关系。这两种企业间关系的性质完全不同,使得寡头市场上的策略性博弈十分复杂。竞争是利润的"粉碎机",减弱竞争的程度或弱化竞争对手的实力,永远是寡头企业追求的目标。水平合并无疑是最有效的减弱竞争的途径,但经常受到政府反垄断机构的干预。在特定市场条件下,垂直分离和垂直整合也可能被寡头企业策略性地利用,以达到上述目的。

策略性垂直分离

我们已经知道,在双重垄断市场存在双重边际化现象,均衡价格可能高于单一垄断价格,不仅对消费者不利,对企业也是不利的。在双重寡头市场,类似的双重边际化问题也可能发生,即垂直分离可能导致较高的最终价格,形成对消费者不利的结果。但是与双重垄断不同的是,寡头市场由于存在竞争,均衡价格显著低于单一垄断价格,如果寡头企业通过垂直分离形成双重寡头,那么可能使得最终价格上升并接近垄断价格,这样企业利润很可能上升而不是下降。

Rey & Stiglitz(1988)和 Bonanno & Vickers(1988)对寡头市场的垂直分离进行了模型分析,他们发现,相互竞争的寡头企业可能有动机进行策略性的垂直分离(strategic vertical separation),以减弱企业间水平竞争的强度。指定地区独家经销商是实现垂直分离的手段之一。不仅如此,寡头企业甚至可能有动机单方面地选择垂直分离,也就是说,垂直分离可能是寡头企业的"占优策略"(dominant strategy)。以下是一个策略性垂直分离的具体例子。

例 14-2 假设一个长度为 1 的"线形城市"的两端各有一家制造企业,企业的生产成本均为零,它们生产完全同质的产品。1 个(连续的)消费者均匀分布在该线形城市上,他们有单位需求且保留价格足够高。消费者在城市中的(往返)交通成本为 $T(x) = tx$,其中 x 是(单程)交通距离,$t>0$ 为单位交通成本。企业之间进行价格竞争。

如果制造企业直接向消费者销售,那么静态博弈的均衡价格和企业利润分别为

$$p_1 = p_2 = t \quad \text{和} \quad \pi_1 = \pi_2 = \frac{t}{2}$$

详细计算这里略去。

现假设每个企业在自己的生产工厂附近选择一个下游企业,作为其产品的独家代理商或零售商。不妨假设零售商的运营成本也为零。博弈的时间顺序是:首先,两个上游企业同时宣布它们的批发价格,其次,下游零售商观察到上游企业的批发价格后,选择他们的零售价格,最后,消费者决定向哪个零售商进行购买。

记批发价格分别为 w_1 和 w_2,零售价格分别为 r_1 和 r_2。我们通过反向归纳法求解该问题的均衡解。给定零售价格 r_1 和 r_2,消费者的行为与标准 Hotelling 空间模型无异。两个零售商之间的市场分界点为

$$x = \frac{r_2 - r_1}{2t} + \frac{1}{2}$$

即两个零售商的销售量分别为 x 和 $1-x$。于是在给定批发价格 w_1 和 w_2 的情况下,两个零售商的利润最大化问题分别为

$$\max_{r_1}(r_1-w_1)\left(\frac{r_2-r_1}{2t}+\frac{1}{2}\right) \quad 和 \quad \max_{r_2}(r_2-w_2)\left(\frac{r_1-r_2}{2t}+\frac{1}{2}\right)$$

最优化问题的一阶导数条件为

$$r_1=\frac{r_2+w_1+t}{2} \quad 和 \quad r_2=\frac{r_1+w_2+t}{2}$$

从中可解出下游零售市场的子博弈均衡的零售价格为

$$r_1=\frac{2w_1+w_2}{3}+t \quad 和 \quad r_2=\frac{2w_2+w_1}{3}+t$$

将上式代入市场分界点,即可得到上游企业 1 面临的需求函数 $x(w_1,w_2)$,即

$$x=\frac{r_2-r_1}{2t}+\frac{1}{2}=\frac{w_2-w_1}{6t}+\frac{1}{2}$$

我们从这个表达式可以看出,垂直分离使得上游企业面临的需求函数的价格弹性减小。具体地,如果企业 1 将批发价格提高 1 个单位,那么将使其面临的需求量降低 $\frac{1}{6t}$,而在没有垂直分离的情况下,将使其面临的需求量降低 $\frac{1}{2t}$,因此垂直分离使得上游企业之间的竞争程度降低。上游企业 1 和企业 2 的最优化问题分别为

$$\max_{w_1} w_1\left(\frac{w_2-w_1}{6t}+\frac{1}{2}\right) \quad 和 \quad \max_{w_2} w_2\left(\frac{w_1-w_2}{6t}+\frac{1}{2}\right)$$

一阶导数条件分别为

$$w_1=\frac{w_2+3t}{2} \quad 和 \quad w_2=\frac{w_1+3t}{2}$$

从中可解出均衡批发价格为

$$w_1=w_2=3t$$

代入上面的子博弈均衡零售价格的表达式,可得整个博弈的均衡零售价格为

$$r_1=r_2=4t$$

由于我们假设所有企业的成本均为零,不难看出,垂直分离后的产业总利润为 $4t$,其中两个上游制造企业分享 $3t$,两个下游零售商分享 t。注意到上游企业的利润是垂直分离前的 3 倍。

在例 14-2 中,零售商与垂直一体时的制造企业相比,边际成本(即批发价格)较高,但是由于消费者有单位需求,较高的边际成本并不会降低下游的利润。在上游,垂直分离情况下的上游企业面临比垂直一体时更加缺乏弹性的需求,因此能够实现更高的上游利润。在单位需求假设下,策略性垂直分离没有造成社会福利损失,但是如果消费者有下降的需求函数,那么策略性垂直分离很可能提

升无谓损失。

策略性垂直分离理论中有一个隐蔽的假设,即上下游之间的交易条件要么是公开信息,要么采用单一线性价格。由于这个原因,上游企业可以通过较高的线性批发价格(包括两部定价中的线性部分),可信地承诺较高的下游企业进货成本,从而形成较高的最终价格。在现实世界,上下游之间的交易价格通常是"商业秘密",并不对外公开,而且即使企业主动公开也是不可信的。上下游企业之间的交易也完全可以采用非线性定价。

如果上下游之间的交易价格不公开且不必采用单一线性价格,那么上述结论未必成立。事实上,在策略性垂直分离的均衡状态下,给定企业 1 的产品的零售价格,如果企业 2 的产品的零售价格略微降低,那么企业 2 和其零售商的总利润会上升。通过适当的非线性定价,如两部定价,可以使企业 2 和其零售商分享增加的利润。也就是说,策略性垂直分离的均衡不再是均衡。因此从实践角度看,策略性垂直分离理论所需要的假设条件是比较强的。

互补产品与策略性分离

两个垄断企业生产互补品的情形与双重垄断情形类似。如果企业以线性价格向消费者出售产品,类似于双重边际化的问题也存在,导致过高的价格。其原因可以用定价的"外部性"来直观解释,这里不再赘述。如果两个生产互补品的垄断企业之间进行整合,可以提高两个产品的产量,降低消费者的购买价格,同时企业利润上升,因此"利己利人"。

如果两个生产互补品的企业还分别面临其他竞争对手,那么这两个企业之间的整合不一定是有利可图的。互补品企业之间保持独立运营,能够使得价格上升并接近垄断价格,从而增加产业利润,其机制与寡头企业的策略性垂直分离类似。例 14-3 演示了在面临竞争的情况下,互补产品分别独立定价的好处。

例 14-3 某市场有四个企业 1、2、3、4,它们之间进行价格博弈。企业的生产成本均为零。它们的产量分别记为 q_1、q_2、q_3、q_4,价格分别记为 p_1、p_2、p_3、p_4。它们面临的需求函数分别为

$$q_1 = 3 - 2p_1 - p_2 + p_3 + p_4, \quad q_2 = 3 - 2p_2 - p_1 + p_3 + p_4,$$
$$q_3 = 3 - 2p_3 - p_4 + p_1 + p_2, \quad q_4 = 3 - 2p_4 - p_3 + p_1 + p_2$$

以上需求函数表明,产品 1 和产品 2 是互补品,产品 3 和产品 4 也是互补品,而产品组 $\{1,2\}$ 和产品组 $\{3,4\}$ 之间存在竞争关系。

由于成本为零,企业 1 的利润最大化问题为

$$\max_{p_1} \pi_1 = p_1 q_1 = p_1(3 - 2p_1 - p_2 + p_3 + p_4)$$

其一阶导数条件为

$$3 - 4p_1 - p_2 + p_3 + p_4 = 0$$

类似地,企业 2、企业 3 和企业 4 的利润最大化问题的一阶导数条件分别为

$$3 - p_1 - 4p_2 + p_3 + p_4 = 0,$$
$$3 - 4p_3 - p_4 + p_1 + p_2 = 0,$$
$$3 - p_3 - 4p_4 + p_1 + p_2 = 0$$

从中可解出均衡价格

$$p_1 = p_2 = p_3 = p_4 = 1$$

均衡产量和利润分别为

$$q_1 = q_2 = q_3 = q_4 = 2, \pi_1 = \pi_2 = \pi_3 = \pi_4 = 2$$

现在假设生产互补品的企业 1 和企业 2 合并为企业 A,同时企业 3 和企业 4 合并为企业 B。企业 A 的利润最大化问题为

$$\max_{p_1, p_2} \pi_A = p_1 q_1 + p_2 q_2$$
$$= p_1(3 - 2p_1 - p_2 + p_3 + p_4) + p_2(3 - 2p_2 - p_1 + p_3 + p_4)$$

这个问题的一阶导数条件为

$$\frac{\partial \pi_A}{\partial p_1} = 3 - 4p_1 - 2p_2 + p_3 + p_4 = 0$$

和

$$\frac{\partial \pi_A}{\partial p_2} = 3 - 2p_1 - 4p_2 + p_3 + p_4 = 0$$

类似地,企业 B 的利润最大化问题的一阶导数条件为

$$\frac{\partial \pi_B}{\partial p_3} = 3 - 4p_3 - 2p_4 + p_1 + p_2 = 0$$

和

$$\frac{\partial \pi_B}{\partial p_4} = 3 - 2p_3 - 4p_4 + p_1 + p_2 = 0$$

从以上两组一阶导数条件可解出均衡价格

$$p_1 = p_2 = p_3 = p_4 = 0.75$$

均衡产量和利润分别为

$$q_1 = q_2 = q_3 = q_4 = 2.25, \pi_{12} = \pi_{34} = 3.375$$

比较合并前后的均衡结果可见,互补品企业之间的合并使得价格下降,产量上升,企业利润下降。因此,生产互补品的企业之间保持独立是有利可图的。与策略性垂直分离一样,这里的独立经营也是策略性的,其目的是弱化企业之间的竞争。

策略性垂直整合与排挤

在产业组织领域有一个长期存在的看法,即在一个双重寡头市场中,如果上游企业(如矿山)之间竞争激烈,而下游企业的产品(如工业品)之间存在较大差异,因而竞争较弱,那么下游企业可能通过策略性的垂直整合,即收购部分上游企业,实现排挤竞争对手的目的,这种商业策略被称为"垂直排挤"(vertical foreclosure)。具体而言,垂直整合后的企业可以拒绝向其他下游企业供货,使得那些下游企业面临较少的可选供应商,讨价还价能力下降,导致进货价格上升,最终在下游市场的竞争力下降。这样下游企业就通过垂直整合实现了对竞争对手的排挤。

这个广为流传的排挤故事貌似有道理,但其实存在不少问题。其中最主要的问题是,上述的垂直整合可能会产生较大的成本。首先,上游企业虽然利润微薄,但是考虑到自身的策略性价值,很可能待价而沽;其次,下游的竞争对手也可能会考虑类似的垂直整合,或参与对上游目标企业的竞价。这些原因都会使得下游收购上游企业的价格上升,即使能够成功排挤竞争对手,整合也未必有利可图。

策略性垂直整合(strategic vertical integration)理论长期以来都是直观描述,而缺乏严格的数学模型论证,直到 Ordover, Saloner & Salop(1990)提出一个清晰刻画的理论模型,其中策略性垂直整合能够成为一个均衡结果。他们考虑一个双重双寡头(bilateral duopoly)模型,两个上游企业以相同的恒定边际成本生产同质的中间产品,销售给两个对称的下游企业。假设上游企业之间进行价格竞争,因此上游的中间品价格等于其边际成本。下游企业用中间品生产异质性的最终产品,它们之间也进行价格竞争。由于有产品差异,最终产品价格高于其边际生产成本。在双重双寡头下,每个企业获得一半的市场份额,上游企业的利润为零,下游企业分享产业利润。上游企业和下游企业之间可以进行垂直整合,模型假设整合后的企业仍然可以与未整合的下游企业交易,而且未整合的下游企业也可以选择与剩下的上游企业进行整合。

在这个模型中,垂直排挤现象的确可能在均衡状态下出现,但前提条件是,下游企业的销售收入随着其采购中间品的价格的上升而上升。Ordover, Saloner & Salop(1990)认为这个条件在有产品差异的价格竞争中一般是满足的。事实上,当一个下游企业整合一个上游企业后,未整合的上游企业的讨价还价能力加强,对未整合的下游企业的供货价格上升,从而降低其利润,因此的确发生了垂直排挤。另外,由于未整合下游企业的价格和销售收入均上升,意味着未整合的上下游企业的总利润上升,因此下游企业的损失必定小于上游企业的获益,两者之间的整合将导致总利润下降,因而它们之间不存在整合动机。

但是 Reiffen(1992)评论说,在 Ordover,Saloner & Salop(1990)的模型中,只有当整合企业能够承诺不以较低的价格向下游竞争对手供货时,才能形成较高的下游价格,否则垂直整合无法排挤竞争对手,因而是无效的。而如果企业有能力承诺较高的价格,那么可以直接获得合谋或水平合并的市场结果,这样垂直整合其实没有必要。

本章小结

垂直整合指的是上下游企业之间的合并。企业基于各种目的进行垂直整合,其中一类是提升上下游企业在决策上的协调,另一类是策略性地减弱竞争或排挤对手。

- 从决策角度看,垂直整合是拓展企业边界的一种方式,是否有利可图取决于各种(广义的)交易成本,包括市场交易成本和企业管理成本。
- 假设下游企业的生产使用多种投入品,其中某种投入品依赖某个上游垄断企业提供。如果投入品之间有一定的替代性,那么上游垄断企业向下游整合可以提升下游的生产效率。
- 在一个买方垄断的中间品市场,如果卖方的总供应函数是严格上升的,那么垂直整合能够促使买方增加中间品采购,不仅降低消费者支付的价格,而且提升垄断利润(或产业总利润)。
- 在完全竞争的情况下,如果总需求不确定,而企业需要提前决定价格或产量,那么垂直分离的市场结构往往会放大企业面临的风险。通过垂直整合,上下游企业面临的风险可以在一定程度上相互抵消。
- 在特定条件下,寡头企业可以通过策略性的垂直分离,降低企业面临的需求价格弹性,从而提高均衡价格和利润。寡头企业也可能通过收购上游供应商或下游销售渠道,以实现排挤竞争对手的目的。

习　题

1. 在传统经济中,绝大多数消费品都是通过专业零售渠道(如联华、苏宁、沃尔玛等)销售,而不是通过制造商自建的渠道销售,即采用垂直分离的市场结构。试解释为什么。

2. 某垄断企业供应某设备(如手机)的边际成本为 0。消费者是完全同质的,他们对该设备有单位需求。消费者还需要在完全竞争市场上采购该设备的专属服务(如维护、维修、保险、软件等),服务的边际成本为 $c>0$。如果记专属服务的采购量为 q,那么一个消费者最终获得的以货币度量的效用为 $2\sqrt{q}$。在不购买设备的情况下,消费者无法使用专属服务。

(1)垄断企业的最优定价是多少?从每个消费者获取的利润是多少?

(2)现假设该垄断企业可以通过合约或技术手段,使得消费者必须从垄断企业购买该设备的专属服务,且垄断企业提供该服务的边际成本亦为 c。这时垄断企业选择设备和服务的价格(分别记为 p 和 t),消费者决定是否购买该设备,以及购买设备时会购买多少专属服务。请问垄断企业的设备和服务的最优价格是多少?从每个消费者获取的利润是多少?

3. 一个上游垄断企业生产单一产品,边际成本为零。该企业通过两个下游零售企业,记为 1 和 2,出售其产品。零售企业之间进行存在服务差异的价格竞争,它们各自面临的需求函数分别为

$$q_1 = 5 - 3p_1 + p_2 \text{ 和 } q_2 = 5 - 3p_2 + p_1$$

零售企业的边际运营成本(不含进货成本)均为零。

(1)假设上游企业选择批发价格,然后下游企业(同时)选择其零售价格,请找出市场均衡的零售价格 (p_1, p_2)。

(2)假设上游企业收购下游的两个零售企业,从而直接控制零售价格 p_1 和 p_2,请找出市场均衡的零售价格 (p_1, p_2)。

4. 某市场的供应方由完全竞争的原材料企业和垄断的最终产品企业组成,假设下游垄断企业仅使用该原材料作为生产要素,生产函数为 $q(Q)=Q$,其中 q 为最终产品产量,Q 为原材料使用量。原材料企业的行业总成本函数为 $C(Q)=Q^2$。对制成品的需求函数为 $p(q)=12-q$。

(1)找出市场均衡的原材料使用量 Q、原材料价格 r,以及最终产品价格 p。

(2)如果下游垄断企业收购所有原材料供应企业,找出市场均衡的原材料使用量 Q 和最终产品价格 p。

5. 某市场有两个垂直整合的企业,记为 1 和 2,它们之间进行价格竞争。两个企业的成本均为零,它们面临的需求函数分别为

$$q_1 = 3 - 2p_1 + p_2 \text{ 和 } q_2 = 3 - 2p_2 + p_1$$

(1)请找出市场均衡价格和各企业利润。

(2)现假设企业 1 保持垂直整合,企业 2 实行垂直分离,批发价格为外生给定的 w,w 大于 0 且足够小。企业 1 和从原企业 2 中分离出来的零售企业同时宣

布它们的价格。请找出这个市场的均衡价格和三个企业的利润,并指出这个垂直分离对企业 2 而言是否有利可图。

6. 某经济体中有两个相互进行(有产品差异的)价格竞争的汽车生产企业,分别生产包括发动机在内的各种汽车零部件及整车。现假设两个企业都将它们的发动机生产部门分离出去,成为独立的企业,并且分拆后所有企业的策略变量仍然都是(线性)价格。请问从策略性互动的角度看,这种分拆是否有利可图?为什么?

参考文献

Bonanno, G. and J. Vickers, 1988, "Vertical Separation", *Journal of Industrial Economics*, 36(3): 257—265.

Joskow, P., 1997, "Restructuring, Competition and Regulatory Reform in the U. S. Electricity Sector", *Journal of Economic Perspectives*, 11(3): 119—138.

McKenzie, L., 1951, "Ideal Output and the Interdependence of Firms", *Economic Journal*, 61: 785—803.

Mathewson, G. F. and R. A. Winter, 1983, "Vertical Integration by Contractual Restraints in Spatial Markets", *Journal of Business*, 56(4): 487—517.

Ordover, J. A., G. Saloner and S. Salop, 1990, "Equilibrium Vertical Foreclosure", *American Economic Review*, 80(1): 127—142.

Pollitt, M., 1997, "The Impact of Liberalisation on the Performance of the Electricity Supply Industry", *Journal of Energy Literature*, 3: 3—31.

Reiffen, D., 1992, "Equilibrium Vertical Foreclosure: Comment", *American Economic Review*, 82(3): 694—697.

Rey, P. and J. Stiglitz, 1988, "Vertical Restraints and Producers' Competition", *European Economic Review*, 32(2—3): 561—568.

Warren-Boulton, Frederick R., 1974, "Vertical Control with Variable Proportions", *Journal of Political Economy*, 82(4): 783—802.

Wolak, F., 2003, "Diagnosing the California Electricity Crisis", *The Electricity Journal*, 16(7): 11—37.

第十五章
垂直约束

由于整合成本过高或规模经济不匹配等原因,上下游企业之间的垂直整合经常不可行。在这种情况下,上下游企业可以在保持相互独立的前提下,建立各种显性或隐性的合约关系,以协调双方的行为。垂直约束大多有助于提升企业利润和社会福利,但是在某些特殊条件下,也可能对第三方产生排他性作用,从而影响水平竞争。

垂直约束的种类较多。常见的垂直约束关系包括转售价格维持(resale price maintenance,RPM)、排他性地区代理(exclusive territory,ET)、特许经销(franchising)、排他性经销(exclusive dealing,ED)、购回(buy back 或 return)、收入分享(revenue sharing)等。

◆ 引导案例

"纵向垄断"

2012年年底,受塑化剂和禁酒令影响,高端白酒销售受阻,经销商被迫低价出货。针对这种情况,茅台酒公司对三家低价销售和串货的经销商开出罚单,暂停执行茅台酒合同计划,并扣减20%保证金,提出黄牌警告。针对茅台酒公司的这种行为,贵州省物价局认为:"贵州省茅台酒销售有限公司通过合同约定,对经销商向第三人销售茅台酒的最低价格进行限定,对低价销售茅台酒的行为给予处罚,达成并实施了茅台酒销售价格的纵向垄断协议,违反了《反垄断法》第十四条规定,排除和限制了市场竞争,损害了消费者利益,对其处以2012年度销售额百分之一的罚款2.47亿元人民币。"(2013第1号公告)。

类似地,2012年12月,五粮液公司对14家经销商"低价、跨区、跨渠道违规销售五粮液"的行为给予扣除违约金、扣除市场支持费用等处罚。2013年2月22日,四川省发展和改革委依据《反垄断法》对五粮液公司进行了调查,认为五粮液公司对经销商向第三人销售五粮液白酒的最低价格进行限定,对市场竞争秩序产生了不利影响,对消费者的合法权益造成了损害,决定对宜宾五粮液酒类销售有限责任公司处以2012年度销售额百分之一的罚款2.02亿元。

这两个"纵向垄断"案例在当时引起广泛注意，也得到很多网友支持。在判罚之后，相关酒品的价格在短期有所下降，这可能被认为是反垄断介入的结果。虽然处罚有法律依据，但是其合理性在学术界还有一定争议，"纵向垄断"也不是一个有学术背景的术语。商务部国际贸易经济合作研究院研究员梅新育认为，茅台酒和五粮液属奢侈品，实施一些相关的定价策略以维护销售体系是理所当然的，且茅台和五粮液的价格无关国计民生，处罚酒企纯属"无事生非"。

资料来源：http://www.gov.cn/irzg/2013-02/22/content_2338339.htm，访问时间 2020-7-25。

本章概要

转售价格维持　　　　　排他性地区代理　　　　　排他性经销
购回和收入分享　　　　问题导向的垂直约束

15.1　转售价格维持

转售价格维持在西方国家有时又被称为"公平交易"（fair trade），指的是上游制造商通过合约限定其下游经销商的销售价格的行为。实践中的转售价格维持大多仅规定下游经销商的最低销售价，少数情况下也限定最高销售价。我国反垄断界经常提到的"纵向垄断"，指的主要就是转售价格维持。

转售价格维持在实践上是一种受到制造业企业高度重视的商业策略。从简单的经济学原理看，转售价格维持是不符合常理的企业行为。给定批发价格，如果下游经销商以较低的价格出售产品，那么可以实现较高的销售量，从而增加从上游的进货，进而提升上游企业的利润。既然如此，那么为什么上游企业要限制其经销商降价销售？在20世纪五六十年代的西方国家，这个问题被称为"公平交易之谜"。

作为一种常见的垂直约束手段，学术界对转售价格维持提出了很多理论假说，从不同角度解释了企业采用转售价格维持的原因，以及这种营销安排对消费者和社会福利的影响。

合谋理论

一些早期的反垄断学者认为，转售价格维持可能帮助相互竞争的企业之间进行隐性的合谋。企业合谋的方式是共同设定较高的价格或较低的产量,由于价格高于非合作均衡水平的价格,合谋各方都有"欺骗"的动机,即暗中降价或提高产量,以占据较大的市场份额,获得较高的利润。但是这种欺骗行为会大幅降低其他参与合谋的企业的市场份额和利润,促使它们退出合谋。因此,隐性合谋能够成功的前提是企业能有效地相互监督,及时发现欺骗行为。

在上游生产企业之间的隐性合谋中,相互监督往往十分困难。上游企业的销售是面向零售商,两者之间的交易价格是批发价格,并不对外公开,外界很难观察,这给合谋企业之间的相互监督带来了困难。当一个上游企业的产品被发现在终端市场上以低价销售时,既可能是因为该企业暗中降低了批发价格,也可能是因为下游经销商自行降价,因此不能直接确认该上游企业违反了合谋约定。

如果合谋的上游企业统一规定零售价格,即同步采用转售价格维持,那么有助于解决上述监督问题。无论下游经销商有何特殊情况,都必须按不低于预先商定的零售价格进行销售。与批发价格不同,零售价格公开可见,易于相互监督。限定最低零售价格后,上游企业再难以通过暗中降价来获取更高的销量,因此转售价格维持可以帮助上游企业维持合谋。

合谋理论有一定道理,但被普遍认为有较大的局限性。首先,即使是隐性合谋,也是严重违法行为,一旦暴露,相关企业将付出沉重代价,因此合谋难以成为一种普遍的经济现象,这意味着关于转售价格维持的合谋理论的解释范围比较有限。其次,合谋是一种基于合作博弈理论的行为,经常有多重解,难以给出比较确定的预测,因此对很多现象的解释力偏弱。多数经济学家认为,强调个体独立决策的非合作博弈理论更加具有一般性。

服务理论

现代经济理论中关于转售价格维持的一个代表性观点是 Telser(1960)提出的服务理论。Telser(1960)认为,对于许多比较复杂的商品,消费者需要通过一些售前服务来了解产品特性,然后才能决定是否购买。这些售前服务有几个基本特点,一是需要由零售商通过支付一定成本来提供,二是会提升消费者对产品的需求,三是消费者不必在接受服务的零售商进行购买。

零售商的售前服务对其他零售商有正的外部性。消费者可以在一个零售商店获取售前服务,了解产品信息,决定是否要购买,然后在市场上寻找价格最合适的商店完成购买。因此一个零售商的售前服务可能提高所有其他零售商的销售,即有正的外部性。由于提供售前服务是有成本的,因此提供优质售前服务的零售商往往售价较高。因此一个零售商提供的售前服务可能被其他零售商"搭便车",即消费者可以从"全价"零售商获取售前服务,然后到"折扣"零售商进行购买。

Telser(1960)认为,售前服务的外部性导致"搭便车"现象,使得零售商们提供的售前服务不足,消费者对产品的需求不能正常释放,最终不利于产业利润和消费者剩余的最大化。通过实行转售价格维持,上游企业可以消除零售商之间的价格竞争,使得零售商之间只能进行服务竞争。通过安排适当的批零差价,可以促使零售商提供最优水平的售前服务,最终对消费者和企业都有利。

与 Telser(1960)的理论比较接近的还有 Marvel & McCafferty(1984)的"认证"(certification)理论。后者观察到,很多产品的销售并不需要零售商提供较多的售前服务,但是企业仍然采用了转售价格维持策略。他们认为,作为交易中介的零售商,其作用不仅是在制造商和消费者之间提供分销服务,而且在一定程度上充当消费者的代理人,为消费者选择适当的产品品类。一个品牌零售商在决定是否经销一个制造商的产品之前,需要对该企业和其产品进行详细的考察,以确保产品的品质(如耐用性、安全性、功能合理性等),即进行"品质认证"。认证活动会产生费用,如果没有转售价格维持,一个零售商的品质认证行为也可能被其他零售商"搭便车",从而降低其经销产品的意愿。制造商可以通过转售价格维持鼓励品牌零售商经销其产品。

服务理论较好地解释了转售价格维持存在的原因,但不是全部的原因。在很多情况下,消费者在一个零售商店内接受售前服务,然后再到其他零售商购买,会产生较大的交易成本,使得"搭便车"并不划算,尤其是当产品的绝对价格较低时。

◆ 案 例

英国非处方药品的转售价格维持

1964 年,英国通过《转售价格法》(Resale Prices Act),禁止制造商控制其产品的转售价格,但非处方药(即 OTC)得到了豁免,因此非处方药供应商仍然可以通过与批发商和零售商的协议,维持最低的转售价格。这个特殊地位于 1970 年经过了"限制性行为法庭"(Restrictive Practices Court)的重新评估,法庭仍然认为移除豁免不利于公共利益。1995 年,英国反垄断机构"公平交易办公室"(Office of Fair Trading,OFT)再次发起对药品市场的评估,结论是转售价格维持在非处方药市场上不再是合适的,认为限制性行为法庭应撤回1970年的决定。

法庭辩论发生在OFT和代表药品供应商的两个贸易协会之间。OFT认为,禁止转售价格维持将加剧品牌内和品牌间的竞争,从而降低许多品牌药的价格;同时可以促使传统药店为公众提供更好的服务,以应对来自超级市场药店的竞争。而药品供应商协会认为,禁止转售价格维持会带来一系列损害公众利益的结果,包括药品品种数量下降、提供全品类药品的药店数量下降、药店服务减少及价格上升。2001年5月,药品供应商放弃反对OFT的行动,于是限制性行为法庭命令停止转售价格法在OTC的豁免。

这个案例发生的背景是20世纪八九十年代,大型连锁平价超市迅速扩张,超市内开设的药店也应运而生。大型超市客流量大,运营成本低,药品业务有较高竞争力,威胁了原有的成本较高的小型社区药店的生存。转售价格维持禁止打折销售,能够保护社区药店免受来自超市药店的价格竞争,限制超市药店凭借价格优势进行扩张。因此,社区药店和超市药店对转售价格维持有完全不同的态度。

在非处方药市场上,售前服务的外部性不是十分明显。从一个药店接受关于药品功能的介绍,然后到另外一个药店完成购买,消费者除了需要克服交通成本、时间成本及信息成本,可能还要克服"内疚"成本。考虑到OTC通常比较便宜,这种"搭便车"行为可能得不偿失。

资料来源:https://www.cms-lawnow.com,访问时间2020-7-25。

不确定需求理论

Deneckere,Marvel & Peck(1996)认为,转售价格维持可能是企业应对市场总需求不确定的有效方法。如果产品是不可长期储存的,那么在需求不确定的情况下,零售商面临选择零售存货的困难:过低的存货可能导致断货,从而错失销售机会,过高的存货又可能导致(不可储存的)产品的积压。零售商需要根据批发价格做出最优的取舍,这个取舍对制造商而言不一定是最优的。

Deneckere,Marvel & Peck(1996)指出,需求不确定会使得零售商选择过低的零售存货,对制造商不利。通过实行转售价格维持,制造商一方面防止零售商在需求较低时陷入激烈的价格竞争,另一方面又通过适当的批零差价,促使零售商选择合适的零售存货,从而最大化制造商利润。他们还发现,转售价格维持不仅能提高零售存货和上游利润,而且还可能提高社会总福利,甚至还可能对消费者有利。Deneckere,Marvel & Peck(1996)的模型除了假设上游制造商是垄断企业,其他设定极具一般性。例 15-1 演示了在消费者有单位需求而消费者人数不确定的情形。

例 15-1[*]　一个上游的垄断制造商通过完全竞争的零售商,销售一种只能储存一期的产品。消费者对该产品有单位需求,保留价格为 v。所有企业的成本均假设为零。进入市场的消费者人数 q 是一个随机变量,满足

$$\text{prob}(q=30)=\frac{2}{3} \quad \text{和} \quad \text{prob}(q=60)=\frac{1}{3}$$

即有 2/3 的可能性是只有 30 人进入市场的低需求状态,另有 1/3 的可能性是有 60 人的高需求状态,期望的消费者人数是 40 人。在博弈的时间顺序方面,假设零售商必须在消费者人数确定之前决定他们的零售价格(记为 r)。

假如上下游实现垂直一体化,那么这个一体化的垄断企业的最优销售价格是 v,期望销售量为 40,因此期望利润为 $40v$。

在垂直分离的情况下,如果一个单位的零售存货被销售的概率是 1,那么零售商的非负利润条件要求零售价格不低于批发价格;如果一个单位的零售存货被销售的概率是 1/3,那么零售价格必须不低于批发价格的 3 倍。这个市场可能同时存在低价零售商和高价零售商。完全竞争意味着零售商的期望利润均为零。我们记制造商的批发价格为 w。

首先我们考虑单一线性批发价格的情形。当 $w \leqslant v/3$ 时,两类零售商都存在,他们的零售价格分别为 $r_1 = w$ 和 $r_2 = 3w$。所有进入市场的消费者都被服务,总的零售存货为 60,其中 30 个单位的存货只有 1/3 的概率被售出。上游制造商的利润为 $60w \leqslant 60 \times v/3 = 20v$。如果制造商选择批发价格 $w = v/3$,即可获得最高的利润 $20v$。

当 $w > v/3$ 时,高价零售商退出市场(因为 3 倍批发价格高于消费者的保留价格,不可能被接受),低价零售商的价格为 $r_1 = w$,总的零售存货为 30,因此在高需求状态下会出现断货。上游制造商的利润满足 $30w \leqslant 30v$。如果制造商选择批发价格 $w = v$,那么即可获得最高利润 $30v$。

比较以上两个价格区间可见,制造商选择 $w = v$ 时的利润高于选择 $w = v/3$ 时的利润,因此最优选择是 $w = v$,制造商利润为 $30v$。

然后我们考虑转售价格维持情形,即制造商同时设定批发价格和零售价格的情形。由于消费者有单位需求,显然最优的零售价格为 $r = v$。给定批发价格

为 $w \leq r$。零售存货 $Q \in [30, 60]$ 满足零售商的零利润条件

$$\frac{2}{3} \times 30 \times v + \frac{1}{3} \times Q \times v = Q \times w, \quad 即 \quad Q = \frac{60v}{3w - v}$$

批发价格越高，零售存货越低。$Q \in [30, 60]$ 意味着 $2/3v \leq w \leq v$。制造商的利润为 $Qw = \frac{60vw}{3w - v}$，当 $w = 2/3v$ 时实现最大化，为 $40v$，与垂直一体时的利润相等，大于采用单一线性批发价格时的利润 $30v$。零售存货为 60，所有进入市场的消费者都会被服务，不会出现断货现象。

在这个例子中，转售价格维持的确鼓励零售商选择较高的零售存货，使得那些进入市场的概率较低的消费者能够被服务。但是这个算例未必能简单地推广到更一般的情形，特别是当企业的边际成本为正而消费者有下降的需求函数时。具体而言，在一般情形下，最优垄断定价要求实行一定的区别定价（关于垄断的章节对此进行了分析），而转售价格维持为所有消费者提供同一个价格，因此一般不能实现上游利润的最大化，甚至不一定能增加零售存货（Wang，2019）。

反垄断

最早的针对转售价格维持的反垄断案例是美国 1911 年的 Dr. Miles Medical 公司对 John D. Park and Sons 公司的案子。Dr. Miles Medical 是一家印第安纳州的药品制造商，而 John D. Park and Sons 是一家肯塔基州的药品批发商，后者因拒绝遵守前者的转售价格合同而被起诉。美国最高法院认定，Dr. Miles Medical 的最低转售价格合同违反了《反垄断法》，即《谢尔曼法》的第一条。由于美国司法体系实行判例法，因此自 Dr. Miles Medical 案例之后，转售价格维持被美国反垄断机构认定为"本身非法"（per se illegal）。除非有足够的证据表明转售价格维持对消费者有利，否则就会被认定为非法。

Dr. Miles Medical 判例对针对转售价格维持的司法行为产生了很大影响，很多其他国家（包括中国）借鉴了美国的立场，将转售价格维持认定为非法。转售价格维持看起来帮助上游企业维持较高的销售价格，似乎对消费者不利，但是这种所谓的"纵向垄断"观点无法解释上游企业为什么不直接选择较高的批发价格，而是"强迫"下游经销商获取较大的利润空间。

长期以来的学术研究表明，认定转售价格维持损害社会福利的经济学理论并不多见，认为转售价格维持有利于提高零售效率的研究反而较多。或许是在这些学术研究的影响下，2007 年 6 月 28 日，美国最高法院认定垂直价格限制不

再是本身非法,而需要针对具体情况进行具体分析(rule of reason),从而推翻了之前关于转售价格维持的判例。因此,关于转售价格维持的司法结论在美国已经发生根本逆转。

目前多数国家的反垄断法仍不允许企业实施显性的转售价格维持。很多试图维持转售价格的企业采用比较隐蔽的方式进行,例如上游企业可能口头要求经销商维持特定价格体系、对接受价格维持的经销商提供各种名义的补贴或便利、单方面取消不接受价格维持的经销商的经销权等。

◆ 案 例

最低广告价格

"最低广告价格"(minimum advertised prices,MAP)是一个旨在维持终端价格的销售管理方案。最低广告价格并不直接限定零售商的销售价格,但是要求零售商公开标记或宣传的价格不得低于上游供应商建议的价格,否则将无法获得供应商为零售商提供的"广告补贴"。

20世纪90年代,美国五大音像产品发行商,华纳唱片(Warner Music)、环球唱片(Universal Music)、索尼音乐娱乐(Sony Music Entertainment)、BMG娱乐(BMG Entertainment)和EMI集团(EMI Group PLC),曾经采用最低广告价格来规范终端价格。这五大发行商在当时的137亿美元的预录唱片市场中占有85%的份额。在1995—1996年间,最低广告价格政策的执行特别严苛,只要一个零售商被发现在某一个产品上,以任何方式标示或宣传的价格低于发行商的建议价,发行商就会暂停其在所有产品上的补贴60—90天。严格的最低广告价格政策导致的市场结果与转售价格维持类似。

2000年,美国反垄断机构联邦贸易委员会(FTC)认为,最低广告价格的做法不利于保护市场竞争,决定禁止五大发行商对其产品实行最低广告价格政策。

资料来源:美国联邦贸易委员会网站。

15.2 排他性地区代理

上游制造商有时会对经销商的资格进行认定,除了确认经销商具备必要的业务能力,更重要的是为改善下游市场结构或达到特定策略性目的。"排他性地区代理"指的是上游制造商在每个销售区域授权单个经销商分销其产品,承诺不向其他经销商授权。排他性地区代理的直接作用是消除或减弱经销同一品牌产品的企业之间的竞争,即品牌内竞争。在实践上,排他性地区代理经常是以"特许经销"的方式实现。关于这类垂直约束的理论解释包括以下几个方面。

销售服务

排他性地区代理有助于鼓励经销商提供必要的销售服务。很多商品的销售需要深入了解当地市场的社会环境和消费习惯,并根据具体情况设计营销方案。当地经销商对当地情况比较了解,在提供区域性销售服务方面有一定优势。这些服务包括投放本地广告、设计价格方案、组织推广活动、建设物流网络等。销售服务往往不仅有规模效应,而且有外部性,容易产生"搭便车"问题。如果当地有多个经销商,那么一方面经销商难以实现规模经营,另一方面"搭便车"现象使得各个经销商在销售服务上的投入意愿不足,导致服务低于最优水平,最终不利于上游企业的利润最大化。与关于转售价格维持的服务理论类似,通过实行排他性地区代理,可以形成恰当的零售市场结构,解决搭便车问题,鼓励当地经销商"深耕"本地市场。

但是,排他性地区代理也可能造成区域市场的零售垄断,导致"双重边际化"和过高的零售价格,最终抑制消费者的需求量,对上游企业产生不利影响。为了解决这个问题,与排他性地区代理相配套的经常有价格协议,如最高转售价格、非线性定价等。适当的批发价格和最高转售价格既能为经销商提供足够的激励去开拓当地市场,还可避免形成过高的销售价格。制造商也可以采用非线性定价,即以较低的批发价格向经销商供货,以降低零售价格,但是将一部分下游利润以"授权费"(franchise fee)的方式转移到上游。

最优零售商密度

Mathewson & Winter(1983)认为,垂直分离的市场结构可能造成经销商的过度进入,导致行业总的销售成本上升,最终限制上游企业提高批发价格的能力。他们考虑了一个"环形城市"或"线形城市"模型,一个垄断制造商通过自由进出的零售商销售产品,零售商存在一个固定成本。如果不采用任何垂直约束手段,均衡的零售商密度和价格都高于垂直整合时的水平,因此制造商利润不能最大化。而模型表明,制造商通过采用价格上限、最低零售存货、授权经营等手段,可以实现垂直整合时的均衡结果。虽然授权经营会提高下游企业的市场控制力,但上游企业可以通过授权费等方式将利润收回。Mathewson & Winter(1983)还发现,这个市场上的垂直约束不仅能够提升社会总福利,在一定条件下还可以实现帕累托改进,即对企业和消费者都有利。与文献中的"过度进入"理论类似,Mathewson & Winter(1983)的模型的关键在于零售业务具有一定的规模效应(或固定成本)。

减弱上游竞争

还有一种观点认为,寡头的制造商可以策略性地采用排他性地区代理,形成"双重寡头"的市场结构,使得品牌间的竞争程度减弱。其机制与前面的"策略性垂直分离"一样,寡头企业采用排他性经销使得市场均衡价格向上接近垄断价格,最终提升产业利润。详情可参见 Rey & Stiglitz(1988)。

15.3 排他性经销

排他性经销指的是上游制造商要求其经销商不销售其竞争者的产品。这种垂直约束产生的直接影响是提高新经销商进入市场的成本,减弱特定销售地点的品牌间竞争,同时缩小买家在该地点可选择商品的种类。其中最后一个影响对经销商不利,可能导致其服务的顾客数量减少,销售收入下降。

排他性经销具有明显的针对第三方的特点,经常招致反垄断机构的质疑。经济学家对排他性经销的福利影响存在很多争议。Bork(1978)指出,虽然排他性经销能够减弱上游企业面临的水平竞争,但是除非获得足够的补偿,否则下游经销商不会接受上游企业的排他性合同。考虑到这种补偿,采用排他性经销对上游企业未必有利。如果制造商决定采用这种垂直约束,那么应该有特殊的原因或目的。另外,在排他性经销情况下,消费者可能会面临较少的品牌或品种选择,但同时可能获得较低的价格,因此对消费者福利的影响也不确定。Comanor & Frech(1985)指出,排他性经销提高了其他经销商进入市场的成本,因而可能不利于市场竞争,但是在特定条件下,也可能有利于提高零售效率。Bernheim & Whinston(1998)也提出了类似的观点。这些研究认为,在反垄断实践中,排他性经销既不应该是本身非法,也不应该是本身合法,而应针对具体市场情况进行具体分析。关于排他性经销的理论研究包括以下几个。

搭便车理论

Marvel(1982)认为,制造商采用排他性经销的目的可能是防止竞争品牌之间的"搭便车"行为。具体地,上游制造商经常需要对经销商进行培训,以便后者能够为消费者提供合适的销售服务。这些培训的内容经常是通用的,如果经销商同时还销售其他品牌的竞争产品,那么就存在"搭便车"的可能性,使得竞争品牌能够节省培训费。节省了培训费的其他品牌往往可以提供更低的批发价格,从而在竞争中占据优势,或者提供更大的批零差价,吸引经销商配置更多的销售努力。因此对于经营多个竞争品牌产品的经销商,上游制造商相对不愿意投入培训,甚至不愿过多依赖该经销商。通过排他性经销,可以消除这种搭便车行为,鼓励制造商投资于经销商培训,最终提升销售效率。

市场外竞争与市场内竞争

Mathewson & Winter(1983)认为排他性经销实际上是用"市场外竞争"(compete for the market)替代了"市场内竞争"(compete in the market)。在他们的模型中,两个不对称的制造商通过一个有定价能力的代表性零售商出售产品,批发价格为线性,产品存在差异。模型分析表明,较大的制造商有可能选择采用排他性经销,将较小的制造商排挤出市场,从而消除零售环节的品牌间竞争。虽然表面上看零售环节只有一个品牌在销售,但是来自较小制造商的竞争压力始终是存在的,市场上的品牌间竞争只是被对销售渠道的竞争所取代。Mathewson & Winter(1983)的模型表明,排他性经销可能使零售价格更低也可能更高,同时对社会总福利的影响也是不确定的。

阻碍市场进入[*]

Aghion & Bolton(1987)提出一个在位卖家"部分排挤"(partial exclude)潜在进入者,或对进入者"征税"的理论。在排他性合约中,一般会设定较低的供货价格和正的违约赔偿金,与非排他性合约相比,买家转换供应商的成本显著提高,因而相对不愿意改为从新进入者购买,除非新进入者的价格非常低,这样就降低了进入发生的可能性。我们可以通过一个算例来理解其中的机制。

例 15-2 假设某市场有单一买家、一个在位的卖家及一个可能进入的潜在卖家。买家的保留价格为 1,在位卖家的边际成本为 0.5,潜在进入者的成本 c 服从 $[0,1]$ 上的均匀分布。如果进入发生,两个卖家之间进行无产品差异的价格竞争,价格等于他们的边际成本中的较高者。如果没有进入,在位卖家是垄断供应者。

如果买卖双方不签订排他性经销合同,那么在没有进入的情况下,垄断卖家的供应价格等于买家的保留价格 1,并获得 0.5 的利润。预期到进入后的价格竞争,潜在进入者当且仅当其边际成本低于在位企业(即 0.5)时才会进入市场,因此根据其边际成本的分布,进入发生的概率是 0.5。在发生进入的前提下,进入者的边际成本的期望值为 0.25,而销售价格为 0.5。如果潜在进入者进入市场,那么原来在位的卖家显然即被逐出市场。根据以上分析,在位卖家的期望利润为

$$0.5 \times (1-0.5) = 0.25$$

潜在进入者的期望利润为

$$0.5 \times (0.5-0.25) = 0.125$$

买家仅在有新进入者出现时才能获得剩余,期望剩余为

$$0.5 \times (1-0.5) = 0.25$$

由于买家有单位需求,而且市场供应总是由成本较低的卖家提供,这个结果代表了一个帕累托有效的资源配置,社会总福利为以上三者之和,即 0.625。

现假设在位卖家和买家签订一个排他性合同 (P, P_d),其中 P 为供货价格,P_d 为违约金(liquidated damages)。在位卖家承诺按价格 P 向买家供货,如果买家更换供应商,那么须付给在位卖家违约金 P_d。这个排他性合同扭曲了买家的动机,当进入者出现时,买家不再是单纯比较两个卖家的价格,而是只有当新卖家的价格低于 $P - P_d$ 时,才能接受新卖家。

可以证明(详情略去),在位卖家的最优排他性经销合同为 $(P, P_d) = (0.75, 0.5)$。因此只有当进入者的成本

$$c \leqslant P - P_d = 0.75 - 0.5 = 0.25$$

时,才会进入市场,且供货价格为 0.25,进入发生概率亦为 0.25。在位卖家要么获得 $0.75 - 0.5 = 0.25$ 的销售利润,要么获得 0.5 的违约金,因此其期望利润为

$$0.75 \times (0.75 - 0.5) + 0.25 \times 0.5 = 0.3125 > 0.25$$

在进入发生的前提下,进入者的期望成本为 0.125,因此潜在进入者的期望利润为

$$0.25 \times (0.25 - 0.125) = 0.03125 < 0.125$$

因此,排他性经销增加了在位卖家的利润,但降低了潜在进入者的利润和进入的可能性。买家的利益不受影响,剩余仍为 0.25,社会总福利则降低为

$$0.3125 + 0.03125 + 0.25 = 0.59375 < 0.625$$

也就是说,采用排他性经销后,在位卖家的利润增加额小于潜在进入者的损失。

在以上例子中,排他性经销之所以造成社会福利的损失,是因为当潜在进入者的成本 $c \in [0.25, 0.5]$ 时,市场供应是由成本较高的在位卖家提供,而不是由成本较低的潜在进入者提供,这无疑是无效的资源配置方式。

纯粹的排挤

Rasmussen, Ramseyer & Wiley(1991)认为在位企业可能"赤裸裸"地利用排他性交易阻止竞争者进入市场。他们的关键假设是所在行业具有一定的规模效应,通过排他性的交易安排,可以使得潜在进入者无法获得足够数量的交易,从而无法进入市场。

假设有一个在位的垄断上游企业,与 100 个下游企业交易。上游行业具有规模经济,一个进入者能够存活的前提是与至少 15 个下游企业交易。因此,在位企业只需要与 86 个以上的下游企业签订排他性交易合同,就可以成功阻止竞争者进入。

更进一步,如果在位企业拒绝与不签订排他性合约的下游企业进行交易,那么一个下游企业只有在确信将有新进入者出现时,才会拒绝与在位企业签订排他性合约。下游企业之间有一个协同博弈:如果每个下游企业都相信其他下游企业会与在位上游企业签订排他性合约,那么每个下游企业的最好选择都是加入签约者的行列。在这种均衡情况下,潜在进入者就不可能进入市场。当然,如果超过 15 个下游企业同时决定接纳新进入者,那么上游的市场进入也可以成为均衡结果,但是这需要 15 个以上的下游企业协同行动,而这意味着这些企业之间需要有大量充分的信息交流,在实践上可能是困难的。

在位垄断企业还可能采用一些技巧,使得下游企业之间的协同变得更困难。例如在潜在进入者出现之前,在位企业可以要求下游企业签订排他性合约,同时有意错开合同的到期日期。这样在任何一个时间点,最多只有少数几个下游企

业处于"自由"或即将"自由"的状态,它们要么与在位的上游企业续约,要么等待其他下游企业的合约到期,然后一起与新进入者签约。由于等待意味着交易停止,无疑有很高的成本,而且也不能保证将来能够顺利与新进入者签约,存在一定风险,因此暂时处于"自由"状态的下游企业与在位上游企业续约的可能性很大,这样就有效阻止了上游的潜在进入者进入市场。

15.4* 购回和收入分享

购回指的是上游制造商承诺按约定价格将下游经销商未售出的产品买回,购回经常与较高的批发价格相匹配。收入分享指的是上游制造商与下游经销商分享下游销售收入的合约安排,收入分享经常与较低的批发价格相匹配。

更一般地,上下游之间的交易合约可以包括三个变量:批发价格(wholesale price)、购回价格(return price)和上游抽成(royalty rate),其中购回价格和上游抽成可以是绝对数值,也可以是相对于批发价格或零售价格的比例。这三个变量都能够以线性或非线性的方式进入交易合约。我们习惯上将包含批发价格和购回价格的交易合约称为"购回合约",将包含批发价格和上游抽成的合约称为"分享合约",而将包含购回价格和上游抽成的合约称为"寄售合约"(consignment sale)(Marvel & Wang,2009)。

当上游企业的产品在物理上或价值上无法长时间保存,而总需求不确定时,简单的批发交易方式可能造成上下游企业之间的协调失效,具体表现为下游企业选择的存货和销售价格不能最大化产业总利润。购回和收入分享有助于改进这种情况下的垂直协调。当下游的销售需要上游企业提供特定支持,且这样的支持难以被下游企业观察或确认时,收入分享还有助于解决其中的"道德风险"问题。

当消费者的需求不确定、产品需要提前生产,而且产品价值不能保存时,企业的最优定价策略是对进入市场的概率不同的消费者收取不同的价格。具体而言,对进入市场概率较高的那一部分需求,由于为该部分需求生产的产品被售出的概率较高,出现过期损失的可能性较低,因此售价应该较低;相反,对进入市场的概率较低的那一部分需求,为其生产的产品很可能因无法售出而产生过期损失,实际供应成本较高,因此售价应该较高。总之,存在一个最优的价格分布。在一个上下游分离的市场,简单的批发交易或"转售价格维持"都无法形成最优的价格分布,但是购回或收入分享可以较好地解决这个问题。在前面关于转售价格维持的例 15-1 中,我们不难看出,在消费者有单位需求时,购回或收入分享也可以实现最优的结果。

例 15-3 一个上游的垄断制造商通过完全竞争的零售商,销售一种只能储存一期的产品。消费者对该产品有单位需求,保留价格为 v。所有企业的成本均假设为零。进入市场的消费者人数 q 是一个随机变量,满足

$$\text{prob}(q=30)=\frac{2}{3} \quad \text{和} \quad \text{prob}(q=60)=\frac{1}{3}$$

如果采用购回合约,那么最优的批发价仍然等于消费者保留价格,即 $w=v$,同时制造商承诺原价购回未售出的产品。这时下游零售商的销售价格也是 v,面临零风险,愿意选择任何存货水平,不妨假设下游总存货为 60。在低需求状态,即 $q=30$ 时,上游企业按批发价格 v 购回下游企业未能售出的 30 个商品。在高需求状态,全部存货被售出,没有购回必要。制造商的期望利润为

$$60v-\frac{2}{3}\times 30v=40v$$

实现了垂直一体化时的最优结果。

如果采用收入分享方式,那么上游企业能够以 $w=0$ 的批发价格,把产品"销售"给下游企业,然后获取下游企业(除成本外)的全部收益,即上游企业从每单位的下游销售收入中分得 v。这时零成本的下游零售商只要选择零售价格 v,即可面临零风险,因此愿意选择任何存货水平,不妨假设总存货为 60。期望的销售量为 40,因此上游制造商的期望利润仍然是 $40v$,同样实现了最优的结果。

注意到,由于企业成本均为零,最优"收入分享"合约是一个边角解。如果下游成本为正,那么上游不可能取走全部销售收入,但仍然可以实现最优的市场结果。

例 15-4 演示了当产品不可储存、上游制造商的边际成本为正且消费者有下降的需求函数时,如何通过购回和收入分享应对总需求不确定。

例 15-4 一个边际成本为 1 的垄断企业生产仅可以储存一期的产品。每个消费者的需求函数为 $q=5-p$,进入市场的消费者人数 x 为随机变量,满足

$$\text{prob}(x=30)=\frac{2}{3} \quad \text{和} \quad \text{prob}(x=60)=\frac{1}{3}$$

企业必须在消费者进入市场之前决定产量和定价。

我们曾经在"垄断"相关章节中讨论了一个垄断企业面临以上市场情况时的最优定价策略。垄断企业一共生产 90 个单位的产品,其中 60 个单位按 $p_1=3$ 的价格销售,30 个单位的产品按 $p_2=4$ 的价格销售。前者被售出的概率为 1,后

者被售出的概率为 1/3,期望销售量为 70。垄断企业的利润为 130。

现假设垄断企业通过完全竞争的下游零售企业销售其产品。博弈的时间顺序是,首先上游垄断企业确定批发交易方式,然后下游零售企业确定批发交易量和零售价格,最后市场需求实现,消费者(依次)进入市场并进行购买。如果有不同价格,消费者总是先购买最便宜的产品。这里我们实际上假设在高需求状态下,低价产品是"随机配给"给消费者的。

在采用简单批发交易的情况下,给定批发价格 w,市场上形成的零售价格可能有两个,分别为

$$r_1 = w \quad \text{和} \quad r_2 = 3w$$

后者的价格三倍于批发价格,这是因为存货被售出的概率为 1/3,否则无法保证完全竞争的零售商获得零利润。同时注意到,在需求函数 $q = 5 - p$ 下,零售价格不可高于 5,否则销售量为零。

如果 $w \leqslant 5/3$,以上两个零售价格均小于 5,垄断企业的销售量,即零售商的总存货,为

$$30(5-w) + 30(5-3w) = 300 - 120w$$

因此垄断企业利润为

$$\pi^m(w) = (w-1)(300 - 120w)$$

从中可解出垄断企业的最优批发价格为 $w = 7/4$,但是 $7/4 > 5/3$,这与前面的假设矛盾,因此 $w \leqslant 5/3$ 不可能成为均衡结果。

如果 $w > 5/3$,只有 $r_1 = w$ 是可行的零售价格,垄断企业的销售量或总零售存货为

$$30(5-w)$$

因此垄断企业利润为

$$\pi^m(w) = 30(w-1)(5-w)$$

从中可解出垄断企业的最优批发价格为 $w = 3 > 5/3$,这是垄断企业的均衡价格。相应的垄断利润为 $\pi^m = 120$,低于垂直一体情况下的 130,可见存在垂直协调失效。下游零售商的总存货为 60,仅能服务进入市场的概率为 1 的那部分消费者,在高需求状态下存在供不应求、随机配给现象(价格在事前确定,不允许在事后提价)。

上游垄断企业可通过购回合约实现最优的结果。垄断企业可将批发价格设为 $w = 3$,同时承诺按 $t = 5/2$ 的价格购回零售商未售出的存货。一部分零售商按批发价格销售,即 $r_1 = 3$,存货仅够需求较低时的需求量,即 $30(5-3) = 60$,

获得零利润。另一部分零售商选择较高的零售价格,且仅面向进入市场概率为 1/3 的那一部分需求,该零售价格 r_2 满足零利润条件

$$\frac{1}{3} \times r_2 + \frac{2}{3} \times t - w = \frac{1}{3} \times r_2 + \frac{2}{3} \times 2.5 - 3 = 0$$

因此这部分零售商的价格为 $r_2 = 4$,相应的存货为 $30(5-4) = 30$,注意到这部分存货被售出的概率为 1/3。于是零售商的总存货为 90,期望销售量为 70。垄断企业的利润为批发收入减去购回支出,即

$$[30(5-r_1) + 30(5-r_2)](w-1) - (1 - \frac{1}{3}) \times 30(5-r_2) \times t$$

$$= [30(5-3) + 30(5-4)](3-1) - \frac{2}{3} \times 30(5-4) \times \frac{5}{2}$$

$$= 130$$

因此购回策略实现了垂直一体情况下的垄断利润。

上游垄断企业也可以通过收入分享实现最优的结果。垄断企业可将批发价格设为 $w = 1/2$,同时要求从每单位的零售销售中获得收入 $s = 5/2$。一部分零售商按 $r_1 = w + s = 3$ 的价格出售,存货仅够需求较低时的需求量,即 $30(5-3) = 60$,获得零利润。另一部分零售商选择较高的零售价格,且仅面向进入市场概率为 1/3 的那一部分需求,该零售价格 r_2 满足零利润条件

$$\frac{1}{3}(r_2 - s) - w = \frac{1}{3}\left(r_2 - \frac{5}{2}\right) - \frac{1}{2} = 0$$

因此 $r_2 = 4$。这部分零售商的存货为 $30(5-4) = 30$,售出概率为 1/3。零售商的总存货为 $60 + 30 = 90$,期望销售量为 $60 + 10 = 70$。垄断企业的利润为批发销售的净收入,再加上依据分成合约获得的部分零售销售收入,即

$$[30(5-r_1) + 30(5-r_2)](w-1) + \frac{5}{2} \times \left[30(5-r_1) + \frac{1}{3} \times 30(5-r_2)\right]$$

$$= [30(5-3) + 30(5-4)]\left(\frac{1}{2} - 1\right) + \frac{5}{2} \times \left[30(5-3) + \frac{1}{3} \times 30(5-4)\right]$$

$$= 130$$

注意到上游垄断企业的批发价格低于其边际成本,因此垄断企业从批发销售中遭受了亏损,但从收入分享中获得了大量收入,最终实现了垂直一体情况下的垄断利润。

但以上分析没有说明最优购回合约 (w,r) 和最优收入分享合约 (w,s) 是如何得到的。实际上最优合约就是能够实现最优零售价格 $(r_1, r_2) = (3, 4)$ 的合约。零售商利润始终为零,全部产业利润归上游垄断企业。

总之，在不考虑信息成本和操作成本且消费者的需求函数为线性函数的情况下，通过购回或收入分享可以很好地应对总需求不确定的问题，实现与产业垂直一体化类似的市场结果（Marvel & Wang，2007，2009），但是转售价格维持未必可以做到。而且与转售价格维持不同，购回和收入分享合约通常不会受到反垄断机构的注意。在实践中，购回和收入分享应用非常广泛，包括在服装、食品、音像产品、书籍等行业。

关于购回和收入分享等垂直约束，根据具体情况，还有其他一些因素需要考虑。第一，购回和收入分享都可能有不小的操作成本。购回意味着必须将未售出的产品运送回制造商或上级经销商的仓库，很多商品的运输费用较高。收入分享则需要建立一个结算系统，也可能产生额外成本。第二，很多未售出的产品（如服装、书籍等）有一定的残值，并且这个残值对制造商和零售商而言可能是不同的。如果产品残值在零售商手中较高，那么购回会导致资源错误配置。第三，无论是采用购回还是收入分享，都会减弱下游零售商的销售激励。购回政策使得零售商从销售不力中遭受的损失减小，而收入分享使得零售商从销售收入中获得的收益下降。激励减弱可能导致"道德风险"问题，使得零售商的工作努力程度下降。这个问题在零售商同时经销多个相互竞争品牌时更为明显，零售商可能将较多的销售资源（如人力、货架、店内广告等）用于没有购回和收入分享的产品。第四，在收入分享政策下，零售商有动机隐瞒销售收入，因而需要一个有效的收入监督机制，这也可能产生额外成本。

15.5 问题导向的垂直约束

讨论垂直约束的另一个角度，是从企业面临的上下游协调的具体问题出发，讨论特定的问题如何通过特定的垂直约束来解决。

品牌间竞争与品牌内竞争

上游制造商经常通过多个下游零售商销售其产品。一个制造商关心的是其与其他制造商之间的竞争关系，即品牌间竞争，而一个零售商关心的不仅是品牌间竞争，而且还关心其与其他零售商之间的竞争，即品牌内竞争。这种差异导致两者在决策上有不同的取舍关系，使得产业总利润难以最大化。

如果零售商无须提供任何销售服务,唯一可选择的变量是零售价格,那么由于上下游之间的利益不一致,简单的线性批发价格不一定能够实现产业总利润最大化。零售商的定价具有垂直外部性和水平外部性,定价越高,对(垂直的)上游制造商越不利,但对(水平的)其他零售商越有利,即两种外部性的方向相反。从产业总利润的角度看,零售商的定价可能太高也可能太低,不一定能实现完美的垂直协调。通过两部定价、最高零售价格等双变量的批发交易,可以确保零售商选择整体最优的零售价格,同时根据相对谈判力量在上下游之间分割产业利润。

如果零售商除了买卖商品,还需要为消费者提供各种购买服务,那么垂直协调的难度可能更大。我们在前面提到,零售商经常需要为"复杂"的商品提供一些售前服务,例如产品功能介绍、产品质量认证等。还有很多零售服务主要是提供给实际购买者,例如收银台个数、试衣间个数、店内空间、装修水准等,这些服务能够降低顾客搜寻和购买商品的成本,或提高购物过程的舒适度。虽然难以被其他零售商"搭便车",这些零售服务也会产生对上游制造商和其他零售商的外部性。

Winter(1993)利用一个空间模型,演示了这种零售服务导致的上下游协调失效。假设消费者分布在一个有交通成本的"线形城市"中,他们之间除了有位置差异,还有购物时间成本差异。消费者的时间成本的分布与他们的位置无关。有两个对称的零售商店位于城市两端,消费者不仅需要付出交通成本到达商店,而且在商店内购物时还会产生时间成本。零售商店可以通过投资于销售服务(例如安排更多的导购员帮助顾客寻找商品,提供更多的收银台以缩短顾客排队时间等)来降低消费者的购物时间。一个上游企业通过这两个零售商店出售产品,消费者对该产品有单位需求。消费者在观察到两个零售商店的价格和销售服务水平后,决定到哪个商店购物或者放弃购买,其中放弃购买意味着消费者选择上游企业的竞争对手的产品。

Hotelling空间价格竞争模型有一个特点,即企业的均衡策略取决于位于市场分界点附近的消费者。类似地,在Winter(1993)的模型中,两个零售商店的均衡价格和销售服务取决于市场"分界线"的消费者。如图15-1所示,图中矩形的水平边代表消费者的位置,垂直边代表消费者的时间成本,矩形中的每一个点代表一种特定类型的消费者。给定零售商店的价格和销售服务,消费者分成三部分,其中位于图中左下区域的消费者选择到商店1购买,右下区域的消费者选择到商店2购买,而中上区域的消费者不购买该上游企业的产品(而可能选择其他竞争品牌的产品)。图中的三条粗线代表市场"分界线",其中下面一条垂直线代表的是零售商店之间的分界线,我们称之为品牌内竞争边界,上面的两条斜线代表的是制造商之间的分界线,我们称之为品牌间竞争边界。

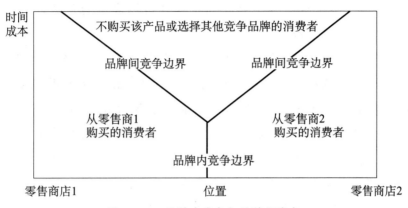

图 15-1　品牌内竞争与品牌间竞争

从上游制造商的角度来看,零售商店选择的销售服务是低于最优水平的。从图 15-1 可见,品牌内竞争边界上的消费者的时间成本比较低,同时对产品的支付意愿比较低(由于"交通成本"较高)。为了争取这些消费者,零售商会比较重视价格竞争,而忽视服务竞争。但是,较少的零售服务会压低品牌间竞争边界,促使更多消费者放弃购买,从而损害上游企业的利益,也不利于上下游企业的整体利益最大化。

这个市场中的协调失效问题不能通过两部定价完全解决,但是可以通过垂直约束来解决。例如在两部定价的基础上,上游企业可以划分每个零售商的销售范围(如果可行的话),即采用"排他性地区代理",这样就消除了品牌内竞争,因而可以实现最优的结果。上游企业也可以通过"转售价格维持"设定最低零售价,这样既能消除品牌内竞争,又能确保零售商店都选择最优的零售价格。然后再通过选择恰当的批发价,引导零售商店提供最优的服务水平。上游企业可通过授权经营费,即两部定价中的固定费用部分,将零售商店的利润部分或全部转移到上游。

过度进入

Mathewson & Winter(1983)认为,如果下游市场是自由进出的,那么下游的垄断竞争可能导致下游企业过度进入,不利于上游企业的利润最大化。上游企业可以通过垂直合并或垂直约束来控制下游企业个数,从而增加垄断利润。在 Mathewson & Winter(1983)的环形城市模型中,消费者均匀分布在一个环形城市中，需求函数是下降的（指数函数 e^{-p}），他们的单位交通成本为常数。一个上游垄断企业通过下游零售商向消费者出售某产品，零售商均匀分布环形城市中。假设批发环节没有运输成本。上游垄断企业的边际成本为常数，下游零售商有固定成本，而边际成本假设为零。

如果没有任何垂直约束，那么零售商的定价仍然有两个"外部性"，即水平外部性和垂直外部性，两种外部性共同作用的结果是导致过多的零售商进入市场，并且形成过高的零售价格，产业总利润不能实现最大化。Mathewson & Winter(1983)认为，上游垄断企业可以在批发价格之外，采用零售价格上限、特许授权费或最低订货量等方法，增加上游的利润。通过选择最优的零售价格上限，垄断企业可以控制"双重垄断"问题，避免过高的零售价格，同时降低零售商利润，减弱零售商进入的动机。收取特许授权费相当于在批发交易中采用两部定价，也相当于提高了零售商的固定成本，同样可以减弱零售商进入市场的动机，而最优的零售价格可以通过批发价格进行控制。最低订货量约束相当于"打包"销售，是一种特殊的非线性定价方式，通过控制订货量和总价格两个变量，就可以控制零售商个数和零售价格。总之，这些垂直约束手段通过影响零售商的利润最大化问题，降低了市场进入的激励。在部分模型参数设置下，这些垂直约束手段可以实现社会福利的帕累托改进。

垂直区别定价

当存在消费者异质性时，企业可能有动机对消费者进行垂直的二级区别定价。垂直二级区别定价指的是同一商品对支付能力不同的消费者的价格不同。区别定价的方式可能是通过非线性定价或特定销售服务，包括不同的购物环境或导购服务、是否提供信用服务、是否提供送货安装、不同的维修保修政策等。这些服务能够成为区别定价的工具是因为不同的消费者对这些服务的估值不同，例如支付能力较强的消费者往往对购物环境和导购服务要求较高，因此同样的商品在高档商场的售价显著较高。一般来说，给定消费者异质性的具体情形，存在一个最优的垂直区别定价方案。

如果上游企业以简单的线性价格向下游零售商供货，下游虽然也可能会形成一定的垂直区别定价，但是由于零售商面临较高的边际成本（包括运营成本和批发价格），以及零售商之间的博弈，使得市场上的零售价格结构偏离最优的垂直区别定价方案，导致产业总利润无法实现最大化。Bolton & Bonanno(1988)认为,在这种情况下,一些简单的垂直约束,如转售价格维持、特许授权费等,就可以提升零售效率,但是一般来说不能实现"第一最优"的区别定价。最优的垂直区别定价可以通过复杂的垂直约束方法解决,Bolton & Bonanno(1988)给出了一个在线性批发价格基础上,通过非线性的特许授权费实现最优定价的方案。

本章小结

垂直约束指的是上游企业在交易价格之外,通过各种合约对下游企业行为进行的限制。

- "转售价格维持"合约限定下游经销商的销售价格,特别是阻止经销商以过低的价格销售产品。转售价格维持的理论依据包括促成企业之间的合谋、鼓励经销商提供售前服务及应对需求不确定性等。

- "排他性地区代理"合约在每个销售区域指定单一的下游经销商,以消除或减弱品牌内的竞争。排他性地区代理的理论依据包括鼓励经销商提供地区营销服务、确保形成适当的经销商密度及策略性减弱品牌间竞争等。

- "排他性经销"合约禁止下游经销商销售上游企业的竞争对手的产品,具有直接针对第三方的特点。相关的理论解释包括防止竞争品牌之间在技术培训上的"搭便车"行为、用"市场外竞争"替代"市场内竞争"及提高新竞争对手的进入成本等。

- 购回和收入分享经常出现在总需求高度不确定的行业,这些合约关系降低了下游企业面临的收入不确定性,能够更好地协调上下游企业之间的利益关系。

- 很多关于垂直约束的理论是问题导向的,即研究如何通过各种垂直约束来改善特定的上下游协调失效问题。

习 题

1. 一个上游垄断企业通过两个零售商,分别记为 1 和 2,出售其产品,零售商面临的需求函数分别为

$$q_1 = 6 - 2p_1 + p_2 \quad \text{和} \quad q_2 = 6 - 2p_2 + p_1$$

其中 p_1 和 p_2 分别为两个零售商的销售价格。假设所有企业的成本均为零。

(1)假设上游垄断企业通过线性批发价格将产品销售给零售商,然后零售商同时选择他们的零售价格。请找出这个市场的均衡批发价格和零售价格。

(2)请问(1)中的均衡能否最大化产业总利润?

(3)假设上游垄断企业通过一个"两部定价"将产品销售给零售商,然后零售

商同时选择他们的零售价格。请找出均衡的零售价格。

(4)请问(3)中的均衡能否最大化产业总利润?

2. 一个上游垄断企业通过两个零售商,分别记为1和2,出售其产品,零售商面临的需求函数分别为

$$q_1 = A + s_1 + \frac{1}{2}s_2 - 2p_1 + p_2 \quad \text{和} \quad q_2 = A + s_2 + \frac{1}{2}s_1 - 2p_2 + p_1$$

其中 p_1 和 p_2 分别为两个零售商的零售价格,s_1 和 s_2 分别为两个零售商提供的售前服务。假设上游垄断企业的成本为零,零售商提供售前服务的成本为 $c(s) = s^2$,除此之外没有其他成本。

(1)请找出能够最大化产业总利润的零售价格和售前服务 $(p_1, p_2; s_1, s_2)$。

(2)假设上游垄断企业仅通过线性批发价格将产品销售给零售商。给定批发价格 $w > 0$,零售商通过选择 $(p_i, s_i), i = 1, 2$,进行静态博弈。请找出零售商的均衡价格和售前服务提供量。

(3)请问(2)中的结果是否可能最大化产业总利润?

3. 考虑在例15-4中的市场环境下,上游垄断企业采用转售价格维持的情形。垄断企业首先寻求一个最优的零售价格 r,使得产业总利润实现最大化,然后选择一个适当的批发价格 w,使得完全竞争的零售商愿意选择产业最优的存货。请找出垄断企业的均衡利润。

4. 试解释"排他性地区代理"与"排他性经销"之间的区别。

5. 可口可乐公司和百事可乐公司都在北京销售碳酸饮料,他们直接向零售商供货,零售商之间进行有空间差异的价格竞争。假如可口可乐公司和百事可乐公司不直接向零售供货,转而各自指定一个独家代理商,通过该代理商供应北京市场,请问市场均衡可能会发生什么变化?

参考文献

Aghion, P. and P. Bolton, 1987, "Contracts as a Barrier to Entry", *American Economic Review*, 77(3):388—401.

Bernheim, D. and M. Whinston, 1998, "Exclusive Dealing", *Journal of Political Economy*, 106(1):64—103.

Bolton, P. and G. Bonanno, 1988, "Vertical Restraints in a Model of Vertical Differentiation", *Quarterly Journal of Economics*, 103(3):555—570.

Bonanno, G. and J. Vickers, 1988, "Vertical Separation", *Journal of Industrial Eco-*

nomics, 36(3):257—265.

Bork, R., 1978, *The Antitrust Paradox*. New York: Free Press.

Comanor, W. and H. Frech, 1985, "The Competitive Effects of Vertical Agreements?" *The American Economic Review*, 75(3):539—546.

Dana, J., 1999, "Equilibrium Price Dispersion under Demand Uncertainty: The Roles of Costly Capacity and Market Structure", *Rand Journal of Economics*, 30(3): 632—660.

Deneckere, R., H. Marvel and J. Peck, 1996, "Demand Uncertainty, Inventories, and Resale Price Maintenance", *Quarterly Journal of Economics*, 111(3):885—913.

Economides, N. and S. Salop, 1992, "Competition and Integration among Complements, and Network Market Structure", *Journal of Industrial Economics*, 40(1):105—123.

Marvel, H. P., 1982, "Exclusive Dealing", *The Journal of Law and Economics*, 25(1):1—25.

Marvel, H. and S. McCafferty, 1984, "Resale Price Maintenance and Quality Certification", *Rand Journal of Economics*, 15(3):346—359.

Marvel, H. and H. Wang, 2007, "Inventories, Return Policy, and Equilibrium Price Dispersion under Demand Uncertainty", *Journal of Economics and Management Strategy*, 16(4):1031—1051.

Marvel, H. and H. Wang, 2009, "Distributor Contracts to Support Optimal Inventory Holdings under Demand Uncertainty", *International Journal of Industrial Organization*, 27(5):625—631.

Mathewson G. and R. Winter, 1983, "Vertical Integration by Contractual Restraints in Spatial Markets", *Journal of Business*, 56(4):497—517.

Ordover, J., G. Saloner and S. Salop, 1990, "Equilibrium Vertical Foreclosure", *American Economic Review*, 80(1):127—142.

Rasmusen, E., M. Ramseyer and J. Wiley, 1991, "Naked Exclusion", *American Economic Review*, 81(5):1137—1145.

Reiffen, D., 1992, "Equilibrium Vertical Foreclosure: Comment", *American Economic Review*, 82(3):694—697.

Rey, P. and J. Stiglitz, 1988, "Vertical Restraints and Producers' Competition", *Eu-

ropean Economic Review, 32(2—3):561—568.

Telser, L., 1960, "Why Should Manufacturers Want Fair Trade?" *The Journal of Law and Economics*, 3:86—105.

Wang, H., 2019, "On the Profitability of Resale Price Maintenance When Demand is Uncertain", *Bulletin of Economic Research*, 71(3):416—427.

Winter, R., 1993, "Vertical Control and Price versus Nonprice Competition", *Quarterly Journal of Economics*, 108(1):61—76.

第五部分

政府与市场

政府经常会因各种原因，通过行政机制直接干预本应通过价格机制调节的市场活动。在产业组织理论中，在多数情况下我们假设政府追求社会福利最大化，政府可能因为分散决策机制的失效而对市场进行各种干预。有时我们也假设政府可能在一定程度上过度代表特定社会阶层（如官僚阶层）的利益，并在此基础上干预市场活动。

政府可能通过各种税收、补贴或行政协调影响价格和交易，直接介入企业的日常决策（如价格、产量、品种、质量、投资等选择）；政府也可能设立国有企业或非营利性企业等所有制形式，直接买卖商品或进行产业投资；政府还可能根据反垄断法等法律对企业的"不当"行为进行规范，等等。

在前面的章节中，我们经常涉及各种市场失效和可能的政府干预。在这一部分，我们将重点讨论政府角色比较关键的三个领域，即国际贸易、政府规制和反垄断。在国际贸易中，各国政府仅代表本国利益，而不是"全球社会福利"，因此存在各国政府之间的贸易博弈。在政府规制方面，我们重点讨论政治利益集团之间的博弈和政府对规模经济产业的干预。在反垄断方面，我们将介绍各国在反垄断方面的一些典型做法。

第十六章
国际贸易

当企业之间的交易跨越国界时,即形成国际贸易。国际贸易主要研究"可贸易商品"在各种贸易条件下的国际交易现象,其基本经济学原理与国内贸易并无本质区别,但是受到国家贸易政策、生产要素流动限制、国际政治、语言文化及地理距离等特有因素的影响。

在国际贸易中存在与国内贸易不同的福利经济学现象。各国政府主要代表本国企业和消费者利益,因而存在与外国政府之间的博弈,博弈的策略选项就是广义的贸易政策。国际贸易对国内不同群体有不同的影响,贸易政策的制定经常受到国内利益集团的影响,因此贸易理论还与政治经济学密切相关。

从产业组织的角度看国际贸易,重点在于不完全竞争条件下的最优贸易政策,以及策略性的贸易政策。贸易政策工具包括关税、补贴、进出口配额及其他贸易壁垒(如通关便利、技术门槛、反倾销、反补贴、国家安全事由等)。

◆ 引导案例

中美"贸易摩擦"

2018年3月22日,美国政府宣布将因"知识产权侵权问题",对中国输美的500亿美元产品征收关税,并实施投资限制。7月6日,美国开始对第一批清单上818个类别、价值340亿美元的中国商品加征25%的进口关税。8月23日,美国对第二批价值160亿美元的中国商品开始加征25%的关税。9月24日起,美国开始实施对从中国进口的2000亿美元商品加征10%的关税。2019年5月10日,美方将对2000亿美元中国输美商品加征的关税从10%上调至25%。8月1日,美国总统特朗普通过社交媒体表示,美国将从2019年9月1日起,对从中国进口的另外3000亿美元商品加征10%的关税。

作为对美国贸易保护行为的反击,中国商务部于2018年4月4日发布公告,将对原产于美国的大豆等农产品、汽车、化工品、飞机等进口商品对等采取加征关税措施,税率为25%,涉及2017年中国自美国进口金额约500亿美元,7月6

日开始部分实施。8月23日,中国在世界贸易组织起诉美国301调查项下对华160亿美元输美产品实施的征税措施,同时自当日12时01分起对约160亿美元自美进口产品加征25%的关税。2019年6月1日起,中国对原产于美国约600亿美元进口商品清单中的部分商品,分别实施加征25%、20%、10%的关税。对之前加征5%关税的税目商品,仍实施加征5%的关税。

虽然中美之间存在贸易不平衡现象,但这种不平衡是在市场机制和贸易协议基础上自然形成的,可以从国际分工和国际金融的角度进行合理解释。许多学者认为,美国挑起此次贸易争端,具有明显的国际国内政治背景,而不是简单的因为"知识产权侵权问题"。

资料来源:中华人民共和国商务部网站。

本章概要

国际贸易理论   完全竞争条件下的贸易政策
不完全竞争条件下的贸易政策   策略性的贸易政策
反倾销与反补贴

16.1　国际贸易理论简介

与其他经济学理论一样,国际贸易理论也包括科学理论(positive theory)和规范理论(normative theory)两部分。前者研究国际贸易活动中客观存在的、可重复、可检验的规律,后者是在科学理论、政治经济博弈及社会历史文化的基础上,对资源配置结果进行价值判断和评论。由于国际贸易状况影响国家之间和各国内部复杂的利益分配,经常涉及敏感的国际国内博弈,因此与其他经济学分支相比,国际贸易中的规范分析可能在社会上受到更多的重视。

规范分析应该建立在科学理论基础上,否则没有经济学研究价值。在关于国际贸易的科学理论中,最基本的问题是国际贸易产生的原因。这个问题有以下几个代表性的理论解释。

古典贸易理论

古典贸易理论以英国经济学家大卫·李嘉图(David Ricardo)的"比较优势"

(comparative advantage)理论为代表,于19世纪初提出(Ricardo,1817)。古典贸易理论认为劳动力是最主要的生产投入,商品的成本主要取决于生产该商品所需要投入的劳动力的量。在李嘉图之前,著名古典经济学家亚当·斯密(Adam Smith)就曾强调了基于各自优势的社会分工的重要性,而李嘉图则明确提出贸易的基础不是绝对优势(即劳动生产率),而是比较优势。一个国家、地区或个人应该在一定程度上专注于生产其具有比较优势的产品或服务,并对外出售。相反,人们应该减少生产其不具有比较优势的产品或服务,并对外采购。当人们之间的交易跨越国界时,即形成国际贸易,否则形成国内贸易。国际贸易中的"产品生命周期理论"实际上是产品生命周期现象与国际贸易的结合,讨论生产特定产品的比较优势在不同发展水平的地区之间的变迁,以及由此引起的国际贸易流向变化。

古典贸易理论的核心概念是比较优势,简单地说就是生产特定商品时具有的成本优势。这里的"成本"指的是机会成本,即为了生产一单位该产品所必须放弃的其他产品的生产。比较优势不同于绝对优势,一个国家或地区在某个产品上具有绝对优势,并不意味着也拥有比较优势。一个发达国家可能在生产某种低技术产品上,比发展中国家有更高的生产率,但是成本却可能更高,因为其为此必须放弃更多的其他产品的生产。相反,一个落后地区即使在所有产品上的生产率都较低,也会在某些产品上有比较优势。

比较优势理论不仅是国际贸易的基础,也是整个市场理论的一个基石,具有极广泛的适用性。但是,高度适用性的另一面是缺少细节,当我们观察到一个地区大量生产并对外销售某种产品时,我们可以断定该地区在该产品上具有比较优势,但是我们未必能够清楚看到是什么原因造就了这种优势。现实的经济活动十分复杂,形成比较优势和社会分工的原因也千变万化。在古典贸易理论的基础上,人们还需要能够更加具体地描述各地区比较优势来源的理论,以便更好地理解现实世界中的贸易现象。

新古典贸易理论

新古典贸易理论以Heckscher-Ohlin的要素禀赋(factor endowments)理论为代表。该理论最早由瑞典经济学院的伊·赫克歇尔(Eli Heckscher)提出(Heckscher,1919),他的学生贝蒂·俄林(Bertil Ohlin)对理论加以改进(Ohlin,1933),之后美国经济学家保罗·萨缪尔森(Paul Samuelson)对模型进行了扩展(Samuelson,1948,1953等)。这个理论认为,产品的生产除了需要技术,还需要一些不可充分跨境流动的生产要素。如果一个地区在某种生产要素上的禀赋比较充裕,那么在其他条件(如生产技术)相同的情况下,该地区在需要密集使用该要素的产品上很可能具有比较优势。

例如,如果一个国家拥有大量简单劳动力,那么这个国家可能在劳动力密集型产业具有比较优势。反之,发达国家由于积累了大量资本,可能在资金密集型产业具有比较优势。在要素禀赋理论中,生产要素的价格由一般均衡模型内生决定。新古典贸易理论实际上是指出了一种比较优势的来源。

关于贸易的古典理论和新古典理论很有说服力,但似乎仍然不能解释很多国际贸易现象。例如根据新古典理论,贸易应该主要发生在资源禀赋差异较大、互补性较强的发展中国家和发达国家之间,但是在现实世界,禀赋差异很小的发达国家之间的贸易规模也非常大,甚至经常大于发达国家与发展中国家之间的贸易。因此,需要有新的理论来解释发达国家之间的贸易现象。

当代贸易理论

古典贸易理论和新古典贸易理论通常假设产品的生产具有规模回报不变的特点,但是在现代经济中,规模回报递增的现象十分普遍。不仅如此,当生产规模扩大时,还可以发展专门的大规模生产技术,充分利用规模经济,使得平均成本进一步降低。除了企业内部生产的规模经济,同一地区的企业之间还可以形成产业集群,提高零部件的专业化分工水平,降低整个地区的产出的平均成本。

当代贸易理论(又称"新贸易理论")认为,比较优势可以源自规模经济,当规模经济足够显著时,一个地区的市场需求不足以支撑该地区的企业以最有效的规模生产所有的产品。当各地区专业化生产某类产品并相互交易时,就可以最大限度地扩大生产,利用规模经济降低单位成本,从而各自获得在国际市场上的比较优势(Krugman,1979等)。

国际贸易还有可能源自消费者对差异化产品的追求(Krugman,1980等)。例如美国、德国和日本都大量生产汽车,并且相互出口。从古典理论的角度看,这种相互出口是没有意义的,因为这些国家之间既没有显著的技术差异,也没有明显的禀赋差异。但是不同国家出产的汽车各有其特点,满足了消费者的多样化需求,使得相互出口成为可能。产品差异理论可以看作规模经济理论的一个特殊应用,如果各种汽车的生产都没有规模经济,那么每个国家都能以最低的平均成本,生产具有各种特征的汽车,这样相互出口也就没有必要。

"品牌"本身是产品差异的标记,但是作为一种消费者信念,品牌还可能实现消费者之间的协同效应。由于品牌,一些原本不具有成本优势的地区,在供应特定产品上可能具有比较优势。例如意大利、法国等发达国家在一些鞋包产品上似乎并无技术或禀赋上的优势,但是由于豪华品牌给消费者带来社交上的效用,这些拥有相关品牌的国家在价格昂贵的高档鞋包行业具有明显优势,可以大量生产并出口到其他地区,包括发展中国家。消费者的品牌意识实际上创造了某种用于社交的"信号"产品,只是这种产品需要以特定实用品作为载体。

16.2 完全竞争条件下的贸易政策

贸易政策指的是通过进出口关税、补贴、配额及其他手段,对国际贸易进行的各种限制。贸易政策的最终目的是最大化本国当前或长期的社会总福利。与国内贸易的社会福利分析不同,国际贸易涉及外国消费者和企业的利益,而这部分福利一般不在本国政府的考虑之列。但是在长期动态博弈中,当一个国家或地区的贸易政策损害贸易伙伴的福利时,可能招致贸易伙伴采取报复性的贸易政策。

一个国家在特定行业的最优贸易政策与该行业的市场结构有关。我们将从局部均衡的角度,讨论进出口行业的不同市场结构下的本国最优贸易政策,其中本节专门讨论完全竞争的进出口部门。简单起见,我们假设所有其他行业都是完全竞争的。

在国外向本国出口的产业为完全竞争,且无生产或消费的外部性,也不考虑生产技术动态演化的情况下,完全自由的贸易政策是本国的最优选择。对本国来说,国外相当于是国内的一个完全竞争生产部门,限制进口会造成无谓损失,无助于本国社会总福利的最大化。例如,进口关税会导致国内消费者面对过高的价格,消费者剩余的减少一般来说大于政府的税收收入。进口补贴则相反,消费者剩余的增加一般来说低于政府补贴支出。无论征税还是补贴都会扭曲国内市场的价格体系,这与国内贸易的福利分析是类似的。

如果本国的竞争性企业以相当于平均成本的价格向国际市场出口,并且面临外国企业的充分竞争,那么对出口的限制也无助于提升本国的福利。出口关税使得本国企业在国际市场失去竞争力,而出口补贴则相当于用本国财政资金补贴外国消费者,虽然能增加本国出口企业在国际市场上的份额,但并不能增加本国出口企业的利润。因此,自由贸易仍然是本国政府的最优选择。

但是开放国际贸易会导致国内经济利益的重新分配,从而可能引发国内利益集团之间的政治经济博弈。一般来说,当某个产品需要从国外进口时,开放贸易会损害国内生产企业的利益,但是会增加国内消费者的剩余,而且国内消费者剩余的增加大于国内生产企业的损失,本国总体上获益。其中,如果进口品为工业中间品,那么"消费者"为下游企业。反之在出口情形,国内出口企业利润增加,而国内消费者利益受损,但本国整体上仍然是获益的。

图 16-1 演示了在国际市场价格低于国内市场价格时进口关税的影响。图中的供应曲线和需求曲线代表国内市场的供应和需求,在没有国际贸易时,市场均衡价格为 p^*,总产量为 q^*。如果开放自由贸易,国内市场的均衡价格降低到国际市场价格水平 p^w(如果本国非"小国",那么开放贸易后的国际市场价格可能有所上升)。较低的价格对国内消费者有利,但损害国内生产企业的利益,总体而言,国内社会总福利提升,提升幅度以图 16-1 中的三角形 ABC 代表。在价格 p^w 下,国内市场总需求量为 q^a,而国内企业的生产量为 q^d,两者之间的差额 $q^a - q^d$ 即为进口量。

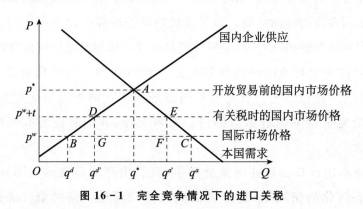

图 16-1　完全竞争情况下的进口关税

如果国内政府对每单位进口产品征收 t 的从量线性关税,那么由于市场是完全竞争的,进口商必须将全部的税收负担转嫁给消费者,长期市场均衡价格从 p^w 上升到 $p^w + t$。较高的价格对国内的生产企业有利,但损害国内消费者的利益,同时政府可以获取税收收入(以矩形 $DGFE$ 代表),总体而言,国内社会总福利下降,幅度以图 16-1 中的两个三角形 BGD 和 FCE 代表。由于国内市场价格上升,国内消费量减少而国内生产量上升,因此进口量降低至 $q^{a'} - q^{d'}$。如果关税税率 t 足够大,进口将完全消失,市场均衡将恢复至贸易前的状态。我们可以类似地讨论当关税税率 t 为负,即政府对进口产品进行补贴的情形。进口补贴将导致国内市场价格下降,进口增加。虽然消费者从中获益,但是企业和政府的损失之和大于消费者剩余的增加,因此本国的社会总福利下降。

政府也可以通过进口配额(quota)的方式限制贸易。在完全竞争的情况下,进口配额与进口关税的作用类似,可以达到相同的限制进口的效果。例如在图 16-1 中,如果取消税率为 t 的关税,而代之以 $q^{d'}-q^{d}$ 的进口配额,那么对国内生产企业和消费者的影响是相同的,实现的国内社会总福利水平也是一样的。

进口配额的不同发放方式可能造成不同的利益分配。例如,如果政府将进口配额以拍卖的方式转让给进口商,并且进口商是完全竞争的,那么政府从每单位进口配额中可以获得的拍卖收益正好是 t,因此所获得的拍卖收益与征收关税 t 是相同的(以矩形 $DGFE$ 代表);如果政府将进口配额无偿授予进口商,那么相应的收益($DGFE$)则由进口商获得。我国在 2005 年之前对进口汽车实行配额管理,配额就是无偿授予符合特定资格的进口企业,取得配额的企业往往能够获得超额利润;如果政府要求外国出口商"主动"限制对本国的出口数量,那么相应的收益($DGFE$)则归外国出口商所得。

◆ 案　例

自愿出口限制

20 世纪 70 年代末爆发石油危机,使得美国市场对能源效率较高的日本汽车的需求大增,油耗较高的美国汽车企业则因此面临严重挑战。为了保护美国汽车产业,美国要求日本"自愿"减少对美国的汽车出口。1981 年,双方通过协议把日本每年向美国出口的汽车量限制在 168 万辆,1984—1985 年修正到 185 万辆。

这种自愿出口限制(voluntary export restriction)导致美国市场上的日本汽车数量减少,价格上升,从而"迫使"日本出口商享受较高的销售利润率,相当于提高了日本出口商的整体市场力量。自愿出口限制虽然保护了美国汽车企业的利益,也有利于汽车行业的就业稳定,但损害了美国的汽车消费者的利益,至少在短期内降低了美国的社会总福利。当然,假如美国汽车企业能够及时提高节能技术水平,那么这种保护政策在长期也可能对美国是有益的。

完全竞争市场上也存在国际政治经济博弈。一方面,国际贸易的存在使得一些国家放弃一些自身没有比较优势的产品的生产,转而依赖进口。另一方面,国际贸易也使得本国消费者得以消费一些自己没有能力生产的产品。在自由贸易的情况下,本国是否有能力(以较高的成本)生产一些在本国没有比较优势的产品,在实践上看可能并无区别,因为无论如何都会依赖进口。但是在国家之间存在贸易战或者敌对性政治博弈的情况下,能否自主生产一些关键产品则可能是决定博弈成败的一个重要因素。如果本国完全无法生产一些关键性中间产品,那么贸易中断就可能对本国造成严重伤害,因此在国际谈判或博弈中就不得不做出重大让步。反之,如果本国能生产替代进口的产品,虽然成本较高,但是贸易中断对本国的伤害就比较有限,因此外国就难以有效地以贸易制裁相威胁。

在中美贸易中,美国从中国进口的产品大多是美国本身可以生产,或者可以从其他国家进口的产品,只是成本较高。假如中美之间出现贸易中断,美国虽然可能在出口方面因失去中国市场而遭受损失,但是在进口方面可以较快实现替代,损失相对有限。而中国从美国进口很多高科技产品(例如高端芯片),同样品质的产品在中国无法生产,也无法从第三国采购。假如中美贸易中断,中国不仅在出口方面会因失去美国市场而遭受巨大损失,而且在进口方面也可能会因为一些关键中间投入品的价格大幅上升甚至断供,而使整个国民经济陷入危机。因此,在一些关键产品上,作为一个大国,即使没有比较优势,也需要建立一定的技术和生产能力储备,以便在特殊国际环境下控制贸易损失。只有这样,才能在"世界面临百年未有之大变局"的环境下,提高本国在国际政治经济博弈中的谈判力量,降低发生恶性冲突的可能性,为世界和平做出贡献。

16.3　不完全竞争条件下的贸易政策

国际贸易中的不完全竞争包括企业拥有市场力量和国家拥有市场力量两种情形。在后一种情形中,出口行业的单个企业可能是价格接受者,但是其所在国的所有企业作为一个整体,有能力影响该行业的国际市场价格。

不完全竞争意味着价格高于边际成本,因此交易不仅产生消费者剩余,而且产生生产者剩余,同时总剩余一般不能实现最大化。政府的贸易政策既可能影响剩余在国内外的分配,也可能影响总剩余的大小。在不考虑贸易报复等因素的情况下,本国政府可通过各种贸易政策,削弱外国出口商在本国的市场力量,或增强本国出口商在外国的市场力量。

本国集体垄断与出口

如果某国是国际市场上某类产品的主要提供者,但是在该国国内存在高度竞争,那么这个国家具有成为国际市场上的垄断者的潜能。通过适当的政策协调,可以消除内部竞争,提高国际市场价格,达到垄断国际市场的目的。这种由政府促成的垄断同样会造成无谓损失,但是其中消费者损失主要由外国消费者承担,而形成的垄断利润则由本国获得,总体上对本国有利。

常见的协调手段包括出口关税或出口配额。出口关税可以直接提高出口价格,垄断利润以关税收入的形式体现,全部归政府所有。而出口配额可以限制出口量,间接提高出口价格,垄断利润以配额租金的形式体现,由出口企业分享。这两种方式都能够增加国内社会总福利,但国外买家的"消费者剩余"损失比国内福利的增加更大。如果出口产品在本国的消费量很小,那么对该产品征收较高的商品税(或资源税、环境税等)也可以起到类似的效果。

例如,中国有比较丰富的稀土资源,但稀土产业高度分散,大量企业之间存在激烈的竞争,它们以接近于成本的低价在国际市场销售稀土产品。但中国作为一个整体,在全球稀土贸易中占有很高的份额。在这种情况下,如果中国政府对稀土出口进行一定的限制,如出口配额或出口关税,适当提高国际市场上的稀土价格,那么获益者将大多在中国,而较高的价格由外国买家承担。当然,单方面对出口进行限制会造成对国内外稀土使用者的区别定价,在一定程度上违反了公平贸易原则。另一种干预方式是对稀土的产量进行限制,或者对稀土征收特别税。这种非歧视性的干预方式会提高国际市场上的稀土价格,但同时也会提高国内稀土价格,从而在国内造成一定无谓损失。虽然总体上可能还是对我国有利,但干预代价略高。

本国垄断与进口

本国在某种产品的生产上有比较优势,未必意味着本国的产品价格较国际市场低,因为市场均衡价格还与市场结构有关。如果本国相关产业竞争不充分,那么在封闭经济下可能形成较高的国内价格。如果国际市场上存在充分竞争,那么一旦开放贸易,本国企业的市场力量就会受到国外供应商的抑制,使得国内市场价格向下接近国际市场价格,具体下降程度取决于各种贸易成本和产品差异。

注意到,在这种情况下,虽然在开放贸易之前的国内市场价格高于国际市场价格,但在开放贸易之后不一定会产生进口,这是因为国内企业会因为来自国外的竞争而降低价格。当国内企业在国际上有比较优势时,还可以对外出口。只有当国内企业在国际上有比较劣势时,才会出现进口,同时国内企业退出市场。

在本国市场为垄断的情况下,进口配额会产生与进口关税完全不同的作用。关税的作用是使得国内市场价格向上偏离国际市场价格,足够高的关税可以完全阻止进口,但即使进口被阻止,仍然能对国内企业的定价形成有效约束,即价格不能高于国际市场价格与进口关税之和。而进口配额的作用则是使国内企业面临的国内需求降低,即需求曲线向左移动,幅度相当于配额的量。这时国内垄断企业仍然面临下降的需求函数,因而仍然具有一定的定价能力,仍然可能形成较高的国内市场价格。

在图 16-2 中,假设某"小国"的国内垄断企业的边际成本为 c,国际市场为完全竞争,价格为 $p^w > c$,即本国企业在这种产品的生产上有比较优势。在封闭经济(autarky)情况下,国内垄断企业选择垄断价格 $p^m > p^w$,获得垄断利润 $\pi^m = (p^m - c)q^m$,并形成通常意义下的无谓损失。如果开放自由贸易,国内市场价格会下降至 p^w,这时国内垄断企业仍然可以获得(小于垄断利润 π^m 的)经济利润 $\pi^* = (p^w - c)q^*$,国内无谓损失因国际竞争而下降。本国无须从国际市场进口,反而可能对外出口,以略低于 p^w 的价格占领国际市场。

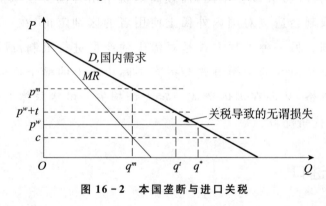

图 16-2 本国垄断与进口关税

如果本国政府对(实际并不存在的)进口征收 t 的从价关税,那么国内市场价格会从 p^w 上升到 $p^w + t$。由于这个价格更接近垄断价格,国内垄断企业的利润上升至 $\pi^t = (p^w + t - c)q^t$,消费者剩余下降,后者一般会大于前者,因此关税导致额外的无谓损失如图中所示。与自由贸易相比,进口关税提高了国内市场的价格,但是由于并没有实际的进口,政府的关税收入为零。

图 16-3 演示了进口配额的作用。如前所述,在开放自由贸易的情况下,并无实际的进口发生,且国内市场价格等于国际市场价格 p^w。如果本国政府设立进口配额 A,那么将使得国内垄断企业面临的需求曲线向左移动相应的量,即从 D 移至 D',其边际收益曲线移至 MR',均衡价格从自由贸易情况下的 p^w 上升至

$p^{m'}$。较高的国内市场价格会导致进口实际发生,进口量即为进口配额 A,配额的拥有者获得 $(p^{m'}-p^w)A$ 的收益,如图中阴影部分所示。注意到,由于本国企业的边际成本低于国外企业,进口意味着用国外高成本的产出替代国内低成本的产出,降低了资源配置的效率。

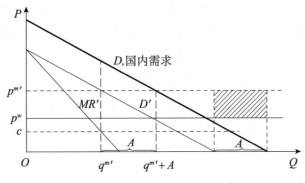

图 16-3 本国垄断与进口配额

与自由贸易相比,进口关税 t 和进口配额 A 都会提高国内市场价格,但只有后者会导致进口真正发生。与进口关税相比,如果最终形成的价格是相同的,即 $p^{m'}=p^w+t$,那么本国的消费者剩余在两种情况下是相同的,但国内垄断企业的利润在进口关税下为 $(p^{m'}-c)(q^{m'}+A)$,在进口配额下仅为 $(p^{m'}-c)q^{m'}$,差额为 $(p^{m'}-c)A$。另外在进口配额下,配额拥有者还获得收益 $(p^{m'}-p^w)A$。因此,在进口配额下的本国总福利水平较低,差额为 $(p^w-c)A$,正好是进口导致的生产成本上升。从这个角度看,当国内有一个高效率的垄断企业时,进口关税优于进口配额,但这两种对贸易的限制都不如自由贸易。

还有一种可能的进口配额是比例进口配额,即进口国政府要求外国进口商品与本国制造商品的数量之间保持特定比例。假设国内市场需求为 $Q=Q(p)$,本国垄断企业的成本函数为 $c(q)$,满足 $c'(q)>0$。假设政府规定国产比例不得低于 $a\in(0,1)$,其中 $a=1$ 意味着完全禁止进口,$a=0$ 意味着完全自由进口。假设国内垄断企业选择高于国际市场水平的价格 p(否则不存在进口问题),于是国内总需求量为 $Q(p)$,其中进口商最多只能提供 $(1-a)Q(p)$,其余 $aQ(p)$ 由国内企业提供。国内垄断企业的利润最大化问题为

$$\max_{p} aQ(p)p - c(aQ(p))$$

不妨假设最优价格 $p^m(a)$ 由以下一阶导数条件决定

$$Q'(p)p + Q(p) = c'(aQ(p)) \cdot Q'(p)$$

从以上表达式可以看出,如果国内垄断企业边际成本为常数,即上式中的 $c'(.)$

为常数,那么国内垄断企业的最优价格 $p^m(a)$ 与国产比例 a 无关,同时国内市场的总销售量也不受影响。在这种情况下,是否开放比例配额进口并不影响国内消费者福利,但是开放进口后国内垄断企业的市场份额下降,导致利润同比例下降。如果国内垄断企业的边际成本是上升的,即 $c''(q)>0$,那么开放进口使得本国企业的边际成本下降,本国市场价格也有所下降,我们有 $p^{m'}(a)>0$;反之如果 $c''(q)<0$,那么进口使得本国企业边际成本上升,市场价格上升,$p^{m'}(a)<0$。另外,本国政府还可以通过出售进口配额指标获得一定收入。

如图16-4所示,假设国内垄断企业的边际成本为常数 c。如果国际市场价格 $p^w=c$,那么开放比例进口后,国内垄断企业的损失(图中阴影部分的面积)正好等于政府的配额指标转让收入,即 $(p^m-c)(1-a)Q(p^m)$,国内社会总福利不变。从社会福利的角度看,比例进口配额等价于征收 p^m-c 的进口关税,差异只在于利益分配不同。

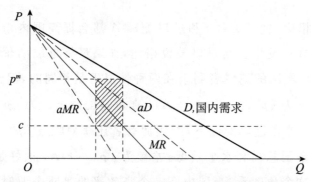

图16-4 本国垄断与比例进口配额:恒定的边际成本

如果国际市场价格 $p^w<c$,也就是说外国企业具有比较优势,那么在比例进口配额下,国内垄断企业的损失 $(p^m-c)(1-a)Q(p^m)$ 小于政府的配额指标转让收入 $(p^m-p^w)(1-a)Q(p^m)$,因而国内社会总福利上升。国产比例 a 越小,用外国低成本产出替代本国高成本产出越充分,对本国越有利,但消费者仍然无法从中获益,国内无谓损失不变。相反,如果 $p^w>c$,即本国企业本身具有比较优势,那么比例进口配额既不能降低本国市场价格,还人为地鼓励了高成本的进口,降低了国内社会总福利。总之,无论是以上哪种情况,自由贸易对本国整体上都是最有利的。

在国内市场存在显著市场力量的情况下,贸易政策的短期社会福利影响需要具体情况具体分析,但总的原则还是看是否有利于发挥比较优势。当本国企业具有生产上的比较优势时,提高本国产量有利于提高本国福利。相反,当外国生产者具有比较优势时,尽可能多地依靠外国供应对本国有利。政府对进口进行各种限制，目的大多是保护国内企业，这种保护至少在短期会损害本国的消费者福利和社会总福利。

外国垄断与进口

当面临一个外国垄断供应者时，进口国存在一个对本国而言最优的线性关税或补贴。对外国企业征税会产生一定关税收入，但同时提高本国消费者的购买价格，减少其消费者剩余；相反，对外国垄断企业补贴会产生政府支出，但对本国消费者有利。适当的关税或补贴能够在两者之间达成最优的平衡。直观而言，特定关税（补贴）导致的国内价格上升越少（下降越多），对国内的净福利影响越可能偏向正面。

记国内市场的需求为 $Q(p)$。假设政府对每单位进口产品征收进口关税 t，记均衡的进口产品价格为 $p(t)$。假设 $p(t)$ 是一个一阶连续可导函数。进口关税对国内福利的净影响为

$$S(t) = tQ(p(t)) - \int_{p(0)}^{p(t)} Q(s)\,\mathrm{d}s$$

其中 $tQ(p(t))$ 是关税收入，$\int_{p(0)}^{p(t)} Q(s)\,\mathrm{d}s$ 是消费者剩余的损失。我们有

$$S'(t) = tQ'(p(t))p'(t) + Q(p(t))[1 - p'(t)]$$

当 t 趋向于零时，$S'(t)$ 的极限为

$$\lim_{t \to 0} S'(t) = Q(p(0))[1 - p'(0)]$$

因此，一个足够小的进口关税率是否提高国内社会福利取决于 $p'(0)$ 是否小于 1。如果 $p'(0) < 1$，那么 $\lim_{t \to 0} S'(t) > 0$，这意味着一个足够低的进口关税率增加本国社会总福利；反之，如果 $p'(0) > 1$，那么一个足够低的进口补贴率对本国有利。

在图 16-5 中，在 $c+t$ 和 c 之间的阴影面积代表了政府的关税收入，而在 $p(t)$ 和 $p(0)$ 之间的阴影面积代表了消费者剩余的损失。当关税率 t 很小时，两个区域的水平长度很接近，因此两者之间的大小关系取决于税率 t 与价格差 $p(t) - p(0)$ 的相对大小。由于

$$\lim_{t \to 0} \frac{p(t) - p(0)}{t} = p'(0)$$

如果 $p'(0) > 1$，那么当 t 足够小时，我们有 $p(t) - p(0) > t$，反之亦然。

关税率 t 实际上是外国垄断企业的边际成本的一部分，$p'(t)$ 取决于垄断价格对边际成本的敏感程度。Bulow & Pfleiderer(1983) 给出了一个例子，表明

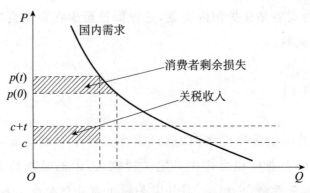

图 16-5 外国垄断情况下进口关税的福利影响

$p'(t)$ 可能大于 1、等于 1 或小于 1。因此当外国出口商为垄断企业时,本国最优的进口关税率可能为正也可能为负(即进口补贴),取决于国内需求函数。特别地,假如国内需求函数为 $p(q) = \beta q^{-\eta}$,其中 $\beta > 0, 0 < \eta < 1$,这时外国垄断企业的最优价格作为边际成本 c 的函数满足 $p'(c) > 1$,因此对外国垄断企业的补贴可能对本国是有利的。

面临外国垄断企业的进口国还可通过其他方法抑制其市场力量。例如政府可以对特定进口商品制定最高销售价格,迫使外国垄断企业降低价格。政府也可采用非线性关税,例如进口价格越高,关税税率越高,或者年度进口量越大,关税税率越低。这些干预方式都可能促使外国企业降低产品品质,需要有相关配套措施。

与自由贸易相比,一个对本国有利的贸易政策往往是以牺牲贸易伙伴的利益为代价。国际贸易是国家之间的博弈,当一个国家采取对其他国家不利的贸易政策时,很可能导致其他国家的报复,因此贸易政策的制定还需要考虑各国政府之间的策略性互动。政府还需要在当前利益和长远利益之间进行权衡,短期内对本国或双边不利的政策可能在长期产生正面影响。在实践中,政府并不是简单地追求经济利益最大化,而经常会考虑国际国内政治因素,有时也会采用对本国经济不利的贸易政策。世界经济是一个整体,"牵一发而动全身",一个大国的贸易政策经常会产生一系列连锁反应,影响到多个经济体。总之,不完全竞争情况下的贸易政策制定是一个复杂的问题。

16.4 策略性的贸易政策

在前面的讨论中,我们假设各国政府面临的是"决策"问题,不涉及政府之间的策略性互动。当某个市场由少数几个跨国企业共同主导时，政府可能策略性地利用贸易政策来影响寡头企业之间的互动，实现对本国有利的结果。

在产量竞争情况下，寡头企业有动机策略性地承诺较高的产量，以迫使对手降低产量，从而为自己腾出市场空间。而在（有产品差异的）价格竞争情况下，企业则有动机策略性地承诺较高的价格，以鼓励对手做出"友好"的提价反应。但是在市场机制下，企业通常难以实现可信的承诺，从而难以让对手做出相应的策略调整。因此在不考虑其他因素的情况下，寡头市场结果一般来说就是静态的产量竞争或价格竞争均衡。

在国际贸易中，各国政府可以通过公开宣示难以迅速调整的贸易政策，帮助本国企业实现原本不可置信的承诺（Brander & Spencer, 1985）。例如通过对出口进行补贴，促使本国企业选择较高的产量，使其成为实质上的"产量领导者"；或对出口进行征税，促使本国企业选择较高的价格，使其成为实质上的"价格领导者"。当各国政府都有同样的思维时，博弈的结果可能加剧或减弱寡头企业在国际市场上的竞争。

假设国际市场上的某个产品由两个寡头企业提供，这两个企业分别位于两个"小国"之中。两个企业的边际成本为 $c > 0$。它们之间进行静态的产量竞争。国际的市场总需求为 $p = A - q_1 - q_2$，其中 q_1 和 q_2 分别代表两个企业的产量。

在不考虑政府贸易政策时，这是一个标准的产量竞争问题。从企业的利润表达式

$$\pi_1(q_1) = (A - q_1 - q_2 - c)q_1 \quad 和 \quad \pi_2(q_2) = (A - q_1 - q_2 - c)q_2$$

可得出两个企业的反应函数分别为

$$q_1 = \frac{A-c}{2} - \frac{q_2}{2} \quad 和 \quad q_2 = \frac{A-c}{2} - \frac{q_1}{2}$$

从中可解出均衡产量

$$q_1 = q_2 = \frac{A-c}{3}$$

将该产量代入需求函数，可得均衡国际市场价格为 $p = \dfrac{A+2c}{3}$。每个企业的利润分别为

$$\pi_1 = \frac{(A-c)^2}{9} \quad 和 \quad \pi_2 = \frac{(A-c)^2}{9}$$

由于"小国"假设，各国国内的消费者福利可忽略，因此以上企业利润就代表各国的社会总福利。

如果政府可以对出口进行补贴,那么上述结果不是一个纳什均衡状态。给定企业 2 的产量 $\frac{A-c}{3}$,如果企业 1 所在国政府宣布为本国企业的每单位产出补贴 s,那么相当于企业 1 的边际成本下降为 $c-s$。两个企业的利润分别为

$$\pi_1(q_1) = (A - q_1 - q_2 - c + s)q_1 \quad 和 \quad \pi_2(q_2) = (A - q_1 - q_2 - c)q_2$$

两个企业的反应函数成为

$$q_1 = \frac{A-c+s}{2} - \frac{q_2}{2} \quad 和 \quad q_2 = \frac{A-c}{2} - \frac{q_1}{2}$$

从中可解出均衡产量

$$q_1^s = \frac{A-c+2s}{3} \quad 和 \quad q_2^s = \frac{A-c-s}{3}$$

于是均衡价格为 $p = \frac{A+2c-s}{3}$。每个企业的利润分别为

$$\pi_1^s = \frac{(A-c+2s)^2}{9} \quad 和 \quad \pi_2^s = \frac{(A-c-s)^2}{9}$$

显然出口补贴对本国企业有利,但对外国竞争者不利。企业 1 所在国的社会福利为

$$W(s) = \pi_1^s - sq_1^s = \frac{(A-c+2s)^2}{9} - \frac{s}{3}(A-c+2s)$$

当补贴率为 $s^o = \frac{A-c}{4}$ 时,上式取最大值

$$W(s^o) = \frac{1}{8}(A-c)^2 > \frac{1}{9}(A-c)^2$$

因此给定企业 2 的产量 $\frac{A-c}{3}$,企业 1 所在国的政府的确有动机对本国企业的出口进行补贴。另外,在补贴率 s^o 下,外国竞争者的利润下降为 $\pi_2^s = \frac{1}{16}(A-c)^2$,两国的总福利从补贴前的 $\frac{2}{9}(A-c)^2$ 下降至补贴后的 $\frac{3}{16}(A-c)^2$,因此出口补贴是损人甚于利己的行为。

在这个模型中,一国单方面对出口进行补贴,形成的市场结果与 Stackelberg 产量领导者模型的均衡结果类似。这个结果能够实现的前提是企业 1 所在国政府有补贴出口的先发优势,在现实世界,这种先发优势不太可能具有,两国政府都可以对出口进行补贴。

如果两个出口国政府同时进行出口补贴,那么将形成类似于"囚徒困境"的局面。假设两个国家的出口补贴率分别为 s_1 和 s_2,这时两个企业的利润表达

式为
$$\pi_1(q_1) = (A - q_1 - q_2 - c + s_1)q_1 \quad 和 \quad \pi_2(q_2) = (A - q_1 - q_2 - c + s_2)q_2$$

两个企业的反应函数分别为
$$q_1 = \frac{A - c + s_1}{2} - \frac{q_2}{2} \quad 和 \quad q_2 = \frac{A - c + s_2}{2} - \frac{q_1}{2}$$

从中可得出均衡产量和价格为
$$q_1 = \frac{A-c}{3} + \frac{2s_1 - s_2}{3}, q_2 = \frac{A-c}{3} + \frac{2s_2 - s_1}{3}, p = \frac{A+2c}{3} - \frac{s_1 + s_2}{3}$$

均衡企业利润分别为
$$\pi_1 = \left(\frac{A-c}{3} + \frac{2s_1 - s_2}{3}\right)^2 \quad 和 \quad \pi_2 = \left(\frac{A-c}{3} + \frac{2s_2 - s_1}{3}\right)^2$$

于是各国政府的补贴支出分别为
$$S_1 = \left(\frac{A-c}{3} + \frac{2s_1 - s_2}{3}\right)s_1 \quad 和 \quad S_2 = \left(\frac{A-c}{3} + \frac{2s_2 - s_1}{3}\right)s_2$$

各国的社会福利分别为
$$W_1(s_1) = \pi_1 - S_1 = \left(\frac{A-c}{3} + \frac{2s_1 - s_2}{3}\right)^2 - \left(\frac{A-c}{3} + \frac{2s_1 - s_2}{3}\right)s_1$$

和 $\quad W_2(s_2) = \pi_2 - S_2 = \left(\frac{A-c}{3} + \frac{2s_2 - s_1}{3}\right)^2 - \left(\frac{A-c}{3} + \frac{2s_2 - s_1}{3}\right)s_2$

两个政府的"反应函数"分别为
$$s_1 = \frac{A-c}{4} - \frac{s_2}{4} \quad 和 \quad s_2 = \frac{A-c}{4} - \frac{s_1}{4}$$

从中可解出这个政府间博弈的均衡出口补贴率为
$$s_1 = s_2 = \frac{A-c}{5}$$

代入前面的均衡产量和价格,可得
$$q_1^* = q_2^* = \frac{2}{5}(A-c), \quad p_2^* = \frac{A+4c}{5} < \frac{A+2c}{3}$$

企业利润为
$$\pi_1 = \pi_2 = \frac{4}{25}(A-c)^2$$

各国的补贴支出为
$$S_1 = S_2 = \frac{2}{25}(A-c)^2$$

因此各国的社会福利为

$$W_1 = W_2 = \frac{4}{25}(A-c)^2 - \frac{2}{25}(A-c)^2 = \frac{2}{25}(A-c)^2 < \frac{(A-c)^2}{9}$$

可以看出,两国政府之间的补贴博弈最终导致两败俱伤,国际消费者成为受益者,得以享受更低的价格。这个例子或许可以帮助解释美国波音公司(Boeing)与欧洲空中客车公司(Airbus)之间的纠纷。美国政府经常指责法国等欧洲国家政府对空中客车公司进行补贴,帮助该公司获取了更大的客运飞机市场份额,违反了贸易协定。而法国等国则认为美国政府通过昂贵的军事采购合同,为波音公司提供了隐蔽的补贴。双方竞相补贴本国的出口企业对全球的航空公司和消费者来说无疑是有利的,但是这种"囚徒困境"式的博弈至少在短期内对双方都是有害的。

以上分析是建立在产量竞争的基础之上。如果寡头企业的产量受制于产能约束,而建立产能比较昂贵且耗时,那么这种产量竞争假设是合理的。但是,也有很多产品或服务的生产不太受产能约束,如信息类产品(软件、音乐、电影、图书等),那么企业之间基本上是进行价格竞争。在有产品差异的寡头价格竞争情况下,政府经常有动机对本国企业的出口征收关税,而不是进行补贴。

在现实世界,多数可贸易商品的生产都面临产能约束。策略性贸易政策理论部分解释了为什么在国际市场寡头化的情况下,互利的国际贸易需要在签订双边或多边贸易协议的前提下实现,否则可能陷入"双输"或"多输"的结果。

16.5 反倾销与反补贴

国际贸易中的倾销(dumping)指的是外国出口企业将其产品以低于"合理价格"的价格出口到本国市场的行为。补贴(subsidy)指的是出口国政府以各种方式对本国出口企业进行补贴的行为。一旦认定外国企业或政府存在倾销或补贴行为,本国政府就可能对相关进口产品征收反倾销或反补贴关税。

从行为动机的角度看,倾销包括三种类型,即进攻性倾销、歧视性倾销及平行出口。

进攻性倾销与国内贸易中的进攻性定价类似,目的是通过短期的"价格战"击垮外国竞争对手,最终占领国外市场,获取长期垄断利益。"芝加哥学派"认为,进攻性倾销不能阻止未来的新企业进入,在理论上存在缺陷,说服力有限。一些大型跨国公司或许可能进行代价高昂的进攻性倾销,但就我国的情况来看,许多在国际市场有竞争力的出口企业都是中小企业，这些企业面临大量外国企业和本国企业的现实竞争或潜在竞争，不太可能有垄断市场的能力或意图，其财务实力也不允许其发起进攻性倾销。

歧视性倾销实际上是地区间区别定价，通常是对需求价格弹性较高的区域市场收取较低的价格，而对需求价格弹性较低的区域收取较高的价格，属于国际市场的三级区别定价。一个地区对某产品的需求弹性高，往往是因为当地市场上有较多的替代品供应商。外国企业较低的销售价格对本地企业不利，因此常常被指责为倾销。从经济学角度看，歧视性倾销是一种正常的市场行为，并非恶意的不正当竞争，但是在国际贸易中，这种看起来不"公平"的贸易行为容易遭到质疑。

平行出口指的是两个国家或地区之间相互出口相同产品的现象。平行出口产品的价格经常低于在出口国的价格，因此可能被认定为倾销。平行出口看似毫无必要，但的确经常发生。国际贸易产品的本地化营销经常需要进行大量的市场调研和促销活动，这些市场开发活动成本高昂，而且易于被其他经销商"搭便车"。为了鼓励经销商深耕本地市场，出口商倾向于在每个国家或地区选择一个独家授权的经销商，全面负责本地的市场开发。但是，市场开发成本和地区性垄断地位意味着较高的终端销售价格，使得"灰色市场"可能出现。每个国家的授权经销商都有动机把产品低价转卖给其他国家的非授权经销商，以免费享受当地授权经销商的市场开发活动。这样就形成了双向平行出口现象，而且有低价倾销的嫌疑。这种平行出口行为会使得授权经销商开拓市场的动机减弱，最终会损害上游生产商的利益。

政府可能更关心倾销的结果而不是动机。各国法律法规对倾销行为的定义不尽相同。一般来说，倾销的认定至少应满足两个条件，即进口产品的售价低于产品的"合理价格"，以及过低的价格损害了本国相关产业。类似地，世界贸易组织（World Trade Organization，WTO）的《反倾销协议》规定，一个组织成员要实施反倾销措施，必须满足三个条件：第一，确定存在倾销的事实；第二，确定对国内相关产业造成了实质损害或威胁；第三，确定倾销和损害之间存在因果关系。

这些条件是否满足，在实践中十分难以确切认定。例如出口企业的成本经常是非常不透明的信息，取决于当地的原材料价格、产业集群的协同效率、基础设施水平、企业家的经营管理水平等因素，外界很难准确了解，这为"合理价格"的认定带来不确定性；被倾销国家的相关产业大多都是当地缺乏国际竞争力的产业，如何在外国低价销售和本国产业困境之间建立因果关系也非常困难；整个反倾销过程由行政部门或法庭主导，政治性和主观性都很强。

由于倾销行为在认定上的模糊性,各国政府反倾销的实际原因往往是贸易保护,且与国内国际政治经济环境有密切关系。反倾销的直接目的是保护本国缺乏国际竞争力的产业,这些产业的企业更有可能针对外国竞争对手提出反倾销起诉。例如,美国的金属、服装、家用电器、家具等"夕阳产业",中国的精细化工、农产品等进口替代或缺乏资源禀赋的产业。

从上一节的讨论我们知道,在国际市场寡头竞争的情况下,政府对本国出口企业进行补贴可能有利于提高本国总福利,但是会损害外国竞争者的利益,因此是国际贸易中的损人利己行为。政府补贴可能是显性的财务支持,如财政补贴、税收减免、信贷担保等,也可能是比较隐蔽的转移定价,如政府可能向出口企业低价提供一些生产要素或服务,如土地、能源、人才培训、广告推广等,或高价向本国的出口企业采购商品。反补贴案例涉及对外国政府和企业之间的复杂关系的调查,事实认定的难度较大,判决也具有较大的不确定性。

◆ 案 例

中国光伏电池及组件

2012年11月7日,美国国际贸易委员会认定,从中国进口的晶体硅光伏电池及组件产品实质性损害了美国相关产业,美国将对此类产品征收反倾销和反补贴("双反")关税。其中,反倾销税率为18.32%至249.96%,反补贴税率为14.78%至15.97%。该裁定导致2012年我国光伏产品对美国出口下降30%,2013年继续下降18%,国内大部分企业出现亏损甚至破产。2014年,世界贸易组织报告指出,2012年美国对中国太阳能电池板发起的反补贴措施违反了世界贸易组织《补贴与反补贴措施协议》,美国对来自中国的太阳能电池板征收了不当关税。

2012年11月8日,欧盟委员会发布公告,称已对从中国光伏企业进口的硅片、电池、组件启动反补贴调查(此前欧盟已经对上述产品展开了反倾销调查),并于2013年12月起对进口自中国的太阳能板征收最高64.9%的反倾销税和最高11.5%的反补贴税,为期两年,并于2015年年底延长一次。2018年8月31日欧盟委员会发布公告,决定在对华太阳能板反倾销和反补贴措施于9月3日到期后不再延长。

随着技术的快速进步,我国制造企业在国际市场的份额迅速提高,产品逐渐进入原来由发达国家企业主导的市场,因而成为国际反倾销和反补贴的主要受害国之一。许多国家在"双反"案件调查过程中,强调中国是非市场经济国家,企业的成本和价格不是由市场决定的,因此在计算商品的"合理价格"时,经常用新加坡、墨西哥等国类似产品的成本来替代我国涉案企业的成本,这种做法低估了我国在产业配套和要素成本方面的优势,高估我国企业的成本,因此经常被裁定很高的"双反"税率。同时,我国在一段时期的巨额贸易顺差也为一些国家的贸易保护主义行为提供了借口。

在发生"双反"案件的情况下,如果涉案的出口企业积极应诉,聘请好的当地律师,努力为调查者提供对自己有利的证据,那么就可能获得较低的"双反"税率。但是在很多情况下,我国的涉案企业规模都比较小,无力承担应诉的巨额成本,因此往往选择不应诉,这样就容易被适用较高的"双反"税率。另外,当"双反"案件涉及企业较多时,每个出口企业的应诉都具有"外部性",即有助于降低其他出口企业面临的税率,这种"搭便车"现象使得企业(尤其是小企业)应诉的动机偏弱,不符合本国整体利益。因此,在涉及大量中小企业的"双反"案件中,通过行业组织的指导或协调,集中力量统一应诉,可以达到事半功倍的效果。

本章小结

本章从产业组织理论的角度,讨论国际贸易中的各种现象,特别是不完全竞争条件下的贸易政策。主要内容有:

- 国际贸易基础理论介绍;
- 各种市场条件下的最优贸易政策,特别是关税、补贴、进出口配额;
- 国际寡头市场上的策略性贸易政策,以及签订贸易协议的必要性;
- 反倾销和反补贴及其与贸易保护主义的关系。

习 题

1. 某"小国"的消费者对某产品的总需求为 $Q^d = A - p$,国内完全竞争企业的总供应为 $Q^s = -B + p$,其中 p 为国内市场价格,A 和 B 为大于零的常数。国际市场上的该产品价格为 $P^w > 0$,且该国消费者无力影响国际市场价格。所有变量均取正值。

(1) 假设该国不开放国际贸易,请找出国内市场该产品的均衡价格和产量。

(2) 假设该国开放自由贸易,且贸易成本为零,请找出该国的国际贸易方向和贸易量。

2. 某产品的国内市场需求为 $Q=16-P$，国外市场的总需求为 $Q=18-P$。在国内市场有一个垄断生产企业，边际生产成本为 0，在国外有很多完全竞争的生产企业，边际成本为 2。假设国内外产品无差异，且没有任何贸易成本。

(1) 在封闭经济的情况下，请找出国内和国际市场的价格，以及国内垄断企业的利润。

(2) 请问国内垄断企业是否支持本国开放自由贸易？为什么？

3. 一个本国垄断企业向某外国市场出售产品，该市场的需求函数为 $Q=12-P$，垄断企业的成本假设为零。如果本国政府对该企业的出口从量征收 t 每单位的出口关税，请问什么是最优的出口关税税率？

4. 一个外国垄断企业向本国市场出售产品，本国的国内需求函数为 $P=\dfrac{1}{\sqrt{Q}}$，外国垄断企业的边际成本为 $c>0$。如果本国政府对该企业从量征收 t 每单位的进口关税（$t<0$ 时为进口补贴），请问什么是最优的关税税率？

5. 两个"小国"各有一个寡头企业，记为 1 和 2，它们生产相互替代的产品并面向国际市场销售，相互之间进行价格竞争。两个企业的成本均为零，它们面临的国际市场需求函数分别为

$$q_1 = 3 - 2p_1 + p_2 \quad 和 \quad q_2 = 3 - 2p_2 + p_1$$

(1) 请找出市场均衡价格和各企业利润。

(2) 现假设企业 2 所在国政府对本国企业的出口从量征收出口关税，税率为 t 每单位。试证明，当税率 t 足够小时，两国的福利水平均上升。

参考文献

Blonigen, B. and T. Prusa, 2008, "Antidumping", Durlauf S. N., Blume L. E. (eds) *The New Palgrave Dictionary of Economics*, London: Palgrave Macmillan.

Brander, J. and B. Spencer, 1985, "Export Subsidies and International Market Share Rivalry", *Journal of International Economics*, 18(1—2): 83—100.

Bulow, J. and P. Pfleiderer, 1983, "A Note on the Effect of Cost Changes on Prices", *Journal of Political Economy*, 91(1): 182—185.

Dixit, A., 1988, "Anti-dumping and Countervailing Duties under Oligopoly", *European Economic Review*, 32(1): 55—68.

Heckscher, E., 1919, "The Effects of Foreign Trade on the Distribution of Income", translated and included in Flam and Flanders. *Heckscher-Ohlin Trade Theory*, Cambridge, MA: The MIT Press.

Krugman, P., 1979, "Increasing Returns, Monopolistic Competition and International Trade", *Journal of International Economics*, 9(4): 469—479.

Krugman, P., 1980, "Scale Economies, Product Differentiation and the Pattern of Trade", *American Economic Review*, 70(5): 950—959.

Moore, M., 1992, "Rules or Politics? An Empirical Analysis of ITC Anti-dumping Decisions", *Economic Inquiry*, 30(3): 449—466.

Ohlin, B., 1933, *Interregional and International Trade*, Cambridge, MA: Harvard University Press.

Ricardo, D., 1817, "*On the Principles of Political Economy and Taxation*".

Samuelson, P., 1948, "International Trade and the Equalization of Factor Prices", *Economic Journal*, 58: 163—184.

Samuelson, P., 1953, "Prices of Factors and Goods in General Equilibrium", *Review of Economic Studies*, 21(1): 1—20.

第十七章
政府规制

政府规制(government regulation)指的是政府行政部门根据相关法律法规,对企业和个人的经济行为进行直接干预,以改变市场结果。政府规制可能干预本应由企业和市场决定的销售价格、产量、产品设计、风险水平、市场进入、生产工艺、劳工制度等。

政府规制在世界各国广泛存在。从行业角度看,金融、教育、媒体、通信、交通、能源、水务、医药、环保等都是经常受到政府规制的行业。从个人角度看,各国都有强制性或半强制性的雇员保护、失业保险、退休养老、医疗保障、福利住房等制度。虽然市场经济体制基本上是有效的,但纯粹的市场经济在现实世界基本不存在。

我国实行社会主义市场经济体制,政府对企业、个人和市场的直接干预超过许多类似发展水平的国家,因此对规制的研究尤其具有特别重要的意义。

◆ 引导案例

电力市场规制

电力行业具有几个特点:稳定的电力供应对社会经济生活极为重要、电力传输需要通过大规模高成本的电网、电力供求必须保持实时平衡。从世界各国的经验来看,维持一个大规模电网的稳定运行,不能完全依靠分散决策,一定程度的政府干预必不可少。

改革开放以来至2015年年初,我国的电力体制经历了三次重大改革。第一次是在1985年,为了解决电力严重缺乏的问题,国务院批转国家经委等部门《关于鼓励集资办电和实行多种电价的暂行规定》(国发〔1985〕72号)。这次改革形成了电力投资主体多元化的局面,为在发电领域引入竞争创造了条件。

第二次电力体制改革始于1997年,以国家电力公司成立为标志。1998年,电力部被撤销,同年,国家电力公司颁布了《国家电力公司系统公司制改组实施方案》,确定了"政企分开、省为实体"和"厂网分开、竞价上网"的改革思路。部分由于电力公司的强烈行政色彩,这次改革的效果并不理想,例如"省为实体"在一定程度上走样成为"省为壁垒",助长了地方保护主义,"竞价上网"试点导致大量不规范操作和利益重新分配,引发很多新矛盾。

第三次改革始于 2002 年 2 月,国务院印发《电力体制改革方案》(国发〔2002〕5 号),指出我国电力体制改革的总体目标是"构建政府监管下的政企分开、公平竞争、开放有序、健康发展的电力市场体系"。具体举措包括实施厂网分开、重组发电和电网企业,推动竞价上网,建立电力市场运行规则和政府监管体系等。2002 年 10 月,国家电力监管委员会(以下简称"电监会")成立。2002 年 12 月 29 日,两家电网公司(国家电网和南方电网)和五家中央直属发电集团公司同时挂牌成立。2013 年,电监会并入国家能源局。

2015 年,新一轮的电力体制改革启动。3 月 15 日,中共中央、国务院下发《关于进一步深化电力体制改革的若干意见》(中发〔2015〕9 号),指出我国电力行业面临一些亟须通过改革解决的问题:市场交易机制缺失,售电侧竞争机制未建立;电价管理仍以政府定价为主;政府职能转变不到位;新能源和可再生能源发展机制不健全;立法修法工作滞后。这一轮改革的重点是推进售电侧改革,向社会资本放开配售电业务。2016 年 10 月 11 日,《有序放开配电网业务管理办法》出台。2017 年全国市场化交易电量为 16324 亿千瓦时,占全社会用电量 25.9%。截至 2018 年 4 月底,国家能源局已批复增量配电放开试点项目 292 个,全国范围内注册售电公司超过 2500 家。

资料来源:中华人民共和国国家能源局网站。

本章概要

规制产生的原因　　　　　　　　自然垄断的定义
自然垄断企业的规制定价　　　　信息不对称产业的规制

17.1 为什么会有政府规制?

关于政府规制产生的原因,主要有两个不同角度的解释。一个是基于经济科学理论的解释,这一类理论将政府规制看作一个客观现象,试图解释在什么社会经济条件下会产生规制。科学理论认为政府规制一般是不同社会集团之间博弈的结果,因此这类理论经常被称为规制的"政治经济学解释"。如果科学理论是正确的,那么应该是可检验可重复的,也就是说,当特定社会经济条件满足时,至少在统计意义下规制会发生。另一个是基于规范理论的解释,这一类理论认为政府规制产生的原因是政府从特定价值标准出发,认为市场机制的结果不符合公共利益,应采取恰当的措施改变市场结果。这类理论一般假设政府追求公共利益最大化,至少在主观上认为规制可以改善市场结果,因此经常又被称为"公共利益解释"。

规制作为政治经济博弈的结果

基于理性人假设的西方经济理论认为,所有经济行为人都会追求自身效用最大化,而行为规则是不同利益群体之间博弈的结果。政府规制如同一种服务,其之所以存在,是因为经济社会中存在对规制的有效需求,也存在规制的有效供应(Stigler,1971)。一方面,企业希望政府实行对自己有利的产业规制,例如减弱市场竞争、获得财政补贴等,以实现更高的利润,同时企业也有能力为这样的规制付出一定代价。另一方面,掌握政府强制力量的政治家有能力提供对特定企业有利的规制,同时也希望从企业获得各种形式的利益,例如竞选公职所需要的资金和选票、个人经济利益等。在这两个因素的共同作用下,企业和政治家就可能达成"交易",形成政府规制。

从经济科学角度解释政府规制的先驱者之一乔治·斯蒂格勒(George Stigler)指出,所有产业都希望通过行政权力控制竞争者进入市场,而政府规制机构的突出作用就是减少新企业的进入(Stigler,1971),例如实证研究发现,美国的航空业规制机构"民用航空委员会"(The Civil Aeronautics Board)、银行业规制机构"联邦存款保险公司"(The Federal Deposit Insurance Corporation)设立后,相关产业的市场进入均大幅减少。有政治影响力的产业一般不会寻求政府补贴,因为补贴很容易被大量的新进入者稀释,而是寻求通过行政力量限制竞争对手进入相关市场,包括国内市场的准入限制和国际市场的进口限制。产业利益集团还可能试图限制替代品市场的竞争者进入,或鼓励互补品市场的进入。Stigler(1971)认为,关于规制的经济科学理论应该解释谁会从政府规制中得到好处、谁来承担规制带来的负担、规制的方式,以及规制对资源配置的影响。

Peltzman(1976)对Stigler(1971)的思想进行了更加正式的阐述。该文假设规制能够重新分配社会财富,执掌公权力的政治家希望继续掌权,而利益团体希望争取对自身有利的政府规制。Peltzman(1976)的一个基本观点是,规制偏向于组织程度较高的利益团体,因为它们能够为赢得政府的支持而投入较多的资源。Peltzman(1976)给出了一个关于规制价格、企业利润和政治支持的简单模型,试图预测什么类型的产业更加可能被规制。

在一个经济体中,初始的状态是特定市场结构的自由市场经济。有一个立法者(legislator)或规制者(regulator)可以通过选择某一个行业的价格(或竞争程度)来最大化自己的政治支持。假设政治支持函数为 $M(P,\pi)$,其中 P 是价格,π 是行业总利润。一方面,较高的市场价格对消费者不利,从而减少对立法者的支持,因此 $M(P,\pi)$ 是价格 P 的减函数;另一方面,较高的行业利润使得企业可以为立法者提供较多的政治捐赠,因此 $M(P,\pi)$ 是行业利润 π 的增函数。另外,行业利润 π 是价格 P 的倒 U 形函数,当 P 低于垄断价格时是增函数,当 P 高于垄断价格时是减函数。

这个简单模型表明,最可能被规制的行业要么是那些市场高度分散、竞争十分激烈的行业,要么是市场高度集中、垄断程度很高的行业。在竞争激烈的情况下,市场价格很低,企业利润很少,限制新竞争者进入的规制使得价格有所上升,企业获利显著上升,而幅度不大的价格提升对消费者影响有限,因此通过提供规制可以提高立法者的政治支持。而在市场高度集中的情况下,市场价格很高,虽然企业获利很高,但消费者的不满程度也很高,通过适当限制价格,立法者可以显著提高消费者的满意度,而不至于大幅降低企业利润,因此也可以提高自己的政治支持。

Peltzman(1976)的逻辑从图 17−1 中可以看得更清楚。其中倒 U 形曲线 $\pi(P)$ 代表行业利润与市场价格的关系,P^c 和 P^m 分别为竞争价格和垄断价格;曲线 $M1$、$M2$ 和 $M3$ 代表立法者的"等效用线",由使得政治支持函数 $M(P,\pi)$ 等于不同常数时的 (P,π) 组成,左上方向代表更高的政治支持度。图中的 $M2$ 是立法者所能达到的最大政治支持度,点 B 代表最优规制方案,而 P^* 代表在立法者的最优规制下的市场价格,介于 P^c 和 P^m 之间。如果产业的初始状态在 A 或 C,即高度竞争或高度集中市场结构,那么就很可能产生政府规制。

一些经济学家的研究发现,现实世界中的政府规制与市场失效未必有密切的关系,并且规制一般会提高产业利润,特别是在卡车运输、出租车、烈性酒等经常被规制的行业,因此他们认为规制的政治经济学解释有一定道理。不过,市场失效的认定经常包含主观价值判断,取决于观察者的价值标准和独特视角,未必有公认的结论。

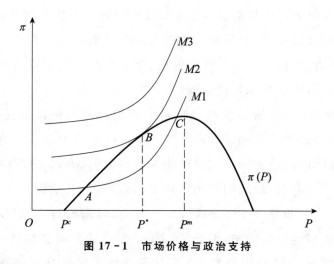

图 17-1 市场价格与政治支持

出租车规制

世界各国很多城市都对出租车进行数量规制,这种规制并没有可信的经济学理论依据。出租车的使用率远远高于私家车,增加出租车的使用可以降低出行成本、减少停车用地。有人认为提高出租车数量会导致交通拥堵,这种看法比较片面,事实上当乘坐出租车出行经济便捷时,人们会大幅减少自驾出行,这样反而可能改善交通状况。对出租车的服务质量进行一定的监督是必要的,但未必需要采用数量规制的方式。

在必须对出租车市场进行规制的情况下,政府应根据市场具体情况不断调整规制的各种量度。2012 年 12 月 4 日,珠海市交通运输局为了解决出租车数量不足的问题,提出《珠海市出租车管理试点改革方案》。按照牌照使用总期限不变的原则,将一个原牌照拆分成一个根牌照和一个或两个子牌照,数量为 200 个以内,超过 200 则以抽签的方式确定。改革前珠海共有 1852 辆出租车,从 2001 年起没有投放出租车运力。市出租小汽车行业协会 2011 年 9 月所做的调查显示,该市出租车的实载率为 83%,高于 70% 的合理水平。

市场化和去规制化是出租车市场改革的方向。2015 年 5 月 7 日,义乌市委市政府出台《义乌市出租汽车行业改革工作方案》,明确从 2018 年开始,有序开放出租汽车市场准入和出租汽车数量管控,实现出租汽车市场化资源配置。一方面对现存到期出租车重新招标,另一方面新增出租车投放。过渡期内分年度视情况新增出租汽车营运权指标,2015 年第一期新增 150 个,调剂 100 个;第二期新增 100 个,调剂 100 个,向新进的五家企业开放。以后再新增车辆,以服务质量的好坏来招投标，服务质量好的多分配车辆。到 2018 年，政府不再管控出租车数量，交由市场配置。逐渐取消出租车营运权有偿使用费，从原来的每年每车约 10000 元，降到 2015 年的 5000 元，2016 年起全部取消。进一步完善出租车公司服务质量考核办法，将实行优胜劣汰，建立退出和奖励机制。改革方案还提到建立和引进网络约租车平台，提供合法营运车辆，配备具有从业资格的驾驶员等。

义乌为浙江金华市下辖县级市，户籍人口约 75 万人，2014 年地区生产总值 968 亿元，是中国最富裕的县级市之一。外来人口总数约 150 万，每天流动人口数十万。改革前义乌出租车仅 1300 多辆，出租车公司 6 家，自 2008 年以来没有变化。据估计，2015 年义乌街头的"黑车"约有 4000 辆。

我国的市场经济体系是从类似于高度规制的中央计划经济逐渐改革发展而来，由于历史原因，规制范围较广。在改革开放过程中，规制力度整体上有减弱趋势。由于国情不同，我国当前和历史上曾存在的一些规制，如出租车牌照管理、烟草专卖、食盐专营等，难以用西方的规制供求理论解释，很多可能都是历史遗留问题。

规制作为价值判断的结果

规范经济学经常假设政府是公共利益的代表。在不考虑政府官员的"代理人"问题的前提下，政府应追求社会福利最大化。如果政府认为市场机制的结果不符合公共利益，或者说市场结果不能实现有效的资源配置，那么就可能对市场进行干预。政府官员既可能从经济学的角度，也可能从政治、社会等非经济角度评估市场结果。

从经济学的角度看，市场机制这只"看不见的手"可能因为规模经济、外部性、信息不对称、有限理性等原因，形成无效的资源配置。"规模经济"意味着存在企业扩大规模与市场充分竞争之间的矛盾，只有扩大产出规模才能降低生产成本，而过大的企业规模又意味着市场集中和竞争不足，导致资源配置效率下降，因此生产的有效性和配置的有效性不可得兼。"外部性"使得个体的最优决策对社会整体而言不是最优，例如排放污染的工厂对社会有负外部性，在没有政府干预的情况下，工厂制造的污染会超过社会最优水平；银行的稳定经营对整个国民经济的正常运行十分重要。没有政府规制,银行会过多介入风险较大的金融交易,有可能导致资金链条断裂,产生对经济的负面影响。狭义的"信息不对称"可能导致诸如"劣币驱逐良币""假冒伪劣""市场交易不足"等低效现象,广义的"信息不对称"是基于"理性人假设"的市场失效的根本原因,前述的规模经济和外部性因素归根到底都是信息问题。"有限理性"在一定程度上放弃了"理性人假设",可能导致各种可用心理学解释的市场扭曲。例如政府对劳动力市场的大量干预,有些可能就是基于市场参与者的有限理性现象。

有效资源配置的特征是,以最低的机会成本,生产社会最优的产品种类和数量,并配置给最需要的消费者。具体而言,有效资源配置要求满足"成本最低""产出最优"和"配置有效"三个条件。"成本最低"(或技术有效)指的是以最低的机会成本生产特定的社会总产出。在企业层面,要求每个企业用最低的成本生产其产出,在产业层面,要求产业内的企业个数和规模均达到最优,使得产出的总体平均成本最低。"产出最优"指的是整个产业的产出(包括种类和数量)实现最优水平,任何一个边际效用大于边际成本的产品都应该被生产。"配置有效"指的是将产出分配给最需要的消费者。有效的配置意味着不存在帕累托改进的可能性,即不可能将产品在消费者之间进行重新分配,使得社会总福利水平上升。

在多数情况下,市场机制并不能实现有效的资源配置。只有在企业没有规模经济、市场没有进出门槛、信息完全对称的情况下,才能实现"完全竞争"的市场结构和有效的资源配置。在其他情况下,一般都存在不同程度的资源配置扭曲。当企业的生产技术有规模经济,或者生产技术有垂直差异时,市场机制下的产出的平均成本通常无法实现最小化,不满足成本最低。当市场竞争不足时,容易出现总产量或种类低于最优水平的现象,当市场上存在信息不对称时,可能产生各种产出扭曲现象(如"假冒伪劣"),两种情形均不满足产出最优。不过,在信息对称情况下,只要产品按市场出清的价格出售,一般可确保产品被出售给最需要的消费者,这样企业的产出在消费者之间的配置是有效的。相比之下,行政性的"配给制"一般难以实现配置有效,例如城市机动车号牌"摇号"制,就不能保证机动车号牌配置给最需要的消费者。

虽然市场机制在多数情况下不是完全有效的,但是并不意味着政府需要全面干预市场。只有当规制的好处大于规制的成本时,政府干预才是有必要的。规制的成本包括建立及运行规制机构的费用,也包括规制机制本身所导致的效率损失。规制作为一种人为设计的非市场的运行机制,往往不能完全协调企业和社会的目标,因此本身会导致新的福利损失。例如当政府需要通过规制限定企业的最高售价时,必须了解企业的实际成本情况,但是这些信息往往只能从企业获得。追求利润最大化的企业有动机提供误导的信息或产生其他道德风险行为,使得政府规制难以实现社会最优的结果。规制作为一种政府行为,还涉及隐性行政成本,包括可能的官员腐败、政治干预等。政府规制的广度和深度,也取决于政府本身的运作效率。

17.2 自然垄断

我们经常将规模经济显著的行业称为"自然垄断"(nature monopoly)行业,特别是在国民经济中占有重要地位的规模经济行业,如城市自来水供应、能源(电力、石油、天然气等)输送、信息接入(互联网、有线电视、通信等)。在自然垄断行业,只有当市场高度集中时,生产才可能是有效的。竞争意味着多个企业分别生产,经常会导致严重的重复投资,不利于生产成本最小化。

自然垄断是一个描述生产技术的概念,本身并不是一种市场结构,更不是"垄断"。事实上,如果没有政府规制,那么自然垄断行业很可能出现过度进入现象,形成竞争性的市场结构。因此,自然垄断行业只是在成本意义上"应该"垄断的行业,而未必是事实垄断的行业。

除了常见的公用事业,许多"平台"型企业(如社交软件、支付系统、共享系统等)也都具有一定的自然垄断特征。平台使用者的规模越大,平台完成交易或匹配的效率越高。当一个使用者加入一个平台时,能够提高这个平台对其他使用者的价值,使其更容易实现匹配。但考虑到平台的建设成本和内部协调成本,过大的平台也可能产生低效现象,也就是说自然垄断的范围可能有限。例如当平台的使用者具有区域集中的特点时,覆盖过大地理范围的平台就不一定有效。

借助数学语言,我们可以给自然垄断一个更加具体的定义。如果将生产集中在单一企业可使总的生产成本最小,那么这个行业就是自然垄断行业。自然垄断可以用函数的"次可加性"(subadditivity)来描述。记某行业的企业的总成本函数为 $c(q)$,如果在产量范围 $[0, \bar{q}]$ 内,对任意产量 $q_1, \cdots, q_n$ 满足 $q_1 + \cdots + q_n \leq \bar{q}$,有

$$c(q_1 + \cdots + q_n) < c(q_1) + \cdots + c(q_n)$$

我们就说这个行业在产出范围 $[0, \bar{q}]$ 内是自然垄断行业。这个条件还可以简化

为，对任意产量 q_1, q_2 满足 $q_1 + q_2 \leqslant \bar{q}$，有
$$c(q_1 + q_2) < c(q_1) + c(q_2)$$

注意到，规模经济（即产出的平均成本递减）是总成本函数次可加的充分条件而非必要条件。如果产出水平高出规模经济范围不多，那么总成本函数仍然可能是次可加的。例如在图 17-2 中，如果某行业中企业的平均成本曲线如 AC 所描述，其中平均成本在 MES 处达到最小值，那么企业在 $[0, MES]$ 范围内有规模经济，满足次可加性。但是，存在一个产量水平 $q > MES$，企业的成本函数在 $[0, q]$ 范围内都满足次可加性，因此，这个行业产出范围 $[0, q]$ 内都是自然垄断行业。我们有时称 $[0, MES]$ 为"强自然垄断"范围，而 $[MES, q]$ 为"弱自然垄断"范围，其中"强自然垄断"是现实世界中比较典型的情形。

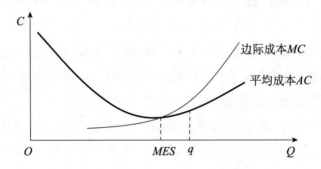

图 17-2　规模经济、次可加性与自然垄断

例 17-1　假设某行业中每个企业的总成本函数为
$$c(q) = q^3 - 2q^2 + 2q$$

次可加范围 $[0, Q]$ 满足：对任意 $q_1, q_2 \in [0, Q]$，$q_1 + q_2 \leqslant Q$ 有
$$c(q_1 + q_2) < c(q_1) + c(q_2)$$

即
$$(q_1+q_2)^3 - 2(q_1+q_2)^2 + 2(q_1+q_2) < q_1^3 - 2q_1^2 + 2q_1 + q_2^3 - 2q_2^2 + 2q_2$$

上式可化简为
$$q_1 + q_2 < 4/3$$

因此该产业的次可加或自然垄断产量范围为 $[0, 4/3]$。注意到这个行业的平均成本为
$$AC(q) = q^2 - 2q + 2$$

在 $q = 1$ 处平均成本达到最小。可见次可加的产量范围大于规模效应的产量范围。

例 17-2 如果企业的总成本函数为
$$c(q) = q^2 + 50$$
那么次可加性要求对任意 $q_1, q_2 \in [0, Q], q_1 + q_2 \leqslant Q$,满足
$$c(q_1 + q_2) = (q_1 + q_2)^2 + 50 < q_1^2 + 50 + q_2^2 + 50 = c(q_1) + c(q_2)$$
上式可化简为 $q_1 q_2 \leqslant 25$。注意到 $q_1 q_2 \leqslant \left(\dfrac{q_1 + q_2}{2}\right)^2$,且当 $q_1 = q_2$ 时可取等号。当 $q_1 + q_2 > 10$ 时,只要 $q_1 = q_2$,即有 $q_1 q_2 > 25$,因此不可能确保 $q_1 q_2 \leqslant 25$。只有当 $q_1 + q_2 \leqslant 10$ 时,才能确保 $c(q)$ 的次可加性。因此总成本函数 $c(q)$ 决定的次可加或自然垄断产量的范围为 $[0, 10]$。另外注意到,规模经济的产量范围是 $[0, \sqrt{50}]$,小于自然垄断产量范围。

在自然垄断行业,存在"成本最低"和"产出最优"之间的矛盾。成本最低要求由单一或少数企业进行生产,以充分利用规模经济,而产出最优要求有多个企业相互竞争,以降低价格,提高产出。因此在市场机制下,必然出现市场失效现象。基于对市场失效的判断,政府会评估行政干预的可能性。在不考虑规制成本的情况下,政府可以通过限制企业个数来提升成本有效性,同时通过干预企业的产量或价格以提升产出有效性。当然,实际的规制方案应充分考虑各种规制成本。

自然垄断行业需要政府规制的结论经常受到质疑。许多经济学家认为,通过特定的市场化机制,可以解决成本有效与产出有效之间的矛盾,同时又避开规制成本。例如 Demsetz(1968)提出,可以用"市场外竞争"(competition for the market)来替代"市场内竞争"(competition in the market),从而消除自然垄断对规制的需求。通过经营牌照拍卖,可以将垄断经营权授予业务方案最具竞争力的企业。竞拍方式是,在满足质量标准和市场需求等条件的前提下,让服务价格最低的企业获得排他性经营牌照。在牌照拍卖市场的竞争充分情况下,拍卖胜出者的报价应接近服务的平均成本。这样政府既可以免去规制的负担,又可以实现规制的效果。

但是 Williamson(1976)指出,市场环境不是一成不变的,如果用 Demsetz(1968)的方法取代规制,我们需要一个在企业成本和市场需求不断变化情况下仍然有效的协议。要做到在变化环境下的有效调整,还是要建立起一套本质上和政府规制相同的机构和过程,因此用市场进入环节的竞争取代规制未必能够降低政府干预的成本。换句话说,在一个复杂的市场环境下,垄断授权协议必定是一个"不完全合同"(incomplete contract),企业可能在不明显违反授权协议的情

况下,采取不符合公共利益的行为。因此政府仍然需要对其进行日常的监管,从而产生与规制类似的行政成本。

在经营权拍卖模式下,当企业恶意违反授权协议时,理论上政府可以取消授权重新拍卖,以威慑企业。但事实上,面临企业机会主义行为的政府可能并不愿意取消授权,原因是多方面的。第一,组织大型拍卖经常会产生巨大成本,频繁举行拍卖会导致公共资源的浪费;第二,取消公用事业企业的授权会受到社会的广泛注意,很可能被公众理解为政府官员的工作失误,相关官员可能面临政治上的窘境;第三,轻易取消授权可能会打击企业在耐用资产上的投资信心,从而降低服务质量或提高边际成本,不利于提高生产效率;第四,取消授权很可能导致重要公共服务(如供水、供电、供气等)的中断或延误,从而影响消费者正常生活,甚至可能影响社会稳定,这是政治上不可接受的局面。因此,政府官员一般不会轻易终止授权协议,而是倾向于建立一套行政机构,对被授权的企业进行日常监管,最终的结果类似于规制。

有些行业看起来是自然垄断行业,但面临来自其他行业的竞争,这种情况下的规制问题可能十分复杂。例如铁路运输服务具有典型的自然垄断特征,但是面临来自其他交通方式的竞争,比如公路、水路、航空等运输服务。Braeutigam(1979)研究了"形态间竞争"(intermodal competition)条件下的规制问题,指出规制者需要很多难以获得的信息,例如消费者对不同产品的需求的交叉价格弹性。即使能够获得这些信息,规制方案也可能非常复杂,因为必须考虑各个产品形态之间的相互影响。不过,如果一个自然垄断行业面临来自其他竞争比较充分的行业的竞争,规制的必要性会降低,考虑到规制成本后尤其如此。

17.3 自然垄断产品的规制定价

当政府将一个自然垄断行业的排他性经营权授予一个企业后,需要干预这个企业的经营决策,特别是限制其定价,否则企业会选择过高的价格,造成产出不足问题。在理论上,自然垄断行业的定价可分为"第一最优定价"(first-best pricing)和"第二最优定价"(second-best pricing)。

第一最优定价指的是使得社会总福利最大化的定价。如果其他产品市场都是完全竞争的,规制行业的第一最优定价为边际成本定价,即以企业的最后一单位产出的成本作为销售价格。如果其他市场的价格普遍高于边际成本,那么自然垄断行业的第一最优定价也应该相应地高于边际成本,以减弱或消除不同市场之间的相对价格扭曲。

在多数情况下,第一最优定价导致企业的收入难以覆盖其总成本,从而出现亏损。企业不可能长期忍受亏损,因此第一最优定价通常意味着政府需要对企业进行补贴,以维持企业持续运作。考虑到现实世界中被规制的自然垄断行业经常是规模巨大的公用事业行业,第一最优定价要求政府从其他渠道筹集大量资金用于补贴。巨额资金转移的运作成本很高,而且可能在其他市场造成价格扭曲,经常是不可行的。因此,自然垄断行业的第一最优定价大多仅是理论上的可能性,在现实世界中并不典型。不过,一些由政府直接出资向社会提供的服务,如医疗卫生、市政交通、集中供暖、国有公园等,其定价可以非常接近第一最优定价。

自然垄断行业规制中的"第二最优定价"通常指的是,在保证被规制企业不出现经济利润亏损的前提下,最大化社会总福利的定价。这样决定的价格经常也被称为 Ramsey 价格。第二最优定价可能无法达到第一最优定价的社会福利水平,但是可以免去政府对企业进行补贴的负担,考虑到由此节省的补贴操作成本,第二最优定价在实践上反而可能优于第一最优定价。

单一产品自然垄断

在"弱自然垄断"的产量范围内,企业的平均成本处于上升阶段,边际成本高于平均成本。如果被规制企业的定价等于这个范围内的边际成本,那么不会导致企业亏损,如图 17-3 所示。边际成本定价 p 由需求曲线和边际成本曲线的交点决定。弱自然垄断情况下的边际成本定价 p 高于企业的平均成本 AC,因此企业可以获得经济利润 $(p-AC)q$。如果边际成本定价即为第一最优定价,那么政府可以实现有效率的资源配置,同时无须对企业进行补贴。在这种情况下,不必再讨论第二最优定价。但是弱自然垄断仅发生在企业的平均成本由降转升的有限的产量区间,在现实世界并不常见。

在"强自然垄断"的产量范围内,企业平均成本始终处于下降阶段,因此边际成本始终低于平均成本,这意味着边际成本定价导致企业发生亏损,如图 17-4 所示。边际成本定价 p 仍然由需求曲线和边际成本曲线的交点决定,导致的企业亏损为 $(AC-p)q$。除非政府对企业进行足够的补贴,否则企业会因为"第一最优"的规制而退出市场。在公用事业行业的有意义的产量范围内,基本上都是强自然垄断,边际成本定价一般会造成企业巨额亏损。

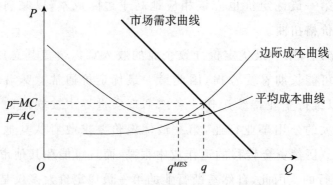

图 17-3　弱自然垄断情况下的边际成本定价

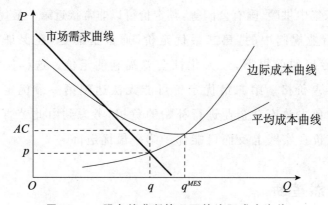

图 17-4　强自然垄断情况下的边际成本定价

在单一产品的强自然垄断行业,政府规制的第二最优定价为平均成本定价。对于生产单一产品的企业而言,平均成本是在允许企业收支平衡的前提下,最大化社会总福利的价格(假设其他产品市场都是完全竞争或高度竞争的)。如图 17-5 所示,市场需求曲线和企业平均成本曲线的交点决定第二最优定价 $P=AC$。更一般地,如果有多个交点,应取平均成本最小者。

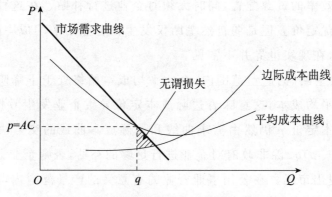

图 17-5　强自然垄断情况下的第二最优定价

需要注意的是,平均成本为第二最优价格有一个前提条件,即需求曲线的斜率(绝对值)大于平均成本曲线的斜率(绝对值),否则降低价格对企业和消费者均有利,不可能是第二最优。在所有其他产品市场都是完全竞争的情况下,第二最优定价造成的无谓损失可用图中的阴影三角形代表。任何低于 AC 的价格都会使企业发生亏损,而任何高于 AC 的价格都会造成更大的无谓损失。

在实践操作中,以下的公式可以大致描述政府的平均成本定价过程

$$p = [C(q) + s \cdot K]/q$$

其中 $C(q)$ 为企业的可变会计成本,K 为企业的资本投入,而 s 为"合理的"投资回报率。这个公式决定的价格能够确保企业的销售收入覆盖其会计成本,同时还获得一定的会计利润。实践中经常发生的一个现象是,规制机构允许企业获得的回报率 s 经常略高于企业从资本市场融资的利率,因此企业有动机选择"重资产"的生产技术,即尽可能多地投入资本,实现套利的目的。这种效应被称为 Averch-Johnson 效应(Averch & Johnson, 1962)。

平均成本定价在实践上面临信息不对称问题。首先,定价要求政府能够获得关于企业成本的信息,以便计算恰当的价格。但成本在一定程度上是企业的私人信息,政府经常需要依赖被规制企业提供相关信息。在这种情况下,企业有动机向政府高报自己的成本,以获得较高的政府定价。政府预见到企业的这种动机,会努力压低价格,两者之间存在长期的基于不对称信息的谈判和博弈。其次,如果政府总是确保企业不出现亏损,那么也就使企业失去了节约成本的动机。任何支出,无论是否必要,都会从价格中反映出来,因此企业很容易出现铺张浪费的行为。政府预见到这种可能性,会对企业的各项成本进行监督,包括规定企业的工资水平和业务费用标准,但是这种监督的效果是有限的。对企业的日常运营成本进行监督会产生额外的规制成本,还可能干预企业的正常经营,使得一些必要的业务开支无法支付。

为了提高规制的效率,各国政府都曾试图通过改变规制方式优化公用事业企业的激励机制。例如从 20 世纪 80 年代起,美国政府开始对电话公司采用"价格上限"(price cap)规制,取代以前的回报率规制。英国对私有化了的公用事业产业,如电话、天然气和自来水,也采取了这种规制方式。在价格上限规制下,企业节约下来的成本都会转变为企业利润,不仅减轻了政府收集企业成本信息的压力,还鼓励企业提高生产效率,节约运营成本。

价格上限规制的缺点是可能偏离严格意义上的第二最优定价。当企业降低成本后,定价可能会高于其平均成本,即偏离第二最优。当这种偏离变得显而易

见时,政府面临是否降低企业销售价格的选择。如果降低价格,那么这与价格上限规制矛盾,意味着政府的信誉受损,最终回到平均成本定价;如果坚持不降价,企业将获得超额利润,并形成较高的社会福利损失,同时还可能招致消费者的不满。

价格上限规制适合产品和技术都比较稳定的自然垄断行业,而不适合技术创新频繁的行业。价格上限规制还可以进一步优化,例如建立与主要原材料价格挂钩的动态价格上限,以避免企业利润随原材料价格发生大幅波动。

多产品自然垄断

在更多的情况下,一个自然垄断企业的定价会涉及多个产品。很多公用事业产品可以按消费人群、地理位置、使用时间等进行分类,形成不同的"产品"。例如白天的电力和深夜的电力可以看作不同的产品,两者之间的替代性有限,也完全可以分别定价;一个宽带电缆网络可以同时提供通信、互联网接入、数字电视等完全不同的服务;面向居民用户和企业用户的公用事业服务有不同的供应和需求特征,一般来说,企业用户的用量大,供应成本较低,同时企业用户经常可以利用"形态间竞争",因此需求的价格弹性较高。在这种情况下,自然垄断企业需要同时对多个不同产品或对不同用户进行定价。

多产品情况下第一最优定价仍然是边际成本定价。假设被规制企业提供两种产品,产量分别记为 q_1 和 q_2。给定企业的成本函数 $c(q_1, q_2)$ 和消费者对两种产品的需求函数 $P_1(q_1, q_2)$ 和 $P_2(q_1, q_2)$,第一最优的产量 (q_1^o, q_2^o) 是以下方程组的解(假设存在内部解)

$$\frac{\partial c(q_1, q_2)}{\partial q_1} = P_1(q_1, q_2) \quad 和 \quad \frac{\partial c(q_1, q_2)}{\partial q_2} = P_2(q_1, q_2)$$

而第一最优的定价 (P_1^o, P_2^o) 满足

$$P_1^o = P_1(q_1^o, q_2^o) \quad 和 \quad P_2^o = P_2(q_1^o, q_2^o)$$

如果存在规模经济或范围经济,多产品企业采用边际成本定价会产生亏损。假如企业成本函数为

$$c(q_1, q_2) = F + c_1 q_1 + c_2 q_2$$

即边际成本均为常数,固定成本为 F,那么第一最优定价为 $P_1^o = c_1, P_2^o = c_2$,生产量取决于市场需求。这时企业发生的亏损为 F。除非政府能够给予企业足够的补贴,否则这种定价不可行。

从第一最优价格出发,适当提高价格会降低企业亏损或增加企业利润,但同

时产生无谓损失。对于多产品企业,有很多定价组合可以使企业获得非负利润,其中能够最大化社会总福利的定价被称为第二最优定价,或 Ramsey 定价。如果消费者对不同产品的需求是相互独立的,且企业的边际成本为常数,那么 Ramsey 定价的计算相对简单。假设企业提供两种产品,成本函数为

$$c(q_1, q_2) = F + c_1 q_1 + c_2 q_2$$

消费者对两种产品的需求分别为 $P_1(q_1)$ 和 $P_2(q_2)$,即相互独立。假设除本市场以外的其他市场都是完全竞争的,Ramsey 定价是以下问题的解

$$\min_{q_1 \geq 0, q_2 \geq 0} \int_{q_1}^{q_1^o} [P_1(q) - c_1] \mathrm{d}q + \int_{q_2}^{q_2^o} [P_2(q) - c_2] \mathrm{d}q$$

$$\text{s.t.} \quad q_1 P_1(q_1) + q_2 P_2(q_2) - (F + c_1 q_1 + c_2 q_2) \geq 0$$

记 $\mu \geq 0$ 为约束条件的拉格朗日参数,于是拉格朗日函数为

$$L(q_1, q_2, \mu) = -\int_{q_1}^{q_1^o} [P_1(q) - c_1] \mathrm{d}q - \int_{q_2}^{q_2^o} [P_2(q) - c_2] \mathrm{d}q + \mu [q_1 P_1(q_1) + q_2 P_2(q_2) - F - c_1 q_1 - c_2 q_2]$$

假设存在内部解。第二最优产量 q_1 和 q_2 由以下一阶导数条件决定

$$P_1(q_1) - c_1 + \mu [P_1(q_1) - c_1 + q_1 P_1'(q_1)] = 0,$$
$$P_2(q_2) - c_2 + \mu [P_2(q_2) - c_2 + q_2 P_2'(q_2)] = 0$$

上式可改写为

$$\left(\frac{p_1 - c_1}{p_1}\right) |\varepsilon_{11}| = \left(\frac{p_2 - c_2}{p_2}\right) |\varepsilon_{22}| = \frac{\mu}{\mu + 1} \equiv \lambda$$

其中 ε_{ii} 是消费者对产品 i 的需求价格弹性,$\lambda \in (0,1)$ 被称为 Ramsey 值。在企业利润非负的前提下,最大化社会总剩余的价格满足以上条件,因此 Ramsey 定价要求所有产品的 Ramsey 值相同。Ramsey 值的大小决定了企业价格的总体水平,而每个产品的需求价格弹性决定该产品的加价幅度。需求价格弹性(的绝对值)越高,相应产品的加价幅度越低,即 Lerner 指数越低。

由于需求价格弹性较小的产品会有较高的加价幅度,Ramsey 定价有时又被称为"逆弹性定价"(inverse elasticity rule)。从直觉上看,在需求价格弹性(的绝对值)较大的市场,提高价格使得消费者的购买量较显著地低于最优水平,造成较大的资源配置扭曲,因此形成的社会福利损失较大。相反,在需求价格弹性较小的市场,即使价格较高,消费者的需求量也变化不大,资源配置扭曲较小。因此在第二最优定价中,需求价格弹性较大的产品的加价幅度较小。

例 17-3 假设一个自然垄断企业提供两个产品,总成本函数为

$$c(q_1, q_2) = F + q_1 + q_2$$

消费者对两个产品的需求函数分别为

$$q_1 = p_1^{-\varepsilon} \quad \text{和} \quad q_2 = p_2^{-\zeta}, \quad \text{其中参数 } \varepsilon \geqslant \zeta \geqslant 1$$

以上需求函数意味着消费者对两种产品的需求价格弹性均为常数,分别为 $\varepsilon_{11} = -\varepsilon$ 和 $\varepsilon_{22} = -\zeta$。

企业的非负利润条件为

$$\pi = p_1 q_1 + p_2 q_2 - c(q_1, q_2) = p_1^{1-\varepsilon} + p_2^{1-\zeta} - p_1^{-\varepsilon} - p_2^{-\zeta} - F \geqslant 0$$

根据前面的结论,第二最优的 Ramsey 价格满足

$$\left(\frac{p_1 - 1}{p_1}\right)\varepsilon = \left(\frac{p_2 - 1}{p_2}\right)\zeta = \lambda, \quad \lambda \in (0, 1)$$

即 $\quad p_1 = \dfrac{\varepsilon}{\varepsilon - \lambda}$ 和 $p_2 = \dfrac{\zeta}{\zeta - \lambda}, \quad \lambda \in (0, 1)$

$p_1 \leqslant p_2$ 当且仅当 $\varepsilon \geqslant \zeta$。如果将上式代入前面的非负利润条件,那么即可计算出 Ramsey 值 λ。

Ramsey 定价的一个特殊应用是"峰谷定价"。在电力、通信等公用事业行业,服务的提供者经常面临可预测的周期性需求,即消费者在不同时间段对服务的需求有规律性的变化。我们可以将不同时段的服务看作不同的产品,分别根据需求价格弹性进行定价。但是这些行业还有一个特点,即在不同时段的服务供应都需要使用相同的、事前建立的生产设施,服务的提供量不能超出设施的产能上限。建立服务的产能需要耗费资本和时间,不能随时调整。一个企业的全部产能经常不是同质性的,较低的产能成本一般对应较高的生产成本。例如一个电力企业往往同时拥有大型火力、水力、核能等高固定投资与低生产成本的发电资产,也拥有重油、天然气等低固定投资与高生产成本的发电资产,后者可以根据需要频繁启动和关停。

建立较低的产能水平可以节约产能成本,但是在高需求时段可能无法充分满足消费者的需要;反之,过高的产能水平使得设备利用率过低,产生资源浪费。峰谷定价就是在两者之间寻找一个最优的平衡,具体而言,峰谷定价要解决两个问题,一是在给定产能的情况下,确定最优的价格水平和价格结构;二是确定最优的产能水平和产能结构。

如果消费者对不同产品的需求是相互关联的,那么第二最优的 Ramsey 定价的计算经常变得十分复杂(Baumol & Bradford,1970)。假设消费者对两种产品的需求分别为 $p_1(q_1, q_2)$ 和 $p_2(q_1, q_2)$。Baumol & Bradford(1970)证明,Ramsey 定价应满足

$$\left(\frac{p_1 - c_1}{p_1}\right)S_1 = \left(\frac{p_2 - c_2}{p_2}\right)S_2 \equiv \lambda$$

其中 S_1 和 S_2 是所谓的"超弹性"(super-elasticities)，满足

$$S_i = |\varepsilon_{ii}| + \frac{p_i q_i}{p_j q_j}\varepsilon_{ij}$$

其中 ε_{ij} 是消费者对产品 i 的需求量对于产品 j 的价格的弹性，$\varepsilon_{ij} = \frac{p_j}{q_i}\left/\frac{\partial p_j}{\partial q_i}\right.$。如果这两种产品是相互替代的，那么具有较大超弹性的产品的加价幅度（Lerner 指数）较小。如果两种产品是相互补充的，而且交叉价格影响足够大，那么有可能出现超弹性为负的情形，这时部分产品的价格会低于其边际成本，即产生交叉补贴。

例如，传统有线电话企业在收取"月费"的基础上，往往还对长途电话服务收取较高的使用价格，而对市内电话服务收取较低的使用价格甚至免费，而实际上这两种服务的边际成本差异很小。产生这个现象的原因之一是，这两种电话服务之间存在很强的互补性，特别地，当客户使用较多的市内电话服务时，对长途电话服务的需求会明显上升。因此，通过低价市内电话，企业可以鼓励更多的客户使用市内电话，从而提高对长途电话服务的需求。最终，企业从长途业务中获取的超额利润可能超过在市内电话业务上的损失。

自然垄断行业的最优定价，特别是多产品定价，在实践中面临很多困难。

首先，确定第一或第二最优价格所需的信息量可能是巨大的，特别是有关不同产品市场的需求函数的信息、被规制产品的成本信息，甚至其他产品市场的价格和成本信息等。这些信息即使通过大量的调查研究，也只能部分获得，作为政府部门的规制者通常没有足够的激励、能力和资源去采集这些信息。规制者可能获得相关信息的一个重要渠道是被规制的企业，虽然企业可能掌握很多对规制有用的信息，但是利益冲突使得企业有动机选择性地提供信息，甚至提供误导性的信息。如果规制者无法掌握准确的信息，那么规制方案可能显著偏离最优水平，这样就减弱了规制的必要性。

其次，自然垄断行业的第一、第二最优定价理论的假设前提都是，同一经济体的其他产品市场都没有扭曲，价格都等于边际成本。这个条件在现实世界未必成立。如果在其他产品市场存在价格或其他扭曲，那么需要更复杂的一般均衡理论来讨论自然垄断行业的最优定价。例如，如果其他市场的产品价格都高于边际成本，那么在规制市场上将价格设为边际成本通常不是第一最优的，而应该适当高于边际成本，以抵消跨市场的相对价格扭曲。第二最优的 Ramsey 定价尤其经不起从一般均衡的角度推敲，因为逆弹性的定价规则本身制造了规制产品之间的相对价格扭曲。

最后，Ramsey定价本质上是一种从社会总福利出发的"区别定价"，这种区别定价可能带来公平或法律方面的问题。Ramsey定价要求对需求价格弹性较小的产品设定较高的加价幅度，而需求弹性小一般是因为消费者缺乏其他的替代性选择，而这些消费者往往也是收入较低的消费者，这样就会产生公平方面的问题。一些国家的法律经常要求规制产品的价格要根据成本决定，这与Ramsey定价冲突。

在实践中，人们经常用"Allais规则"（Allais rule）来代替Ramsey定价。Allais规则仅要求所有产品的Lerner指数相等，即成本加成幅度相同，因此具有简单易行的特点。很多经济学家认为，这个规则的缺点是可能显著偏离第二最优。但是，从一般均衡的角度看，简单的Allais规则排除了规制产品之间的相对价格扭曲，有可能优于Ramsey规则。

Vogelsang-Finsinger机制

Vogelsang & Finsinger(1979)提出，可以通过一个动态机制来实现Ramsey定价，同时可使政府规制者的信息负担最小，这一机制往往被称为Vogelsang-Finsinger(VF)机制。在这种机制下，规制者不需要知道消费者的需求函数和企业的成本函数，也不需要主动计算Ramsey价格。规制者只需观察企业的价格、产量和总成本，并用这些当期的信息来约束企业在将来的定价。在长期，企业的定价最终趋向于Ramsey价格。

在这个动态机制下，规制者了解企业当期（记为t）的各产品产量（向量）$\vec{Q}_t$和总成本C_t。在下一期，即$t+1$期，规制者要求企业的各产品价格（向量）$\vec{P}_{t+1}$满足

$$\vec{P}_{t+1} \cdot \vec{Q}_t \leqslant C_t$$

以上不等式的左边被称为企业的"伪收入"（pseudo-revenue），即用本期的价格（向量）乘以上期的产量（向量）所得到的"收入"。上式表明，VF机制要求被规制企业在每期的"伪收入"不高于其在上一期的总成本。

一般性的VF机制比较复杂，我们这里仅讨论被规制企业生产单一产品的情形。这时VF限制条件可以写成$P_{t+1} \leqslant AC_t$，即企业每期的价格不高于上一期的平均成本。在强自然垄断情况下，VF机制为企业获取经济利润提供了可能性。注意到只要被规制企业每期的平均成本低于上期的平均成本，企业即可以获得正的利润。由于平均成本递减，为了实现正利润，被规制企业必须不断地增加产量，以降低平均成本。随着产量的不断提高和平均成本的不断下降，规制价格会越来越低，降价的好处最终被消费者得到。随着时间的推移，规制价格趋向于Ramsey价格。

如图 17-6 所示，被规制企业在第一期可以选择任意产量 Q_1，价格由需求函数决定，即 $P_1 = P(Q_1)$，相应的平均成本为 $AC_1 = AC(Q_1)$。在第二期，规制者要求企业的价格不高于上一期的平均成本 AC_1，为了最大化当期利润，企业选择尽可能高的价格，即 $P_2 = AC_1 < P_1$，同时选择产量 Q_2 满足消费者需求，即 $P(Q_2) = AC_1$，当期的平均成本为 $AC_2 = AC(Q_2)$。类似地，企业在第三期的价格等于第二期的平均成本，即 $P_3 = AC_2 < P_2$，当期产量 Q_3 满足 $P(Q_3) = AC_2$，以此类推。从图中可见，被规制企业的价格在长期趋向于 Ramsey 价格 P_m。

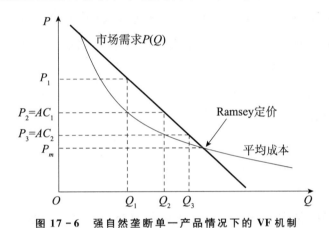

图 17-6　强自然垄断单一产品情况下的 VF 机制

VF 机制大大降低了规制者的信息成本，有一定可行性，但是在实践中，应用 VF 机制也可能有一定困难。首先，VF 机制仍然需要被规制企业提供总成本信息，企业显然有动机高报自己的总成本，以便引导规制者提高下一期的价格。这个动机为规制者获得准确的信息带来一定困难。其次，被规制企业可能通过各种策略性行为规避定价约束。VF 假设企业是"短视"的，仅追求本期利润最大化，但实际上企业可能追求长期利润流的现值的最大化。在一定的条件下，企业的行为可能偏离当期利润最大化或成本最小化，因为本期较高的成本可以弱化将来的价格约束，这样可能导致达到 Ramsey 价格所需要的时间过长。最后，如果在 VF 机制下，规制价格接近 Ramsey 价格所需要的时间太长，那么对规制者来说可能是不可接受的。随着产量的提高，被规制企业可能需要不断调整固定成本或固定资产，而这个过程往往需要很长的时间。

17.4*　不对称信息与规制

信息不对称是导致市场失效的一个重要原因。在许多领域，产品或服务的供应者与需求者之间经常存在严重的信息不对称,使得交易难以有效完成,出现交易不足、交易过度、品质与预期不符等问题。由于这个原因,以及出于社会公平考虑,世界普遍对医疗、教育等行业进行规制,包括由国家提供部分(收费或免费)服务、对相关服务进行补贴、设立产品标准、对相关服务的内容进行干预等。当信息不对称特别严重时,相关服务可能完全脱离市场机制,成为国家或行政体系的一部分,例如公共安全保卫服务、公证服务、征税服务、司法和仲裁服务等。信息不对称是经济生活中的普遍现象,本身未必构成政府干预的充分条件。只有当效率损失足够严重,而且干预成本足够低时,政府才应该考虑介入。

信息不对称与政府规制之间可以互为因果。一方面,信息不对称可能造成市场机制失效,以至于需要政府规制介入;另一方面,政府规制本身可能使得一些原本可以通过市场机制披露的信息变得不透明,因而政府必须在信息不对称的条件下进行规制操作。

逆向选择问题导致的规制

逆向选择指的是在合作场景下,当某些博弈人的真实"类型"无法被其他博弈人准确观察时产生的问题,一般体现为某些博弈人有动机隐瞒其真实类型,形成对其他博弈人不利的局面,而其他博弈人预见到这种可能性,产生合作意愿不足的问题。逆向选择问题是政府对企业进行规制的原因之一。

医疗服务行业存在医生和患者之间的基于"类型"的严重信息不对称问题,产生的逆向选择问题具有一定代表性。医生的专业水平(即类型)很难被患者准确了解,甚至医生的自我评估经常也不准确,另外,很多病症并不是反复经常出现,患者未必有机会通过频繁的交流互动来了解医生。在这种情况下,患者不易找到高水平的医生,医生群体中也可能出现"滥竽充数"现象,使得健康服务市场难以有效运行,这样就形成逆向选择问题。

在短期,逆向选择使得高水平医生难以脱颖而出并取得合理收入,也可能导致患者病情延误。在长期,逆向选择降低了医生提高业务水平的动机,导致社会总体服务水平下降。通过一些信息渠道,例如患者的口口相传,可以部分解决这个问题,但是由于患者缺乏专业知识,这些非正式的信息交流方式在精确度和时效方面远远不够,并不能显著提高市场效率。为了解决这个逆向选择问题,各国政府普遍伸出了"有形之手",通过强制性的资格认证机制,帮助患者甄别合格的医生。

行政性的医生资格认证包括进入资格认证和继续教育认证。例如根据我国的《执业医师法》，卫生部医师资格考试委员会每年组织执业医师资格考试，包括"执业助理医师"和"执业医师"两个等级，分为临床、中医、口腔、公共卫生四个专业。这个行政性的考试代表了我国的医生资格认证机制，未取得执业医师资格者依法禁止行医。继续教育方面，我国医生还通过当地卫生管理部门或其他机构，评定专业技术职称，等级包括医士、医师、主治医师、副主任医师和主任医师等。继续教育机制鼓励医生在取得执业资格后继续投资于医学训练，不断提高医疗水平。医生的资格认证是通过有专业能力的机构进行，患者可以通过观察资质证书了解医生类型，在很大程度上解决了逆向选择问题。

此外，患者与健康保险机构之间也存在逆向选择问题。如果保险机构不能事前了解消费者的健康状况并借此进行区别定价，那么相对多病的消费者更可能购买保险，而相对健康的消费者的购买动机较弱。考虑到这种情况，保险公司不得不以较高的价格出售保险。在市场机制下，健康保险的价格会明显高于帕累托有效的水平，从而出现保险不足的问题。许多实证研究表明，健康保险市场的逆向选择问题在现实世界是显著的(Cutler & Reber,1998 等)。

在商业健康保险行业，一个常见的做法是按年签订保险合同，每年续约时的保险费率与之前的医疗服务记录有关。一般来说，就医较为频繁、医疗支出较高的消费者将逐渐面临较高的保险费率，反之亦然。按年签约可以在一定程度上解决逆向选择的问题，但是带来的新问题是，消费者实际上无法购买长期的健康保险，一个多病的消费者最终要自行负担几乎所有的医疗费用，从而使保险失去了意义。长期保险还会带来许多其他问题，阻碍了商业性长期健康保险的发展。

逆向选择问题导致保险覆盖不足，社会福利下降。除非保险公司能够以足够低的成本观察消费者的健康状况并进行区别定价，否则这类逆向选择问题几乎不可能在市场机制下解决。通过政府补贴，能促使更多的消费者购买健康保险，使得逆向选择问题得到部分或全部的解决。特别地，如果政府免费为全体公民提供社会健康保险或社会健康服务，逆向选择问题就完全消失，有可能实现社会福利的帕累托改进(Wilson,1977)。政府介入还能较好地改善社会公平。社会健康保险或服务的资金来源是强制性的税收收入或半强制性的专项收入，由于资金来源的可调节性，政府还可以方便地应对各种短期和长期的系统性风险。

逆向选择问题在其他行业也不同程度地存在，这是政府发放各种执业资格证书（如会计师、审计师、评估师、精算师等）或企业业务资质（如金融保险业务、军工产品供应、特种设备安装、特种工程施工等）的原因之一。

规制导致的逆向选择问题

在一个自然垄断行业,纯粹市场机制很可能导致企业过度进入。虽然过度进入使得每个企业的规模过小,无法充分利用规模经济,但由此形成的竞争能促使企业披露其拥有的"私人信息",特别是成本信息。如果政府决定对一个自然垄断行业进行规制,那么市场的信息披露机制就会被大幅弱化,产生规制者与被规制者之间的逆向选择问题。

Baron & Myerson(1982)研究政府如何解决一个成本未知的垄断企业的逆向选择问题,我们这里讨论该模型的一个简化版。假设一个被规制垄断企业的边际成本 θ 是企业的私人信息,政府规制者无法直接观察,但是知道 θ 可能取两个不同的值,即 $\underline{\theta}$ 和 $\bar{\theta}$,满足 $0<\underline{\theta}<\bar{\theta}$,概率分别为

$$\text{prob}(\theta=\underline{\theta})=1-v\in(0,1), \text{prob}(\theta=\bar{\theta})=v\in(0,1)$$

也就是说,规制者知道企业为低成本"类型"的概率为 $1-v$,为高成本"类型"的概率为 v。规制者为企业制定的规制合同为 (t,q),其中 t 为总价,q 为总产量。在实践上,这个方案也相当于规定了企业的单价和总产量。

消费者需求函数为 $P(q),P'(q)<0$。于是消费者从消费 q 个单位的产品中获得的"效用"是

$$S(q)=\int_0^q P(s)\mathrm{d}s$$

这个效用函数满足

$$S'(q)=P(q)>0 \quad \text{和} \quad S''(q)=P'(q)<0$$

在合同 (t,q) 下,消费者剩余为 $W=S(q)-t$,企业利润为 $U=t-\theta q$。我们假设规制者的目标函数为

$$V=S(q)-t+\alpha(t-\theta q), 0\leqslant\alpha<1$$

注意到,规制者并不是追求算术意义上的社会总剩余(即 $S(q)-\theta q$)的最大化,而是更重视消费者剩余,给予企业利润的权重较小。

首先我们来看一个基准情形。假如规制者可以直接观察被规制企业的边际成本,即信息完全对称,那么规制者的最优化问题可以表述为

$$\max_{(t,q)} V=S(q)-t+\alpha(t-\theta q)$$

$$\text{s.t.} \ U=t-\theta q\geqslant 0$$

这个问题的约束条件显然是一个有效约束(即在最优解下取等号),否则降低 t 即

可实现更高的目标值。这个问题的最优解 (t^o, q^o) 满足以下一阶导数条件

$$S'(q^o) = \theta \quad \text{和} \quad t^o = \theta q^o$$

其中最优产出 $q^o(\theta)$ 与企业的边际成本 θ 有关，我们记

$$q^o(\underline{\theta}) = \underline{q}^o \quad \text{和} \quad q^o(\bar{\theta}) = \bar{q}^o$$

由于 $S'(.)$ 是减函数，我们有 $\underline{q}^o > \bar{q}^o$，即当企业的边际成本较低时，规制者会为其选择较高的产量。相应的总价为

$$\underline{t}^o = \underline{\theta}\, \underline{q}^o \quad \text{和} \quad \bar{t}^o = \bar{\theta}\, \bar{q}^o$$

由于规制者对企业利润的"歧视"，最优规制方案 $\{(\underline{t}^o, \underline{q}^o), (\bar{t}^o, \bar{q}^o)\}$ 使得企业利润为零。我们称这个完全信息条件下的规制方案为"第一最优"方案。

回到企业类型信息不对称的情况。如果仍采用前面的规制方案 $\{(\underline{t}^o, \underline{q}^o), (\bar{t}^o, \bar{q}^o)\}$，那么低成本类型的企业有动机隐瞒自己的真实类型。如果能够使规制者将自己认定为高成本企业，从而获得规制合同 $(\bar{t}^o, \bar{q}^o)$，那么低成本企业可以获得利润

$$\bar{t}^o - \underline{\theta}\bar{q}^o = \bar{t}^o - \bar{\theta}\bar{q}^o + (\bar{\theta} - \underline{\theta})\bar{q}^o = (\bar{\theta} - \underline{\theta})\bar{q}^o > 0$$

而不是从合同 $(\underline{t}^o, \underline{q}^o)$ 中获得零利润。而高成本类型的企业希望规制者知道自己的真实类型，否则会得到合同 $(\underline{t}^o, \underline{q}^o)$，导致负的利润，即

$$\underline{t}^o - \bar{\theta}\underline{q}^o = \underline{t}^o - \underline{\theta}\underline{q}^o - (\bar{\theta} - \underline{\theta})\underline{q}^o = -(\bar{\theta} - \underline{\theta})\underline{q}^o < 0$$

总之，无论被规制企业是什么类型，都希望自己被认定为高成本企业，因此依靠企业自愿报告自己的类型是不可行的。

在无法直接获得被规制企业的类型信息的情况下，规制者只能通过制定"第二最优"的规制方案，追求目标函数的期望值的最大化。规制者需要制定两个合同，$(\underline{t}^s, \underline{q}^s)$ 和 $(\bar{t}^s, \bar{q}^s)$，供企业自愿选择。合同的设计应满足激励相容和个体理性，即企业愿意宣布自己的真实类型，并选择相应的方案。第二最优合同 $\{(\underline{t}^s, \underline{q}^s), (\bar{t}^s, \bar{q}^s)\}$ 是以下最优化问题的解。

$$\max_{\{(\underline{t},\underline{q}),(\bar{t},\bar{q})\}} (1-v)(S(\underline{q}) - \underline{t} + \alpha(\underline{t} - \underline{\theta}\,\underline{q})) + v(S(\bar{q}) - \bar{t} + \alpha(\bar{t} - \bar{\theta}\bar{q}))$$

$$\text{s.t.} \quad \underline{t} - \underline{\theta}\,\underline{q} \geq \bar{t} - \underline{\theta}\bar{q}, \quad \bar{t} - \bar{\theta}\bar{q} \geq \underline{t} - \bar{\theta}\,\underline{q},$$

$$\underline{U} = \underline{t} - \underline{\theta}\,\underline{q} \geq 0, \quad \bar{U} = \bar{t} - \bar{\theta}\bar{q} \geq 0$$

其中第 1、第 2 个约束条件为激励相容条件，意味着规制方案能引导企业宣布自己的真实类型，"撒谎"不符合其自身利益。第 3、第 4 个约束条件是个体理性条件，意味着企业选择的合同使其至少能获得零利润。

在以上最优化问题的四个约束条件中，有效约束只有两个，即第1、第4个条件。事实上，第3个条件可以从第1、第4个条件中推出，即

$$\underline{t} - \underline{\theta}\underline{q} \geq \bar{t} - \underline{\theta}\bar{q} \geq \bar{t} - \bar{\theta}\bar{q} \geq 0$$

另外，在忽略第2个条件的情况下求解这个最优化问题，我们将发现所得结果满足第2个条件。

在仅考虑第1、第4个条件的情况下，不难检验这个两个条件都必须是有效约束。我们可从中解出

$$\bar{t} = \bar{\theta}\bar{q} \quad \text{和} \quad \underline{t} = \underline{\theta}\underline{q} + \bar{\theta}\bar{q} - \underline{\theta}\bar{q} = \underline{\theta}\underline{q} + (\bar{\theta} - \underline{\theta})\bar{q}$$

代入目标函数，原最优化问题简化为

$$\max_{(\underline{q},\bar{q})} (1-v)(S(\underline{q}) - \underline{\theta}\underline{q}) + v(S(\bar{q}) - \bar{\theta}\bar{q}) - (1-\alpha)(1-v)(\bar{\theta} - \underline{\theta})\bar{q}$$

"第二最优"的规制产量 $\underline{q}^s$ 和 $\bar{q}^s$ 应满足以下一阶导数条件

$$S'(\underline{q}^s) = \underline{\theta} \quad \text{和} \quad S'(\bar{q}^s) = \bar{\theta} + \frac{1-v}{v}(1-\alpha)(\bar{\theta} - \underline{\theta})$$

由于 $S'(.)$ 是减函数，我们有

$$\underline{q}^s = \underline{q}^o \quad \text{和} \quad \bar{q}^s < \bar{q}^o$$

即当企业是高成本类型时，规制产量 $\bar{q}^s$ 存在向下的扭曲，且 α 越小，扭曲越大，同时企业获得零利润；当企业是低成本类型时，规制产量 $\underline{q}^s$ 是帕累托有效的（或第一最优），同时企业获得一定的利润（又称"信息租金"），其大小为

$$\underline{U}^s = \underline{t}^s - \underline{\theta}\underline{q}^s = \bar{t}^s - \underline{\theta}\bar{q}^s = \bar{t}^s - \bar{\theta}\bar{q}^s + (\bar{\theta} - \underline{\theta})\bar{q}^s = (\bar{\theta} - \underline{\theta})\bar{q}^s$$

注意到低成本类型企业的利润 $\underline{U}^s$ 与高成本类型企业的产量 $\bar{q}^s$ 成比例。通过将 $\bar{q}^s$ 适当向下扭曲，可以降低低成本类型企业的利润，提高消费者剩余，这是规制者"歧视"企业利润的结果。假如不存在对企业利润的歧视，即 $\alpha = 1$，那么规制者不介意社会总福利在企业和消费者之间如何分配，这时最优规制方案不唯一，且在信息不对称情况下仍然可以实现第一最优的资源配置结果。

第二最优合同中的总价分别为

$$\bar{t}^s = \bar{\theta}\bar{q}^s \quad \text{和} \quad \underline{t}^s = \underline{\theta}\underline{q}^s + (\bar{\theta} - \underline{\theta})\bar{q}^s$$

可以检验，原最优化问题的第2个约束条件是满足的，因为

左边：$\bar{t}^s - \bar{\theta}\bar{q}^s = 0$，

右边：$\underline{t}^s - \bar{\theta}\underline{q}^s = (\bar{\theta} - \underline{\theta})(\bar{q}^s - \underline{q}^s) < (\bar{\theta} - \underline{\theta})(\bar{q}^o - \underline{q}^o) < 0$

因此，$\{(\underline{t}^s, \underline{q}^s), (\bar{t}^s, \bar{q}^s)\}$ 的确是原最优化问题的解。

以上规制模型与我们在区别定价理论中讨论过的"二级区别定价"有相似之

处,实际上其数学原理是基本相同的。逆向选择问题使得规制者无法实现第一最优的资源配置结果,这可被看作规制成本的一部分。

道德风险问题导致的规制

道德风险问题指的是在合作场景下,当博弈人的行为无法被其他博弈人观察或确认时产生的问题,一般体现为部分博弈人"暗中"采取对其他博弈人不利的行为。道德风险问题在经济生活中广泛存在,在市场机制下,人们会自发采取各种方法解决这个问题。例如,Jensen & Meckling(1976)指出,由于企业经理仅获得公司利润的一部分,但承担了全部的不可观察的努力成本,因此在企业经理与企业股东之间存在利益冲突,并由此产生"代理成本"。为了降低代理成本,人们发明了各种激励机制(如股权激励、期权激励、"对赌协议"等),尽可能使经理与股东的利益相一致。

当道德风险问题显著影响到公共利益时,政府可能对相关行业采取一定的规制手段。仍然以医疗服务行业为例,由于消费者缺乏相关的专业知识,他们对健康服务(诊断治疗康复等)的需求在很大程度上由专业医生建议甚至决定,消费者一般不能判断医生是否给出了符合自己利益的治疗方案。同时,由于医疗服务的非标准性,对医疗服务质量的度量和监督都十分困难。在这种情况下,医生可能出于个人利益,采取不符合消费者利益的行为,形成道德风险问题。

常见的医患之间的道德风险问题有以下两种。第一种是疾病预防知识提供不足的问题。在完全市场化的环境下,医院或医生缺乏动机为消费者提供疾病预防方面的专业知识。虽然消费者有预防疾病的需求,医生也拥有相关的知识,但是医生一般无法从这样的行为中获得利益。从激励理论的角度看,医院甚至可能排斥预防知识的传播,因为这样会降低对医疗服务的需求,从而减少医院的利润。

第二种是所谓的"供方诱导需求"(supplier-induced demand)现象(Farley,1986;Jaegher & Jegers,2000 等)。医生的专业服务具有高昂的固定成本,即培训成本,但是服务的边际成本很低。当社会上存在过剩的医疗服务能力,且医疗服务的价格高于医生提供服务的边际成本时,医生就可能有动机诱导患者接受过多的、不必要的服务,例如进行不必要的检查、购买超过需要量的药品,甚至建议患者接受可有可无的手术等。卫生经济学文献中有大量关于诱导需求问题的实证研究,例如 Delattre & Dormont(2003)研究法国 1979—1993 年的健康服务数据，发现当人均病人减少时，全科医生倾向于增加对每个病人的治疗。在我国，反映过度治疗的"大处方""以药养医"等问题也比较显著。

在不同社会环境下，还可能产生其他各种道德风险问题。例如在我国，相关法律法规对医生权益的保护还不够完善，"医闹"事件频繁发生，很多医生因此受到人身伤害。医生为了自我保护，经常在治疗过程中采取过于保守的方案，特别是尽量避免高风险的手术，要求患者进行大量的医学检查等，最终可能延误治疗，对患者不利。

消费者和医疗保险机构之间也存在道德风险问题。由于消费者将部分风险转移到保险机构，因而降低了规避疾病的激励，导致在疾病预防上投资不足。由于消费者行为的不可观察性，保险公司也无法通过保险合同要求消费者采取特定的预防措施。疾病预防不足使得消费者的健康风险增加，继而使得保险公司的成本上升，保险价格上升，最终负担还是落在消费者身上。另外，保险使得消费者对健康服务的需求增加，还可能会促使医院提高服务价格，从而在一定程度上抵消保险带来的好处（Feldstein，1970）。

医疗保险的存在进一步增强了供方诱导需求的动机，加剧了医患之间的道德风险问题。拥有保险的消费者对医疗价格的敏感程度降低，从而不再有动机对医生的行为进行监督，这样诱导需求的行为更加容易实施，进一步提高了医疗费用。在保险合同签订之后，诱导需求行为主要损害保险公司的利益，而不是消费者。但是在保险合同签订之前，保险公司会预料到诱导需求的发生，因而会提高保险价格，因此导致的损失最终还是由消费者承担。

医生在治疗过程中仅仅考虑为病人提供最好的治疗手段，而不考虑治疗成本，这貌似符合"医德"，也符合消费者在购买保险之后的意愿。但是在一个资源有限的世界，不计成本的治疗未必是消费者在"事前"所希望的，因为这样会间接提高获取保险的代价。如果医疗保险价格过高，那么可能将很多人排除在保险覆盖的范围之外，降低医疗服务的可得性，最终损害人们的健康。虽然生命是"无价"的，但人们愿意为获得医疗服务甚至延续生命所付出的金钱代价却是有限的，过高标准的医疗服务未必符合消费者的利益。

医疗健康行业的严重道德风险问题也为政府介入提供了依据。例如政府通过建立公立医院，出资雇用医生，向公民提供低价甚至免费的医疗服务，可以在很大程度上解决医患之间的道德风险问题，特别是能较好地解决过度医疗和疾病预防不足的问题，同时还可以避免医疗保险所带来额外道德风险。

基于道德风险的欺骗行为在市场经济中十分常见，其中的大多数并不需要政府干预,因为市场经常可以自发解决问题。例如对于重复购买的产品,消费者会在上当之后避开相关卖家;消费者通过"品牌"识别产品和企业,欺骗不利于维护企业的品牌形象,损害其长期利益;消费者之间的"口口相传"也可以限制欺骗行为的蔓延。

但是有一类特殊问题导致了很多政府规制,这就是安全问题。如果产品威胁到消费者的生命或健康安全,那么通过市场"试错"的方式实现资源有效配置不再可行,因为即使是一次性的损失就已经不能为社会所接受,这是一种特殊的市场失效现象。保障消费者安全是政府规制的一个重要原因,现实世界中基于安全的政府规制十分常见,例如在交通运输、药品食品、电器设备等行业。很多行业的信息不对称问题未必特别严重,但是由于关系到公民的人身安全,必须得到政府的认证之后才能进入市场。未经政府许可,即使买卖双方都同意,也不得进行交易。

◆ 案 例

北京什刹海冰车致伤多名游客

2019年1月30日,网友向《新京报》记者反映,在什刹海冰场因乘坐一款"带圆盘双人冰车",致身体受伤,质疑该车辆存在质量问题。这类受伤事件的发生大多是因为当冰车骤停或失控时,游客身体向前跌落,被冰车前方扶手的三角架刺伤。

《新京报》记者探访什刹海冰场发现,在冰场内有多种冰上娱乐器材供游客取用,"带圆盘双人冰车"是其中之一。冰车为铁板焊接而成,在一个长方形铁框上分别焊接一张铁椅、一个铁凳及一个由铁质三角架和铁棍支撑起来的圆盘状扶手。扶手不能控制方向,车辆的移动和制动全靠手持的冰叉控制。由于支撑该车辆前部扶手的铁棍直径较小,且并不坚固,很多车辆的铁架已经弯曲。记者拉着一辆扶手弯曲的车辆询问一名工作人员,对方将铁架用手掰直复原后称,"这个很安全,不存在什么问题"。

2月1日晚,西城区政府新闻办公室发布通报称,接到网友反映在什刹海冰场滑冰时受伤的情况后,什刹海冰场的监管单位西城区园林市政管理中心联系伤者询问伤情,同时到冰场进行了安全检查,要求立即开展隐患排查,将全部冰面车封存,增加冰面器材的安全措施,做好安全提示工作,保护游客游玩安全。

中国消费者协会专家委员会专家表示,多人在冰场遭遇同样的伤害证明此事并非孤立事件,应对相关游玩设施是否存在安全风险、冰场管理方如何履行保障消费者安全等问题提出疑问。该专家表示,就冰车的安全隐患来说,可能在冰车质量、冰车设计和游玩警示等方面存在问题。冰车应该在选材和制造上符合安全标准,消除隐患,即使出现翻车也应该有相应措施避免乘客受到伤害。应该在醒目的位置对游客做出安全提醒。

资料来源:什刹海冰场冰车被指致多人受伤,《新京报》,2019年2月3日。

规制导致的道德风险问题

规制本身也可能导致道德风险问题。在前面我们曾提到,如果一个被规制的自然垄断企业面临政府的平均成本定价,那么很可能缺乏足够的动机去控制成本,导致生产上的低效或浪费,这就是一种道德风险问题。在医疗服务市场,政府介入往往在解决一种道德风险问题的同时,又创造出另外一种道德风险问题。例如当政府引入公立医院时,可在一定程度上解决疾病预防知识提供不足和医生过度治疗的问题,但与此同时,由于医生失去了经济利益激励,可能会降低工作的努力程度,这样在短期会降低医疗服务质量,在长期还可能降低医生业务水平。公立医院面临预算软约束,经营管理水平也可能较低。

被规制企业的行为扭曲,除了因为行为不可观察或确认,还可能因为规制合同的不完备。如果在特殊状况下企业所需要采取的行动没有在合同中列示,那么企业的反应就可能对自己有利但不符合公共利益,其结果与道德风险问题类似。现实中的合同大多不能穷尽未来所有可能发生的状况,因而大多是不完备的。Tirole(1999)认为,不完备合同产生的原因主要有三个,即不可预见的事态变化(unforeseen contingencies)、合约详尽成本(cost of writing contracts),以及合约执行成本(cost of enforcing contracts)。

本章小结

本章介绍政府规制的基础理论,主要内容包括:
- 关于政府规制起因的理论解释,包括基于政治经济学的解释和基于规范经济学的解释,前者属于科学理论,后者属于价值判断;
- 自然垄断行业的定义;
- 自然垄断企业的政府定价理论;
- 基于信息不对称的规制理论。

习 题

1. 在 Peltzman(1976)的政治经济学模型中，假设一个政府官员考虑是否对某行业进行规制。该官员的效用函数为 $M(P,\pi) = \pi - kP$，其中 P 是该行业的价格水平，π 是行业总利润，$k > 0$ 为常数。该行业的利润 π 取决于价格水平 P，$\pi(P) = K - (P-a)^2$，其中 K 和 a 为足够大的常数。请问从该官员的角度看，什么是这个行业最优的价格？在什么情况下，该官员最有可能对这个行业进行规制？

2. 在某个受到政府规制的行业中，企业利用公开可得的相同技术，生产完全同质的产品。每个企业的总成本函数为 $c(q) = 100 + q^2$。假设政府首先设定行业总产量 Q，然后决定最优的生产方案（包括企业个数和每个企业的产量）。

(1) 如果 $Q = 30$，请找出成本最低的生产方案。

(2) 如果 $Q = 31$，请找出成本最低的生产方案。

3. 假设在某产业中，企业的总成本函数为 $C(q) = q^3 + q + 48$。请找出该产业自然垄断产量范围。

4. 某单一产品自然垄断行业有一个政府授权的垄断企业，总成本函数为 $c(q) = 8 + q$。市场需求函数为 $P(q) = 7 - q$。企业的销售价格由政府决定。请问

(1) 第一最优的价格和产量分别是多少？

(2) 第二最优(Ramsey)的价格和产量分别是多少？

5. 试从三级区别定价的角度解释，即使不考虑价格高于边际成本带来的无谓损失，多产品自然垄断行业的 Ramsey 定价也不是帕累托有效的。

6. 在 17.4 节"规制导致的逆向选择问题"的模型中，假如规制者追求社会总福利 $(S(q) - \theta q)$ 最大化，请问最优规制方案是什么？

参考文献

Averch, H. and L. Johnson, 1962, "Behavior of the Firm under Regulatory Constraint", *American Economic Review*, 52(5):1052—1069.

Baron, D. and R. Myerson, 1982, "Regulating a Monopolist with Unknown Costs", *Econometrica*, (50)4:911—930.

Baumol, W. and D. Bradford, 1970, "Optimal Departures from Marginal Cost Pricing", *American Economic Review*, 60(3):265—283.

Baumol, W. and D. Bradford, 1970, "Optimal Departure from Marginal Cost Pricing",

American Economic Review, 60(3): 265—83.

Braeutigam, R., 1979, "Optimal Pricing with Intermodal Competition", *American Economic Review*, 69(1): 38—49.

Cutler, D. and S. Reber, 1998, "Paying for Health Insurance: The Tradeoff between Competition and Adverse Selection", *Quarterly Journal of Economics*, 113(2): 433—466.

Delattre, E. and B. Dormont, 2003, "Fixed Fees and Physician-induced Demand: A Panel Data Study on French Physicians", *Health Economics*, 12(9): 741—754.

Demsetz, H., 1968, "Why Regulate Utilities?", *The Journal of Law and Economics*, 11(1): 55—65.

Farley, P., 1986, "Theories of the Price and Quantity of Physician Services: A Synthesis and Critique", *Journal of Health Economics*, 5(4): 315—333.

Feldstein, M., 1970, "The Rising Price of Physicians' Services", *Review of Economics and Statistics*, 52(2): 121—133.

Jaegher, K. and M. Jegers, 2000, "A Model of Physician Behaviour with Demand Inducement", *Journal of Health Economics*, 19(2): 231—258.

Jansen, M. and W. Meckling, 1976, "Theory of the Firm, Managerial Behavior, Agency Costs and Ownership Structure", *Journal of Financial Economics*, 3(4): 305—360.

Peltzman, S., 1976, "Toward a More General Theory of Regulation", *Journal of Law and Economics*, 19(2): 211—240.

Stigler, G., 1971, "The Theory of Economic Regulation", *Bell Journal of Economics*, 2(1): 3—21.

Tirole, J., 1999, "Incomplete Contracts: Where do we stand?", *Econometrica*, 67(4): 741—781.

Williamson, O., 1976, "Franchise Bidding for Natural Monopoly—In General and with Respect to CATV", *Bell Journal of Economics*, 7(1): 73—104.

Wilson, C., 1977, "A Model of Insurance Markets with Incomplete Information", *Journal of Economic Theory*, 16(2): 167—207.

Vogelsang, I. and J. Finsinger, 1979, "A Regulatory Adjustment Process for Optimal Pricing by Multiproduct Monopoly Firms", *The Bell Journal of Economics*, 10(1): 157—171.

第十八章
反垄断

反垄断是政府干预分散决策的市场经济的另一种手段。政府基于特定价值判断制定反垄断法律法规,并依法阻止或惩罚企业的"妨碍竞争"行为,如相互竞争企业之间的合并、相互持股或共谋及大企业滥用其市场支配地位等。很多经济学家认为反垄断的目的应该很简单,即通过促进竞争提高资源配置效率,增加社会总福利,但现实中各国的反垄断法往往兼顾效率和公平,有些还考虑经济发展需要。

反垄断实践涉及比较复杂的经济学分析,专业性很强。由于法律条文和经济理论的模糊性,以及调查取证的困难,反垄断机构的自由裁量权较大,裁决结果有较大不确定性。适当的反垄断行为有助于保护消费者和弱势企业的利益,但过于严厉的反垄断行为可能造成对微观经济的不当干预,为企业的经营和发展制造额外的不确定性,因此反垄断的适用范围在经济学家中存在一定争议。

◆ 引导案例

山西电力行业垄断案

2016年1月14日,山西省电力行业协会召集4家央企发电集团(大唐、国电、华能、华电)的山西公司、4家省属发电集团(漳泽电力、格盟能源、晋能电力、西山煤电),以及15家地方发电厂,在太原市西山酒店召开了"大用户直供电座谈会",期间签署通过《山西省火电企业防止恶意竞争保障行业健康可持续发展公约》(以下简称《公约》)。《公约》第五条规定,各发电企业应根据市场情况,"按照成本加微利的原则,测算大用户最低交易报价,由省电力行业协会加权平均后公布执行。"会议期间,各当事人达成了山西省2016年第二批直供电最低交易报价让利幅度,即与标杆电价相比,让利幅度不高于0.02元/千瓦时,并随后实施了这一直供电价格垄断协议,交易平均价格为0.3元/千瓦时。

2016年1月29日,全国12358价格监管平台和山西省政府有关部门接到上述涉案内容的举报。2017年2月21日,国家发展改革委通报对山西省电力行业协会的拟处罚意见。山西省电力行业协会及18家电力企业对拟做出的行政处罚存在异议,以《反垄断法》不适用于电力市场及经济不景气等理由进行申辩。2017年8月3日,国家发展改革委发布有关山西省电力行业协会组织23家企业达成并实施直供电价格垄断协议的处罚决定,对达成垄断协议发挥组织作用的山西省电力行业协会从重顶格罚款50万元,对包括6家央企在内的23家涉案电力企业合计罚款7288万元。

根据《反垄断法》,相互竞争的企业采取一致行动,共同限定最低价格,无疑是典型的违法行为。在行业不景气或企业产能过剩时期,此类行为是避免企业破产重组的有效手段,但这不能成为违法的理由,破产重组本身是对企业判断失误的必要惩罚。

资料来源:山西电力行业协会牵头达成垄断协议 国家发改委开七千万罚单,《人民日报》,2017年8月4日。

本章概要

反垄断市场的定义　　　　市场力量的度量
市场边界的刻画　　　　　水平合并案例的处理
各国反垄断法简介

18.1 反垄断案例与反垄断市场

反垄断案例大致可分为水平合并（horizontal merger）案例和垄断行为（monopolization）案例两类。对于水平合并案例,由于合并后的企业会有更大的市场力量,反垄断机构需要知道合并成功会在多大程度上减弱市场竞争,以及合并带来的成本节省能否抵消竞争减弱的负面影响。在合并案提交反垄断机构审核时,合并事件还没有实际发生,因此案件的分析是前瞻性的。对于垄断行为案例,反垄断机构需要研究企业是否已经通过某些不正当的手段,获得了经济利益或竞争优势,同时损害了其他企业或个人的正当利益。垄断行为案例与大多数其他诉讼案例类似,一般是由受害者或公诉机构在侵害行为发生之后提起,因此案例的分析是回溯性的。

反垄断市场

在前面关于策略性行为、垂直约束及水平约束等章节的讨论中,我们已经多次提到相关的企业行为可能带来的不利福利影响,以及反垄断机构可能采取的行动。在这些讨论中,我们一般默认有一个定义清晰的"市场",这个"市场"是由一组产品、一群买家和卖家,以及买卖双方决定价格并进行交易的地点组成的。给定消费者需求、生产成本、产品组合等影响资源配置效率的变量,以及具体发生或将要发生的企业行为,我们就可以进行福利经济学评估。但是在现实世界,由于产品之间或强或弱的替代性,清晰的"市场"大多并不存在,市场的边界是模糊的,这样福利经济学评估的基础就被破坏了。为了解决市场定义的问题,美国司法部在1982年版的《合并指南》(Merger Guidelines)中,给出一个"反垄断市场"(antitrust market)的定义,并且在1992年版中进行了优化。这个市场定义对各国的反垄断实践产生了重大影响。

《合并指南》中的"市场边界"是由"假想的垄断者检验"(hypothetical monopolist test)来确定。一个市场被定义为一个或一组产品及生产或销售该产品的地域。如果一个追求利润最大化的企业是该区域、该产品目前和将来、唯一的生产和销售商,那么在市场环境不变的情况下,该企业很有可能(即有利可图地)在竞争价格的基础上,"小幅但显著且持续的价格上升"(small but significant and non-transitory increase in price,SSNIP)。一个"反垄断市场"就是满足该SSNIP检验的最小的一组产品和区域。

简单地说,一个反垄断市场就是最小的一组产品和一个区域,使得一个假想的垄断供货商有明显的市场力量。注意到,从一个核心产品出发,当与其有替代关系的产品的集合足够大时,假想的垄断者一定会具有市场力量。SSNIP在实践中经常被设定为5%的价格上升并能够持续一年,也就是说,新企业的市场进入需要一年以上的时间才能平抑价格。

在中国国务院反垄断委员会于2009年7月7日公布的《关于相关市场界定的指南》中,对"相关市场"的定义(第四章第十条)基本上借鉴了以上定义:"假定垄断者测试一般先界定相关商品市场。首先从反垄断审查关注的经营者提供的商品(目标商品)开始考虑,假设该经营者是以利润最大化为经营目标的垄断者(假定垄断者),那么要分析的问题是,在其他商品的销售条件保持不变的情况下,假定垄断者能否持久地(一般为1年)小幅(一般为5%—10%)提高目标商品的价格。目标商品涨价会导致需求者转向购买具有紧密替代关系的其他商品，从而引起假定垄断者销售量下降。如果目标商品涨价后，即使假定垄断者销售量下降，但其仍然有利可图，则目标商品就构成相关商品市场。如果涨价引起需求者转向具有紧密替代关系的其他商品，使假定垄断者的涨价行为无利可图，则需要把该替代商品增加到相关商品市场中，该替代商品与目标商品形成商品集合。接下来分析如果该商品集合涨价，假定垄断者是否仍有利可图。如果答案是肯定的，那么该商品集合就构成相关商品市场；否则还需要继续进行上述分析过程。随着商品集合越来越大，集合内商品与集合外商品的替代性越来越小，最终会出现某一商品集合，假定垄断者可以通过涨价实现盈利，由此便界定出相关商品市场。"

"玻璃纸谬误"

反垄断市场定义中的核心思想是"假想的垄断者检验"，即一个假想的垄断者能够在竞争性价格的基础上，有利可图地提高价格。需要强调的是，这里的"提高"是在接近边际成本或平均成本的"竞争价格"基础上。很显然，在垄断价格基础上，企业不可能再有提高价格的动机。忽略了这一点，就可能在反垄断实践中犯错。

在合并案例和垄断案例的分析中，应用"假想的垄断者检验"的方式有很大的不同。对于合并案例，合并事件还没有实际发生，核心问题是合并是否会产生不利影响，评估 SSNIP 是否有利可图时，是以合并前的、实际可观察的市场价格为基准，这个价格一般来说是竞争条件下的价格。如果待合并企业所生产的产品集合构成一个反垄断市场，那么合并将造成价格显著持续上升。

而对于垄断案例，核心问题是企业是否"已经"通过各种手段获得了垄断地位。如果企业已经获得垄断地位并实现了最优垄断定价，那么在当前价格下，企业不可能再通过提高价格增加利润。在垄断企业的最优价格下，需求通常都是比较有弹性的，否则企业会进一步提高价格。垄断案例关注被告企业是否已经成为一个反垄断市场的唯一供应者，这时的"假想的垄断者检验"应该以竞争价格为基准，而竞争价格不是当前价格，无法被直接观察。使用当前价格进行"假想的垄断者检验"是错误的，这是一个在反垄断实践中容易被忽略的问题。

例如，美国的司法部在 1947 年 12 月对综合性化工企业杜邦公司（E. I. du Pont）提起诉讼，认为杜邦公司垄断、试图垄断及密谋垄断玻璃纸（cellophane，一种包装材料)市场,违反了《谢尔曼法》(The Sherman Act),要求法院下令禁止杜邦公司对玻璃纸市场的垄断,以及采取其他任何可以消除该垄断力量的解决办法。但是,审理此案的特拉华州地方法院和最高法院都认为,在考虑了价格、用途及质量等因素后,市场上存在许多可以替代玻璃纸的产品,如塑料袋、包装纸等,因此杜邦公司在包装材料市场上并无过度的市场力量。具体而言,法院认为杜邦公司的玻璃纸产品面临价格弹性较大的需求,因此玻璃纸产品不能构成一个反垄断市场,这样杜邦公司无法成为一个相关市场的垄断者。

Stocking & Mueller(1955)指出,上述判决在理论上不合理。在当前价格下的需求富有弹性并不意味着企业没有市场力量,法院需要验证的是,如果该企业把产品价格降低到竞争价格水平时,那些替代产品是否仍然具有竞争力。法律经济学家理查德·波斯纳(Richard Posner)对玻璃纸案例评论说:"在当前价格而非竞争价格水平下的可替代产品的存在,远不足以说明垄断力量不存在,反而可能恰恰是垄断力量存在的标志。"(Posner,1976)在反垄断分析中,未能意识到垄断企业总是把价格设在需求富有弹性的水平的现象,被称为"玻璃纸谬误"(the cellophane fallacy)、"玻璃纸陷阱"(the cellophane trap)或"玻璃纸悖论"(the cellophane paradox)。

18.2 市场力量

在经济学理论中,市场力量(market power)即为定价能力。如果一个企业的最优价格高于其边际成本,那么我们就称该企业具有市场力量,最优价格越高,企业的市场力量越大。企业从出售产品中获得的剩余可以看作其市场力量的"租金"。一个常见的衡量企业市场力量的指标是Lerner指数,即价格与边际成本之差与价格的比:

$$L = \frac{P - MC}{P}$$

不过,企业的利润与其Lerner指数之间并不存在简单的关系。有些企业,如计算机软件企业,产品的边际成本很低,而固定成本很高,虽然定价的Lerner指数很高,但利润未必很高,甚至可能有亏损。这个现象在当前的信息科技时代十分普遍。

企业的价格可能发生短期波动,但在长期一般不会低于边际成本。否则,企业只要放弃部分或全部产量就可以避免亏损。在完全竞争市场,企业的价格等于边际成本,企业完全没有市场力量。在其他市场结构中,企业价格一般都严格高于边际成本,因此企业或多或少拥有一些市场力量。在垄断竞争市场,企业市场力量的租金大致覆盖其固定成本。在其他条件都相同的情况下,垄断企业拥有最强的市场力量。过强的定价能力造成市场价格体系的扭曲,使得价格不能反映各种资源的相对稀缺程度,最终导致消费者选择的扭曲和社会福利的损失。

市场份额较大的企业通常倾向于选择较高的价格和较低的产量,但也可能以其他方式发挥市场力量。例如在传统零售市场,大型零售商经常以低价著称,给人的印象是零售商之间的水平合并是对社会有利的,这个观点在欧洲的反垄断实践中有一定影响。零售市场有产品基本同质和空间价格竞争的特点,使得大零售商唯有通过低价才能实现较大的销售量,因此零售商的市场力量主要是以压低进货价格的方式体现,即发挥在上游市场的"买方力量"(buyer power)。大型零售商的买方力量迫使上游供货商提高对小型零售商的供货价格,最终仍然可能导致相对价格扭曲和社会福利损失。

市场经济本身具有自我修复的能力。当企业通过市场力量获取显著经济利润时,很可能会吸引其他竞争性企业进入市场,使得市场竞争程度提高,价格扭曲减弱。这种自我修复能力正是市场机制最为人称道的特征之一。在市场经济条件下,之所以仍然需要反垄断法,是因为市场自我修复能力经常具有局限性,特别是当市场进入面临各种困难和障碍时。

企业拥有市场力量本身并不违反反垄断法,但采用"不当手段"获取市场力量(即 monopolization)则可能是违法的,虽然何为"不当手段"存在模糊性。一般来说,如果企业获取的市场力量是显著且持续的,那么反垄断机构就可能进行干预。在实践上,"显著"指的是价格明显高于平均成本,且企业有可观的经济利润,"持续"指的是企业可以长期稳定地获得该经济利润。显著而持续的市场力量之所以存在,根源上是因为其他企业进入面临一定困难。进入壁垒的形成可能是由于行政性准入控制、较高的技术门槛、有效的专利保护、规模经济要求的巨额资本投入及在位企业的策略性进入阻止等。

在实践中,我们经常比较容易观察企业的定价,但很难了解企业的边际成本,这样就难以确认市场力量的显著性。一个替代方法是,估算企业或一组企业所面临的(剩余)需求的价格弹性。如果在竞争性价格水平附近,消费者需求的价格弹性较低,那么就表明企业(或一组企业作为一个整体)有较高的市场力量。但是,估算需求的价格弹性可能需要获得不同价格下的需求量数据,有时也未必可行。

反垄断机构或法庭经常再退而求其次,用企业的市场份额来代表企业的市场力量。如果反垄断案件中涉及的企业的市场份额较高,那么就认为企业有较高的市场力量。用市场份额代表市场力量的前提之一是,相关市场有确切的定义,而在现实世界,市场的边际经常是模糊的,即使采用美国司法部《合并指南》中的"反垄断市场"定义,刻画市场边界也并不简单。由于这个原因,许多反垄断案例的核心分歧点就是市场的范围。一般来说,被指控垄断的企业倾向于夸大市场的范围,这样本企业的市场份额就较低,而指控方则相反,希望缩小相关市场的范围。

例如微软认为其视窗系统是"软件"产业的一部分,因此微软的市场份额微不足道,而反垄断机构则认为视窗系统是桌面计算机操作系统产业的一部分,甚至与微软公司的 Office 办公软件都没有竞争关系,因此视窗系统具有显著的垄断地位。又如在"网络约车信息平台"市场上,滴滴公司(北京小桔科技有限公司)接近于网约车服务行业的"垄断者",这意味着发生在 2015 年 2 月的"滴滴打车"和"快的打车"合并存在减弱竞争的嫌疑。但是,如果将滴滴公司看作交通出行市场的一个参与者,考虑到大多数人无须经过滴滴公司的服务平台也可以安排出行,那么滴滴公司的市场份额就微不足道了,自然也就没有反垄断方面的问题。

尽管如此,市场份额仍然是一个相对比较容易计算的指标,因此在反垄断中获得广泛应用。值得注意的是,即使能够精确计算,市场份额仍然不是描述市场力量的完美指标。市场份额能否反映企业的市场力量,取决于新企业进入的难易程度和产品的差异程度。如果产品的同质化程度较高,新竞争者的进入比较容易(沉没成本低、需要时间短),那么这个行业注定竞争激烈,企业很难有利可图,因此不会吸引很多企业进入,于是就会出现在位企业的个数少、市场份额大、但利润却不高的现象。例如在许多初级产品(如矿石、农产品等)行业,我们经常看到这种貌似寡头的高度集中的市场结构,而市场价格相对于成本并不高。相反,如果消费者非常重视产品的多样性,使得同一行业的不同企业的产品之间有较大的差异,那么企业可以在市场份额不高的情况下获得超额利润。例如苹果手机面临大量竞争者,却可以独占整个手机产业的绝大部分利润。

反垄断机构关注市场份额的另一个原因是,高度集中的产业容易实现相互竞争企业之间的"心照不宣的"合谋,形成隐蔽的垄断。这个担心在产品标准化程度较高的行业(如大宗商品行业)尤其显著。合谋成功的关键在于对企业间"欺骗"行为的相互监督,参与合谋的企业个数越少,产品标准化程度越高,相互监督的成本就越低,合谋也就越容易发生。因此对集中程度较高的行业,即使企业间的价格竞争较充分,也需要适当控制企业之间的合并。

另外一个应该注意的问题是，参与合并企业当前是否具有市场力量，与合并后的企业是否会获得较大的市场力量，是两个不同的问题。如果没有潜在进入，两个毫无市场力量的企业之间的合并可能形成一个有很大市场力量的企业。当两个生产同质产品的企业之间进行激烈的价格竞争时，两个企业都没有显著市场力量，但是它们合并之后，就可能形成一个垄断者，这时即使合并能产生一定的成本节省，市场价格也可能大幅上升。例如澳大利亚的两大主要铁矿石供应商必和必拓与力拓，在国际铁矿石出口市场上有竞争关系，产品的高度同质性使得竞争比较激烈。如果两者合并其铁矿石业务，那么澳洲大陆的铁矿石出口竞争就会消失，很可能导致国际铁矿石市场竞争程度大幅降低。反垄断机构是否应该对相关合并进行干预，在很大程度上取决于其对新企业能否及时进入并平抑价格的评估。

18.3 市场边界的刻画

刻画一个反垄断市场需要明确相关的产品范围和地理范围。由于"假想的垄断者检验"需要大量数据支持，这些数据在实践中未必可得，因此有时需要通过其他方法界定反垄断市场，特别是界定市场的产品范围。有些市场的产品范围比较清晰，例如大宗原材料市场，不同产品之间差异明显。但是大多数市场的产品范围并不清晰，例如同样是机动车，轿车、越野车和客货两用车是否属于同一个市场，或者这些产品之间的界线在哪里，就可能存在争议。实践中常见的界定产品范围的方法包括交叉价格弹性方法和价格相关性方法。

交叉价格弹性方法

从直觉上看，市场的边界应该是在产品替代链中的"缺口"处找到的。从一个核心产品（如反垄断案件中涉及的产品）出发，将与该产品有替代性的其他产品按替代程度由高到低排列，如果存在一个替代程度的"跳跃"，那么这个"缺口"就可能被认为是市场的边界。产品之间的替代程度是用需求的交叉价格弹性来度量的。消费者对产品 j 的需求量 q_j 对产品 i 的价格 $(p_1,\cdots,p_n)$ 的弹性定义为

$$\varepsilon_{ji} = \frac{\partial q_j/q_j}{\partial p_i/p_i} = \frac{\partial q_j}{\partial p_i}\frac{p_i}{q_j}$$

相互替代产品之间的交叉价格弹性值通常为正。弹性值 ε_{ji} 越大,意味着产品 j 对产品 i 的替代性越好。也就是说,当产品 i 的价格上升时,消费者越愿意用产品 j 来替代。交叉价格弹性可以在一定程度上说明当某产品的价格提高时,丢失的销售量去了哪里。

交叉价格弹性和自身价格弹性之间存在一定关系。假设某类产品包括 n 个不同品种,分别记为 $1,\cdots,n$,市场需求函数分别为 $q_i = q_i(p_1,\cdots,p_n), i=1,\cdots,n$。假设在整体价格水平稳定的情况下,消费者在这类产品上的总消费额为常数,记为 E。于是

$$E = p_1 q_1 + p_2 q_2 + \cdots + p_n q_n$$

将以上等式两边看作 p_1 的函数,对 p_1 求导可得

$$0 = q_1 + p_1 \frac{\partial q_1}{\partial p_1} + p_2 \frac{\partial q_2}{\partial p_1} + \cdots + p_n \frac{\partial q_n}{\partial p_1}$$

这个等式可以改写成

$$0 = 1 + \frac{p_1}{q_1}\frac{\partial q_1}{\partial p_1} + \frac{p_2 q_2}{p_1 q_1}\frac{\partial q_2}{\partial p_1}\frac{p_1}{q_2} + \cdots + \frac{p_n q_n}{p_1 q_1}\frac{\partial q_n}{\partial p_1}\frac{p_1}{q_n}$$

注意到 $\varepsilon_{ji} = \frac{\partial q_j}{\partial p_i}\frac{p_i}{q_j}$,另外记 s_j 为消费者在产品 j 上的消费份额,即 $s_j = \dfrac{p_j q_j}{\sum\limits_{i=1}^{n} p_i q_i}$,上式可写成

$$-\varepsilon_{11} = 1 + \frac{s_2}{s_1}\varepsilon_{21} + \cdots + \frac{s_n}{s_1}\varepsilon_{n1}$$

类似地,我们有

$$-\varepsilon_{ii} = 1 + \sum_{j \neq i} \frac{s_j}{s_i}\varepsilon_{ji}, \quad i=1,\cdots,n$$

以上公式表明,当消费者在某类产品上的总支出基本不变时,其需求的自身价格弹性(市场力量)概括了所有替代的可能性,同时与各个产品的消费份额有关。这个公式还意味着,一个生产特定产品的企业的市场力量的大小,与其产品是否有好的替代品之间并无简单的关系,还需要考虑消费份额的影响,如例 18-1 所示。

例 18-1 假设某地区汽车市场只有两种产品,豪华汽车(记为 1)和普通汽车(记为 2)。豪华汽车对于普通汽车的交叉价格弹性为 6,也就是说,豪华汽车是普通汽车的不错的替代品,普通汽车的价格每增加 1%,豪华汽车的销售就会增加 6%。假设豪华汽车的价格为 40 万元,普通汽车的价格为 20 万元,且在此价格下,需求量分别为 100 辆和 2000 辆,这样两者的消费额之比为 10。根据以

上公式，普通汽车的自身价格弹性（的绝对值）为

$$-\varepsilon_{22} = 1 + \frac{40 \times 100}{20 \times 2000} \times 6 = 1.6$$

因此，虽然豪华汽车对于普通汽车的交叉价格弹性很大，达到 6，但普通汽车的自身价格弹性（的绝对值）仅为 1.6。如果普通汽车被一个企业垄断供应，那么企业的市场力量仍然是可观的。当这个垄断企业提高价格时，虽然会大幅增加对豪华汽车的需求，但由于豪华汽车的市场份额很小，垄断企业丢失的销售金额是比较有限的。

用交叉价格弹性方法刻画市场边界有很大局限性。首先，交叉价格弹性的计算需要大量的相关数据，这些数据在实践中很难全面获得；其次，在一系列替代品的交叉价格弹性序列中，不一定存在"缺口"，这时就无法划分市场边界；再次，替代性是一个连续变量，交叉价格弹性的临界值的确定具有主观性；最后，交叉价格弹性只是间接反映产品的独特性，在某些情况下，较大的交叉价格弹性并不代表较低的自身价格弹性（绝对值）。

价格相关性方法

如果两种产品具有显著的交叉价格弹性，那么其中一个产品的价格变化会显著影响消费者对另一个产品的需求，进而影响其价格，因此它们的相对价格会比较稳定，即存在较高的价格相关性。从这个角度出发，有经济学家认为，正的价格相关性的存在是判断相关产品是否属于同一市场的依据。Stigler & Sherwin(1985)提出，价格相关性不仅可以用来判断市场的地理区域，还可用来判断产品边界。

例 18-2 金属银的期货在美国的纽约商品交易所（New York Commodity Exchange）和芝加哥期货交易所均有交易。Stigler & Sherwin(1985)研究了这两个交易所交易的银期货是否属于同一个市场的问题。他们发现，在 1982 年 6 月 23 日—8 月 4 日期间，1982 年 12 月交割的金属银期货在两个交易所的收盘价的相关系数为 0.997，两个交易所的价格变动值的相关系数为 0.92。Stigler & Sherwin(1985)由此得出结论，这两个期货产品属于同一个市场，两者之间存在竞争性。

由于价格经常是公开信息，对于反垄断实践者而言，价格相关性指标比较易于计算，因而实用性较好。价格相关性方法可能提供产品之间存在竞争关系的间接证据，但是也存在明显的局限性。

首先，判断两种产品是否属于一个市场，需要主观设定一个价格相关系数的

低限,而这个低限如何设定并没有公认的标准。例如0.95以上的相关系数或许足以判断相关产品属于同一市场,但是0.6的相关系数是否可以做出判断就不太确定,这在实践运用上可能成为一个争论焦点。

其次,在高度竞争市场,两个相互竞争的产品之间也可能没有价格相关性。产品之间的竞争关系是由消费者需求决定的,而竞争性产品的价格基本由成本决定,与需求关系不大。当两个相互替代的产品有不同的生产方式时,成本决定的价格相关性就可能不存在。例如钢制家具的价格主要受钢材价格影响,而木质家具的价格主要受木材价格影响,相互之间可能没有明显的相关性,但这并不意味着它们之间没有竞争关系,因此价格相关性较低的两种产品也可能属于同一个反垄断市场。钢制家具和木制家具在竞争价格下的价格相关性不大,但如果水平合并使得市场竞争减弱、价格上升,价格相关性就可能出现。

再次,两个没有竞争关系的产品之间也可能存在价格相关性。当两个产品的供应需要共同的投入品时,由于产品价格均与其投入品的价格高度相关,这样就会产生相互的价格相关性。例如塑料制品包罗万象,用途各异,完全不属于某单个市场,但它们相互之间的价格相关性却可能非常普遍。

最后,通过价格相关性来判断市场边界,必须首先确认相关产品能同时供消费者选择,否则价格相关性未必代表产品之间的竞争性。例如北京和广州的成品油价格高度相关,但相互之间几乎没有竞争性;白天的电力价格和晚上的电力价格也是高度相关,但这两种电力产品之间的竞争很弱。

总之,即使在理论上,对市场边界的准确判断也是十分困难的,实践上的不确定性可能更大。反垄断具有很大的主观裁量余地,很难判断什么是适当的判决。如果反垄断机构能够保持高度中立,那么克制的反垄断行为也许有利于市场竞争。如果反垄断当局本身不是完全中立,那么反垄断就可能导致政府或司法对市场经济的有偏干预,最终使得市场环境变得不可预测。

18.4 水平合并案例

与垄断行为案例经常存在较大争议不同,水平合并案例不利于竞争基本上是共识。在各国的反垄断法律法规中,一般都有直接针对水平合并的条文。对于在特定经济区域范围内的、市场份额较大的、具有相互竞争关系的企业之间的合并,一般需要在事前获得反垄断机构的批准。

我国《反垄断法》中关于水平合并的条款为"经营者集中达到国务院规定的申报标准的,经营者应当事先向国务院反垄断执法机构申报,未申报的不得实施集中"(第二十一条)。根据2008年8月3日的国务院第529号令《国务院关于经营者集中申报标准的规定》,水平合并的申报标准为:

(一)参与集中的所有经营者上一会计年度在全球范围内的营业额合计超过100亿元人民币,并且其中至少两个经营者上一会计年度在中国境内的营业额均超过4亿元人民币;

(二)参与集中的所有经营者上一会计年度在中国境内的营业额合计超过20亿元人民币,并且其中至少两个经营者上一会计年度在中国境内的营业额均超过4亿元人民币。

◆ 案 例

国美电器和永乐电器合并

2006年11月2日,国美电器与永乐电器以"股权置换+现金"的方式完成合并,永乐电器每股对价国美0.3247股及现金0.1736港元。以双方公司停牌前股价计算,相当于国美以52.68亿港元收购了永乐。2007年12月14日,国美电器宣布出资36亿元人民币收购大中电器。

虽然国美和永乐在整个中国电器零售市场的市场占有率都很低,但是在当时的北京和上海的区域市场上,有较高的市场份额。尤其是国美电器,曾经是家用电器零售市场的领头羊。从传统零售的角度看,此项合并不利于北京和上海地区家电零售市场的竞争,很可能显著加大国美电器在上游批发市场的买方力量。

但是随着电子商务的兴起,网上零售商(如京东、天猫等)和制造商直销迅速发展,蚕食了实体零售商店的市场份额。同时由于各种原因,苏宁电器逐渐壮大并超越国美电器。这些因素使得电器零售市场的竞争显著加剧,上述合并的不利影响未能体现出来。

在美国,1980年以前关于合并的分析主要是研究合并对合谋的影响,《合并指南》的早期版本也是以此为标准。Posner(1976)和Fisher(1987)提出两步分析法:第一步,确定有可能产生合谋的产业,只有当计划合并的企业属于这些产业时,反垄断机构才会介入;第二步,分析特定合并对价格和产量的影响,以决定采取何种行动。

基于合谋的分析主要基于合作博弈论,固有的缺点是不够稳健,因此很难预测合并对合谋产生的具体影响。另外,合谋在产品同质化程度较高的工业时代比较可行,也比较容易判断,而在产品高度异质化的信息时代,简单的合谋越发困难,也很难进行判断。

从 20 世纪 90 年代开始,美国主要的反垄断机构司法部反垄断局(Antitrust division,Department of Justice,DOJ)和联邦贸易委员会(Federal Trade Commission,FTC)开始把注意力集中在基于非合作博弈论的合并分析上,更加强调根据具体市场环境分析合并对竞争的影响,而不是建立一个统一的判断准则。政府允许合并的条件一般是要让市场保持原有的竞争程度,这可通过不同的方法进行,例如要求合并企业将其研发部门分离出去,或者要求合并企业把自己的核心技术授权给其他企业等。

讨论水平合并的社会福利影响的前提是有一个边界清晰的"市场"的刻画。为了解决这个问题,美国 1982 年版的《合并指南》给出"反垄断市场"的概念,并且在 1992 年版进行了优化。反垄断市场的"边界"由"假想的垄断检验"来确定。一个反垄断市场就是最小的一组产品和一个区域,使得一个假想的垄断供货商有明显的市场力量。

1992 年的《合并指南》建议,反垄断机构可使用 HHI(实际值乘以 10000,即取值 0—10000)来帮助确定一个合并是否有反垄断方面的问题。按集中度,市场可被分为三类:低度集中市场(unconcentrated)(HHI<1000)、中度集中市场(moderately concentrated)(1000<HHI<1800),以及高度集中市场(highly concentrated)(HHI>1800)。反垄断机构不仅要考虑合并后的市场集中度,还要考虑合并导致的集中度增加。例如,如果合并后 HHI 大于 1800 并且合并使 HHI 增加超过 50,或者合并后 HHI 大于 1000 并且合并使 HHI 增加量大于 100,那么反垄断机构应该对该合并进行进一步的研究。

1992 年的《合并指南》有一个新的重点,即讨论市场进入对减弱或消除合并带来的潜在反竞争影响的作用。《合并指南》要求企业合并之后,其他企业的进入必须"及时"(timely)、"可能性高"(likely)和"充分"(sufficient)。具体而言,"及时"指的是新企业的进入应该在 1 年内起到压低市场价格的作用;"可能性高"指的是合并后的市场进入应该对新企业而言是有利可图的;"充分"指的是在反垄断机构可接受的时间段内,新企业的进入可以把市场价格推回到合并前的水平。因为所有针对合并的研究都是展望性的,而这种展望性分析经常不可靠,所以《合并指南》要求,为了抵消合并带来的不利于竞争的作用,必须有确切可靠的证据证明,新企业的进入会及时有效地发生。

企业要求合并本身在一定程度上表明,新企业的进入不大可能完全抵消合并带来的竞争减弱作用,否则合并难以有利可图。如果合并不能带来显著的成本节省,那么价格很可能会上升而社会福利很可能会下降,所以提升效率是合并提高社会总福利的关键。不仅如此,美国反垄断的一个显著特点是高度重视消费者利益,而相对轻视大企业利益或社会福利,因此反垄断机构总是要求申请者提供水平合并带来效率提升的非常有力的证据,而且效率改进本身也不能成为合并得到批准的充分理由,它们采用的是"价格标准"(price standard),即要求水平合并案例的被告方证明消费者所支付的价格不会增加,而这只有在合并导致的成本节约非常显著的情况下才有可能。

2010版的《合并指南》纳入了经济学家约瑟夫·法雷尔(Joseph Farrell)和卡尔·夏皮罗(Carl Shapiro)提出的"价格上升压力"(upward pricing pressure,UPP)检验,以便研究有产品差异情况下的反垄断问题。Farrell & Shapiro(2010)提出关于水平合并的需求端"总体价格上升压力指数"(gross upward pricing pressure index,GUPPI),即 $D_{AB}(P_B-C_B)$,其中 D_{AB} 为产品 A 和 B 之间的"转移比率"(division ratio),即当产品 A 的价格上升时,产品 B 的销量增加与产品 A 的销量减少之比,而 (P_B-C_B) 是产品 B 的利润空间。GUPPI 指数越高,生产 A 的企业收购生产 B 的企业越可能导致更高的总体价格。在 GUPPI 的基础上,再综合考虑合并带来的成本节省使得价格下降的可能性,即得到"净"的价格上升压力。在实践中,价格上升压力的计算需要大量关于需求和成本的信息,这些信息不一定容易获得。

在实践中,水平合并诱导的市场进入与产业的进入门槛有关。较高的进入门槛使得合并形成的高市场集中状态持续较长的时间。例如,Collard-Wexler(2013)用一个动态模型,估计了美国 1994—2006 年间的预拌混凝土行业水平合并后的市场结构演化情况。依据该模型的数据模拟表明,当一个地区的预拌混凝土行业的双寡头企业发生合并时,将形成一个长达 9 年至 10 年的垄断期。

美国 1976 年通过《哈特-斯科特-罗丹》法案(Hart-Scott-Rodin Act),要求大的企业合并必须先报联邦贸易委员会或司法部反垄断局,这两个部门有责任评估合并可能产生的不利于市场竞争的影响。在多数情况下,企业会和反垄断部门就合并的条款进行沟通和谈判,以决定下一步行动。只有当试图合并的企业拒绝反垄断机构的建议时,合并案才进入法庭审理阶段。这种情况很少发生,因为在法院打败反垄断机构的可能性很低。

18.5 各国反垄断法简介

美国

美国的反垄断法始于1890年7月通过的《谢尔曼法》(The Sherman Act),全称为《禁止非法限制和垄断以保护贸易和商业之法》(An Act to Protect Trade and Commerce Against Unlawful Restraints and Monopolies),又被称为《反托拉斯法》(Antitrust)。《谢尔曼法》对企业的非法限制和垄断行为给出了非常模糊的定义。该法的第一条禁止以契约的方式进行共谋:"任何限制国内或国际的贸易或商业的契约,以托拉斯形式或其他形式的联合或共谋,都是非法的。任何人签订上述契约或从事上述联合或共谋,将构成重罪。"该法第二条禁止垄断行为:"任何人垄断或企图垄断,或与他人联合、共谋垄断国内或国际的商业和贸易,将构成重罪。"《谢尔曼法》的条文虽然比较模糊,但是在实践中却可能非常严厉,允许对反竞争行为的涉案者个人提起刑事诉讼。

美国另外一部重要的反垄断法是1914年10月通过的《克雷顿法》(The Clayton Act),该法试图在反竞争行为发生的初期对其进行阻止,也是第一部将有害消费者的行为明确宣布为非法的联邦法律。《克雷顿法》明确针对四种特定行为:①可能减弱竞争或导致垄断的区别定价;②可能减弱竞争的捆绑销售和排他性销售;③可能减弱竞争的企业兼并和收购;④竞争企业之间高管互相兼任董事的行为。与《谢尔曼法》不同,可依据《克雷顿法》提交法庭的只有民事案件,不涵盖刑事案件。《克雷顿法》也给出了一些豁免情形,如该法第六条豁免工会和农业组织促成的联合行动,如集体抵制、和平罢工、集体谈判等。《克雷顿法》还允许受害方要求三倍于损害的赔偿,这使得反垄断诉讼在经济回报上十分可观。《克雷顿法》主要由联邦贸易委员会负责监督执行。

与《克雷顿法》同时通过的另外一部反垄断法是《联邦贸易委员会法》(The Federal Trade Commission Act)。该法规定成立一个新的政府部门,即"联邦贸易委员会"(FTC),监督执行《克雷顿法》。FTC实际上是在1903年2月成立的"公司法人局"(Bureau of Corporations)的基础上成立的,旨在推动商事改革,保护消费者权益。除了建立联邦贸易委员会,《联邦贸易委员会法》还规定联邦贸易委员会有以下权力:①阻止企业的不公平竞争、不公平或欺骗性的商业行为;②为受到企业不当行为损害的消费者寻求赔偿;③建立关于企业不公平或欺骗性行为的规制法则;④对相关商业行为进行调查;⑤向国会提交情况报告和立法建议。

为了缓解小型零售商店面临的来自连锁商店的竞争压力,美国于1936年通过了《罗宾逊-帕特曼法》(The Robinson-Patman Act),又称《反区别定价法》。这部法律禁止卖方在同等条件下的不利于竞争的区别定价。受害者或美国政府可以依据该法提起民事或刑事诉讼。1950年,为了加强《克雷顿法》,美国通过了《瑟勒-克佛韦法》(The Celler-Kefauver Act)。这部法律主要旨在解决《克雷顿法》的一个关于资产收购的漏洞,《克雷顿法》禁止不利于竞争的兼并和收购,但是商人可以通过逐步收购竞争者的资产,最终实现垄断的目的,《瑟勒-克佛韦法》禁止了此类行为。

美国反垄断实践的重要准则包括"本身违法"(per se illegal)和"合理推定"(rule of reason),前者无须分析相关行为对消费者和社会的影响就可以做出决定,后者需要在考察企业行为的意图、方式和影响等因素之后,才可以根据具体情况进行裁决。同一企业行为适用的准则可能发生变化,例如在2007年之前的近百年间,显性的"转售价格维持"在美国一直处于本身违法状态,但是自从2007年6月美国最高法院做出一个逆转性判例(零售商PSKS起诉皮衣制造商Leegin)之后,转售价格维持转而适用合理推定。

美国反垄断机构主要是司法部反垄断局(DOJ)和联邦贸易委员会(FTC)。前者有权就反垄断案件提起民事或刑事诉讼,后者仅能提起民事诉讼。

加拿大

加拿大最早的与企业竞争相关的法规形成于1889年。受美国《谢尔曼法》的启发,加拿大于1891年将企业限制竞争的共谋认定为一种犯罪形式,列入刑法之中。1921年,加拿大最高法院宣布该条文的目的是保护自由竞争中的公共利益。直到1960年联邦政府引入《联合调查法》(The Combines Investigation Act),反垄断法规才从刑法中独立出来。1986年,《竞争法》(The Competition Act)出台并替代了之前的反垄断法。与美国的《谢尔曼法》不同,加拿大的《竞争法》给出了比较明确的条款以判断特定行为是否违法。不过,在对条款的解释方面仍有较大的自由度。

加拿大《竞争法》的目的包括:①维护并鼓励加拿大市场的竞争,提高加拿大经济的效率和适应性；②扩大加拿大企业的世界市场，承认国外企业的竞争作用；③保证中小企业在加拿大市场的公平机会；④为消费者提供有竞争力的市场价格和商品选择。

《竞争法》禁止以下可能涉及刑事责任的行为：①限制竞争的共谋；②投标串谋；③区别定价；④进攻性定价；⑤最低价格维持等。该法同时也定义了"非刑事但应受到检视的行为"(noncriminal reviewable matters)，其中可能涉及民事违法的企业行为包括：①滥用优势市场地位；②企业合并；③捆绑销售；④排他性销售；⑤拒绝供货等。与美国《克雷顿法》的三倍赔偿不同，加拿大《竞争法》仅允许受害者要求单倍赔偿。

加拿大反垄断机构是"竞争局"(The Competition Bureau)，隶属联邦政府。该局的首脑"竞争专员"(The Commissioner of Competition)由联邦内阁指定。竞争局有法定的权利和责任监督《竞争法》《消费者保护法》《商标法》《纺织品标识法》和《贵重金属标识法》的执行。

"竞争特别法庭"(The Competition Tribunal)是加拿大《竞争法》的审判机构，执法依据是《竞争特别法庭法》(The Competition Tribunal Act)。特别法庭的成员包含不多于6名的联邦法庭法官和不多于8名的商业及经济学领域的专家（兼职）。竞争特别法庭没有调查权，案件必须先由竞争局发起调查，并决定是否提交特别法庭。对一个潜在可评估的案件，如果竞争专员拒绝提出，那么民间主体无权提出审判请求。但是一旦竞争专员启动了一个案件的司法程序，民间主体就可以介入并发挥影响，包括提出上诉。

日本

日本的竞争法为《独占禁止法》(The Antimonopoly Act, AMA)，正式名称是《禁止私有垄断及维持公平交易法》(Act on Prohibition of Private Monopolization and Maintenance of Fair Trade)，1947年7月颁布实施。该法案旨在夯实社会经济基础，保障消费者利益，禁止私有垄断和非合理限制贸易，促进公平自由的竞争市场。《独占禁止法》促成了反垄断机构"日本公平贸易委员会"(Japan Fair Trade Commission, JFTC)的形成。该机构由1位主席和4名委员组成，均由日本首相提名并经议会通过。JFTC有发起刑事或民事反垄断调查的权力。

第二次世界大战之前，日本共有17家财团，其中4家掌握了日本大约1/4的资本市场。第二次世界大战后，1945年9月6日美国总统指示盟军统帅麦克阿瑟(MacArthur)将军解除日本财团架构。为了避免市场不稳定,麦克阿瑟要求日本国会制定反垄断法。20世纪50年代,日本经济快速发展,迫于日本商业集团的压力和朝鲜战争结束后的经济复苏需求,盟军统帅和美国政府默许时任日本首相吉田茂(Yoshida)放松反垄断法的执行,例如依据最初的《独占禁止法》为非法的卡特尔组织实际上被允许存在。

《独占禁止法》一直随着日本社会经济的发展而被不断修正和补充。1956年,《转包法》(The Subcontract Act)实施,旨在防止转包资金支付的拖延,营造公平交易环境。20世纪70年代的石油危机期间,部分由于美国商业集团的压力,日本反垄断法的各种弊端特别是非强制性引起了广泛反对。在此压力下,JFTC修正了《独占禁止法》的部分条款和处罚条例。2005年4月引入"宽大处理条款"(Leniency Program),以鼓励违法者相互举报,并补充了JFTC的犯罪调查权力。2009年6月又将私有垄断(private monopolization)和部分非公平交易行为的定义范围扩大。

《独占禁止法》主要规范市场的如下行为:①禁止私有垄断;②禁止不合理的交易限制(比如卡特尔、投标串谋等);③规范贸易联合会(trade associations)的行为;④限制商业兼并;⑤规范垄断行业;⑥禁止非公平贸易;⑦确保符合转包法。值得注意的是,卡特尔在日本依旧以企业联盟(Keiretsu)的形式合法存在,卡特尔成员企业实际上是在事前计算处罚金,并将处罚金计入成本。由于处罚金与利润无关,处罚不足以抑制企业联盟的形成。日本法庭也缺乏保障JFTC的禁止令得以执行的能力。

欧洲联盟

《欧洲竞争法》(European Competition Laws)的目的是维护欧盟单一市场(European Single Market)内部的竞争秩序,从而保证社会利益。《欧洲竞争法》致力于保障欧盟范围内商业的公平公正,同时鼓励创新和小企业的发展。此外,欧洲各国还有适用本国国内的反垄断法。

《欧洲竞争法》主要来自《欧盟运作协议》(Treaty on the Functioning of the European Union,TFEU)的第七部第一章,以及一系列规则和指导(Regulations and Directives)。TFEU源于《欧洲经济组织条约》(Treaty establishing the European Economic Community,EEC),后者是于1957年3月在罗马签约、1958年1月正式生效的《罗马条约》(Treaty of Rome)的一部分。1992年2月签署、1993年11

月生效的《马斯特里赫特条约》（Maastricht Treaty）将 EEC 条约重新命名为《欧洲组织条约》（Treaty establishing the European Community，TEC）。2007 年 12 月签署、2009 年 12 月生效的《里斯本条约》（Lisbon Treaty）又将 TEC 改回原来的 TFEU。

《欧洲竞争法》主要规范以下四个领域：①规范卡特尔，即管控企业之间的共谋及其他不利于竞争的商业行为；②规范市场控制，即禁止企业非法利用自己的市场控制地位；③规范兼并收购，即管控企业之间导致市场集中的兼并收购行为；④规范国家资助，即管控欧盟国家直接或间接给予企业的资助。

《欧盟竞争法》的监督和执行权属于欧盟委员会（European Commission）。欧盟委员会是欧盟事实上的执行机构，由成员国提名的专员组成。其中"竞争专员"（Competition Commissioner）负责竞争政策的执行，具体的执行机构为"总司 IV"（Directorates-General IV）。当前，欧盟竞争专员的具体职责包括：①通过保护竞争提升消费者福利和欧盟市场有效性；②关注"欧洲 2020 战略"（Europe 2020 Strategy）以利于欧洲健康稳定发展；③在欧盟和全球范围内推广竞争文化；④保证《欧盟竞争法》的最高执行标准。竞争专员有责任取证、起诉并做出决定，案件均属于行政性质。

欧盟委员会相对其成员国有优先司法权，唯一有权发布豁免令，有权对违法企业处以最高达年全球销售额 10% 的罚款，拥有广泛的调查权及很高的自行裁决权，成员国政府的意见仅供其参考。同时，欧盟也带头在竞争领域进行国际合作，它是"国际竞争网络"（International Competition Network，ICN）的创建成员。但是，欧盟委员会实施调查和制止违反竞争法行为的权力受制于"内部确认和平衡"（internal checks and balances），以及欧洲法庭的司法评估。

中国

我国于 2007 年 8 月 30 日通过《中华人民共和国反垄断法》，并从 2008 年 8 月 1 日起开始施行。我国《反垄断法》的目的是"预防和制止垄断行为，保护市场公平竞争，提高经济运行效率，维护消费者利益和社会公共利益，促进社会主义市场经济健康发展"。该法既适用于中国境内经济活动中的垄断行为，也适用于境外的对境内市场竞争产生排除或限制影响的垄断行为。

我国《反垄断法》明确针对的垄断行为包括：①经营者达成垄断协议，包括相互竞争企业之间的垄断协议、限制交易相对人的转售价格，以及行业协会组织的垄断行为等；②经营者滥用市场支配地位，包括不公平价格、低于成本定价、拒绝交易、排他性交易、附加条件交易、区别定价等；③具有或者可能具有排除、限制竞争效果的经营者集中；④行政机关和法律法规授权的具有管理公共事务职能的组织滥用行政权力排除、限制竞争。该法也对部分企业行为进行了豁免，如"国有经济占控制地位的关系国民经济命脉和国家安全的行业以及依法实行专营专卖的行业，国家对其经营者的合法经营活动予以保护"。

对于经营者违反《反垄断法》，达成并实施垄断协议或滥用市场支配地位的，由国务院反垄断执法机构责令停止违法行为，没收违法所得，并处上一年度销售额1%以上10%以下的罚款。达成协议但尚未施行违法行为的，可以处50万元以下的罚款。对反垄断执法机构做出的决定不服的，可申请行政复议或者提起行政诉讼。

国务院设立反垄断委员会，由14个国务院机构组成，负责组织、协调、指导反垄断工作。2018年之前，反垄断职能分属国家工商行政管理总局、商务部和国家发展改革委的相关司局。在2018年的机构改革中，组建成立了"国家市场监督管理总局"，将原来分散在各部门的反垄断职能整合至总局下设的反垄断局。

反垄断局的职责包括统筹推进竞争政策的实施，拟定反垄断规章制度措施和指南，组织实施反垄断执法，依法对经营者集中行为进行反垄断审查，负责垄断协议、滥用市场支配地位和滥用行政权力、排除限制竞争，以及滥用知识产权排除限制竞争等反垄断执法工作。反垄断局还承担指导企业在国外的反垄断应诉，承担竞争政策和反垄断执法的国际合作与交流，承办国务院反垄断委员会的日常工作。国家市场监管总局于2018年12月28日下发通知，在总局负责反垄断统一执法的基础上，授权省级市场监管部门负责本行政区域内反垄断执法工作。

另外，我国早在1993年9月2日就通过了《中华人民共和国反不正当竞争法》(以下简称《反不正当竞争法》)，于1993年12月1日开始施行，并于2017年11月4日进行了修订。《反不正当竞争法》针对的违反行为包括：侵犯企业知识产权、商业贿赂、虚假宣传、以不当手段获取或披露商业秘密、误导性有奖销售、侵害竞争对手商誉、不当使用网络技术损害其他经营者利益等。不难看出，《反不正当竞争法》的内容与《反垄断法》有很大差异。

◆ 案 例

高通垄断案

国家发展改革委价格监督和反垄断局于2013年11月发起了对高通的反垄断调查，突击搜查了高通北京公司和上海公司，调查手机制造商、芯片制造商和其他相关企业。

2013年高通芯片和专利许可费收入总计243亿美元,许可费业务收入占总收入的30%,但利润占比达到70%。高通依靠芯片市场垄断地位,要求被许可人将持有的相关专利向其进行免费反向许可,拒绝在许可费中抵扣反向许可的专利价值或提供其他对价。手机企业为了生产高端手机,必须向高通采购芯片,被迫同意高通的专利要求。高通对三星、诺基亚等公司的许可费标准远远低于中国手机厂商,构成歧视。

2015年2月,国家发展改革委公布对高通公司的行政处罚决定书,责令高通公司停止相关违法行为,并处罚2013年度高通公司在中国市场销售额8%的罚金,共计60.88亿元人民币。高通随后表示接受处罚,不会上诉或申请行政复议,并提交一份整改说明书:

1. 对未在我国境内使用而销售的手机,按整机批发净售价的65%收取专利许可费;

2. 向我国被许可人进行专利许可时,将提供专利清单,不对过期专利收取许可费;

3. 不要求我国被许可人将专利进行免费反向许可;

4. 在进行无线标准必要专利许可时,不得没有正当理由搭售非无线通信标准必要专利许可;

5. 销售基带芯片时不要求我国被许可人签订包含不合理条件的许可协议。

资料来源:中华人民共和国发展与改革委员会、高通(中国)网站。

本章小结

本章介绍与反垄断实践有关的基础理论,主要内容包括:

- "反垄断市场"的定义。在"假想的垄断者检验"中可能出现的"玻璃纸谬误"。
- 从Lerner指数、价格弹性、市场份额及进入门槛等角度评估企业的市场力量。
- 通过交叉价格弹性或价格相关性刻画市场边界。
- 反垄断机构对相互竞争企业合并的审查方法。
- 各国反垄断法规和实践的特点。

习 题

1. 什么是反垄断经济学中的"玻璃纸谬误"？
2. 为什么反垄断机构一般不希望企业拥有过大的市场力量？
3. 假设某产品在区域 A 和区域 B 均有销售，但区域 A 有单一生产企业而区域 B 有很多相互竞争的企业。把产品从区域 B 运到 A 有很高的交通成本。区域 A 的生产商可以行使其市场力量，把价格设为 B 的价格加上交通成本。请问这两个区域的产品价格是否具有相关性？区域 B 的生产商能否对区域 A 的企业带来显著的竞争压力？
4. 在美国的水平合并审查中，反垄断机构经常采用"价格标准"来判断合并是否可以被批准。试解释为什么会产生这种审查方法，其利弊分别是什么？

参考文献

Collard-Wexler, A., 2013, "Demand Fluctuations in the Ready-mix Concrete Industry", *Econometrica*, 81(3): 1003—1037.

Farrell, J. and C. Shapiro, 2010, "Antitrust Evaluation of Horizontal Mergers: An Economic Alternative to Market Definition", *The BE Journal of Theoretical Economics*, 10(1), Article 9.

Fisher, F., 1987, "Horizontal Mergers: Triage and Treatment", *Journal of Economic Perspectives*, 1(2): 23—40.

Posner, R., 1976, *Antitrust Law: An Economic Perspective*, Chicago: The University of Chicago Press.

Stigler, G. and R. Sherwin, 1985, "The Extent of the Market", *Journal of Law and Economics*, 28(3): 555—585.

Stocking, G. and W. Mueller, 1955, "The Cellophane Case and the New Competition", *American Economic Review*, 45(1): 29—63.

教辅申请说明

　　北京大学出版社本着"教材优先、学术为本"的出版宗旨,竭诚为广大高等院校师生服务。为更有针对性地提供服务,请您按照以下步骤通过微信提交教辅申请,我们会在1~2个工作日内将配套教辅资料发送到您的邮箱。

◎扫描下方二维码,或直接微信搜索公众号"北京大学经管书苑",进行关注;

◎点击菜单栏"在线申请"—"教辅申请",出现如右下界面:

◎将表格上的信息填写准确、完整后,点击提交;

◎信息核对无误后,教辅资源会及时发送给您;如果填写有问题,工作人员会同您联系。

温馨提示: 如果您不使用微信,则可以通过下方的联系方式(任选其一),将您的姓名、院校、邮箱及教材使用信息反馈给我们,工作人员会同您进一步联系。

联系方式:
北京大学出版社经济与管理图书事业部
通信地址:北京市海淀区成府路205号,100871
电子邮件:em@pup.cn
电　　话:010-62767312/62757146
微　　信:北京大学经管书苑(pupembook)
网　　址:www.pup.cn